城市轨道交通运营与维修技术丛书

城市轨道交通信号系统运行与维修
（第二版）

蔡昌俊　主编

中国建筑工业出版社

图书在版编目(CIP)数据

城市轨道交通信号系统运行与维修/蔡昌俊主编. —2版. —北京:中国建筑工业出版社,2020.8
(城市轨道交通运营与维修技术丛书)
ISBN 978-7-112-25279-4

Ⅰ.①城… Ⅱ.①蔡… Ⅲ.①城市铁路-交通信号-信号系统-运行②城市铁路-交通信号-信号系统-维修
Ⅳ.①U239.5

中国版本图书馆 CIP 数据核字(2020)第 112452 号

本书包括 12 章,分别是:概述、信号 ATC 系统运行、ATP/ATO 子系统、ATS 子系统、联锁子系统、DCS 子系统、电源子系统、维护支持子系统、关键外设、信号系统的维修理论、信号系统的维修组织、信号系统与维修的发展等内容。本书按照行业内城市轨道交通信号系统的运用与维修特点,将内容主要分为理论知识和设备维修两大部分。全书内容系统完整,描述全面简洁。

本书可作为城市轨道交通运营管理部门的技术与行政人员、维修人员使用。也可作为城市轨道交通管理及相关专业人员的培训教材使用,还可供城市轨道交通企业信号检修人员使用。

责任编辑:胡明安
责任校对:张 颖

城市轨道交通运营与维修技术丛书
城市轨道交通信号系统运行与维修
(第二版)
蔡昌俊 主编

*

中国建筑工业出版社出版、发行(北京海淀三里河路 9 号)
各地新华书店、建筑书店经销
北京科地亚盟排版公司制版
廊坊市海涛印刷有限公司印刷

*

开本:787×1092 毫米 1/16 印张:18¼ 字数:441 千字
2020 年 10 月第二版 2020 年 10 月第七次印刷
定价:55.00 元
ISBN 978-7-112-25279-4
(35989)

本书编委会

主　　编：蔡昌俊

副 主 编：梁东升　　孟凡江　　马永刚

第 1 章：龙广钱　　白建红　　马永刚

第 2 章：姚贯岳　　徐　旭　　王　虎

第 3 章：辛　骥　　马若声　　徐大兴

第 4 章：陈展华　　卫春燕　　刘子阳

第 5 章：伍　洋　　朱发林　　谭　波

第 6 章：陈　微　　朱　敏　　魏　倩

第 7 章：克高兵　　何　彬　　李悦富

第 8 章：陈卓雄　　孙玉国　　范肖伟

第 9 章：潘庆球　　黄子辉　　张小虎

第 10 章：孟凡江　　李玉宝　　王　静

第 11 章：陈慧彬　　黄新义　　周剑斌

第 12 章：肖旭慧　　王红光　　王旭辉

前　言

　　城市轨道交通的高速发展，对促进城市经济发展、改善现代城市交通困扰局面、调整和优化城市区域布局、促进国民经济发展发挥了重要作用。同时，伴随科技水平的不断进步和发展，大量新设备、新技术在城市轨道交通生产中得到了广泛应用，新形势下对城市轨道交通专业人才提出了更高要求，现场关键岗位急需大量专业技能精湛，综合业务能力强的技能人才，这就迫切需要能够适应新形势需求，更加切合本专业特色的教材。

　　考虑到第一版《城市轨道交通运营与维修技术丛书》已成书十余年，在这十余年间，城市轨道交通技术的发展日新月异，大量的新技术、新方法和新工艺在信号运维过程中得到了广泛的应用。不可避免地，原"丛书"的部分内容已不适应城市轨道交通运营的实际情况，针对这一情况，为了使本书能够更好地贴合当前城市轨道交通运维的实际情况，我们组织修订了这套《城市轨道交通运营与维修技术丛书》。

　　《城市轨道交通信号系统运行与维修》是在当前最新一代地铁技术应用成就基础上，以上海地铁及广州地铁的模式为依托，结合国内、外同行业的先进技术经验，对投入运营的轨道交通项目，应怎样通过科学的运营管理手段，保持不同专业技术系统的可靠性和安全运转，进行了系统的论述。同时，我们通过直接和间接的实践经验，将有关资料归纳汇总上升到理论上，在同行业中作一抛砖引玉的尝试，希望能在运营管理与维修领域里，起到一定的作用。

　　在本次修订过程中，编者根据城市轨道交通发展的最新成果，对文中的部分老旧、过时的内容进行了删减和替换。同时，为了方便读者理解，本书按照行业内城市轨道交通信号系统的运用与维修特点，将内容主要分为理论知识和设备维修两大部分。理论知识部分密切结合城市轨道交通信号系统的应用，介绍了信号系统的结构组成、系统功能、运行原理、主要技术指标与设计要求、系统接口、主流信号系统的技术特征；设备维修以广州地铁的模式为依托，结合国内、外同行业的先进维修技术，总结提炼信号系统的维修实践经验，希望在城市轨道交通的运营管理和维修领域里起到相互提升的作用。

　　本"丛书"的修订，是在建设部科技发展促进中心的主持和指导下得以完成的，并得到了上海申通地铁集团有限公司和广州地铁集团有限公司的大力支持，在此，谨向支持本"丛书"的所有人表示诚挚的感谢！

　　由于我国城市轨道交通信号发展日新月异，书中的资料和数据与实际设备存在个别的差异，仅供参考。鉴于编者水平所限，疏漏及不足之处在所难免，期待广大读者和同行多提宝贵意见。

编者

目 录

第1章 概 述

在城市轨道交通系统中，信号系统是大运量、高密度的现代城市轨道交通自动控制系统中的重要组成部分，是保障行车安全、提高运输能力的关键技术装备。

1.1 简 介

城市轨道交通信号系统运行与维修以面向各城市轨道交通信号同行从业人员或各大高校学生为主要对象。本书按照行业内城市轨道交通信号系统的运用与维修特点，将内容分为理论部分和维修部分，以方便读者理解。通过对城市轨道交通信号系统理论部分的学习，使同行从业者或各高校学生能清晰地掌握城市轨道交通信号系统的运行知识，为信号系统的研究与维修储备一定的理论知识；通过对城市轨道交通信号系统维修部分的学习，使同行从业者能掌握城市轨道交通信号系统的现代维修思想与维修体系，利用现代维修思想进一步指导信号系统的维修工作，使各高校学生能了解基本的维修思想与维修手段，为其以后从事信号系统的维修工作打下基础。

理论部分主要讲述信号系统的结构组成、系统功能、运行原理、主要技术指标与设计要求、系统接口等内容；对信号系统进行全面讲述之后，通过国内外的主流信号系统举例介绍，将理论与实践相结合，更好地帮助读者理解信号系统的运作知识。维修部分由浅入深，以维修思想的变化历程为起点，重点介绍以可靠性理论为核心的现代维修管理理念，并对现代综合维修体系中的各种维修方式、维修手段进行了详细介绍；此外，本书针对信号系统的特点对业内的相关维修模式进行了列举，目的是使维修理论研究与实践应用结合起来，更进一步加深维修人员对信号系统维修理念的认知；最后，本书分别详细阐述了信号系统维修体系、正常情况下的维修组织和特殊条件下的维修保障，以方便已从事或预备要从事信号系统的维修人员能够系统、全面的掌握信号系统的维修知识。

1.2 运行与维修

1843 年英国人皮尔逊为英国伦敦市设计了世界上最早的城市地铁——大都会铁路，1863 年 1 月 10 日正式运作，由于当时电力尚未普及，所以此地下铁路须用蒸汽机车牵引。开通当天即有 4 万名乘客搭乘该条线路，列车为每 10min 一班，运行第一年就载运了 950 万名旅客。到了 1880 年，扩展后的大都会铁路每年运载 4000 万名乘客。大都会线解决了英国在大发展时期由于狭窄的街道造成堵塞的交通问题，成为输送英国劳动大军在城市内流通的"大动脉"。1890 年，由英国伦敦开建的第一条 4.8km 的电气地铁开始运转。其他城市不久也纷纷模仿伦敦，布达佩斯的地铁在 1896 年开通，波士顿在 1897 年开通，巴黎通往郊区的地铁在 1900 年开通，纽约在 1904 年也都先后开通了地铁。1965 年 7 月，北京地铁 1 号线一期工程开工建设，1969 年 10 月 1 日，正式开通运行，这标志着我国正式进入城市轨道交通领域。

要想实现列车安全高效的运行，就必须有一个既能保障行车安全，又能提高行车效率的系统，信号系统正是扮演着城市轨道交通领域的行车"指挥者"和安全"防护者"。在城市轨道交通的发展历程中，信号系统吸取了各行各业的前沿技术，已发展成为城市轨道交通领域中最关键的行车设备之一。

城市轨道交通信号系统集行车指挥与运行调整等功能为一体，其核心是列车自动控制系统（简称 ATC 系统），由列车自动监督子系统（ATS）、列车自动防护子系统（ATP）、计算机联锁子系统（故障—安全系统）和列车自动驾驶子系统（ATO）组成。各系统相互渗透，地面控制与列车控制相结合构成一个闭环安全控制系统，保证行车安全；现地控制与中央控制相结合，缩短行车间隔、提高运行效率、提升综合运营能力和服务质量，满足现代城市轨道交通网络化运营要求。

1.2.1　信号系统概述

随着微电子技术、计算机技术、通信技术的发展而不断发展，城市轨道交通信号系统已由最初基于模拟轨道电路的固定闭塞制式信号系统发展到基于通信的移动闭塞 CBTC 系统，并且随着新技术的出现仍在迅速发展。

信号系统按照技术发展历程，可分为基于传统多信息音频轨道电路的固定闭塞制式信号系统、基于轨道电路的"速度—距离曲线控制模式"的准移动闭塞信号系统和基于通信的移动闭塞 CBTC 信号系统三个阶段，现分别进行简要介绍。

1. 固定闭塞制式信号系统

采用传统固定长度的多信息音频轨道电路，列车运行以闭塞分区为最小间隔，设置防护区段，并以闭塞分区的占用/空闲状态来反映列车的位置，闭塞分区的长度需满足列车在最不利条件下的制动距离。轨道电路传输的信息量少，每个闭塞分区只能传送一个信息代码，即该区段所规定的最大速度命令码或入口/出口速度命令码，列车速度监控采用闭塞分区出口检查方式，即阶梯式速度曲线。该制式的信号系统属于 20 世纪 80 年代技术水平，只能适应小运量、低密度的运输需求。

2. 准移动闭塞制式信号系统

准移动闭塞保留了闭塞分区的概念，主要采用基于报文传输的数字式音频无绝缘轨道电路来实现列车的定位与车地信息传输。后行列车追踪运行是按照前行列车的尾部依次出清各电气绝缘节，此时，各电气绝缘节"跳跃"跟随，这种制式是基于轨道电路的速度—距离曲线控制模式。需要特别注意的是，后行列车能根据目标速度和目标距离随时调整列车与前方列车的行车距离，后续列车的目标距离是距前车或目标地点所处轨道区段边界的距离，不是距前车的实际距离。因此，准移动闭塞相对固定闭塞，能够缩短列车运行间隔，提高列车运行效率，最小追踪间隔可达到 120s，同时车载设备依据速度—距离曲线控制列车运行，提高了列车运行的平稳性。

该制式的信号系统是以数字信号技术为基础，利用钢轨为车地信息的传送载体。在信号传输、信号处理过程中实现数字化，不但信息量大，而且抗干扰能力强。数字式音频无绝缘轨道电路通过地面的发送端设备向车载设备提供目标速度、目标距离、线路状态等信息，由车载计算机结合列车的静态数据计算出列车的速度—距离运行曲线，用以控制列车运行。因此，准移动闭塞只能实现地对车的单向通信，存在一定的技术局限性。

3. 移动闭塞制式信号系统。

相比于上述两种闭塞制式，移动闭塞完全脱离轨道电路，没有闭塞分区的概念。采用交叉感应电缆环线、漏缆、裂缝波导管以及无线电台等方式实现车地、地车间的双向数据传输，并监测列车位置使地面信号设备可以得到每一列车连续的位置信息和列车运行的其他信息，并据此计算出每一列车的运行权限、并动态更新，发送给列车。列车根据收到的运行权限和自身的运行状态计算出列车运行的速度曲线，车载设备保证列车在该速度曲线下运行。列车之间的运行间隔是按照后续列车与前行列车之间的实际距离来计算出来的，并随着列车实际位置的变化而实时动态刷新。因此，相比前两种闭塞制式，基于通信的移动闭塞信号系统能最大限度地缩短列车运行间隔，提高列车运行效率。

移动闭塞系统中的最小安全距离是指后续列车的指令停车点和前车尾部的确认位置之间的动态距离。这个安全距离允许在一系列最不利条件下仍能保证安全间隔。列车安全间隔距离信息是根据最大允许车速、当前停车点位置、线路等信息计算出来的。信息被循环更新，以保证列车不断收到实时信息，因此，在保证安全的前提下，能最大限度地提高区间通过能力。在我国城市轨道交通蓬勃发展的今天，基于通信的移动闭塞信号系统得到了全面应用。

1.2.2 信号系统维修

城市轨道交通的维修问题一直是从业人员的热门话题，从单线路到规模化的线网管理，如何保障地铁运营安全、质量与效率，如何制定不同发展时期的维修管理策略，这些难题随着我国城市轨道交通的飞速发展已摆在我们面前，为此，只有不断总结以往维修经验，提炼维修理论知识，提高维修管理水平才能更好的适应城市轨道交通的发展需求。

1. 维修组织管理

维修组织管理需要根据一个城市所具备的线网规模、专业化水平、经验程度、管理水平、地域特点进行规划，线网规模不同，面临的维修环境也发生变化，对应的维修组织管理策略也不相同，只有根据线网管理需求变化及时进行管理机制改革，才能不断适应线网扩大后的新形势要求。总的来说，我国城市轨道交通维修组织管理基本采用两种维修组织管理策略，即面向初具线网规模的线网集中化管理策略和面向大规模或超大规模线网的区域化维修管理策略。

针对单线路或几条线路的初具线网规模的维修组织管理，可采取线网集中化管理，根据各专业特点，分专业进行管理，可以集中专业技术力量、共享专业资源，维修管理要求一致，可有效地对线网设备进行管理，当线网使用的信号系统来自同一设备商时，集中化管理更具优势。

但是当线网不断扩大，维修区域不断扩大的时候，线网集中化管理受区域扩大导致的管理幅度大、问题多难以快速有效协调、跨专业资源共享较难、接口较多、故障抢修困难的局限性就显现出来，集中化管理已经不能适应大线网或超大线网的维修管理需求，为此，采用区域化维修管理可将管辖区域进行划分，实现区域横向划分、专业纵向划分的管理体制，可以实现大线网或超大线网下的故障抢修快速、问题协调内部化、各专业间的接口管理简单化、区域资源共享的诸多优势。我国已具备大线网或超大线网规模的城市轨道交通基本上都采用了区域化维修管理策略，有技术优势的城市，在区域化管理架构下，将维修工作按照维修职责进一步细化，划分为在线的设备维护和离线的后台深度维修，通过前后台的协调运行，不但节省了维修成本，而且培养了核心技术能力，在面临大型故障抢修、应急抢险方面拥有了专业化的技术队伍，可以更加可靠地保障设备运行。

2. 维修模式

针对城市轨道交通信号系统的特点，为确保信号系统的最佳可用性，应制订完整可行的信号系统维修策略。信号系统的维修主要是以预防性维修模式为主、事后维修模式为补救性维修手段、结合技术改装类的改进型维修模式的综合维修体系。

各维修模式依据设备特性、维修等级、故障后危害度等因素可划分为几种维修方式，其中预防性维修模式主要有以时间为基础的定期维修方式（简称"定期维修"）和以基于大数据分析和设备可靠性理论分析的状态修方式（简称"状态修"）两种类型；事后维修模式根据设备故障后的危害程度有及时维修方式、延迟维修方式和运营结束后维修方式三种类型；改进型维修主要是对预防修模式和事后维修模式进行补充，通过技术革新、技术改造、软件升级等手段对设备的固有可靠性进行提升，属于一种补充维修。

（1）以预防性的定期维修为主要维修方式

定期维修方式是以时间为基础的计划性维修，具备明显的时间周期特性，核心思想仍是以预防为主。定期维修过程主要是对处于寿命期内的设备或元器件进行维护检查，对可消耗的元器件（如干电池等）进行更换，使设备的状态恢复到应有的性能，从而保证设备可连续不间断、稳定、可靠运行，达到预防维修的目的，并确保设备在部分故障时的降级功能。

定期维修方式的维修方案并不是一成不变的，需要依据系统在寿命期内的不同运行特征制定不同的维修方案，系统的维修周期、维修内容等需要根据各时期的运行状态和趋势及时进行调整，使维修方案能适合设备现在的运行状态和未来的运行趋势，能够保证在现有的维修方案指导下，系统的维修能达到预防的目的，能够维持系统的固有可靠性，保证现有维修方案能正确有效的指导现场维修工作，这是现代维修思想下的定期维修方式与传统思想下的定期维修方式的最主要区别。定期维修主要包括两个方面内容：

1）系统的定期维护，例如在预先制定的时间表内的系统维护活动；

2）设备的定期维护，例如在每天列车运营结束后对信号设备进行检查时所实施的维护活动。

注：以上所述的维护活动应不与系统的日常运营发生冲突。

当在定期维修试验或维护工作中检查到设备故障，必须及时对故障设备进行维修，使之恢复到正常工作状态。

（2）以预防性的大数据统计和可靠性理论的状态修为辅助维修方式

由于受一定条件限制，状态修方式在我国仍然不算是一种成熟的维修方式，实现状态修需要一定的前提条件，要求在管理体制、方法机制、技术手段、保障体系等方面都具备时才能真正实现状态修。目前，我国城市轨道交通信号领域的状态修主要有基于大数据统计分析和可靠性理论分析的两种维修方式。

基于大数据统计分析的状态修只能局限于部分设备的部分数据，如轨道电路电压波动数据、道岔转换力数据等关键设备的主要运行数据，数据范围有限，数据量随着运营年限的增长而累积，是一种结合维修经验的数理统计法，依靠检测设备实现的大数据统计较少，基本靠日常维修数据建立，因此，实施范围很小。

可靠性理论分析是现代维修思想的核心理论，基于可靠性理论的状态修维修方式是现代维修思想的最理想维修方式。相比传统维修思想，现代维修思想对可靠性的理解有了全新的认识，对系统全寿命周期内的可靠性进行考虑，从设计源头就考虑系统的可靠性、安全性与维修问题，能够正确认识系统设计和维修之间的关系，从设计、维修、改造等整个生命周期进行区分界定。基于可靠性理论的状态修是一种先进维修方式，能根据设备的健康状态来安排维修计划，实施设备维修，能根据检测设备提前预知设备的故障，可以减少不必要的维修工作，使维修工作更加科学化、经济化。由于受制度上的不完善、管理上的缺陷和技术上的局限，状态修的实现存在很多困难，截至目前，仍不能成为信号系统的主要维修方式。但是，我国内具备一定维修经验的城市已经率先在信号系统中完善维护支持系统，管理制度在逐步完善，管理机制不断优化，状态修在一定范围内已经得到了应用，在信号系统的维修方式中扮演着辅助角色。

（3）以事后维修为补救性维修方式

事后维修又称事后补救性维修，相比有时间计划性的定期维修，事后维修也是一种临时性维修，是为临时修复某一设备或系统故障，以尽快恢复设备或系统的正常工作状态而进行的不定期的维护工作。因此，当系统发出故障报警（例如维修子系统发出报警信息或设备显示报警代码），或者系统的工作状态异常时，都应进行事后维修。

实施事后维修活动的程序为：

1）确认系统的异常状态；

2）利用系统上的报警信息，通过信号系统测试设备来确定发生故障的设备部件；

3）对故障设备进行维修或替换；

4）确认维修或替换后的设备部件具有正常的功能；

5）确认此设备部件正常工作后，系统的其他部件的工作状态是否正常；

6）确认系统恢复到正常工作状态；

7）填写设备维修/替换记录。

根据系统故障所能导致的危险程度，故障时的其他限制条件和事后维修活动的延迟情况，可以将事后维修大致分为以下三种类型：

及时维修：当系统故障对信号系统的运营造成极大的、不可自动恢复的影响时，应立即实施事后维修活动。例如，当控制某一区域的区域控制器 ZC 发生严重故障导致此区域 CBTC 条件不可用，而对线路运营造成较大影响时，应立即对此故障进行维修。

延迟维修：当系统故障对信号系统所造成的影响较小，或者借助于冗余功能，信号系统运营不受故障影响，维修活动可以推延到一个便于开展的时间来进行。例如，当列车一端的车载计算机发生故障时，由于冗余设计，列车利用单套车载计算机便可以进行正常的运营，因此，可以将对此故障的维修活动推迟到本列车返回车辆段/停车场之后进行。

运营结束后维修：当在正常运营时间内故障发生地点与维修地点较远，且故障对系统运营的影响较小时，维修活动可推延至运营结束后进行。

（4）以提升固有可靠性为目的的改进性维修为补充维修方式

在现代维修思想中，系统设计、维修与改造，三者之间既有明显的区分又有密切的关联。维修的最大限度是维持系统的固有可靠性，不可能超过这个可靠性水平，也不能改变故障后果，要想提升系统的可靠性，改变故障后的危害程度，则需要从系统的设计源头入手，在设计阶段就要考虑系统的维修可行性、安全性问题。系统投入运营后发现的设计缺陷会对运营维修造成永久的难题，要想从根本上解决这些难题、消除缺陷，只有通过技术改装、技术改造或技术革新，进一步弥补系统设计缺陷，修正完善系统。提升了系统的固有可靠性，自然也会对系统的维修带来益处，因此，从根本上讲，以提升固有可靠性为目的的改进性维修并不算做真正的维修，却是维修的一种补充，是系统改进循环中必不可少的环节。

第 2 章　信号 ATC 系统运行

列车自动控制系统（ATC）是城市轨道交通信号系统最重要的组成部分，它实现行车指挥和列车运行自动化，最大限度保证列车运行安全。提高运输效率，减轻运营人员的劳动强度，发挥城市轨道交通的通过能力。

通常整个行车工作由控制中心行车调度（以下简称行调）统一指挥，但考虑到信号系统的可靠性及可用性，ATC 信号系统一般采用两级行车控制运行模式，即中央级控制运行模式与车站级控制运行模式。

2.1　中央级信号控制运行

正常情况下列车的运行过程处于中央自动监控状态，联锁子系统根据 ATS 子系统指令自动设置进路，列车在 ATP 子系统的安全保护下，由 ATO 子系统完成列车的自动驾驶功能，以满足规定的行车、折返间隔及列车出入车辆段等作业要求。行调和司机仅监督列车及设备的运行，当列车运行秩序被打乱而不能自动处理或遇到其他特殊情况时，可人工介入。

1. 自动监控

开始运营前，值班行调根据需要在行调工作站调用当日的运行图，ATS 子系统将自动控制列车运行，主要完成以下工作。

（1）根据运行图及列车位置自动生成进路控制命令，传送到联锁设备，设置列车进路。

（2）自动完成正线区段内列车识别号（服务号、目的地）的分配及更新。

（3）列车运行自动调整，即当列车实际运行图与计划运行图发生偏差时，进行区间运行或停站时间的调整。

（4）运行图的编制及管理。

2. 非自动方式

行调可在中央控制室发出有关非安全控制命令，对全线的列车运行进行人工干预。

（1）人工调整列车运行

在 ATP/ATO 设备及联锁设备正常状态下，如果列车的实际运行图与计划运行图之间发生严重偏差时，行调可以在行调工作站上给出有关命令来对列车运行进行人工调整。行调调整方式包括：

1）实施"扣车/中止站停"或"跳停"；

2）改变列车在区间的走行时分；

3）对运行图进行修改。

（2）人工进路控制

行调可在行车调度工作站上设置列车进路。

（3）人工设定列车的识别号

行调可通过行车调度工作站对列车识别号进行重新设定、修正、删除。

2.2 车站级信号控制运行

车站级信号控制运行模式，通常是控制中心 ATS 设备不能正常发挥功能时，信号 ATC 系统配置的一种降级模式。根据信号系统结构配置不同，车站级信号控制方式有所不同。

1. 中央集中式结构

中央集中式结构的信号系统功能集中在中央控制中心实现，车站级控制功能较弱，仅具备有限的对道岔单独操纵、区间锁闭、信号机单独控制及站台监督等功能。

2. 非中央集中式结构

在非中央集中式结构下，车站级信号设备功能相对较强，车站值班员可以直接对其控制区域内的联锁设备进行控制。车站值班员在车站级工作站上进行进路设置，并可对联锁控制范围内的信号机、道岔和轨道区段作特殊的操纵。

3. 其他功能

（1）现地控制盘

设于车站控制室的现地控制盘是用于车站值班员调整在线列车运行的装置。可通过按压现地控制盘上的有关按钮，对停在本车站股道上的列车实施"扣车/中止站停""跳停"操作，同时在该盘上还可以进行紧急停车/紧急停车恢复的操作。

（2）紧急停车按钮

车站的每侧站台设有两个紧急停车按钮，在车站股道上发生突发事件情况下，为保护乘客及设备的安全，可使列车紧急停车。

2.3 试车线控制运行

当需要对列车进行动态调整试验时，经试车线控制室请求，车辆段信号楼对试车线完成必要的联锁控制后，将其控制权交由试车线控制室。通过试车线控制工作站及操作盘，能对车载信号系统进行各种速度等级的 ATP 功能、ATO 自动驾驶、ATO 精确停车、自动折返、车门监控、车-地通信及驾驶模式间转换等功能的测试。试车完毕后，信号楼控制室重新收回对试车线的控制权。

2.4 列车运行控制

列车运行控制模式分为正线列车运行、列车折返运行、车辆段内列车运行及列车运行模式转换 4 个方面。

1. 正线列车运行

（1）自动运行

在此模式下，车载 ATO 根据接收到的 ATP/ATO 报文信息，自动控制列车的启动、加速、巡航、惰行或制动，并控制列车在安全停车点前和规定的站台停车位置停车，以及自动控制车门和站台门的开启。司机只负责对车载 ATO/ATP 设备的状态显示进行监督，关闭车门以及对运行轨道的监视。

（2）ATP 监督下的人工驾驶运行

当列车置于 ATP 监督下的人工驾驶模式时，列车在 ATP 监督下由驾驶员控制列车运行，由人工控制车门、站台门的开启和关闭。ATP/ATO 车载设备在司机室的显示器上给出列车的实际速度、ATP 限制速度、目标速度以及目标距离等参数。当列车速度接近 ATP 限制速度时，系统将发出声、光报警信号，提醒驾驶员减速。如果列车的运行速度超过了 ATP 限制速度，系统则实施紧急制动。ATP 监督下的人工驾驶模式主要用于 ATO 故障时的降级驾驶。

（3）限制人工驾驶运行

此模式下由司机根据地面信号机的显示驾驶列车以不超过 ATP 限制速度运行。若列车运行速度超过 ATP 限制速度则产生紧急制动。

（4）非限制人工驾驶运行

当列车车载信号设备故障时，列车的运行进入该模式。在此模式下 ATP/ATO 系统失去功能，完全由列车驾驶员负责行车安全。

2. 列车折返运行

列车折返运行程序：

（1）列车到达折返站，从驾驶室显示屏可以看到自动折返提示信息，进行正确操作后，作出响应。

（2）在规定的停站时间结束，司机下车并按压设在站台上的"无人自动折返"按钮，列车将以 ATO 自动驾驶模式启动进入折返线并停车。

（3）在折返线车载信号设备自动进行驾驶室折返换向操作。

（4）折返进路条件具备后，列车自动从折返线运行至发车站台，并自动打开车门、站台门。

3. 车辆段内列车运行

列车在车辆段内的运行均按限速人工驾驶模式运行，运行中驾驶员须时刻注意地面信号机的显示以确保行车安全。

4. 列车运行模式转换

在正线区域，驾驶员可以对驾驶模式进行有条件的转换（见表 2-1）。

驾驶模式转换表 表 2-1

原驾驶模式	转换后的驾驶模式			
	自动驾驶	ATP 监督下的人工驾驶	限制人工驾驶	非限制人工驾驶
自动驾驶		列车处于运行或停车状态，司机都可使列车处于该模式	停车后人工转换	列车停车，驾驶员使用专用钥匙关闭 ATP
ATP 监督下的人工驾驶	列车处于运行或停车状态，司机均可使列车处于该模式		停车后人工转换	列车停车，司机使用专用的钥匙关闭 ATP

原驾驶模式	转换后的驾驶模式			
	自动驾驶	ATP 监督下的人工驾驶	限制人工驾驶	非限制人工驾驶
限制人工驾驶	列车接收到有效的 ATP 报文（收到有效移动授权），并经过位置定位同步后，自动转换 ATP 监督下的人工驾驶模式，然后司机可人工转换至该模式	列车接收到有效的 ATP 报文（收到有效移动授权），并经过位置定位同步后自动转换至该模式		列车停车，司机使用专用的钥匙关闭 ATP
非限制人工驾驶	先转换到限制人工模式再至 ATP 监督下的人工驾驶模式，然后司机可人工操作转换至该模式	列车停车，司机使用专用钥匙开启 ATP，如列车接收到有效的 ATP 报文，并经过位置定位后，则自动转换至该模式	司机使用专用的钥匙开启 ATP	

2.5 后备模式运行

根据列车运行指挥的需要，在城轨系统发生故障或其他特殊情况下，信号系统应能支持必要的后备运行模式（即保证该系统不中断运行，以最大限度地给运营提供最低一级的运行条件）。以下只列出一般系统主要设备的后备模式。

1. 控制中心 ATS

在中央 ATS 或中央至车站的信息传输网络故障情况下，可采用不同的方法来继续保持进路的自动控制功能。通常采用三种方式：一是将运行图下载到车站 ATS 分机，能保持类似的中央自动进路控制功能，包括列车运行自动调整和车站旅客向导信息的显示控制；二是采用从现场获取列车目的地号的方式来自动排列进路；三是将某些信号机设置为联锁自动控制方式。后两种方式下，没有列车运行自动调整功能。

2. 轨旁 ATP 计算机

轨旁 ATP 计算机完全故障，则其控制范围内的列车不能接收到地面控制信息，列车不能以 ATO 模式运行。这时的后续控制程序一般为：

（1）故障区内的所有列车紧急制动停车，司机与行调和车站值班员通信，报告列车停车事件，并检查列车设备状态。

（2）相邻轨旁 ATP 计算机对故障区边界进行防护。控制中心采用人工方式中止接近故障区段的后续列车的运行。

（3）行调确认故障后，通知故障区所有的设备集中站和列车司机，在该故障区采用站间闭塞方式运行。

（4）司机得到中央命令后将驾驶模式转换为限制人工驾驶（RM），启动列车，依照地面信号机的显示及行调和车站值班员的无线通信指挥，将列车驶出故障区。

（5）出清故障区后，列车进行 ATP 定位信息同步，以及与中央的列车识别号身份验证，完成后列车自动转换为 ATP 监督下的人工驾驶模式，司机可手动恢复为 ATO 自动驾驶模式。

（6）故障区内的站台停车精度及开/关车门、站台门由司机控制并确保安全。

（7）在故障恢复前故障区段按站间闭塞及限制人工驾驶（RM）模式维持列车运行。

3. 轨旁联锁计算机

联锁计算机通常采用冗余结构，可靠性高，一台计算机单元故障时不影响系统正常工作。如果有两台计算机同时故障，则在其控制范围内将丧失联锁功能和 ATP/ATO 功能。

4. 车载 ATO 设备

如果车载 ATO 设备发生故障，则无法实现列车运行的自动控制，不能根据 ATS 指令进行自动走行控制、站台精确停车、自动开关车门、列车自动折返以及自动调整运行等功能，不易达到规定的设计间隔和旅行速度。

5. 车载 ATP 故障

对于车载 ATP 设备故障，信号系统只能给故障列车提供联锁进路防护功能。故障列车应采用非限制人工驾驶模式，依照地面信号机的显示和行调人员的指挥行车，并应尽快退出运营。可以采用以下运行控制方式：

（1）行调命令司机以非限制人工驾驶模式（可规定限速）驾驶列车至前方站。

（2）列车到达前方站（或在车站发生故障）还不能修复时，行调命令司机以非限制人工驾驶模式继续（按规定速度）驾驶列车至前方终点站退出服务。

（3）非限制人工驾驶模式监控员须协助司机瞭望，监控速度表，列车按规定速度运行，不准超速；在有站台门的车站，须协助司机开关站台门。如遇超速时，提醒司机控制速度，必要时，立即按压紧急停车按钮。

6. 无线系统故障

对于 CBTC 信号系统而言，若发生无线系统故障，其控制范围内的列车不能接收到由无线系统传输的列车移动授权信息，信号系统将由原本的连续式列车控制等级降级为点式列车控制等。这时，后续控制程序一般为：

（1）故障区内的所有列车紧急制动停车，司机与行调和车站值班员通信，报告列车停车事件，并检查列车设备状态。

（2）对故障区边界进行防护。控制中心采用人工方式中止接近故障区的后续列车的运行。

（3）行调确认故障后，通知故障区所有的列车司机，在该故障区采用点式列车控制等级进行运行。

（4）司机得到中央命令后将驾驶模式转换为限制人工驾驶（RM/RMF），启动列车，依照地面信号机的显示及行调指挥，将列车驶出最近的点式列车控制等级重投点。

（5）列车司机驾驶列车到达重投点后，预选点式列车控制等级，此时列车根据地面信号及车载信号显示屏的移动授权动车，动车后以 ATO 模式运行。

（6）故障区内未完成重投点式的列车，其进站站台停车精度及开/关车门、站台门由司机控制并确保安全。

（7）在故障恢复前故障区域点式列车控制等级及限制人工驾驶（RM）模式维持列车运行。

第3章 ATP/ATO子系统

列车自动防护/驾驶系统（ATP/ATO）是城市轨道交通信号系统最重要的组成部分，并实现行车指挥和列车运行的自动化，从而最大限度地保证列车运行安全。

列车自动防护系统（ATP）负责列车的安全运行。在地铁系统中它完成保证安全的各种任务。ATP系统连续检测列车的位置和速度信息、监督列车的速度限制、车门/安全门的监督与门使能释放、列车追踪等。

列车自动驾驶系统（ATO）负责控制列车的运行，（例如列车的自动离站、列车的速度调节、列车的目标制动以及车门、站台门和安全门的开/关的启动控制）。

3.1 ATP/ATO子系统构成

为确保列车安全、高速、高密度运行，ATP/ATO子系统包括轨旁ATP、车载ATP和ATO等系统，上述系统除采用高可靠性、高安全性硬件结构和软件设计外，还应采取必要的软、硬件冗余措施，即ATP/ATO计算机系统应采用三取二或二取二热备的冗余结构。ATP/ATO计算机系统与相邻有关系统间的通信通道应具有故障—安全功能且有热备冗余。

1. 轨旁ATP系统构成

ATP轨旁计算机单元的作用是为轨旁信号防护系统提供与信号系统其他元件连接的主要接口。ATP轨旁设备基于故障—安全的原理执行其安全功能。该系统包括在连续式通信支持下，从轨旁到车载传送移动授权，并提供冗余的三取二或二乘二取二轨旁计算机单元硬件，这种配置提高了系统的可靠性。一个冗余配置说明有两个通道相互进行结果比较并对结果进行一致性检查，这样可以保证安全。如果其中一个通道故障，第三个通道将会自动切换而不会影响到任何的操作。

2. 车载ATP系统构成

车载计算机单元安装在列车内。它包括一个根据移动授权原理、位置报告和移动闭塞原理执行ATP功能的处理器板，并由二取二的故障—安全结构支持。具体系统构成如图3-1所示。

（1）每个驾驶室的机车信号设备提供显示功能。

（2）一个测速电机用来采集列车的位移和速度，该测速电机安装在列车的车轴上。

（3）一个雷达单元与测速电机（OPG）一起工作，目的是实时提供列车的位移和速度信息。

（4）一个（直线电机列车为两个，左右侧各安装一个）应答器天线用于激活并接收应答器信息，主要来自固定数据应答器或者可变数据应答器发送的数据。

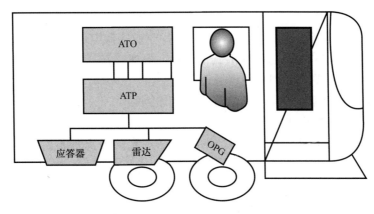

图 3-1　信号车载系统结构

3. 车载 ATO 系统构成

ATO 的主要部件在列车上，以实现列车自动驾驶模式。特别需要强调的是，ATO 的功能是非安全型的，且 ATO 车载单元是单通道的计算机。

ATO 主要车载单元设备为中央处理板，控制 ATO 的输入和输出、计算速度曲线和管理接收到的安全码数据。

3.2　ATP/ATO 子系统功能

车载 ATP 主要系统功能为：连续检测列车的位置、监督速度限制、防护点和控制列车车门等，轨旁 ATP 通过输入来自装备列车的位置报告和轨道空闲检查来计算列车运行移动授权，并将列车移动授权通过双向通信通道发送至列车。

1. ATP 子系统功能

（1）列车定位功能

列车定位流程可以描述为：

1）在车载 ATP 的启动时，列车未定位，一旦列车连续经过两个应答器，就会初始化列车位置参数，列车变成"已定位"。下面对具体步骤进行详细描述。

① 读取第一个应答器用于初始化列车位置。

② 读取第二个应答器，用于确定的运行方向，列车确定位置和方向后，变成"已定位"状态。

2）在两个应答器之间已定位的列车位置参数更新，由测速电机和雷达的融合计算得出。当经过一个应答器时，列车将根据应答器在线路数据库中的精确位置校准列车定位。

（2）速度与距离测量

测速电机（OPG）和雷达单元一起用于列车速度和距离的精确检测。测速电机是一个经过广泛验证的单元，通过计算经车轮旋转在测速电机里产生的脉冲来测量列车的速度和距离。雷达通过反射雷达波的多普勒效应来计算速度和距离值。雷达测速的结果完全不受列车的空转和滑行的影响。两种传感方式的连续结合得到了更加安全、可靠、精确的速度距离值。

（3）应答器检测

当列车经过一个应答器时，它会接收到一个用于应答器识别的应答器报文。用于点式通信级的应答器还为点式列车防护提供其他信息。根据应答器的识别号，车载 ATP 可以利用线路数据库里的线路信息对应答器进行定位。

应答器检测需要遵循以下原理来保障列车的安全性：

1）应答器信息是编码的。

2）安全列车定位功能：保证应答器的报文在规定的距离外不会发生交叉干扰，如图 3-2 所示。

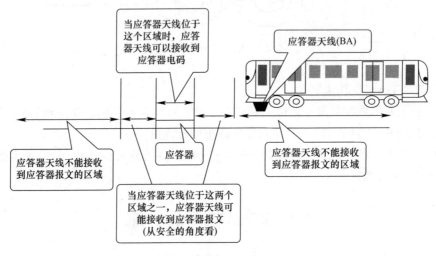

当应答器天线位于这个区域时，应答器天线可以接收到应答器电码

应答器天线(BA)

应答器

应答器天线不能接收到应答器报文的区域

当应答器天线位于这两个区域之一，应答器天线可能接收到应答器报文（从安全的角度看）

应答器天线不能接收到应答器报文的区域

图 3-2　安全应答器检测

（4）防护点和超速监督

防护点和超速监督的任务是安全检测，司机或 ATO 系统的当前允许速度符合列车前方的安全限制，否则触发列车的紧急制动。在任何情况和时间下，列车服从以下两种安全限制，如图 3-3 所示。

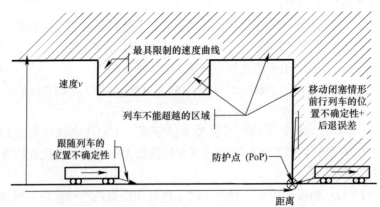

最具限制的速度曲线

速度v

列车不能超越的区域

移动闭塞情形前行列车的位置不确定性+后退误差

跟随列车的位置不确定性

防护点 (PoP)

距离

图 3-3　最具限制的速度曲线和防护点监督

图中：

1）零速度限制的防护点（PoP）。

2）最具限制的速度曲线（MRSP）。

如图 3-3 所示，限制点代表了绝对不允许越过的限制，如果前行信号装备列车定义了一个防护点，则前行列车的位置不确定性因素和后退界限已经考虑在内。

（5）防护点

防护点取决于采用的运行模式。在移动闭塞模式下，防护点位于前行列车的后面，主要考虑的因素包括位置不确定性因素和后退边界。具体判断以下情况：

1）前行列车的安全尾端加上后退边界的定位，并且运行在连续式通信层；

2）物理占用区段的边界；

3）与信号机相关的防护点；

4）联锁安全距离的末端，如安全距离的设定与监督；

5）其他的安全防护点，如防淹门、车挡。

（6）列车追踪

列车追踪作为 ATP 系统保证行车安全的一个重要功能，主要根据前车的列车位置报告信息实时更新后续列车的移动授权。列车追踪主要分为连续式通信级移动授权下的移动闭塞列车追踪与点式通信级移动授权下的固定闭塞列车追踪。

连续式通信级移动授权下的移动闭塞列车追踪，该功能保证列车按照移动闭塞原理运行，确保后车追踪保持一定距离。当列车运行在连续式通信级列车控制下的模式，移动闭塞列车间隔功能保持列车间的安全距离，此时，计算并且发送连续式通信级移动授权报文到列车，如图 3-4 所示。

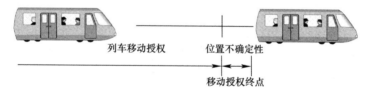

图 3-4　移动闭塞列车间隔原理

点式通信级移动授权下的固定闭塞列车追踪，是连续式通信级移动闭塞模式的降级模式。该功能保证列车按照固定闭塞原理运行，后行列车与前行列车之间始终保持一定距离。固定闭塞列车间隔功能取决于由始端和终端物理信号机定义的联锁分区。

可变数据应答器与一架信号机相连，报文内容只取决于相应的信号机的显示，应答器报文通过 LEU 至应答器，如图 3-5 所示。

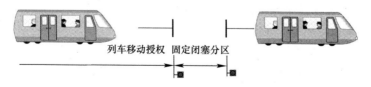

图 3-5　固定闭塞列车间隔原理

如果列车经过可变数据应答器，根据当前信号机显示（进路设定），它将得到一个移动授权。如果信号机显示"前进"，则列车获得一个直到下一个信号机的移动授权。

（7）驾驶模式

ATP 的这些安全功能与列车的驾驶和运行模式有关。列车有多种不同的驾驶模式，主要介绍以下几种驾驶模式。

1）ATO 列车自动驾驶

ATO 模式是具有更高的自动化程度的模式，它为列车控制提供更加灵活的选择。

2）ATP 监督下的人工驾驶（SM 或 PM 模式）

SM/PM 模式下，列车由司机按照机车信号的显示人工控制。ATP 连续监督列车人工驾驶的运行，一旦超速或列车没有依据制动曲线在停车点停车，列车将自动采取紧急制动。

3）ATP 限制速度下的人工驾驶

这是一个受限制的人工"谨慎前进"驾驶模式。它应用于车载设备故障或列车定位失效（如车厂内）的情况下。列车由司机根据线路的轨旁信号机来驾驶。行驶速度不能超过 ATP 监督允许的最高速度（如 18km/h）。

4）切除模式

切除模式用于在车载 ATP 计算机单元关断情况下的列车运行。列车由司机根据轨旁信号机显示来判断列车是否可以继续前进，司机完全负责列车运行的安全。

5）自动折返驾驶

信号系统内定义的区域提供高度灵活的折返操作。有以下折返模式：

① DTRO 无人折返模式。

② ATO 驾驶自动折返模式。

③ ATP 监督下的人工驾驶折返模式。

（8）速度监督

信号系统 ATP 监督在任何位置的列车运行最大允许速度。如果在同一个位置有几个速度限制的重叠，则最低速度选作最大允许速度。

2. ATO 子系统功能

（1）自动驾驶模式

列车启动后，ATO 系统完全自动控制列车运行至下一车站。

（2）列车速度控制

该功能控制和监督列车的速度，并且根据最大允许速度参数来保持列车的速度。

（3）列车目标制动

列车目标制动功能使列车精确地停在计划规定的位置。

（4）车门打开和关闭

列车抵达车站并停稳后，ATO 功能将会打开列车车门，经通信通道由报文触发打开站台门（或安全门）。车门关闭将由司机或在停站时间到时触发。

（5）根据时刻表生成节能速度曲线

如果列车从一个车站到下一车站有充分的旅行时间，可以通过选择该项功能来得到一个节能优化的速度曲线，比如巡航/惰行。

3.3 ATP/ATO 子系统原理

ATP 主要系统原理是通过与联锁系统的互相合作，负责列车的安全运行，而 ATO 根据 ATP 计算的各种速度曲线，完成列车自动驾驶功能。

1. 轨旁 ATP 系统原理

在连续式通信支持下，产生移动授权并传送给列车线路数据库存储（线路坡度，轨道区段长度，限速区段，临时限速区段）。与联锁系统（操作进路及进路单元的状态）的接口，通过环线或无线等通信方式，建立与 ATP 车载计算机单元的连续式通信。

传输设备用于在信号系统轨旁计算机单元和车载计算机单元之间连续的数据交换。轨旁通信设备和车载通信设备通过环线或无线设备来实现双向传输。

2. 车载 ATP 系统原理

车载 ATP 计算机单元通过遵守其移动授权来执行保障列车安全所需要的过程。移动授权在连续通信级由轨旁 ATP 计算机单元产生，并通过通信通道发送到列车。ATP 车载计算机单元根据移动授权控制列车制动曲线。一旦出现与 ATP 车载计算机单元得出的制动曲线相背离的情况，将会触发紧急制动促使列车停车。这些活动均是与安全相关的，即要求 ATP 车载计算机单元是故障—安全。

（1）测速电机工作原理

现代列车控制功能需要监督列车的速度和确定列车与参考点的距离，同时应提供有用的与列车加速度、速度、车轴旋转方向有关的数据。因此，电子测速电机得到了使用，它安装在车轴上，快速的检测转速（数/分）的变化和旋转的方向。如图 3-6 所示。

以广州地铁 4/5 号线为例，OPG 安装在列车 A 车的四轴上，OPG 内部安装有两个脉冲传感磁头，同时通过 16 个齿轮组伴随舌头插入轮轴，使之与车轮一起转动，车轮转动一圈产生 64 个脉冲，通过脉冲数和列车轮径值便可计算出列车速度、距离和方向等信息，具体原理图如图 3-7 所示。

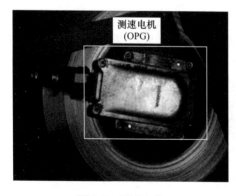

图 3-6　测速电机

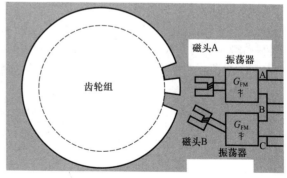

图 3-7　里程脉冲发生器原理图

（2）雷达传感器工作原理

雷达传感器和测速电机一起用于速度的测量。通过使用雷达传感器，可以提高速度测量的精度。雷达测速利用多普勒效应，通过列车速度变化产生的频率变化进行计算，由此检测实际列车速度和行驶距离，并且不受车轮空转/打滑的影响。如图 3-8 所示。

图 3-8　雷达测速

测速雷达主要是利用多普勒效应原理，即当目标向雷达天线靠近时，反射信号频率将高于发射频率；反之，当目标远离天线而去时，反射信号频率将低于发射频率。如此即可借由频率的改变数值，计算出目标与雷达的相对速度。

3. 车载 ATO 系统原理

ATO 车载设备通过对列车牵引和制动系统的控制，实现列车的自动驾驶功能。

（1）列车和轨旁之间的信息交换

ATO 和 ATP 采用相同的轨旁和车载设备之间的连续式通信系统。采用连续式通信方式时，下列信息会从轨旁设备传输到车载设备：

1）来自 ATP 轨旁设备的移动授权通过 ATP 车载设备到 ATO 车载设备，计算自动驾驶曲线；

2）从 ATS 到车载 ATO 的旅行时间和停站时间；

3）从 ATO 传输 ATS 的列车数据（如：驾驶模式、车次号目的地码）。

（2）列车驾驶模式控制原理

自动驾驶模式是有装备列车的常用驾驶模式。车载 ATO 自动控制牵引和制动单元，ATO 接收从车载 ATP 传输的数据，分别列举如下：

1）移动授权；

2）列车实际运行速度；

3）位置识别和定位系统的信息；

4）列车长度；

5）ATS 发布的 ATR（列车自动调整）信息；

6）发车命令。

ATO 系统通过控制列车牵引制动系统，确保列车根据预设的速度曲线自动运行。当达到制动触发点时，ATO 设备将自动控制常用制动使列车跟随制动曲线制动。

ATO 常用制动模型如图 3-9 所示，其中各参数解释如下：

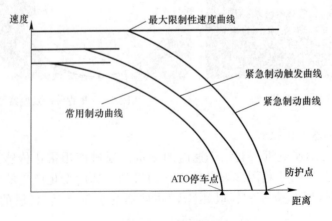

图 3-9　ATO 常用制动模型

① 最大限制的速度曲线：最大限制性速度曲线（MRSP）是在给定线路区段上，对最大限制性速度的描述。MRSP 是指线路数据库中或操作员设置的临时限速区段的最小的静态速度曲线。

② 防护点：防护点的位置取决于所考虑的运行环境。对于移动闭塞运行，防护点是前面列车的背后。

③ 紧急制动曲线：紧急制动减速曲线要考虑列车的最大紧急制动减速度，轨旁 ATP 计算出的当前防护点，最大限制性速度曲线以及线路的坡度纵断面。

④ 紧急制动触发曲线：从紧急制动曲线计算得到。这个曲线的得到需考虑切断牵引动力以及制动力发生作用的延时，车载 ATP 连续监督紧急制动触发曲线。

⑤ 常用制动曲线：列车需要在停车点正常停稳所计算出的制动曲线，常用制动曲线一般需要考虑乘客舒适性。

⑥ ATO 停车点：停车点分为运营停车点（如车站）和安全停车点。

（3）精确停车控制原理

车站停车点由 ATO 系统根据线路数据库信息进行控制。

ATO 设备通过 ATP 在进站过程中获得精确的列车定位信息，最终控制列车在运营停车点精确停车。ATO 制动列车使停车精度指标可以达到±0.3m 以内，以保证乘客在站台通畅的上下列车。

3.4 ATP/ATO 子系统主要技术指标及设计要求

1. ATP 系统主要技术指标及设计要求

（1）ATP 系统一般设计要求

1）ATP 设备应确保列车的安全运行，实现列车运行间隔控制、超速防护和车门监控等功能。

2）ATP 车载设备应满足 24h 运营的要求，ATP 地面设备应满足每周 7 天每天 24h 不间断运营的要求。

3）ATP 车载设备配置要求：每列车宜头尾两端各设一套 ATP 车载设备。当列车两端各设置一套三取二或二乘二取二安全计算机平台构成的 ATP 车载设备时，则车头、车尾可不考虑冗余，否则头尾两端车载设备应满足冗余的要求。

4）在司机控制台上应设置车载信号设备的人机界面的显示器和司机操作的按钮和指示灯。

5）ATP 车载设备的开关、按钮及表示灯包括：

① 驾驶模式转换开关或按钮；

② 自动折返按钮及表示灯；

③ 确认按钮；

④ 车载设备切除开关。

6）ATP 设备应适用于不同方向运行编组长度固定的列车，包括：

① 单方向运行编组长度固定的列车；

② 双方向运行编组长度固定的列车。

7）ATP 设备可适用于不同方向运行编组长度可变的列车，包括：

① 单方向运行编组长度可变的列车；

② 双方向运行编组长度可变的列车；

③ 不同编组长度的列车混合运行。

8）ATP 设备应满足不同车辆性能的列车共线运行的需求。

9）ATP 地面设备宜采用列车位置报告和列车占用检测设备的冗余方式获得列车位置，以满足系统正常及降级运用的要求。

10）ATP 车载设备在不同的 ATP 地面设备控制区域间切换应不影响列车正常运行。

11）ATP 设备应满足连续通信的列车控制、点式列车控制、联锁控制三种级别的要求：

① 连续通信的列车控制级别（CBTC 级别）为信号系统的正常控制方式，应基于移动闭塞原理，采用连续速度曲线控制方式，实时监督列车运行；

② 点式列车控制级别（点式级别）为信号系统的降级控制方式，应基于固定闭塞原理，采用连续速度曲线控制方式，实时监督列车运行；

③ 联锁控制级别（联锁级别）为信号系统的降级控制方式，ATP 车载设备应提供限制人工驾驶下的速度防护功能。

12）ATP 车载设备应至少支持限制人工驾驶模式（RM 模式）、ATP 防护下的人工驾驶模式 SM/PM，如果装备 ATO 设备，还应支持列车自动驾驶模式（AM 模式）。

13）ATP 车载设备应与车辆电路一起提供设备切除功能（非限制人工驾驶模式），此时 ATP 自动防护设备被切除，ATP 车载设备不对列车运行进行监控，司机按操作规程驾驶列车运行。

14）ATP 设备宜具备无人自动折返功能。

15）在具有列车作业方式的车辆段/停车场，ATP 设备应提供超速防护功能。

16）车载 ATP 和 ATP 地面设备应具备与 ATS 校核时钟的能力。

（2）ATP 系统性能要求

1）安全性要求

① ATP 设备中完成与行车安全功能相关的设备应满足 SIL4 级要求。

② ATP 设备应符合故障导向安全原则。

③ ATP 设备应采用二乘二取二或三取二安全冗余结构，二乘二取二或三取二冗余结构的定义应符合《电气/电子/可编程电子安全相关系统的功能安全 第 6 部分：GB/T 20438.2 和 GB/T 20438.3 的应用指南》GB/T 20438.6—2017 的要求。

④ 与 ATP 子系统进行的安全信息传输应满足《轨道交通通信、信号和处理系统 第 1 部分：封闭式传输系统中的安全相关通信》GB/T 24339.1—2009 的要求。

2）可靠性、可用性要求

① ATP 车载设备平均故障间隔时间应满足：MTBF $\geqslant 10^5$ h。

② ATP 地面设备平均故障间隔时间应满足：MTBF $\geqslant 10^5$ h。

③ ATP 设备可用性应不小于 99.99%。

④ ATP 设备的设计寿命为 15 年。

3）可维护性要求

① ATP 设备应具有自诊断或远程诊断能力，以减少系统平均故障修复时间（MTTR）。

② 按照设备所在地点划分，平均故障修复时间要求为：

a. 车载设备的平均故障修复时间：MTTR≤30min；

b. 车站设备的平均故障修复时间：MTTR≤45min；

c. 轨旁设备的平均故障修复时间：MTTR≤4h。

③ ATP 设备应能提供数据记录功能，记录的数据应能反映系统运行状况。记录的内容包括事件的时间和日期，数据记录时间要求。

④ ATP 设备的记录数据应可直接或通过外接 PC 实现图形或其他可读格式输出和打印，并可按要求传送至车站及控制中心 ATS 或其他子系统。

4）追踪间隔时间和旅行速度

5）性能指标

① 装备 ATP 车载设备的列车自动控制系统的主要响应时间要求：

a. 控制命令的反应时间，即命令发出至被控系统开始执行的时间应小于 1s；

b. 车载信号设备自接收到地面信息至完成处理的时间应小于 0.75s；

c. 当车载信号设备识别到涉及行车安全的系统故障时，应立即发出紧急制动命令，且延时应小于 0.75s。

② ATP 车载设备上电启动时间应小于 60s。

2. 车载 ATO 系统主要技术指标及设计要求

（1）ATO 系统一般设计要求

1）ATO 设备应在 ATP 设备的防护下实现列车自动驾驶功能。

2）ATO 设备应采用高可靠性的硬件结构和软件设计，ATO 设备应采用冗余结构。

3）ATO 设备配置应与车载 ATP 的配置相对应。

4）ATO 设备的故障应不影响 ATP 防护下的人工驾驶列车运行。

5）ATO 设备应适应不同的列车编组。

6）ATO 设备应适应不同车辆性能的列车共线运行。

7）ATO 设备应能满足基于通信的列车控制（CBTC）要求，同时能满足点式列车控制等级的要求。

8）ATO 设备需具备无人自动折返功能。

（2）ATO 系统性能设计要求

1）安全性要求

ATO 设备中完成与自动驾驶和车门控制功能相关的设备应满足 SIL2 级要求。

2）可靠性、可用性要求

① ATO 设备宜采用双机热备冗余结构。

② ATO 设备平均故障间隔时间应满足：MTBF≥10^5h。

③ ATO 设备可用性应不小于 99.99%。

④ ATO 设备的设计寿命为 15 年。

3）可维护性要求

① ATO 设备应具有自诊断或远程诊断能力，以减少系统平均故障修复时间（MTTR）。

② ATO 设备应具备对硬件、软件以及数据通信链路周期性检测的能力，包括 ATO 与 ATP 数据通信链路的检测。

③ ATO 设备的平均故障修复时间应满足：MTTR≤30min。

4）性能指标

① ATO 自动驾驶时，列车在站台停车精度应小于±30cm。

② ATO 设备上电启动时间应小于60s。

3.5 ATP/ATO 子系统接口

ATP/ATO 系统应与其他各系统之间预留相关系统接口，以实现各子系统之间的信息交流和共享，共同实现对列车实时、有效、精确和安全的控制。ATP/ATO 信号系统与列车的牵引、制动以及控制、表示系统（包括车门控制、表示）间应进行有机地、精密地联系，并满足各自的技术指标要求，各系统逻辑接口框图如图 3-10 所示。

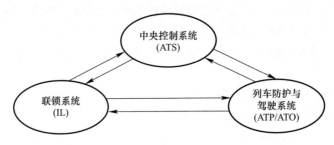

图 3-10 各系统逻辑接口框图

1. ATP/ATO 子系统与车辆设备接口

（1）车载 ATP/ATO 与车辆的接口分为开关量、模拟量、通信接口 3 种。

（2）涉及行车安全的电气接口应采用安全输入/输出接口方式。

（3）车载 ATP/ATO 应能够通过安全或非安全接口采集表 3-1 中的开关量信息。

ATP/ATO 子系统与车辆设备接口   表 3-1

车载 ATP/ATO 输入信号	安全接口
驾驶室激活	是
列车完整性	是
列车车门关闭且锁闭	是
车辆牵引已切除	是
车辆已实施紧急制动	是
牵引制动手柄在零位且方向手柄向前	是
ATO 启动按钮	—
运行模式状态确认和/或预设模式选择	—
自动折返（AR）按钮	—
左门开	—
左门关	—
右门开	—
右门关	—
门控方式	—

注："—"表示：对是否安全接口不做要求。

（4）车载 ATP/ATO 宜能够通过安全或非安全接口采集表 3-2 中开关量信息。

开关量信息 1 表 3-2

车载 ATP/ATO 输入信号	安全接口
ATP 已切除	—
车辆保持制动已施加	是

注："—"表示：对是否安全接口不做要求。

（5）车载 ATP/ATO 应能够通过安全或非安全接口输出表 3-3 中的开关量信息。

开关量信息 2 表 3-3

车载 ATP/ATO 输入信号	安全接口
紧急制动	是
牵引切除	是
左门开门允许	是
右门开门允许	是
自动折返（AR）灯	—
ATO 已激活	—
ATO 牵引输出	—
ATO 制动输出	—
保持制动输出命令	—
开左门命令	—
开右门命令	—
关左门命令	—
右关门命令	—
ATO 启动灯	—

注："—"表示：对是否安全接口不做要求。

（6）车载 ATP/ATO 可通过安全或非安全接口输出表 3-4 中的开关量信息。

开关量信息 3 表 3-4

车载 ATP/ATO 输出信号	安全接口
最大常用制动	—

注："—"表示：对是否安全接口不做要求。

（7）车载 ATP/ATO 可通过电压或电流或通信输出或者继电器级位编码方式输出期望的牵引/制动加速度值。

（8）车载 ATP/ATO 应能与列车管理系统（TMS）实现信息交换。

（9）车载 ATP/ATO 宜能向 TMS 提供时钟信号，以满足 TMS 时钟与 CBTC 系统时钟同步的需要。

2. ATS 与轨旁 ATP 接口要求

（1）ATS 与轨旁 ATP 间的数据传输宜基于 IP 协议。

（2）ATS 与轨旁 ATP 间信息交换采用周期通信和/或事件触发通信的方式。

（3）从 ATS 到轨旁 ATP 的信息：

1）首次上电临时限速确认信息。

2）临时限速一次设置/取消信息。

3）临时限速二次设置/取消信息。

4）时钟同步信息。

（4）从轨旁 ATP 到 ATS 的信息：

1）首次上电临时限速确认申请信息。

2）临时限速一次确认信息。

3）临时限速二次确认信息。

4）全线临时限速状态信息。

5）时钟同步信息。

3. ATS 与车载 ATP/ATO 接口要求

（1）ATS 与车载 ATP/ATO 间的数据传输宜基于 IP 协议。

（2）ATS 与车载 ATP/ATO 间信息交换采用周期通信和/或事件触发通信的方式。

（3）从 ATS 到车载 ATP/ATO 的信息：

1）列车运营识别信息。

2）目的地。

3）下一站。

4）运营调整命令。

5）校时信息。

6）列车运营识别信息指对不同行驶方向、不同车种、不同运行时刻的列车编订的标示码，含车次号和表号等信息。

7）目的地指本次列车运行所要到达的终点站。

8）下一站指本次列车运行所要到达的前方站台。

9）运营调整命令指 ATS 或人工根据列车实际运营与计划的偏差情况，对在线运营的列车所做的调整策略，包括扣车、跳停、调整站停时间、调整列车在区间运行时间（或区间运行等级）等方式。

10）校时信息指 ATS 与车载 ATP/ATO 之间的时钟同步信息。

（4）从车载 ATP/ATO 到 ATS 的信息，列举如下：

1）列车运行速度和方向。

2）列车控制级别和驾驶模式。

3）车门状态。

4）停稳信息。

5）列车报警信息。

6）校时信息。

4. 车载 ATP/ATO 与轨旁 ATP 接口要求

（1）车载 ATP/ATO 与轨旁 ATP 间的数据传输宜基于 IP 协议，应保证数据传输的安全性。

（2）车载 ATP/ATO 与轨旁 ATP 间信息交换采用周期通信和/或事件触发通信的方式。

（3）从车载 ATP/ATO 到轨旁 ATP 的信息：

1）列车位置信息。

2）列车运行速度和方向。

3）停稳信息。

4）列车控制级别和驾驶模式。

5）列车完整性。

6）无人折返状态指示信息。

（4）从轨旁 ATP 到车载 ATP/ATO 的信息：

1）连续式级别移动授权信息。

2）临时限速信息。

3）无人折返按钮信息。

5. 联锁（CI）与轨旁 ATP 接口要求

（1）CI 与轨旁 ATP 间的数据传输宜基于 IP 协议，应保证数据传输的安全性。

（2）CI 与轨旁 ATP 间信息交换采用周期通信和/或事件触发通信的方式。

（3）需要从 CI 到地面 ATP 传输的信息有：

1）区段状态。

2）无人折返按钮信息。

3）站台门状态。

4）站台紧急关闭状态。

5）进路信息。

（4）从 ATP 到 CI 的信息：

1）信号机的列车接近信息。

2）逻辑区段信息。

3）停稳信息。

4）无人折返状态指示信息。

6. CI 与车载 ATP/ATO 接口要求

（1）CI 与车载 ATP/ATO 间的数据传输宜基于 IP 协议，应保证数据传输的安全性。

（2）CI 与车载 ATP/ATO 间信息交换采用周期通信和/或事件触发通信的方式。

（3）从 CI 到车载 ATP/ATO 的信息：站台门状态指站台门是否处于关闭且锁闭的状态信息。

（4）从车载 ATP/ATO 到 CI 的信息：

1）车载 ATP/ATO 传送给 CI 的信息包括以下内容：站台门命令。

2）站台门命令指车载 ATP/ATO 发出的站台门控制命令，CI 可利用该信息控制站台门开/关。

3.6 典型 ATP/ATO 子系统设备组成结构介绍

信号系统是保障行车安全、提高运输能力的关键技术装备。城市轨道交通信号系统随着微电子技术、计算机技术、通信技术的发展而不断发展。下面将从四个典型的信号系统进行描述。

1. 西门子移动闭塞 ATP/ATO 系统实例介绍

对于连续式列车控制下的运行，TGMT 系统概念是基于移动闭塞列车间隔原理的，移动闭塞是通过从列车发送到轨旁子系统的位置报告报文以及从轨旁控制单元发送到列车的移动授权报文进行实时信息交换来实现的。轨旁控制单元基于联锁状态和列车位置报告计算出移动授权。

点式列车控制是基于固定闭塞列车间隔原理的。基于传统进路监督的联锁系统保证列车的间隔（当所有允许列车进入信号机后方区段的条件被满足时，信号机给出允许显示）。LEU 被连接到信号机并根据信号机的显示来选择相应的可变应答器报文。如果信号机开放，则当列车通过应答器时，可变应答器给列车发送一个点式移动授权报文。轨旁和车载 TGMT 子系统都使用线路数据库，该数据库包含了描述轨道的数据。

线路数据库（TDB）中包含线性区段（轨道分区）的长度和相邻区段（若有道岔则存在两个相邻区段）以及如速度、坡度等一些附加信息的描述（这些区段的静态速度限制曲线和坡度）。因此，如果 TDB 对于车载设备而言是有效的，就不需要通过通信通道来发送这些信息，这样可以减少 WOBCOM 的带宽需求。

车载 OBCU 子系统基于轨旁设备发送的信息（如移动授权报文）及存储于 TDB 中的信息监督和控制列车的运行。线路数据库的描述独立于列车的运行方向，因此，在 TDB 中对一个线路区段仅需进行一次建模。

TGMT 系统总是依靠联锁系统来进行安全进路管理（进路锁闭、进路排列、进路解锁等），即使所有的列车都运行于连续式列车控制级下。具体如图 3-11 所示。

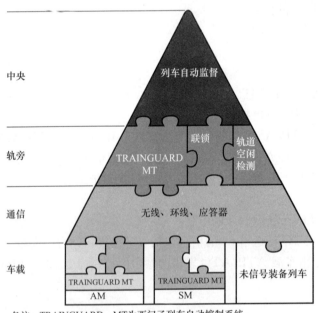

备注：TRAINGUARD MT 为西门子列车自动控制系统。

图 3-11 TGMT 信号系统图

2. Urbalis888 型 ATP/ATO 系统实例介绍

Urbalis888 系统是一套基于无线连续通信的移动闭塞列车自动控制系统（CBTC），主要由以下子系统组成：

（1）ATS 子系统；

（2）ATP/ATO 子系统；

（3）计算机联锁（CI）子系统；

（4）维护监测（MSS）子系统；

（5）数据通信（DCS）子系统。

位于控制中心的中央 ATS 负责管理整条线路。在正线各个设备集中站的设置控制工作站（ATS 操作员工作站），在非集中站还设置有 ATS 显示工作站，在车辆段的派班室和行车调度室各设置一个 ATS 终端。

Urbalis888 信号系统关键结构采用工业以太网交换机组成的冗余骨干网确保各子系统之间能安全可靠的通信，并且该骨干网与沿线分布的 AP 和 DCS 无线天线一起，保证车-地之间连续的双向通信。

全线信号系统单独组网，构成连通控制中心、正线车站、车辆段的光纤网络，为联锁、ATP/ATO、ATS、电源、车地通信子系统提供安全、可靠、冗余的传输通道。ATP 和联锁子系统的信息传输通道采用独立的安全传输通道。具体如图 3-12 所示。

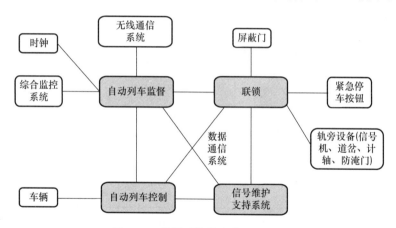

图 3-12　信号系统信息传输原理图

3. MTC-I 型 ATP/ATO 系统实例介绍

MTC-I 型基于通信的列车控制系统（CBTC），是当今城市轨道交通信号控制技术发展的一个重要趋势，它是一个功能架构完整、技术安全可靠、全生命周期成本优良的列车自动控制系统。MTC-I 型 CBTC 系统集先进的控制技术、计算机技术、网络技术和通信技术于一体，具有灵活的控制模式和完善的降级使用模式，充分满足了城市轨道交通的各种功能和运营要求。凡涉及行车安全的子系统和设备均通过独立第三方安全认证，安全完整性等级达到 SIL4 级，符合故障—安全原则。该系统在缩短行车间隔、提高运营效率及为旅客提供更舒适的乘坐体验等方面，提供高安全、高冗余、稳定可靠的优质服务。

ZC、CBI 系统是在 TYJL-III 型通用安全平台的基础上自主研发而成的。该通用安全平台采用了二乘二取二的安全冗余结构，综合采用故障—安全设计和安全信息传输技术，具有较高的可靠性和安全性。采用该通用安全平台的计算机联锁系统、列控中心系统、临时限速服务器系统等已经在国内众多高速铁路、普速铁路广泛投入使用。

车载每端配备两套热备冗余的 ATO 设备，可实现无缝切换，提高了 ATO 设备整体可用性。两端的测速传感器、测速雷达和应答器报文接收设备互为冗余，单端的传感器故障不影响列车运行，提高了 ATP 设备整体可用性。

ATS 子系统采用创新的节能调度与调整技术，积极开展研究，通过从地铁客流特征、车辆再生制动、列车编组等因素进行综合考虑，从调度角度提出了节能调度解决方案。

基于大数据挖掘的车载智能维修系统，对所有列车的运行数据进行自动收集与分析，通过对各个列车的横向对比和每列车不同时期的纵向对比，可对车载设备运行质量进行监督与预测，实现了"事前维修"并大幅减少运营维护成本。具体如图 3-13 所示。

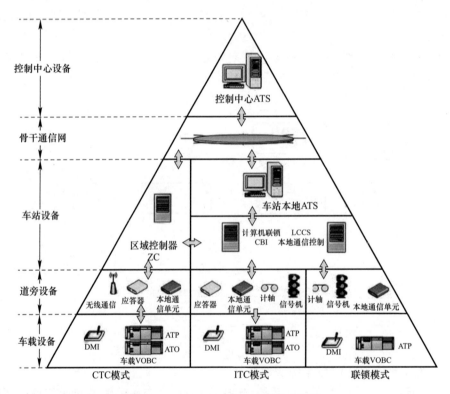

图 3-13　MTC-I 型 CBTC 信号系统图

4. 泰雷兹 ATP/ATO 系统实例介绍

泰雷兹 Seltrac 信号系统使用最少的地面和车载硬件实现列车自动防护（ATP）、列车自动运行（ATO）和列车自动监控（ATS）的功能，并实现预期的列车运营间隔。该移动闭塞系统通过车载、地面及联锁的安全性（冗余校验）计算机系统来实现列车的安全间隔、联锁控制和列车速度限制。

泰雷兹 Seltrac 信号系统的 ATP 子系统的功能由两类设备完成：车载 ATP 设备（VOBC）和轨旁 ATP 设备（ZC），VOBC 周期性地确定列车的位置，并且向 ZC 发送位置信息以及列车行驶方向。ZC 基于周边线路的当前状态、列车当前位置、行驶方向以及进路等为其辖区内的每列列车计算移动授权（LMA）。VOBC 根据 ZC 提供的 LMA 持续的计算制动曲线，以保证列车始终能够在轨旁设备（ZC）提供的移动授权权限（LMA）

范围内停车。ATP 系统监督列车每侧车门及对应站台门的关闭和锁闭状态。当列车在车站对位停车后，ATP 系统将会根据车载线路数据库和列车行驶方向向正确侧门（车门和站台门）发送使能信号。此外，ATP 系统还提供倒溜保护、无意识移动防护、牵引受阻防护、超速监控防护、列车完整性监控防护。

在点式 ATP 模式下，VOBC 将会提供连续的速度监督，并对列车测量速度和最大允许速度进行连续比较，如果超过最大允许速度，列车将被紧急制动。最大允许速度是根据土建限速、其他限制条件计算得出的。点式 ATP 系统也提供倒溜防护和监控列车没有冒进红灯。当一列车失去通信，ZC 将继续保护该列车，与该列车有关的联锁功能将依据传统的固定闭塞原则而不是移动闭塞原则。具体如图 3-14 所示。

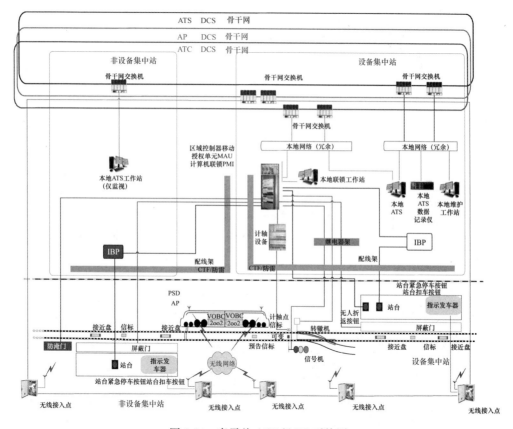

图 3-14　泰雷兹 ATP/ATO 系统图

3.7　ATP/ATO 子系统的维修重点

1. 轨旁 ATP 维护重点

（1）定时通过维护软件监控轨旁 ATP 运行状态，确保 ATP 工作正常。

（2）为提高系统运行稳定性，定期对主机板件灰尘情况进行评估，保持清洁。

（3）定期进行重启设备，释放系统内存资源，提高设备运行稳定性，此项根据设备运行情况而定。

（4）定期对系统的冗余功能进行切换检查，确保在设备故障时设备能够正常切换。

2. 车载 ATP/ATO 维护重点

（1）每年对车载 ATP、ATO 进行静态动态功功能测试，确保设备功能可正常使用。

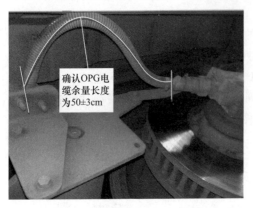

图 3-15　正常车的 OPG 余量情况

（2）为提高系统运行稳定性，定期对主机板件灰尘情况进行评估，保持清洁。

（3）每天对车底悬挂物设备进行检查，每季度对车底设备进行彻底检查，确保螺丝紧固，设备固定良好。

（4）定期检查列车所有的插接件是否牢固，检查分线排中端子连接是否牢固。

（5）OPG 检修的维护注意事项：

1）确认 OPG 电缆余量正常（防止车辆架修时变动）长度为 50±3cm，确保电缆张力释放正常。如图 3-15 所示。

2）对于 OPG 进行安装插拔时，OPG 安装面务必与车辆法兰盘底座面保持平行，应对准、对正插入法兰盘，如图 3-16 所示，对准孔洞，避免倾斜着安装插拔，如图 3-17 所示，在安装有舌头的情况下，插入舌与弹簧的水平度不超过±5°。

图 3-16　应保持法兰盘和 OPG 面平行

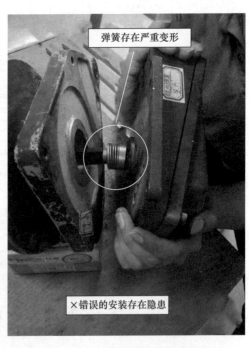

图 3-17　安装不当存在安装隐患

3）存放或摆放 OPG 时，注意保护好 OPG，让 OPG 弹簧舌头悬空放置，不能让弹簧舌头碰到其他异物或被其他东西压到，以免舌头弹簧受力超过使用极限。

4）如更换销子、弹簧、舌头时，避免让弹簧弯曲受力超过±5°，敲击弹簧时，注意敲打的力度与位置。

5）法兰盘底座出现不平整，有裂纹，松动等问题时，要及时让车辆人员整改或更换，以免影响 OPG 的使用，导致测速故障的发生。

（6）雷达、应答器设备检查维护重点：

1）检查应答器外观是否有损伤和裂纹，检查固定螺丝的紧固标识线是否有偏移，有偏移检查螺丝及螺母有无滑丝等异常（有滑丝更换螺丝螺母），如无异常，重新紧固并画线，对划线不清、模糊的进行重新划线，对有裂纹的应答器天线情况进行评估，如不影响运营做好备注，如存在可能脱落的风险，扣车并联系车辆部门沟通并做好整改。

2）检查雷达外观是否有损伤和裂纹，检查固定螺丝的固定标识线是否有偏移（有偏移检查螺丝及螺母有无滑丝等异常（有滑丝更换螺丝螺母），如无异常重新紧固并画线，使用扭力扳手紧固螺丝），对划线不清模糊的进行重新划线，如图 3-18 所示。

3）检查应答器、雷达地线固定良好无损伤断裂情况，确认应答器地线无过短过底安全隐患，余量在 66±3cm 范围之内，如图 3-19 所示。

图 3-18　正常车的雷达划线情况

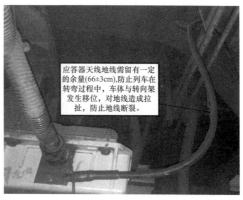

图 3-19　正常列车地线的预留长度

（7）列车无线设备维护：

1）检查无线天线接线等接线良好，通信电缆固定良好。检查无线天线固定方向正确（天线所标箭头垂直向上，如图 3-20 所示），天线朝正前方无偏斜度。

2）定期测试无线网卡灵敏度，测试网卡场强是否在标准范围内，发现超出标准范围的进行整改处理，确保无线网卡性能良好。如图 3-21 所示。

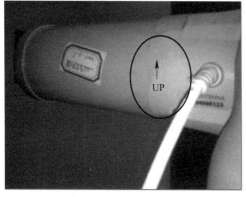

图 3-20　车载无线天线需要注意天线安装方式

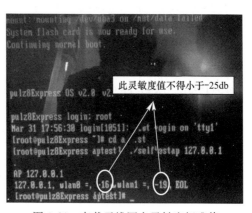

图 3-21　车载无线网卡灵敏度标准值

3.8　ATP/ATO 子系统常见故障分析

1. ATP/ATO 冗余导致 OBCU 类故障分析

（1）接口输入信息的不同步导致的 OBCU 红点

"车门全关闭输入信息"通过车辆 DCR 和 DCR1 两组继电器的触点输入信号 OBCU 机柜。车门全关闭信息的电压输入出现跳变抖动，当抖动超过信号系统的最大防抖（max-debounce）值时，将出现车门全关闭信息输入错误的故障。由于两端信号系统有一端 OB-CU 都接收到了这个错误的车门全关闭输入信息，导致 OBCU 冗余。

（2）由于通信出错导致的 OBCU 红点故障

在信号屏上出现 OBCU 红点故障时，对历史记录数据进行分析，根据诊断解数据软件对故障进行查找，如历史数据显示 OBCU _ ITF CRU LINK，明确故障原因，并对该通信相关的设备进行分析检查，明确故障点进行更换或对调排除处理。

2. ATP 测速硬件故障分析

测速故障分为：OPG 电缆出现断线或断股、雷达故障、OPG 弹簧断裂、OPG 硬件故障、ODO5 模块硬件故障、VE5 模块硬件故障。

（1）OPG 电缆出现断线或断股时

故障示例：85 车在某站下行出现 OBCU 红点，OPC 红点，滘口折返 85 端车辆屏显示 ATP 红色。

故障代码：0X002E（测速相关）。

故障原因：OPG 电缆红针出现断线。

故障分析：查看 ATP 网页报文，在记录故障代码 0X002E 的同时，还记录有 "one sensor channel failed"（一个传感器通道故障）的故障信息。查看 ATP 速度曲线图，可以发现 ATP 记录的 OPG 速度突然中断。

结论：由于 OPG 断线，OPG 测得的速度信息无法传送至 ODO5 和 ATP，最终导致 ATP 记录的 OPG 速度信息中断消失，因此根据以上信息可判断此 0X002E 测速故障是由于 OPG 断线造成的。

同类故障处理建议：分解 OPG 电缆接头检查是否有退针断线，测量 OPG 电路是否正常，测量电阻值是否在 1Ω 以内，使用摇表测量绝缘值是否在 $500M\Omega$ 以上，拆开 OPG 检查内部电路是否正常，如发现退针断线，则进行对应电缆重新压制。

（2）测速雷达故障

故障示例：106 车在某站下行出现 ATP 红色，OBCU 红点。

故障代码：0X002E（测速相关）。

故障原因：测速雷达故障。

故障分析：查看 ATP 网页报文，在记录故障代码 0X002E 的同时，还记录有指向雷达的 "watch time of radar telegrams is up" 故障信息。

解析该车的 ATP 详细报文与 ATP 速度曲线图，发现自列车出车后在 ATP 速度图中没有生成雷达速度曲线，同时 ATP 详细报文中没有记录雷达速度（报文头 $L=45$，含 0E FC 代码数据）的报文信息。

结论：当雷达发生故障时，无法产生有效的雷达速度报文（报文头 $L=45$，含 0E FC 代码数据），因此 ATP 速度曲线中没有雷达速度曲线，同时 ATP 网页报文中会记录有关雷达错误的故障信息，根据以上信息可判断此 0X002E 测速故障是由于雷达故障造成的。

同类故障处理建议：更换雷达，更换后查看是否有雷达速度，并上试车线进行雷达校正和动态测试。

（3）OPG（测速电机）弹簧断裂

故障示例：26 车在某站下行进站时出现 OBCU 红点，OPC 图标，ATP 红色（驾驶端 025）。

故障代码：0X002E（测速相关）。

故障原因：OPG 弹簧断裂。

故障分析：查看 ATP 网页报文，在记录故障代码 0X002E 的同时，记录有 "one sensor chanel failed"（一个传感器通道故障）的故障信息，与 OPG 电缆出现断线故障的网页报文相似。解析 ATP 速度曲线图，在列车某站进站后 ATP 记录的 OPG 速度曲线呈断崖式下降。

结论：OPG 弹簧发生断裂后，由于惯性弹簧会先空转再静止，因此 OPG 速度曲线会呈现一个直线下降，而非突然中断的情况。

同类故障处理建议：为防止弹簧断裂造成 OPG 轴承损坏，一般更换 OPG 弹簧及预防性更换 OPG，同时检查车辆法兰盘插舌口是否正常。更换后上试车线进行动态测试。

（4）OPG 硬件故障

故障示例：99 车在某站上行区间 05A100 端 OBCU 红点，OPC 图标，ATP 红点，列车运行正常。

故障代码：0X002E（测速相关故障）。

故障原因：OPG 故障。

故障分析：查看 ATP 网页报文，在记录故障代码 0X002E 的同时，记录有 "track error in OPGdtetcted"（检测 OPG 错误）的故障信息。解析 ATP 详细报文，在故障发生时 OPG 速度报文中同时记录了正向与反向的脉冲数据，ATP 速度曲线中 OPG 速度突然中断。

结论：正常运行时，OPG 舌头跟随车轮转动，只会产生一个方向的脉冲，不会同时产生双向脉冲，因此根据以上信息，可判断为 OPG 硬件故障。

同类故障处理建议：更换 OPG，测量 OPG 电缆头电阻值是否正常，并进行校线处理，使用摇表测量绝缘值是否在 $500M\Omega$ 以上，处理完成后上试车线进行动态测试。

（5）ODO5（测速融合板）模块硬件故障

故障示例：17 车在某站上行进站前 05A018 端显示 ATP 红色，OBCU 红点，OPC 图标。

故障代码：0X002E（测速相关故障）。

故障原因：ODO5 板故障。

故障分析：查看 ATP 网页报文，在记录故障代码 0X002E 的同时，记录有 "track error in OPGdtetcted" 和 "watch time of radar telegrams is up"，同时记录 OPG 错误和雷

达错误的信息。

结论：ODO5 板分为上下两个处理通道，上通道用于处理 OPG 测速信息，下通道用于处理雷达测速信息，当其中一个通道上的电子元件发生故障时（如其中一个通道的保险烧了），ODO5 模块会自检出电子元件板块故障并同时记录 OPG 错误和雷达错误的信息，因此根据以上信息可以判断为 ODO5 模块故障。

同类故障处理建议：更换 ODO5 模块后，上试车线进行动态测试。

第4章 ATS子系统

列车自动监督（ATS）系统作为地铁信号控制系统的一个重要组成系统，与微机联锁、轨旁列车自动控制（ATC）设备、车载ATC设备等其他信号系统一起工作，实现信号设备的集中监控，并控制列车按照预先制定的运营计划在线路上自动运行。

同时，ATS子系统作为一个综合信息监控系统的实现平台，与时钟、旅客导向、无线等其他系统实现接口，获取外部系统采集的数据，与信号系统的数据相综合，为控制中心和车站的行车调度/值班人员提供一个丰富的现场状况显示，供其制定调度决策。ATS也通过接口向外部系统提供信号和列车运行的相关数据，供这些系统完成自身的工作。

4.1 ATS系统构成

ATS子系统由中央、车站和车厂ATS设备组成。中央ATS设备一般设于控制中心，车站ATS设备的设于正线设备集中（联锁）站、正线非设备集中（联锁）站。在控制中心，设置调度工作站，用于行车调度对整条线路列车运行的人工监控。在车站控制室，设置车站值班员现地操作工作站，用于在特殊情况下人工调整在线列车的运行。

1. 系统结构

ATS系统核心设备及网络采用热备冗余的方式，保证系统有高度的可用性。

ATS中央与设备集中站及车厂间的信息交换采用主备双通道星型网络或冗余双环形网络，通道为由通信专业提供或由信号系统单独构建的专用数据传输通道。ATS系统的所有接口符合国际标准。

系统结构示意图如图4-1所示。

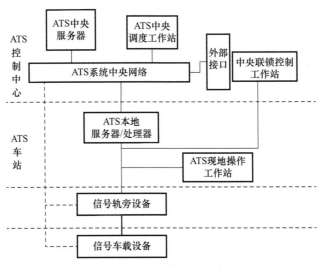

图4-1 ATS系统结构示意图

2. ATS 中央设备的构成

中央 ATS 的主要设备包括通信服务器（应用服务器）、调度工作站、系统管理服务器（数据库服务器）、时刻表编辑工作站、网络设备、与车站或外部接口的通信前置机、中央联锁控制工作站、大屏接口服务器、维护工作站、培训/模拟工作站、报告输出和系统运行状态信息输出的打印设备，以及电源设备。

中央 ATS 将根据控制中心工艺要求进行设计，设备分设于中央控制室、信号设备室、电源室、运行图编辑室中。

以下介绍 ATS 中央的主要构成设备。

（1）通信/应用服务器

由两台高性能服务器，依据双机热备模式配置，保证整个系统的可靠性和信息处理的实时性。

通信/应用服务器是整个系统的运算核心，负责接收来自轨旁设备的状态信息，以及来自车载设备的列车位置和状态信息，完成列车车次跟踪，进路自动办理，以及列车运行自动调整工作，向各工作站/客户端提供站台以及列车状态信息，处理来自人工接口的相关操作指令，并向联锁设备发送进路控制指令以及向车载设备发送列车运行调整指令。

通信/应用服务器设置在运营控制中心（OCC）中央设备室。

（2）调度工作站

在中央控制室设置多台行车调度员工作站，用于全线列车运行的监控及系统状态的监督。一台行车调度工作站设于主任调度台，另 2～3 台设于行车调度员工作台。行车调度工作站设置双显示器。

以上工作站在硬件和软件上具有相同的结构，控制功能互为备用，一台调度工作站故障，可由另一台显示器完成全部的显示及控制功能。

（3）系统管理服务器（数据库服务器）

系统管理/数据库服务器使用磁盘阵列，以满足大容量的数据存储需求。两台服务器之间为冗余配置。系统管理/数据库服务器主要保存 ATS 系统运行所需的各类配置信息，也保存部分实际运行数据。数据库对这些存储数据建立相应的约束关系，并提供系统的统计查询与分析功能。

（4）时刻表编辑工作站

在时刻表（运行图）编辑室或中央控制室设置时刻表编辑工作站，主要提供离线或在线的时刻表生成、修改功能。调度计划人员可以根据不同的时间段运行需求，提前编制正常工作日、周末、节假日等不同版本的时刻表，并预先导入 ATS 系统中存储，供系统运行时调用。

（5）网络设备

ATS 系统的各中央设备通过网络设备连接，实现数据的实时交互。在 OCC 中央设备室设置 2 台网络交换机，组成 ATS 中心局域网，并连接中心 ATS 设备至 ATS 网络。

（6）通信前置机

通信前置机作为控制中心 ATS 系统的通信枢纽，负责为控制中心的外部系统（无线、时钟、综合监控等系统）以及车站 ATS 系统提供接入中央 ATS 的接口。

（7）中央联锁控制工作站

中央联锁控制工作站是用于替代或管理多个设备集中站现地控制工作站的设备，中央联锁控制工作站布置于中央控制室，为中心调度工作站故障或者中央网络故障时提供中心控制的后备方式。该设备经办理授权后，可实现中心行调人员对全线车站或某个联锁区的车站联锁设备的进路办理、取消等操作。

3. ATS车站设备的构成

ATS车站系统一般分为设备集中站和非设备集中站，其系统环境均基于标准硬件部件的系统体系结构，主要由现地操作工作站、本地前端处理器或ATS分机、车站接口设备、发车指示器等设备构成。

设备集中站主要硬件设备包括：现地操作工作站、本地前端处理器或ATS分机、车站接口设备、发车指示器等。部分供货商提供的ATS系统（如广州地铁7号线信号ATS系统）还在线路上某一或某几个设备集中站设置本地通信/应用服务器及本地全线操作工作站。

非设备集中站主要硬件设备包括：车站接口设备、发车指示器等。

以下介绍ATS车站的主要构成设备。

（1）现地操作工作站

现地操作工作站可以显示全线或本集中站管辖区域内的设备状态、站场图，特殊情况下可以人工介入进行本集中站管辖区域内的联锁控制。相关界面操作方式与控制中心基本一致。

在部分供货商提供的ATS系统中，当存在本地服务器作为中央通信服务器故障下的替代后备模式时，某设备集中站的本地全线操作工作站可以代替中央调度工作站操作全线的行车控制命令。

（2）本地前端处理器或ATS分机

设备集中站本地前端处理器或ATS分机负责控制中心与车站联锁系统之间的数据传输，能根据运行图或目的地自动触发列车进路，当列车到达站台后，设备集中站该处理器或ATS分机将正确驱动发车计时器的显示。

本地前端处理器或ATS分机是双机热备的，备机实时从主机获得同步的各种数据，可实现无扰切换。

（3）本地通信/应用服务器

在某些ATS系统中，在正线某个设备集中车站设置本地应用服务器和本地全线操作工作站。本地应用服务器为ATS系统的第三服务器，为中央的后备应用服务器，在中心ATS故障的情况下，接管应用服务，这样车站的ATS工作站仍可以正常工作。

（4）车站接口设备

车站接口设备主要用于与发车指示器进行接口，主要用于提供发车指示信息。

（5）发车指示器

在各车站每个站台与正向运营相关的运行车头侧的适当位置设置发车计时器（DTI），发车计时器采用发光二极管LED作为光源全屏显示。ATS子系统通过车站接口设备连接到DTI，向DTI发送停站时间、跳停和扣车等内容显示，向司机提供发车时机早晚点提示。

4. ATS 车辆段设备的构成

ATS 车辆段设备主要由车辆段工作站或 ATS 分机、车辆段值班室 ATS 终端、车辆段派班室 ATS 终端等组成。

（1）车辆段工作站或 ATS 分机

车辆段工作站或 ATS 分机负责控制中心与车辆段联锁系统接口，接收车辆段联锁表示信息。

（2）车辆段值班室、派班室 ATS 终端

在车辆段控制室和派班室各设置一台 ATS 工作站，用作车务终端和派班终端。此工作站可以提供与车辆段相邻正线车站的站场画面显示。部分线路的车辆段值班室 ATS 终端还能够提供车辆段列车出入计划以及派班计划显示与编辑。

4.2 ATS 系统功能

ATS 系统实时收集分析和管理来自轨旁、车站和车载设备的所有运营信息，分为中央和本地两级，具备集中和本地操作能力。

1. ATS 实现的基本功能

ATS 子系统的主要功能包括：列车监视和追踪、状态及故障监测、运行图功能、列车运行调整、自动进路排列、调度命令、历史记录与回放、运输报表及运输指标统计、时钟等，以下对各主要功能进行介绍。

（1）列车监视和追踪

列车监视和追踪功能通过处理由联锁子系统、列车自动防护 ATP/列车自动驾驶 ATO 子系统发送的数据对线路上运行的所有列车位置及识别号数据进行汇总。在移动闭塞方式下，通过车载系统发送的列车位置信息对车次号进行追踪。

该功能通过动态刷新站场模拟图的方式，将列车运行信息以图形化的方式显示。站场模拟图在 ATS 工作站的彩色显示屏上实时显示，并在全线表示屏上显示。在轨道图（站场图）中，列车位置以红色光带结合列车识别号的形式显示，在 ATS 人机界面及控制中心大屏幕上可以观察到连续的列车移动，如图 4-2 所示。

图 4-2 列车位置的表示

识别号随着列车的走行自动跟踪，并可由调度员人工修改，包括设定、删除、位移、变更。列车识别号因故丢失时，计算机应能根据运行图、列车位置及时间自动推算并自动设置列车识别号，或设置缺省列车识别号。

（2）状态及故障监测

ATS 系统通过采集联锁、轨旁、车载设备传递上来的相关信息，提供对整个站场信号以及相关设备状态的实时状态显示，以供调度员和车站值班员了解相关现场设备状态情

况。轨旁设备（联锁、道岔、信号机等）的状态、报警和诊断信息，以及列车的状态和诊断信息（紧急制动、车门故障等）也都可以显示在 ATS 的报警列表框中。

（3）运行图功能

1）时刻表（计划运行图）编辑

运行图编制人员通过 ATS 系统的时刻表编辑工作站输入相关信息后，由系统生成时刻表，由运行图编制人员确认。

控制中心调度员在调度员工作站上依据当天实际运营需要（例如节日、假日等），调用 ATS 系统中存储的满足要求的时刻表模板（基本运行图）。调度员还可以结合具体情况人工介入手工修改基本运行图。

时刻表模板或修改后的运行图经过调度员的确认后，即可作为当日的运行计划下达执行。

2）实际运行图记录与显示

以计划运行图为基础，ATS 系统采集记录每列车在每个站到达与出发的时间点，即可形成列车运行轨迹图，实际运行图。实际运行图以列车实际到发点为基础。在调度员工作站上可同时显示计划与实际运行图，通过左右位置或不同颜色作以区分，举例如图 4-3 所示，浅色为计划运行线，深色为实际运行线。

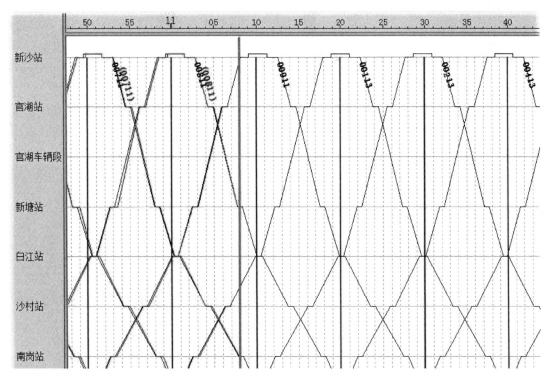

图 4-3　运行图的显示

3）列车早晚点数据记录与显示

当列车在车站出发和到达时，ATS 系统通信（应用）服务器通过实时的比较同一列车计划与实际的到达与出发时间，可以得出每列车在每个站台的早/晚点时间数据，并将其显示出来供调度员掌握。

（4）列车运行调整

系统提供对列车运行的自动调整以及调度员人工调整方式。

1）自动调整

系统对所有在线列车运行状态进行连续跟踪。ATS 系统以早晚点数据为基础，通过缩小或延长站台停站时间以及区间运行时间，达到自动调整列车运行，使列车运行与运行图保持一致。

系统提供对自动调整功能的设置功能，调度员可以开启/关闭自动调整功能。

图 4-4　调度工作站中站台位置的
人工调整操作窗口

2）人工调整

当列车运行严重晚点，或者系统出现重大故障，无法由系统自动调整功能来恢复系统运行时，需要由人工调整来组织系统恢复运行。

系统提供如下人工调整方式：

① 对有关站台实施"扣车"、"提前发车"或"跳停"；

② 人工设置站台停站时间；

③ 人工设置区间运行时间。

调度工作站中的人工调整命令窗口举例如图 4-4 所示，不同供货商的 ATS 系统窗口样式有所差别。

（5）自动进路排列

ATS 系统的自动进路排列功能可以让操作员从标准的日常操作中解脱出来。其功能是根据列车的当前位置及目的地，向联锁发出进路排列命令。

在某些情况下（通常在交路运行的交汇折返点），只有到了时刻表中发车时间时，进路自动排列（ARS）才能排列进路，以避免不同交路列车的相互影响。

排列的进路是由列车的目的地号和位置决定的。

（6）调度命令

1）联锁命令

联锁控制功能从调度员工作站或现地操作工作站中接收联锁和列车控制命令，把它们输出到联锁设备或轨旁 ATC 设备，并把来自联锁和 ATC 功能的执行结果（联锁元素的状态）返回显示在调度员工作站或现地操作工作站上。

2）行车控制命令

对列车的运行进行控制，如扣车、跳停、车次号修改、停站和区间运行时间的人工调整等。

系统对所有调度命令，提供存储和查询功能。

（7）历史记录与回放

系统对运行过程中的重要信息内容均进行历史记录，支持对于轨道（站场）表示信息的回放，以便于故障分析、事故定位、运营统计以及优化改进等工作。主要记录的内容如下：站场表示信息、人工操作事件、报警事件、列车运行轨迹等。对于超出保存期限的重要记录，可以单独导出到外部存储设备，作永久性保存。

（8）运输报表及运输指标统计

ATS 系统可提供各种列车运行数据分类报表，如列车报告、车站报告、车次报告、列车里程报告、车组管理报告、操作命令使用报告、运营日记、计划时刻表（运行图）、实际时刻表（运行图）、早晚点统计等。

（9）时钟

ATS 系统从通信系统接口获取标准时间信息，并作为 ATS 系统的时钟源，在 ATS 系统内部采用分层同步方式，保存对全系统的时间同步。

除了保存内部系统的时钟统一，ATS 系统通过车站处理器或 ATS 分机，向联锁以及 ATP 系统传递系统时钟，以保持信号系统的时钟统一性。

2. 降级模式下的系统功能

不同供货商的信号 ATS 系统，降级模式下系统功能有所差异，主要分为以下几种。

（1）移动闭塞的信号 ATS 系统降级模式

当系统处在后备模式下时，因不具备车地通信，列车识别号的追踪将根据轨道占用状态来实现。同时，因 ATS 子系统的调整信息无法直接发送到指定的列车上，相关的列车调整功能将不能使用。此时，对列车的运营调整将主要通过控制各站的发车指示器，调节列车的停站时间来实现。在后备模式下，ATS 子系统工作站上相关的临时限速功能将无法使用。

ATS 子系统的其余功能，在后备模式下，与 CBTC 模式下相同。

（2）准移动闭塞的信号 ATS 系统降级模式

1）具有本地通信（应用）服务器的 ATS 系统降级模式功能

部分供货商的信号 ATS 系统在某个设备集中站设置了本地通信（应用）服务器及本地全线操作工作站。

① 在中央 ATS 系统故障时，启动 ATS 系统降级模式运营，此时本地通信（应用）服务器立即接管中央通信（应用）服务器的功能，在此情况下，车站的 ATS 系统仍可以正常工作，并且在某个站可以通过全线操作工作站来操作全线。

在此情况下的车站级 ATS 设备仍能以当前运行图自动监控列车运行，系统功能包括自动进路排列、列车监控与追踪、运行图管理以及列车自动调整。这些车站级 ATS 功能可保证与中央 ATS 类似的自动操作，从而在后备模式中协助调度员，保证列车准点运行。

② 如果中央系统及本地通信（应用）服务器同时故障，联锁设备可以实现以联锁自动进路方式控制在线列车运行的功能。调度员可通过中央联锁控制工作站进行人工操作，或车站操作员通过现地操作工作站进行人工操作，从而执行监督和控制功能。此时能够执行人工命令，且联锁系统需主动自动排列进路，而不是由 ATS 系统提供排路命令。ATS 系统在此情况下无法提供列车识别号追踪、运行图管理、自动进路排列、列车自动调整及等自动功能。

2）不具有本地通信（应用）服务器的 ATS 系统降级模式功能

未配置本地通信（应用）服务器的 ATS 系统，在中央系统故障时，本地前端处理器、ATS 分机或列车排路计算机可接管部分中央系统功能，如可根据采集的列车目的地及位置信息，适时向联锁发出相应的排路命令，仍可实现自动排列进路。

但本地前端处理器和 ATS 分机无法接管提供运行图管理、列车自动调整等功能，因此降级模式下系统将失去这部分功能。

4.3 ATS 系统原理

ATS 子系统是以计算机为基础的分布式系统，它包括连接在以太网上的服务器、分布式计算机和通信处理等设备，它们集中放置在控制中心和车站，在车站设前端处理器或 ATS 分机等设备，与车站联锁子系统相连。

服务器系统是 ATS 系统的核心，负责数据处理、中心数据库管理、重要计算和系统管理工作；从车站取得数据，并送数据到操作员工作站，从操作员工作站接收命令，发送到车站。

操作员工作站主要用于人机接口的管理，它从主计算机处获得信息，做图形处理，在屏幕上显示运行信息，通过键盘或鼠标接受命令，并解释输入的命令，做逻辑检查，然后把这些命令送到服务器。系统为调度员提供了整个线路的全貌，它通过表示驱动设备与服务器相连。

连接控制中心网络和车站设备的通道采用主备双通道星型网络或冗余双环形网络，由通信专业提供或由信号系统单独构建的专用数据传输通道。主要进行协议处理、信息打包和拆包、电路检测和进路操作，维护的正常通信工作，它将控制中心的命令传送给车站设备，并接收车站设备的状态信息送给控制中心。

ATS 子系统对整条线路的自动或人工运营进行监督。

1. 系统功能实现原理

（1）列车监视和追踪原理

列车追踪系统是监视列车运转的。ATS 系统对列车的监视和追踪主要通过列车识别号的生成、跟踪、传递和显示来实现。系统能自动完成正线控制区段内的列车识别号跟踪。

1）列车识别号追踪

列车识别号主要包括目的地号、车组号、服务号、序列号、乘务组号、线号及运行方向等信息。列车识别号跟踪从列车自车辆段出发占用转换轨时开始，至终到站或返回车辆段离开转换轨时结束。如果某一列车出现在列车追踪系统所监视区域，该列车识别号必须报告给列车追踪系统。列车识别号报告给列车追踪系统的方法有以下几种：

① 手动输入；

② 读点读入；

③ 从列车时刻表中导出；

④ 在处理过程中，作为步进检测的结果出现（假列车识别号）。

列车识别号随着列车的走行自动跟踪，并可由调度员人工修改，包括设定、删除、位移、变更。列车识别号因故丢失时，计算机应能根据运行图和列车位置自动套入，或设置缺省列车识别号。

在受监视区内，列车运行是在从联锁或 ATP/ATO 接收到的列车位置信息的基础上，通过列车识别号的步进进行模拟显示的，直至列车驶出此区域。模拟列车运行从一个轨道空闲监测区段到另一个轨道空闲监测区段称之为"步进",列车识别号的步进可反映出列车在线路上的移动。当列车在折返轨完成掉头后,系统将根据折返后的计划为列车赋予新的目的码和顺序号。

2)除列车识别号外,部分供货商的ATS系统还能通过图形和颜色显示列车的如下状态:

① 是否计划车,计划车的早点、准点、晚点状态;

② 列车CBTC通信正常还是故障;

③ 列车运行模式;

④ 列车驾驶模式;

⑤ 列车运行方向及运动、静止状态;

⑥ 列车扣车状态;

⑦ 列车跳停状态;

⑧ 列车车门是否关且锁闭;

⑨ 列车是否有报警。

(2)自动进路排列原理

ATS系统将实时下达的计划运行图按站翻译成带有时间戳、顺序号、列车进路始终端编号的代码命令,其功能是基于当前车站和列车运行情况自动产生联锁命令,以便基于列车当前的位置来排列进路,并将这些联锁命令发送到联锁。

ATS发送排路命令主要依据的因素有:

1)列车位置;

2)内部编号;

3)目的码;

4)顺序号;

5)列车到达、出发时刻(接车、发车、通过)。

① 列车进路自动办理时机

根据列车的位置决定自动进路的办理时机。激活点为列车进入办理进路的有效位置,即进路办理的触发位置。根据列车位置和目的码验证该列车是否已经处于有效激活点范围之内。

激活点位置的确定使得在正常条件下(进路排列没有障碍)以该轨道区段所允许的最大速度运行的一辆列车能够及时得到一个允许信号。但为了防止其他列车出现不必要的延误,操作触发不应该发生太早。

② 激活点距离验证

验证列车所在当前位置至目标进路间不存在其他列车。

激活距离是指:列车当前位置和将排列的进路的始发信号之间的距离。

③ 内部逻辑验证

根据扣车、跳停、计划发车时间等信息进行内部逻辑检查。

人工排列检测:检测进路是否已经由操作员手动操作排列,若已人工排列则认为该进路已经排列成功,不再对其进行排列处理。

人工取消检测:进路成功排列后是否人为取消,若人为取消过则对该次列车的该条进路不再自动排列，若需排列需人工进行操作。

④ 联锁检查内容和顺序

ATS 在将进路指令下达给联锁前，预先进行条件检查，如果条件满足，这下达对应指令到联锁，如果条件不满足，则返回提示，提醒用户进行人工介入处理。

以上检查均通过后，则 ATS 系统将排列进路命令发送给联锁，实现系统的自动进路排列功能。

（3）运行图原理

运行图/时刻表定义了列车一整天的运行计划，按不同运营时间，如平日、节假日、不同季节、每天不同运营时段、临时事件等使用不同的运行图/时刻表。

列车运行图/时刻表按照用途可分为三种：

1）基本运行图/时刻表；

2）计划运行图/时刻表；

3）实际运行图/时刻表。

① 基本运行图

时刻表计划管理员通过 ATS 系统时刻表编辑工作站编制适用于不同情况下的基本运行图（时刻表），并存储在系统中。

② 计划运行图

基本时刻表可以接受调度员的在线修改和保存。在每日系统运行前，系统自动或行车调度在当日基本运行图的基础上，结合当日车辆运行计划进行修改后，形成当日的计划运行图，下达给 ATS 通信（应用）服务器，作为当日运行依据。

运营期间中心调度员可对当日的计划运行图进行在线修改，主要包括加车、删车、修改、平移和更名等。

③ 实际运行图

a. 对列车到达和发车时间的采集

当列车需要在车站停站，ATS 监督到列车进入站台时，就会触发列车到达的状态信息，系统据此信息，并采取必要的误差修正，得到列车实际到达时刻。同理，列车在车站发车时，ATS 监督到列车开始动车或越过站台区域时，就会触发列车发车的状态信息，系统据此信息，并采取必要的误差修正，得到列车实际发车时刻。

b. 列车到发时间数据应用

ATS 系统通过从联锁或 ATP/ATO 系统得到的列车实际的到站/发车时间后，一方面绘制出实际运行图，另一方面将此数据用于列车早晚点时间的计算依据，另外还将此数据记录并形成报表。

c. 对列车早晚点时间的计算

系统采集得到列车在某一站台的实际到达和发车时间，同时从时刻表数据库中得到该列车的计划发车和到达时间，把两个数据进行比较，得出列车在该站台的到发早晚点时间。

d. 早晚点数据应用

系统得到列车的早晚点时间计算值后，一方面显示在人机接口界面上，用以报告和提醒行车调度，另一方面早晚点时间显示在实际运行图中，另外还将此数据记录并形成报表。

通过以上数据的计算和运用，生成了当天列车在线路上运行的实际运行图。

（4）列车运行调整原理

1）自动调整

① 按运行图调整

ATS 自动调整是通过连续比较列车在每个车站的实际到达时间和计划到站时间来进行的。列车的运行图偏差可以通过自动调整恢复正常。

当列车在车站到达和出发时，系统自动比较列车实际到发时刻与计划到发时间之间的差别，当列车的实际运行和计划运行图偏差在系统调整范围之内（如 15～300s）时，系统自动调整列车运行并控制列车运行至正点状态；否则不进行调整。

按运行图调整只对运行图中存在列车识别号的列车有效，且实际列车运行方向必须与图定方向相同。对于临时列车以及工程车等非计划列车，系统将按照默认停站时间以及区间运行时间对列车进行控制。

② 等间隔调整

当列车运行发生大规模晚点，与当日的计划运行图偏离时间超过规定范围后，系统以起始站或终到站为基点对所有列车自动按等间隔运行原则生成调整计划，经调度员确认后对全线列车进行调整。

③ 自动调整功能使用下列方法：

a. 确定某一列车在某一站台的运行图偏差；

b. 自动调整列车停站时间使运行图偏差最小；

c. 自动调整列车站间运行时间（实际运行速率）。

2）人工调整

当列车运行严重晚点，或者系统出现重大故障，无法由系统自动调整功能来恢复系统运行时，需要由人工调整来组织系统恢复运行。

① 执行"扣车"、"提前发车"或"跳停"方式的人工调整原理在"（5）调度命令功能原理"节进行介绍。

② 人工设置停站时间和区间运行时间的人工调整，通过直接发送相应的时间数据至ATP/ATO 系统执行，从而调整列车停站时间，和调整区间运行时间来实现。

（5）调度命令功能原理

ATS 子系统提供管理 ATC 系统的功能，并且作为中心调度员与 ATC 系统的接口。ATS 本质上是监督，所以任何从 ATS 发出的到列车、道岔或者其他安全型子系统的命令都不涉及安全，安全型子系统会防止任何非安全动作的执行。

调度员或车站操作员可以通过调度命令功能来人工控制系统和调整列车运行。

1）跳停

系统可以命令所有列车或某一列车跳停某一站台，命令通过发送至信号轨旁设备或信号车载设备执行。

在使用"跳停"功能时，中央调度员允许自动模式的列车以最大允许速度通过所选择的跳行车站而不停车。在中央调度员发出解除命令之前，该站台的跳停将一直保持有效。

2）扣车/停车

"扣车"命令用于暂时扣停站台上某一特定列车或所有列车。可以采用取消扣车命令来陆续解除列车扣停状态。扣车功能通过 ATS 系统暂停发送列车停车点释放命令至轨旁设备来执行。

3）人工列车发车

中央调度员可以通过人工列车发车命令中止列车的停站时间或解除其扣停，命令发送至轨旁设备执行，此时列车可立即出发开往下一停靠站。

4）联锁操作

ATS 系统与联锁设备接口，ATS 系统允许调度员工作站或现地操作工作站上发出联锁控制命令，并采集联锁设备对命令的执行结果（联锁元素的状态），同时返回显示在人机界面上。

联锁操作命令控制的主要设备对象包括：

① 进路：如人工设置/取消进路；

② 信号机：如禁止/允许以某信号机为始端的一条进路被 ATS 自动控制、信号机重开、信号机特殊开放/关闭（开放引导信号）等；

③ 道岔：如单操定位或反位，单锁/解除单锁；

④ 区域：如封锁、临时限速设置/取消；

⑤ 联锁控制权的切换等。

ATS 系统的其他功能实现原理都较为简单，在本章"4.2ATS 系统功能"中已进行较为清晰地介绍，在本节不再赘述。

2. ATS 的控制方式

（1）控制级别

对正线车站，ATS 子系统包括中央控制和本地控制两种级别。

正常运营时，ATS 子系统主要采用中心集中控制，中央 ATS 系统根据列车运行时刻表对全线列车进行自动集中监控，授权的行调人员也可在控制中心相应的 ATS 调度工作站上人工执行控制命令，对运营实施控制。

在本地控制状态下，车站 ATS 系统仍可进行降级模式下的自动控制，同时车站操作员可通过集中站 ATS 操作工作站发送控制命令对运营实施人工控制。

在设备集中站和 ATS 控制中心通信正常的情况下，由车站操作员和控制中心调度员办理授、受权手续后完成中央控制和本地控制的转换。在紧急情况下车站操作员可不经授权，立即将控制权转到本地控制。

（2）各级操作工作站权限管理

操作员必须登录工作站获得使用工作站功能的权限。登录的用户权限决定了该用户可使用本工作站的什么功能。同一时间只允许一个工作站对同一目标实施控制，确保控制命令能唯一、有效地执行。

（3）控制模式

ATS 系统控制方式有中央自动控制、中央人工控制、车站自动控制和现地人工控制四种方式。

1）中央自动控制

中央自动控制是指控制中心中央 ATS 系统按实施运行图自动排列进路，并自动实现一系列 ATS 功能的控制方式。

中央 ATS 系统将实时下达的计划运行图按站翻译成带有时间戳、顺序号、列车进路始终端或者编号的代码命令，当列车到达触发位置时，ATS 自动进行逻辑检查后产生排列进路命令发送至联锁，联锁进行检查通过后将执行命令，实现自动办理进路。

2）中央人工控制

中央人工控制是指调度员通过中央调度工作站或中央联锁控制工作站人工办理进路，系统经检查通过后执行的控制方式。

控制中心可以办理的主要人工控制包括：

① 设置进路是否自动触发。

② 人工排列进路。

③ 人工取消进路。

④ 线路封锁。

⑤ 线路解封。

⑥ 临时限速设置。

3）车站自动控制

车站自动控制为中央自动控制的降级模式，是指当前系统工作在中央自动控制模式下时，由于中央 ATS 设备故障或者控制中心与车站通信网络故障，造成中央 ATS 系统无法正常工作时，系统自动降级为车站本地自动工作模式，此时 ATS 本地系统根据本地服务器存储的时刻表信息继续进行进路自动办理，或由本地前端处理器/ATS 分机根据获取的列车位置和目的地数据进行进路自动办理。

4）现地人工控制

现地人工控制是指中央 ATS 设备、本地 ATS 服务器/前端处理器/ATS 分机均故障的情况下，或者由于作业需要而控制中心无法办理的情况下，由车站值班员申请，调度员同意并授权后，转为车站人工控制。

任何时候系统均可以切换到车站人工控制状态。

车站人工控制状态可以办理的控制主要包括：

① 人工排列进路。

② 人工取消进路。

③ 线路封锁。

④ 线路解封。

⑤ 临时限速设置。

⑥ 临时限速取消。

⑦ 重开信号。

⑧ 引导。

⑨ 人工解锁（强解）。

⑩ 道岔锁定。

⑪ 道岔解锁。

⑫ 站控/遥控切换。

5）优先级

中央自动控制模式是系统常规运行模式，而其他 3 种模式则是在特殊情况下对其进行补充的模式。

系统控制的优先级原则是：本地优先于中央，人工优先于自动。

4.4 ATS 系统主要技术指标及设计要求

以下介绍通用的信号 ATS 系统主要技术指标及设计要求。

1. 系统环境指标

（1）ATS 子系统 OCC 设备在下列环境中应能可靠工作：

1）空气温度：室内 10～30℃。

2）相对湿度：室内 10%～95%。

3）大气压力：70～106kPa（相当于海拔高度 3000m）。

（2）ATS 子系统车站设备在下列环境中应能可靠工作：

1）空气温度：室内 0～40℃，室外-20～+70℃。

2）相对湿度：室内 10%～95%，室外 10%～100%。

3）大气压力：70～106kPa（相当于海拔高度 3000m）。

2. 系统一般设计要求

（1）ATS 子系统是非安全系统。ATS 子系统故障时，不导致车站联锁设备错误动作。当 ATS 子系统设备工作或故障时，不得影响其他子系统的工作的可靠性。

（2）ATS 系统应满足 24h 不间断运行的要求。

（3）ATS 系统的硬件容量配置应满足全线信号系统工程的需求，应满足正线车站、车辆段/停车场的建设规模和运输作业的需要。

（4）ATS 系统可与联锁系统配合，实现站控/遥控的转换。

3. 硬、软件指标及设计要求

（1）ATS 系统服务器、机柜等设备应采用高可靠的隔离电源；必须具有良好的电气隔离措施。

（2）ATS 系统服务器应采用工业控制计算机，操作系统具有图形用户界面，并能提供网络支持；应配置相应的外围设备和声光报警设备。

（3）ATS 系统核心设备应采用冗余结构，并达到工业级标准。

（4）ATS 系统服务器及工作站输入采用标准化用电配置，输入电压 AC 220V。

（5）ATS 以太网连接各服务器的通信协议采用 TCP/IP 和 ISO/OSI。由于使用了 IOS 标准，局域网需设计成一个开放的结构，就其硬件和软件来说，与要连接的部件相对独立。

（6）ATS 系统的硬件和软件结构应实现模块化和标准化。

4. 性能指标及设计要求

（1）系统应能实时、准确地显示列车实际位置、道岔位置、信号机状态、列车车次等信息。

（2）系统中设计为热备冗余的设备之间应能实现无缝（无扰）切换。

（3）系统中设计为冷备冗余的设备之间切换过程中，不应影响系统功能。

（4）系统中设计为采用无自动转换的替代运行设备相互替代过程中，不应影响系统功能。

（5）轨旁及列车信息采集周期应适应列车最高运行速度的要求。

（6）人机界面上每一次报警状况都应自动、即刻通过声光给用户发出信号。该信号应包括要求用户采取行动的提示。操作人员的行动只是关系到故障元素，操作人员对其他元素的控制仍可继续，不受中断。

（7）人机界面所有信息显示清晰，判断简单，采用多视窗系统。

（8）人机界面上每一次操作人员的行动，都应给出视觉或声音信号。操作员据此可明确其命令是否被系统允许和执行。

（9）ATS 系统应具有一定的自检测机制，检测到软、硬件故障发生时及时报警甚至自动采取措施。

（10）计算机和电子设备的直流电源应具有有效去除脉冲及浪涌干扰的性能。

5. 其他要求

（1）机柜或机箱的结构应有良好的散热、隔热、防潮及防尘性能。

（2）机柜或机箱的设计应便于测试和器材更换。

（3）印刷板应涂以保护层，元器件排列应有规律。板上应有电路名称，元器件附近应有识别标志，各种识别标志被涂层覆盖而不易辨识时，需在涂层外复印再现。

（4）电路板应采用阻燃材料。

（5）电缆应采用低烟无卤阻燃材料。

4.5 ATS 系统接口管理

ATS 系统与信号其他子系统如正线联锁、ATP/ATO、车辆段联锁设备，以及其他专业如时钟、通信无线、PIDS、电力监控、环境监控都设置有接口，通过接口数据传输管理，完成相应的 ATS 系统接口功能。

1. 与信号其他子系统接口管理

（1）ATS 子系统与正线联锁设备接口

联锁将站场表示信息传送至 ATS 子系统，从而实现 ATS 系统的设备状态监督与轨道（站场）显示功能，表示信息包括：道岔表示、信号显示、进路状态等。

ATS 子系统将信号设备的控制命令传送到联锁子系统执行，如进路控制命令等。主要数据交换如下所示。

1）ATS 发送至联锁的信息

① 信号机、道岔、进路等联锁操作命令。

② 交出控制权。

③ 时钟信息。

④ 生命检测报文。

2）联锁发送至 ATS 的信息

① 联锁对 ATS 操作命令的确认。

② 联锁将现场设备状态反馈到 ATS。

③ 联锁传递现场设备的故障信息到 ATS。

（2）ATS 子系统与 ATP/ATO 系统的接口

ATS 通过向 ATP/ATO 系统传送区域自动模式授权、列车自动模式授权、列车运行模式设定、列车车次号设定、列车运行调整信息、扣车、跳停等信息，从而控制列车按照时刻表运行，并实现列车自动广播播报、列车电子地图更新等功能。

ATS 系统从 ATP/ATO 系统接收区域自动模式授权状态、列车位置信息、列车状态报告等，显示在人机界面上。

（3）ATS 系统与车辆段联锁系统的接口

ATS 系统从通过车辆段工作站或 ATS 分机与联锁系统接口，接收车辆段联锁的表示信息，并显示在 ATS 人机界面上。

2. 与外部接口管理

（1）与时钟的接口

ATS 系统通过该接口从通信系统得到主时钟数据。通过此连接接收的时间信号可以调整 ATS 系统的 SICLOCK 或网络时钟服务器（NTS）。通信系统的主时钟须定时发出一个时间数据串到 ATS 系统的 SICLOCK 或 NTS。

ATS 系统将获得的时钟数据发送给信号 ATC 轨旁设备，从而校准信号系统时钟。

数据只从主时钟输入到 ATS 系统。万一时钟信号中断，ATS 系统将继续计时。ATS 子系统具备屏蔽错误时间信号的功能。

（2）与通信无线系统的接口

ATS 系统通过串行或网络接口向通信无线（TEL）接口传输列车的目的地号、服务号、列车位置、列车折返等信息。这些信息使无线系统实现调度员呼叫列车功能。

ATS 向无线系统提供的主要列车数据包含：

1）实时变化的序列号、服务号、车组号对照表。

2）列车位置。

3）当前车站。

4）列车投入/退出服务状态。

5）其他待定的信息。

信息只从 ATS 系统输入到无线系统。

（3）与 PIDS 系统的接口

ATS 通过向 PIDS 系统提供预测的计划列车到发信息、列车通过预告以及终到站、末班车等行车信息，供 PIDS 系统在车站 PIDS 电视上显示出来，为旅客搭乘提供指引。

ATS 系统向 PIDS 提供（但不限于）以下 4 方面的显示内容：

1）下一列/多列车的终到站。

2）列车接近及进站提示。

3）提示旅客是否能够乘坐下一次列车（列车直通、"请勿上车"等）。

4）下一列/多列车的预计到达时间。

要特别注意的是，信息只从 ATS 系统输入到 PIDS 系统。

（4）与 SCADA 系统的接口

中心 ATS 系统通过与主控或自动化接口服务器连接，获得各个供电区段的牵引供电状态信息显示出来，供调度员确认线路供电状态。该供电状态信息主要分为 3 种：

1）供电区段带电。

2）供电区段无电。

3）未接收到有效信息（接口故障）。

以上3种SCADA系统状态，在ATS系统中通常以不同颜色来区分显示。

为检查接口通信状态，双方发出监测信号（使用性测试）。但有效数据只由SCADA系统发送至ATS系统。

（5）与EMCS系统的接口

列车在隧道内长时间停车的特殊情况下，为了使环控（EMSC）系统适时打开隧道通风，保证列车的正常通风排气，ATS监视在隧道区段的非计划的停车时间并发送给EMCS系统。

当一列车在隧道的某位置的停留时间超过接口设定的阀值时（一般情况下设置阀值为3min），ATS系统会定时向EMCS发出报警信息。直到列车重新开动，ATS才会停止发送报警。

ATS系统向EMCS发出的报警信息一般包含：

1）列车位置（通常为车站号和轨道区段号）。

2）列车的序列号、服务号、车组号。

为检查接口通信状态，双方发出监测信号（使用性测试）。但有效数据只由ATS系统发送至EMCS系统。

在较早期的信号系统设计中，ATS系统通过中央设备分别单独与PIDS系统、SCADA系统、EMCS系统进行接口。随行业发展，后期的ATS系统与以上系统的接口通过与主控系统进行集成接口来完成，同样可实现上述的各项接口功能。

4.6 典型ATS系统设备组成结构介绍

本节介绍目前较为典型的5种信号ATS系统，分别为西门子准移动ATS系统、西门子移动ATS系统、卡斯柯ATS系统、泰雷兹ATS系统、铁科院ATS系统。

1. 西门子准移动ATS系统介绍

（1）子系统配置

西门子ATS系统中采用西门子VICOS OC 501和VICOS OC 101产品。VICOS（Vehicle and Infrastructure Control and Operating System/Operation Management System，运行管理系统的车辆、基础设施控制和运行系统）系列运行控制系统产品专为市郊铁路、地铁和工业铁路的运行控制而开发。

VICOS OC 501系统的系统环境是基于标准硬件设备和系统结构。Sun服务器和UNIX操作系统被作为构建服务器的基础。部件和服务器通过一个高速以太网相连。在网络中连接各服务器的通信协议采用TCP/IP和ISO/OSI。

（2）设备组成

1）VICOS OC 501由以下部件组成：

① 通信服务器（COM）（两台热备冗余配置）。

② 管理服务器（ADM）（两台冗余配置）。

③ 人机接口服务器（HMI）（多台冗余配置）。

④ 在线/离线 FALKO。

⑤ 过程耦合/远程终端单元（PCU/RTU）。

⑥ 实时时间发送器（SICLOCK）。

⑦ 以太网外围设备。

OC501 的设备通过冗余的以太网交换机连接。

2）VICOS OC 101 由以下部件组成：

① 本地操作工作站（LOW）。

② 服务于诊断工作站（S&D）。

（3）设备功能和原理

COM 服务器是 ATS 系统的核心设备，是真正的微处理机，它动态地处理整个 ATS 系统获取的最新实时的数据，具有网络通信的优先权。鉴于它的重要功能，硬件采用热备冗余。

ADM 服务器为数据库服务器，它存储 OC501 系统运行时所需的所有设备数据以及环境数据，同时存档和统计报表数据也存储其中。鉴于其大容量的数据存储需要，ADM 使用磁盘阵列。

HMI 服务器是 ATS 系统的中央人机接口设备，向调度员提供联锁状态以及列车运行的监视和控制。采用分开的硬件冗余结构，每台 HMI 都可设置其各自的工作范围，如果其中一台 HMI 故障，其他 HMI 设备可接管其控制范围。

过程耦合/远程终端单元（PCU/RTU）具有基本相同的设备功能，它们取得外围设备的处理数据发送至 COM，同时接收从 COM 服务器发出的控制命令传送到相应的外围系统。其中 RTU 设备还提供后备模式下的自动排路和停站控制功能。

LOW 设备为联锁的人际接口计算机，设置于在设备集中站的车站控制室，用于进行联锁的本地操作，其通过总线设备直接与联锁相连接。

（4）运行模式

西门子准移动 ATS 系统的运行模式示意图如图 4-5 所示。

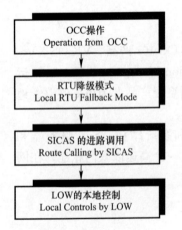

OCC操作
Operation from OCC

RTU降级模式
Local RTU Fallback Mode

SICAS 的进路调用
Route Calling by SICAS

LOW的本地控制
Local Controls by LOW

图 4-5　西门子准移动
ATS 系统运行模式

1）中央运行（OCC 操作）模式

正常情况下 ATS 系统使用中央 ATS 自动控制的运行模式，此模式下各设备均正常工作，实现最全面的系统功能。

2）本地后备模式

一旦中央 ATS 发生故障，或中央与本地 ATS 设备无法正常连接，则系统会自动启动本地 ATS 提供的 RTU 降级模式。

西门子准移动 ATS 系统未配置本地 COM，此时在该模式中由 RTU 设备负责向联锁发出排路命令实现 ATS 自动排路，但系统不再具有列车自动调整及运行图管理功能。列车的停站时间由 RTU 调用停站时间缺省值为列车分配。

3）SICAS 进路调用（联锁自动排路）模式

严格意义来说此模式不属于 ATS 系统运行模式，因为此时除 LOW 设备以外，中央 ATS 与车站 ATS 系统均为故障状态。此时由 SICAS 联锁根据线路区段占用情况自动排列预定义的进路，无法自动排列变更进路。

4）本地 LOW 控制模式

最低级别的后备模式为人工操作模式，即本地 LOW 控制模式。如果其他自动化级别较高的进路排列功能均失效，可由操作员在 LOW 上进行人工操作。

2. 西门子移动 ATS 系统介绍

（1）子系统配置

西门子移动 ATS 系统也分为中央和车站两级，车站级 ATS 以及中央级 ATS 所需的信息是由 ECC 联锁和 Trainguard MT 系统提供的。SICAS 联锁与 ECC 联锁、LZB700M 与 Trainguard MT 在西门子信号系统中功能基本相同。

部分西门子移动 ATS 系统在设备集中站除设置 LOW 以外，还设置列车排路计算机（TRC），TRC 也通过 PROFIBUS DP 现场总线直接与联锁连接，用于降级模式下的进路排列。

典型的西门子移动 ATS 系统结构配置如图 4-6 所示。

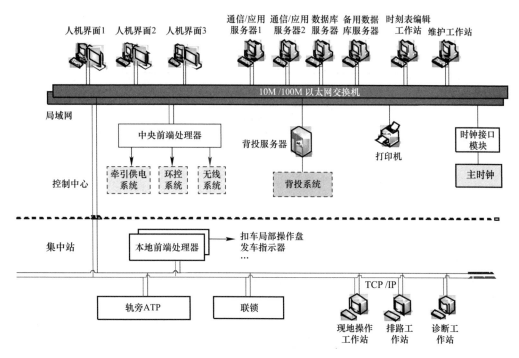

图 4-6　西门子移动 ATS 系统结构配置

（2）设备组成

1）VICOS OC 501 组成

VICOS OC 501 设备与上文西门子准移动 ATS 系统的 OC501 设备组成基本一致。

本系统中用前端处理器（FEP）代替了准移动系统中的过程耦合/远程终端单元（PCU/RTU），实现的功能相同，但设备集成化程度更高。

且西门子移动 ATS 系统中，使用的 OTN 通道为 TCP/IP 通道，而准移动系统中一般使用 OTN 的 RS422 串行通道。

2）VICOS OC 101 由组成

相较准移动系统，西门子移动 ATS 系统的 OC101 设备增加设置了列车排路计算机（TRC）。

（3）设备功能和原理

西门子移动 ATS 系统与准移动 ATS 系统设备功能及原理基本相同，不再赘述。但需说明的是准移动 ATS 系统中由 RTU 设备提供后备模式下的进路排列、停站时间计算及 LCP 的扣车等操作功能。但在配置了 TRC 设备的移动 ATS 系统中，由于 TRC 设备也与联锁直接相连，通过采集列车位置及目的地信息，由 TRC 设备单独实现降级模式下进路的自动排列功能，FEP 负责其他功能，因此可靠性更高。

（4）运行模式

西门子移动 ATS 系统运行模式如图 4-7 所示。

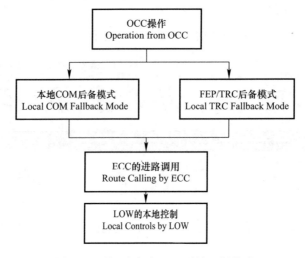

图 4-7　西门子移动 ATS 系统运行模式

1）中央运行（OCC 操作）模式

中央运行模式与西门子准移动中央模式相同。

2）本地后备模式

一旦中央 ATS 发生故障，或中央与本地 ATS 设备无法正常连接，则系统会自动启动本地 ATS 提供的后备模式。

① 部分西门子准移动 ATS 系统设置了本地 COM，此时在该模式中由本地 COM 服务器完全接管中央 COM 的功能。

② 另一部分西门子准移动 ATS 系统未配置本地 COM，此时在该模式中由 FEP 设备或者 TRC 设备负责向联锁发出排路命令实现 ATS 自动排路，但系统不再具有列车自动调整及运行图管理功能。

3）联锁自动排路（ECC 进路调用）模式

此时由 SICAS ECC 根据线路区段占用情况自动排列预定义的进路，无法自动排列变更进路。

4）本地 LOW 控制模式

与西门子准移动 ATS 系统的本地 LOW 控制模式相同，为最低级别的 ATS 系统运行模式。

3. 卡斯柯 ATS 系统介绍

（1）子系统配置

卡斯柯 ATS 子系统是一个分布式的计算机监控系统，主要分布于控制中心、正线设备集中站、正线非设备集中站、车辆段/停车场和培训/模拟演示室，系统采用热备冗余的方式，实时收集分析和管理来自轨旁、车站和车载设备的所有运营信息，分为中央和本地两级，具备集中和本地操作能力。

1）控制中心 ATS 子系统主要包括以下设备：

① 多套行车调度工作站；

② 冗余的 ATS 前端处理器（FEP）；

③ 双机切换单元；

④ 冗余的中央 ATS（CATS）数据库服务器；

⑤ 共享盘（磁盘阵列）；

⑥ 冗余的 CATS 应用服务器；

⑦ 运行图编辑工作站及打印机；

⑧ 大屏接口计算机；

⑨ 培训设备（包括服务器、模拟器、工作站及打印机）；

⑩ 维修诊断工作站（MSS）及打印机；

⑪ 运行图打印机；

⑫ 网络交换机；

⑬ 网关计算机；

⑭ 通信机柜；

⑮ 服务器机柜。

其中培训设备内部组网，独立于在线 ATS 系统网络。其余控制中心 ATS 设备通过百兆以太网相连接。

控制中心 ATS 系统与车站 ATS 系统通过"SDH ATS 网络"连接；控制中心 ATS 系统通过"SDH 信号网络"与信号联锁及 ATP/ATO 系统连接。

2）正线设备集中站 ATS 子系统主要包括以下设备：

① 主/备车站 ATS 分机（LATS）。

② 主/备车站 ATS 工作站（联锁系统现地工作站）。

③ 设备机柜。

④ 网络交换机。

⑤ 发车计时器（DTI）。

⑥ 光纤转换器（EMC）。

⑦ 现地工作站打印机。

正线设备集中站 ATS 子系统结构示意图如图 4-8 所示。

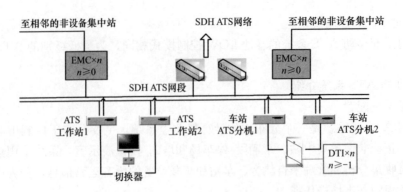

图 4-8　设备集中站 ATS 子系统结构示意图

3）正线非设备集中站 ATS 子系统主要包括以下设备：

① 车站 ATS 工作站（车站操作员工作站）。

② 站台发车计时器（DTI）。

③ 光电转换器（EMC）（无 SDH 节点站）。

4）车辆段 ATS 子系统主要包括以下设备：

① 冗余的车站 ATS 分机（LATS）；

② 派班室 ATS 终端打印机；

③ ATS 终端；

④ 网络交换机；

⑤ 光电转换器。

车辆段 ATS 子系统结构示意图如图 4-9 所示。

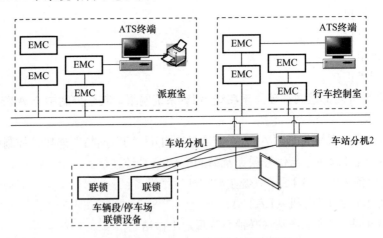

图 4-9　车辆段 ATS 子系统结构示意图

（2）设备功能和原理

1）设备功能和原理

① CATS 应用服务器为 ATS 子系统的数据处理中枢，它获得并处理全线车站及外部系统的数据后发往各 ATS 工作站和表示屏显示。它维护列车运行计划、生成各种自动调度和自动调整命令，并传送到计算机联锁、ATO 和发车计时器等外部系统执行。CATS 应用服务器还负责向无线、综合监控系统等外部系统发送相应的信息。

② 数据库服务器是集群方式实现，在数据库服务器上存储的数据库数据如计划数据、列车运行数据、列车编组信息等存放在磁盘阵列上，以便系统调用和查看。

③ 调度员工作站包括两个全屏幕的窗口，一个运行图显示窗口主要用于显示计划运行图和历史运行图，另一个站场图窗口主要用于显示系统设备状态、站场设备状态、时间、报警等，提供站场图相关的操作。如果一台调度员工作站故障，另一台调度员工作站可以接管其控制区域。

④ 控制中心和维修中心的 ATS 维护工作站分别与相应的 MSS 维护工作站共用同一设备。控制中心维护诊断工作站用于显示全线站场图、系统设备状态、故障报警、重要事件等，并进行数据存储管理、ATS 系统管理和网络管理。对告警和事件的历史数据可进行查询分析。

⑤ 通信前置机作为控制中心 ATS 子系统的通信枢纽，负责为控制中心的外部系统（无线、时钟、综合监控等系统）提供接入 ATS 的接口。

⑥ 网关计算机用于 ATS 网段和信号网段之间的数据传输。

⑦ 设备集中站 ATS 分机（LATS）负责控制中心与车站联锁系统之间的数据传输，能根据运行图或目的地自动触发列车进路，当列车到达站台后，设备集中站 LATS 将正确驱动发车计时器的显示。设备集中站 LATS 是双机热备的，备机实时从主机获得同步的各种数据，可实现无扰切换。

⑧ 设备集中站现地控制工作站用于显示系统设备状态、站场图，并可进行联锁控制等，相关界面操作方式与控制中心基本一致，其控显范围为本集中站管辖区域。

⑨ 非设备集中站 ATS 工作站用于显示系统设备状态、站场图等，相关界面与控制中心基本一致。当列车到达站台后，非设备集中站 ATS 工作站将正确驱动发车计时器的显示。

⑩ 车辆段/停车场 ATS 分机（LATS）负责控制中心与车辆段/停车场联锁系统之间的数据传输。

⑪ 中央联锁控制工作站是用于管理多个设备集中站现地控制工作站软件的控制软件，通过进程间通信来和多个设备集中站现地控制工作站软件传递命令，可实现中心行调人员对全线车站或某个联锁区的车站联锁设备的进路办理、取消等操作。

2）卡斯柯 ATS 系统原理特点

① 进路设置

a. 自动通过进路

如果设置了自动通过进路，当列车越过始端信号机后，该信号机关闭；当列车出清相关区段后，进路不解锁，信号由联锁重新开放。

b. 自动折返进路

自动折返进路一般用在线路的折返点。一个自动折返模式关联两条进路，一条为牵出进路，另一条为折返进路。

c. 自动通过进路、自动折返进路为由联锁实现的固定模式的自动进路功能，进路的建立与车次号无关，ATS 提供设置自动通过进路和自动折返进路的操作命令。对同一条进路只能同时使用自动通过进路、自动折返进路和按运行图或目的地设置的自动进路功能中的一种。

② 列车追踪

在移动闭塞情况下，列车的移动是根据 ATP/ATO 系统周期性发送的列车位置信息来计算的。在该列车位置信息中包含列车设备号、位置、速度、方向等信息。

在非 CBTC 模式下（CBTC 故障等）的情况下，列车的移动可根据计轴占用的状态、道岔位置和进路状态来计算的。当计轴故障或车站故障时，可通过计轴切除或车站切除，保证列车识别号的正常跟踪。

（3）运行模式

1）中央控制模式下的 ATS 系统控制模式

在中央控制时，ATS 子系统根据不同的线路控制模式，具有不同的调整和控制功能。系统定义了 4 种不同的线路控制模式，适应不同的运行需要：

① 自动按图调整：系统按计划图调整列车停站时间和运行等级，控制列车完成自动折返，自动出入场；

② 自动等间隔调整：按设定的交路及间隔调整列车停站时间、运行等级，控制列车在指定交路内自动折返运行；

③ 带 ATS 自动进路的半人工控制：系统仅提供 ATS 自动进路触发功能，无自动调整、自动出入场、自动折返功能；

④ 全人工：无 ATS 按列车识别号自动触发进路的功能，无自动调整、自动出入场、自动折返功能。人工办理进路或使用联锁的自动通过进路和自动折返进路。

调度员选择方便的控制模式，经确认对整条线路生效。

2）后备模式下的 ATS 系统

当系统处在后备模式下时，因不具备车地通信，列车识别号的追踪将根据计轴占用状态来实现。同时，因 ATS 子系统的调整信息无法直接发送到指定的列车上，相关的列车调整功能将不能使用。此时对列车的运营调整将主要通过控制各站的发车指示器，调节列车的停站时间来实现。

在后备模式下，线路控制器（LC）无法将临时限速信息发至车载控制器（CC），ATS 子系统工作站上相关的临时限速功能也将无法使用。ATS 子系统的其余功能，在后备模式下，与 CBTC 模式下相同。

4. 泰雷兹 ATS 系统介绍

（1）子系统配置

泰雷兹 ATS 系统在本书中名称为"系统管理中心（SMC）"，其主要由一些通过局域网连接的计算机所组成，它们和车辆控制中心（VCC）、通信系统、无线系统、主时钟系统及主控系统等进行数据通信。SMC 可以与多个 VCC 接口，因此，可以在不对 SMC 硬件做较大变化的情况下，对既有的系统进行扩容。

SMC 主要由以下硬件部分构成：

1）SMC 输入/输出子架；

2）SMC 计算机子架，包括：

① 运行图调整服务器（SRS）（冗余计算机）；

② 配有文件备份介质的数据日志计算机（冗余计算机）；

③ 带有 SMC 外部接口的通信服务器；

④ 网络交换机。

3）中央调度员工作站处理器（显示器及其他设备在控制室内）；

4）调度员工作站处理器（显示器及其他设备在控制室内）；

5）运行图编译工作站；

6）背投显示控制器；

7）网络管理工作站；

8）集线器及局域网电缆；

9）维护人员工作站；

10）车站值班员工作站；

11）车辆段调度员工作站；

12）ATS 模拟培训仿真设备。

为了增加可靠性，SMC 被配置为双局域网。控制中心的所有 SMC 计算机都连接到这个局域网上。

控制中心和各个车站之间使用广域网（WAN）进行通信。中央系统管理中心（SMC）网络通过双网络交换机完成汇接。从交换机到通信广域网的连接将提供一个接口，以使在远程机房和车站的 ATS 工作站可以接入到控制中心数据库。

SMC 和外部系统的接口采用以太网作为子系统的通信。任何两个系统间的接口都是使用 TCP/IP SOCKET 的进程与进程间的通信。唯一例外是主时钟更新数据的传送，它采用 IP 之上的 UDP 传输服务。

（2）设备功能和原理

1）工作站是 ATC 系统的主要人机接口。

本系统提供了 3 种类型的工作站：中央监督、车站监督和系统支持。每种类型工作站的功能都是相同的。但是，用户必须输入用户名和口令后才可以执行命令并对所管辖区域进行控制。

① 中央监督工作站是主要的用户接口工作站，位于控制中心。通过这些工作站，中央调度员或调度员可以输入命令、监督整个系统，实施有效控制。

② 位于设备集中站（联锁站）的本地车站工作站同中央调度员工作站执行相同的操作。它直接与该站的联锁车站控制器 STC 通信。当 STC 在后退模式下工作时，本地车站工作站可以直接请求联锁 STC 转动道岔和相应的信号机显示。

③ 系统支持的工作站可位于不同的地点，如位于车辆段的车辆段值班员工作站以及位于控制中心的维护工作站。主要是用于为车辆段联锁值班员提供准备列车出/入段进路的时机和为维护人员提供监视系统状态和察看报警信息的能力。

2）ATS 的运行图调整服务器（SRS）也位于控制中心。

为了增加可靠性，SRS 也被配置成冗余方式。每个 SRS 都与 SMC 输入/输出子架和 VCC 相连接，SMC 输入/输出机柜又与 VCC 连接。如果一个 SRS 服务器发生故障，系统将自动地切换到另一套 SRS 上，并通过它与 SMC 输入/输出子架和 VCC 保持通信。整个过程无需调度员的人工参与，切换不会对运营产生影响。SRS 的主要功能是为 SMC 提供运行图调整和自动排列进路。SRS 还可以为旅客向导系统提供准确的信息。

3）数据日志计算机存储 SMC 发生的以及向 SMC 报告的所有事件。

系统管理中心 SMC 的数据日志计算机是冗余配置的，数据分别存储在每台机器上。如果一台发生故障，另一台仍可以正常使用。

（3）运行模式

1）SMC 控制模式

SMC 控制模式，也叫自动或者正常模式，是 ATC 系统的正常运营模式。此模式是 ATS 系统设备正常情况下的控制模式，提供了全部的系统功能，且系统运行是自动的。主要包括：

① 自动时刻表调整。

② 人机接口可控制和监视列车。

③ 自动列车驾驶。

④ 使用移动闭塞原则实现自动列车保护。

⑤ 旅客信息通知系统。

⑥ 和 MCS、无线、时钟系统接口。

在此模式下，SMC 控制运行线和进路，并且对于由 ATC 系统支持的运行线的数量不限制。

2）SMC 故障降级模式

系统在无 SMC 情况下运行时，系统降级为 VCC 控制模式。此模式提供了简化的功能，但系统运行仍然是自动的。

① VCC 可以按其存储的在设计阶段预定义的运行线为列车排列进路，但预定义的运行线数量存在限制。

此模式下在 SMC 上手动设置的列车进路和防护区域不会占用系统预定义的运行线路资源。

② 在 VCC 控制模式下，原来在 SMC 控制模式下运行时 VCC 中央调度员终端中所有有效的中央调度员命令仍然被 VCC 所支持。SMC 故障时，VCC 可以提供下列命令来支持列车运营：

a."列车发车"命令可在列车出发进入运行前接受一个运行线号码。所有的站台停车将采用预定的站台停车时间值。VCC 控制模式支持最大 16 条运行线。

b."列车前进"命令仍然可用于让中央调度员按照设定的进路和方向将列车排列到下一个车站。使用"列车前进"命令可以使单一的列车驶向单一的目的地。该进路的目的地可以是一段轨道、一个车站或退出服务。

③ 当系统运行在 VCC 控制模式下，CCO 接口设备仅限于 VCC 中央调度员（CCO）终端。在此模式下，ATC 系统仅将 SMC 系统挂起，其余功能仍然可以实现。当运行于 VCC 控制模式下时，ATC 系统连续地提供如下基本功能：

a. 列车进入自动运行；

b. 列车退出自动运行；

c. 临时限速的插入和取消；

d. 列车最高速度的选择；

e. 列车减速度率的选择；

f. 轨道和站台的封锁；

g. 轨道的重开启。

④ 当系统运行于 VCC 控制模式时，将不包括下列功能：

a. 图形化的线路全局及模拟显示；

b. 图定列车运行；

c. 运行图调整；

d. 系统性能数据采集；

e. SMC 与 VCC 之间的自动时间同步；

f. 旅客向导信息的更新。

3）除 SMC 控制模式和 VCC 控制模式以外，系统还提供"ATC 后退模式"，为级别最低的系统控制模式。此模式只能为正线上按照轨旁信号机显示运行的人工驾驶车辆提供降级使用的列车分隔防护。

5. 中国铁路科学研究院 ATS 系统介绍

（1）子系统配置

中国铁路科学研究院 MTC-Ⅰ型 CBTC 系统的 ATS 子系统由控制中心 ATS、车站 ATS、停车场/车辆段 ATS 设备及相应的通信网络组成。

ATS 控制中心系统环境基于标准硬件部件的系统体系结构，采用 AIX/Windows 操作系统作为服务器和工作站的基础，通过两个冗余的 10/100MB 以太 LAN 相互连接，并通过 ATC 网络和数据通信系统（DCS）及车载控制单元（VOBC）相连。

主要硬件设备包括：服务器系统、运营操作工作站、维护工作站、网络设备。

ATS 车站系统也分为设备集中站和非设备集中站，采用 Windows 操作系统作为工作站的基础，通过两个冗余的 10/100MB 以太 LAN 相互连接，并通过 RS422 与计算机联锁（CBI）相连，通过 ATC 网络和区域控制器（ZC）相连。

设备集中站主要硬件设备包括：ATS 分机、驱动控制机、车站工作站等。

非设备集中站主要硬件设备包括：驱动控制机、车站工作站等。

车辆段 ATS 系统的硬件设备配置与车站 ATS 系统配置类似，主要区别是车辆段 ATS 系统不纳入 ATS 系统的控制范围，只具备监视功能。主要硬件设备包括 ATS 分机、车站工作站等。

（2）设备功能和原理

中国铁路科学研究院 ATS 系统的设备功能与实现原理与本章 4.2、4.3 的通用 ATS 系统功能与原理基本重合，此处对较为特殊的功能进行补充介绍。

1）站场信息监视

调度员可以根据需要，对部分显示内容进行屏蔽，同时可以选择对重点区域进行放大观看，对屏幕进行滚动等操作。

该 ATS 系统支持中心调度员在 OCC 中心通过 ATS 站场监视界面，以及车站值班员在值班室通过 ATS 现地工作站实时观看站台发车指示器状态，以了解司机发车情况。

2）车次出段校核及折返校核

对于 CBTC 通信列车，如果预告车次窗中的车组号与根据车载设备识别的车组号不一致，系统进行告警提示。

当列车在折返轨完成掉头后，系统将根据折返后的计划为列车赋予新的目的码和顺序号。如果在折返轨处没有成功获取到新的计划车次，那么系统会生成保留车次，并报警。

3）自动采点

ATS 依据跟踪列车状态实现自动采点功能。

对于 CBTC 列车，ATS 依据 CBTC 列车上传给 ATS 运行状态，包括位置、速度、停稳状态，综合结合这些信息，自动完成列车到达、出发，以及通过点判断。

对于非通信列车，ATS 依据列车占用站台股道来进行判断，报点偏移以最后实测数据为准。

（3）运行模式

1）联锁设备与 ATS 系统相结合，至少能实现中央 ATS 和本地的两级控制。根据运营要求，能够自动或人工进行进路控制。其中人工控制分为 ATS 人工和联锁设备人工两类，自动控制分为 ATS 自动、联锁设备自动。人工控制的进路优先级高于自动控制的进路。

2）本地 ATS 具有时刻表功能。在中央 ATS 功能故障情况下，联锁能够按照本地 ATS 的指令或存储的列车运行目的地信息保持自动进路设置的功能。

3）在中央故障时本地 ATS 及联锁仍能保证各控制区域间的数据通信，本地 ATS 及联锁在中央故障时仍能保证全线基本的联锁及 ATS 功能，本地系统能根据列车位置自动地进行进路控制。

4.7 ATS 系统设备维修重点

本节主要列出 ATS 系统的通用类设备的维修重点。

1. 服务器/工作站类设备维修重点

服务器和工作站在 ATS 系统设备中占比很大，且系统关键设备基本为该类设备。维修重点有：

（1）数据备份。数据备份分为系统级备份和用户数据备份。出于方便且安全的考虑，此类设备数据损坏类的故障发生后，一般采取直接更换备用硬盘的方式快速恢复故障，因此系统级备份为预防性维护的主要方法。而用户数据备份主要分为安装软件备份和各类系统运行文件备份，安装软件备份满足特殊情况下系统和软件重装的需求，系统运行文件备份满足系统运行状态分析的需要。

需注意每一类工作站必须有一套硬盘或安装软件备份，备份必须有明确的标识（如日期，简短说明和格式）。出于数据备份安全需要，安装软件或硬盘备份必须与设备分开保存，存放地点必须存放在适合存储介质存放的房间内。

（2）容量检查。包含 CPU 占用率、硬盘容量检查。

（3）数据整理和清理。定期整理硬盘数据，删除过期或不使用的数据，维持健康的系统和软件运行环境。

（4）定期重启。重启可释放内存和虚拟内存，缓解 CPU 压力，定期重启有助于减少程序异常问题出现。

（5）机内插接件检查。保证插接板插接牢固且密贴性良好，各接口的螺丝应紧固，连接线应连接牢固、无断线、无接触不良、表皮无破损。

（6）机内清理及机外环境清理。

（7）时间校对。ATS 系统一般情况下负责信号系统中央和车站信号设备的时间同步，部分系统列车的时间也由 ATS 系统发出。因此校对中央和车站 ATS 设备的时间为系统维护的必要环节。

（8）更新易耗部件和设备。包含散热风扇、主板电池、电源模块、硬盘、交换机等。在设备故障维修时需特别检查易耗部件和设备的性能状态，及时更换。除此之外，在设备中、大修修程中要考虑开展定期更换，比如风扇、主板电池、电源模块、硬盘建议小修或中修进行更新，交换机建议中修或大修进行更新。

（9）鉴于服务器硬件更新周期短、易停产，系统软件往往无法兼容其他型号硬件的问题，需特别考虑服务器/工作站的备件储备周期。建议对软件兼容性低的设备，提前评估系统生命周期内的备件储备需求。现场的备件需提供良好的储存环境，并定期开展检查检修。

（10）人机界面的操作和显示功能测试。为定期维护和系统软、硬件升级后必要的确认设备功能恢复的手段。

2. 机柜类设备维修重点

ATS 系统的机柜类设备与其他系统机柜的维护重点基本相同，这里不做赘述，主要摘出具备系统特点的加以说明：

（1）用备件替换可能出现故障的单元，用此方法来排除单元的故障时，需要遵守以下规则：

1）插入新的单元模块前，必需检查损坏程度、跳线的设置及序号和版本，只允许插入没有损坏，序号和版本相同，跳线设置相同的单元模块；

2）给单元作记号；

3）对于插拔/焊接多条同类型连线时，在拔出/焊脱连线前，要给连线做好标记，并记录连接位置；

4）注意故障时间、故障频率和显示；

5）如果单元先评估再更换后仍未能排除故障，或发现其他故障，请检查电缆、熔丝、电源和检测灯。

（2）机柜如有光纤接入，需保证光纤（尾纤）弯折程度不小于 $90°$。

（3）定期进行交换机的网络通信测试，保证数据端口传输数据功能正常。

（4）定期检查机柜地线线缆及连接完好。

（5）需注意机柜模块的芯片或 EPROM 备份。

3. 安全性操作

（1）几乎所有的 ATS 系统设备组件和所有的工作站组件都是以 MOS-技术用高度融合的组件接插而成。这些电子组件对过电压及静电非常敏感。原则上不要去触摸电子组件，组件板上的组件针或连线绝对不能触摸。

（2）在接触组件时，应注意人、工作位置和包装的接地，如接触人员应佩戴防静电装置以达到接地的目的。

（3）无论设备是否支持热插拔，建议插拔电子组件前都将设备断电。

（4）保存或发送组件和构件必须使用可导电的包装（例如：涂有金属表层的塑料箱、

金属）。如果包装是不能导电的，那么在这之前必须用可导电的材料将组件和构件先包裹起来。如组件装有内部电池，那么必须注意不要使可导电的包装同电池的接头相接触。

（5）日常的防病毒维护也是 ATS 系统的维修重点。优先考虑的方式是给系统安装全套的查毒杀毒软件、防火墙等防病毒攻击的软硬件，并及时更新病毒库，定期开展病毒查杀。针对较早开通的线路，在设计阶段未考虑到系统病毒防护，后期又因为系统特性无法加装的，至少需通过配备系统堡垒机、设置作用盘写保护、设置白名单、对维护过程中使用的存储介质进行严格管理等方式，强化系统的病毒防护等级。

4.8 ATS 系统设备常见故障分析

处理 ATS 系统设备故障仍遵循先通后复的原则，故障现场先对判断为故障的设备或组件进行更换，恢复设备功能后，再行对替代下的设备进行测试分析。

1. ATS 系统设备常见故障案例 A：中央或车站人机界面失去监控功能

故障现象：

中央或者车站人机界面显示部分或全部控区轨道图灰显。

故障分析处理：

（1）判断故障类型，通过检查中央与车站是否同时灰显、检查系统报警信息，确认是 ATS 故障还是联锁故障；

（2）检查灰显范围，通过检查为单个、部分控区灰显还是全线灰显，判断是中央 ATS 系统设备故障还是设备集中站 ATS 系统设备故障。

（3）对于中央通信服务器/工作站故障引起的全线 ATS 故障，通过以下几种方法来恢复故障：

1）切换冗余状态，使未故障的设备接管运行（单台设备故障时）；

2）关闭两台通信服务器/工作站，重启其中一台（程序或数据故障引起两台同时故障时）；

3）更换备用机器（重启无法恢复故障时）。

（4）对于中央与车站通信故障引起的部分控区 ATS 故障，需要排查为通道故障还是通信部件故障，通过检查通信板灯位、接入抓包工具等手段进行排查，若为通信部件故障则更换处理，若为通道故障则通过切换或更换通道进行排查处理。

（5）对于站级设备故障引起的部分控区 ATS 故障，则通过切换或更换使用单元、检查设备供电、甩开外围部件等方法进行故障分析处理。

2. ATS 系统设备常见故障案例 B：服务器/工作站故障

故障现象：

服务器或工作站死机/自动关机/自动重启。

故障分析处理：

（1）PC 机故障可能的原因较多，硬件或软件故障均可能引起机器死机、自动关机或重启。对此还需结合设备在一段时间中的表现或趋势进行分析判断。

（2）可通过系统事件管理器记录的信息，以及故障能否自动恢复或通过重启恢复，来初步判断是硬件故障还是软件故障。

（3）判断为硬件故障时，通过更换并将故障部件转移安装至离线测试平台进行测试观察的方式进行排查分析。还可通过部分检测工装或软件工具进行检测扫描，如对硬盘坏道进行检测等。

（4）判断为软件故障时，首先可通过更换备用硬盘或者阵列这种较为彻底的方式排除故障。后续还需对比检查软件的参数设置，以及作用盘的数据等，进一步排查具体产生故障影响的软件或程序。

（5）服务器或工作站的供电线路完好检查及供电稳定性检查，也应在故障排查的范围内。

3. ATS系统设备常见故障案例C：外围接口故障

故障现象：

ATS系统与综合监控/PIDS等接口故障，导致无隧道阻塞模式、PIDS显示异常等。

故障分析处理：

（1）ATS系统与外部接口类故障，关键点在于需要接口各方对收到和发送的报文进行抓包收集。

（2）在已有详细接口数据的基础上，接口双方进行逐帧数据的对比分析，才可较为直观地对故障点进行判断。可通过对相应设备进行更换或切换处理，观察故障能否恢复来辅助或确认判断。

第5章 联锁子系统

信号系统的联锁系统（以下简称联锁系统）的联锁逻辑与传统的铁路6502继电联锁系统在原理上相似，在信号机、道岔和进路之间建立一定的相互制约关系，用来保证列车在进路上的运行安全。整个系统的主要工作可分为：进路建立（包括侧面防护元素的选择、保护区段的确定）和进路解锁。本章节详细介绍系统的结构、原理、功能、技术标准、接口管理和几大联锁系统的系统构成。

5.1 联锁系统构成

本节主要讲述联锁系统的一般构成和联锁主机的集中冗余结构。

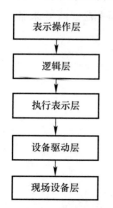

图 5-1　系统结构

1. 系统的结构

从几家供货商提供的联锁设备看，普遍将设备分成五层，分别为表示层、逻辑层、执行表示层、设备驱动层以及现场设备层，如图 5-1 所示。在有的系统中可能将执行表示层和设备驱动层结合在一起，统称为执行表示层。

2. 联锁主机的结构

目前主机主要采用三种冗余方式，二取二方式、三取二方式和二乘二取二方式，目前主流的基于通信的移动闭塞（CBTC）信号系统中的联锁主机多数都是采用二乘二取二的冗余结构，基于轨道电路的准移动闭塞信号系统的联锁主机多数都是采取三取二的冗余结构。以上采取的冗余结构都是为了保证设备安全和提高设备可靠性。下面就用各类型的计算机联锁系统的基本原理作简单描述。

（1）二取二联锁系统

如图 5-2 所示，系统由两个各自独立的，相同的，对命令同步工作的计算机通道 1 和通道 2 组成。过程数据由两个通道输入，比较和同时进行处理。只有当两个通道的处理结果相同时，结果才能输出。独立于数据流的在线计算机功能检测可确保偶然故障的及时检出。这一检查在一定的周期内完成一次，一旦检出了一个故障，此系统将停止工作，这样避免了连续出现的故障所引起的危害。

主要功能有：

1）通道同步；

2）两个通道的程序和工作现场数据的连续比较；

3）输入和输出数据的比较；

4）计算机硬件的周期测试。

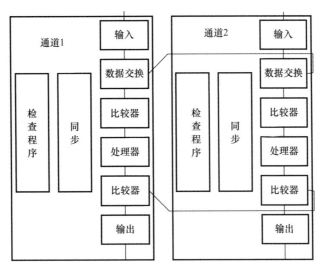

图 5-2　二取二系统结构

（2）三取二联锁系统

如图 5-3 所示，系统由三个各自独立的，相同的，对命令同步工作的计算机（通道 1、通道 2 和通道 3）组成。过程数据由三个通道输入，比较和同时进行处理。只有当两个或三个通道的处理结果相同时，结果才能输出。如果其中一个通道故障，另外两个通道会继续工作。独立于数据流的在线计算机功能检测可确保偶然故障的及时检出。这一检查在一定的周期内完成一次，一旦检出了第一个故障，相关的通道会被切除。电子联锁计算机将按二取二系统方式继续工作。只有当又一个通道故障时，系统才停止工作。

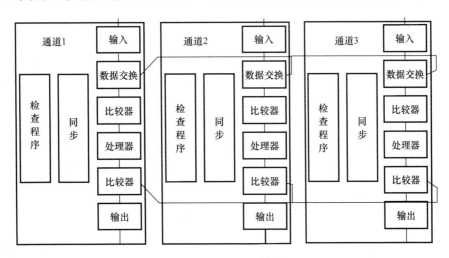

图 5-3　三取二系统结

主要功能有：

1）通道同步；

2）两个通道的程序和工作现场数据的连续比较；

3）输入和输出数据的比较；

4）计算机硬件的周期测试。

（3）二乘二取二联锁系统

二乘二取二联锁系统是由两组二取二的微机系统组成，目的是为增加系统的冗余度，增强实用性和可靠度，这个系统由两台多样化的微机组成，通常系统的多样化是通过使用不同的操作系统以及不同的处理器来实现的。例如西门子移动闭塞信号系统的 4 台联锁计算机处理信息分别是两台 CPU 为 intel 的 windows 系统计算机和两台 CPU 为 AMD 的 linux 系统计算机，所有信息经过他们分析然后将结果进行对比，对比输出一致就发出，结果不一致便报警。在有一台 intel 和一台 AMD 为 CPU 的计算机发生故障死机的情况下仍能工作进行数据对比，但是如果两台相同 CPU 的计算机都死机则无法进行比较，系统将停止工作。

5.2　联锁系统功能

联锁的目的就是防护进路，主要工作为进路建立和进路解锁，下面就进路的建立和解锁分别描述（包括侧面防护元素的选择、保护区段的确定）。

1. 进路的组成及相关的选择原则

进路根据防护的安全等级可以分成安全进路和非安全进路，安全进路是指路径上有道岔并且要运行旅客列车的进路，非安全进路则指其他一切进路。

进路一般由三部分组成，分别为主进路、保护区段和侧面防护，其中侧面防护又可以分成两种：主进路的侧面防护和保护区段的侧面防护。

主进路是指进路上从始端信号机至终端信号机通过的路径，包括道岔、信号机、区段等要素。在大铁路中我们知道信号机开放要检查全部区段的空闲，但在装备有准移动闭塞的地铁信号系统中联锁设备不检查全部区段，只检查一部分区段，这些被检查的区段叫作监控区段，保证列车通过这些区段后能自动将运行模式转为 SM 模式（ATP 监督人工驾驶模式）或 ATO 自动驾驶模式。列车之间的追踪保护就由 ATP（自动列车保护系统）来防护了，由 ATP 保证列车前后之间的距离，防止出现列车追尾现象。

保护区段是指终端信号机后方的一至两个区段，这是为了避免列车由于某种原因不能在信号机前方停车而冲出信号机导致危及列车安全的事故的发生，类似与大铁路的延续进路。

侧面防护是指为了避免其他列车从侧面进入进路，与列车发生侧向冲突，类似大铁路上的双动道岔和带动道岔的处理。防护主进路的侧面防护叫主进路的侧面防护，防护保护区段的侧面防护叫保护区段的侧面防护。下面分别说明。

（1）监控区段的选择原则。

主要有以下两个：

1）无岔进路，通常在始端信号机后方选择一定数量的轨道区段，这个数量的轨道区段长度，足够使列车驶入该进路时，其驾驶模式能从 RM 模式转换到 SM 模式或 ATO 模式（通常选择两段轨道电路）。

2）有岔进路，通常在始端信号机后方轨道区段开始一直到最后一个道岔区段再加一个轨道区段，并且如果该轨道区段不能摆下一列车，则需要增加其后的一个轨道区段作为监控区段。

（2）保护区段选择原则及相关概念。

根据保护区段设置的时机，可以分为不延时保护区段和延时保护区段。当一条进路中可以运行一列以上的列车时，才具有延时保护区段的概念。排列进路时，并不同时排列保护区段，只有当列车接近终端信号机、占用某个特定的区段时，才排列保护区段，这种不在排列进路时排列的保护区段就叫延时保护区段。该特定的区段被称为保护区段的接近区段。

根据保护区段经常使用的方向可以分成普通保护区段和分支保护区段。如果不考虑列车出入车厂，在正常的地铁行车中，一般是进行双线单向循环运行，信号机总是排列固定方向的进路。如果涉及列车出入车厂、存车线存车出车作业时，则某些信号机需要排列各种方向的进路。与此相对应，保护区段也可开通正常循环运行的方向或出入车厂、存车出车作业，将开通正常循环运行方向的保护区段称之为普通保护区段，而将开通其他方向的保护区段称之为分支保护区段。设置分支保护区段可以加快运营、提高效率和避免增加道岔操作。

通常，用终端信号机后方的第一个轨道区段作为该条进路的保护区段。但也有以下两种情况例外：

1）如果ATP的保护区段定义于终端信号机的前方时，能提高终端信号机后方区段的灵活性且又不阻碍终端信号机前方区段的运营，则此终端信号机只有ATP保护区段而无联锁保护区段，即不设置保护区段。

2）如果终端信号机之后的轨道电路长度短于计算的ATP保护区段，则有多个轨道电路作为保护区段。

（3）侧面防护的选择原则及相关概念。

1）侧面防护要素和要求。

① 能提供侧面防护的元素主要有三种：道岔、信号机、超限区段。

② 如果使用道岔，则该道岔将被锁闭在进路侧面防护要求的保护位置上。

③ 如果使用信号机，并非锁闭该架信号机，而是检查该架信号机的红灯灯丝是否正常。

④ 提供侧面防护的信号机同时可以办理同本条进路无敌对关系的进路。

侧面防护共有两级。第一级包括侧面防护必需的元素，即每一个防护点的所有防护元素。第一级中的每个道岔元素可以定义多个第二级要素与之对应。如果条件具备，第一级要素将被用于侧面防护。如果不具备，（例如，道岔已由另一条进路的侧面防护锁闭于相反的方向），而此时第二级侧面防护条件具备，那么，第二级要素将被用于侧面防护（如果二级要素有的话）。如果第二级侧面防护条件不具备（或者并不存在），始端信号机将不开放。而在这种情况下，进路已经设置且被锁闭，始端信号机将达到引导信号的监督层。如果二级侧面防护条件具备，始端信号机将会自动开放。

⑤ 超限区段检查：当防护点没有相应的道岔提供防护，并且存在轨道区段侵限问题。则要根据提供侧面防护的道岔的方向，检查轨道电路的占用。

2）选择侧面防护要素的原则。

① 进路的侧面防护是由锁闭在侧面防护保护位置的道岔，或者是由包括同进路敌对的道岔在内的所有进路的防护信号机具备开放、红色信号机来实现的。道岔所提供的保护具备最高优先级。

② 安全进路的第一级侧面防护由道岔提供。

③ 以下条件必须满足：

a. 当安全进路、非安全进路同时办理，且两条进路的侧面防护道岔会发生冲突时，非安全进路的侧面防护将会由信号机来完成。即在任何情况下，安全进路都会优先于非安全进路得到道岔作为侧面防护，那么非安全进路要该放弃道岔作侧面防护的要求。

b. 对应第一级的侧面防护道岔，在第二级侧面防护中有相应的侧面防护信号机作对应。以提供系统的灵活性。如当办理两条安全进路时，因同时要求同一个道岔提供不同防护位置时，发生冲突。则先办的进路将得到道岔作为侧面防护，后办的进路将只得到信号机作为侧面防护。

如果与一条进路可发生侧面冲突的道岔所在区段 TCX 同该条进路的一个道岔区段的绝缘节是超限绝缘，则 TCX 的标志将以下列发生表示：

a. 如果该敌对道岔没有处于保护位置，作为侧面防护必须检查轨道电路 TCX 的空闲状态。

b. 如果敌对道岔处于侧面防护的位置，并且被锁闭将不需要检查轨道电路 TCX。

作为信号机 SX 的保护区段的轨道电路（不考虑实际保护区段长度）超过警冲标、侵限，则另外一条用 SX 信号机提供侧面防护的进路是不能开放的。

保护区段的侧面防护通常由信号机提供。

2. 进路建立的实现原则

进路建立是指进路开始办理、到防护该进路的信号机开放这一阶段，主要分为进路元素的可行性检查、进路元素的征用和进路监督及开放信号。

三个操作步骤：

（1）进路元素的可行性检查

进路元素的可行性检查由联锁计算机完成。该计算机首先检查所选进路的始端、终端信号机构成的进路是否为设计的进路。然后检查所选进路中的元素，检查内容包括：

1）进路中的道岔没有被其他进路或人工锁闭在相反的位置上；

2）进路中的道岔或轨道区段没有被封锁禁止排列进路；

3）进路中的信号机没有被反方向进路征用；

4）道岔或监控区轨道电路没有被进路征用；

5）进路上的其他区段没有被其他反方向的进路征用。

进路元素的检查顺序为：从终端信号机开始，一个元素接一个元素地检查到始端信号机。

（2）进路元素的征用

进路元素的征用是指元素被该进路选用以后，在这些元素解锁之前，一般情况下，其他任何进路将不能使用。

如果进路有效，进路元素通过了可行性检查，将对这些元素进行征用，即：

1）进路中所有处于与进路要求位置相反位置上的道岔必须进行转换，并且把所有道岔锁闭在进路要求的位置上。

2）进路中的所有轨道区段和信号机被解锁之前，其他进路不能征用。

3）要求提供侧面防护。

4）要求提供保护区段或延时保护区段。

（3）进路监督

当进路已设置，将开始周期性地对下列元素的条件进行检查，根据达到的监督的内容可以分为两种监督层次：主信号层和引导层。主信号层一旦达到，信号机自动开放，引导层则不能自动开放。

1）主信号层的监督，主要检查以下内容：

① 进路中的道岔位于正确的位置并已锁闭。

② 进路全部区段被征用，并且相应的监控区段逻辑空闲。

③ 终端信号机的红灯信号能正确显示（不监测虚拟信号机）。

④ 主进路的侧面防护已提供，即：

a. 侧面防护道岔已被转到保护位置并被锁闭；

b. 侧面防护信号机的红灯灯丝功能正常；

c. 侵限区段空闲（也没有发生 KICK-OFF 故障）并且没有被作为其他进路的保护区段。

⑤ 某些进路需要检查以下某个条件：

a. 防淹门开并且没有请求关闭；

b. 洗车线给出了洗车允许信号；

c. 车场的信号机已经开放。

2）引导层的监督，引导层是主信号层的后备，当主信号层不能满足，系统自动检查该层，检查内容有：

① 进路中所有区段被进路征用；

② 进路中的道岔在进路要求的位置并被锁闭；

③ 某些进路需要检查以下某个条件：

a. 防淹门开并且没有请求关闭；

b. 洗车线给出了洗车允许信号；

c. 车场的信号机已经开放。

（4）开放信号

开放信号主要分为两种情况：

1）当主信号层到达并且以下三个条件满足：

a."引导"信号未设置；

b. 始端信号机没有设置封锁；

c. 始端信号机没有设置重复锁闭。

则下列两个"开放"信号显示之一将自动开放。即：

a. 绿灯：开放信号，当进路中所有道岔开通直股时；

b. 黄灯：开放信号，当进路中至少有一个道岔开通侧股时。

2）当引导层到达并且满足以下条件时，可以人工开放引导信号，室外对应开放红灯和黄灯。

列车已占用始端信号机前方的轨道电路——接近区段。

当引导信号开放后 60s 后，会自动关闭。

3. 进路解锁

进路解锁是指从列车驶入信号机后方（驶入进路），到出清进路中全部轨道区段这一阶段，或者指操作人员解除已建进路的阶段。进路解锁主要分：取消进路，列车解锁及区段强行解锁。其中，取消进路可分为立即取消和延时取消；列车解锁分为正常列车解锁和折返解锁。下面我们简单描述进路解锁的过程。

（1）取消进路

取消进路是指进路建立后，因人为需要而取消该进路的一种解锁方式。一旦进行取消进路的操作，进路始端信号机立即关闭，并且根据列车的运行情况又分为立即取消进路和延时取消进路两种，在以下条件下，进路延时取消，该延时由系统自动完成：

接近区段占用，并且在列车占用接近区段期间，进路信号机开放过通过信号或引导信号。

若取消的进路中有列车占用进路将取消至进路中最后一列车所处的前一区段，剩余的进路部分由列车通过进行正常解锁。

取消进路的条件是被取消的进路的所有轨道区段被进路锁闭且进路的第一轨道区段必须逻辑空闲。

取消进路具体将按以下步骤完成：

① 始端信号立即关闭。

② 检查是否需要延时（条件参考上一段描述），如果不需要延时，则立即取消进路；否则延时 30s（该时间与列车的运行行速度有关）。

③ 延时时间到后，检查进路的第一个轨道区段是否解锁或被列车占用，如果该轨道区段已解锁或被列车占用，取消进路终止执行，执行失败；否则取消进路。

④ 当该进路中无车时，整条进路从始端到终端解锁，包括终端信号机后方的保护区段；

⑤ 当该进路中有几列车时，进路将取消至进路中最后一列车所处的前一区段（延时后的位置），其后的轨道区段随最后一列车运行逐段解锁。

取消进路并不能同时取消始端信号机后的保护区段，这时保护区段只能由列车通过解锁，或者由保护区段延时解锁。具体的介绍在下面章节中描述。

进路取消，轨道区段的解锁将同时解锁提供侧面防护的元件。

（2）正常解锁

正常解锁也被称为列车通过解锁或者逐段解锁。

正常解锁是指列车通过了进路中的轨道区段后，使进路自动解锁。检查区段是否空闲，以及列车是否通过了该区段的设备是轨道电路。但仅用一段轨道电路的动作，不能确切反映车辆通过了该区段，而必须采用多段轨道电路的顺序动作来反映列车的实际运动情况。在采用分段解锁方式时，原则上采取三段轨道电路的动作状态并配以时间参数作为解锁的条件。

三段轨道电路的解锁原则如下：

1）前一轨道区段（Ⅰ）及本轨道区段（Ⅱ）必须被同时占用过（Ⅰ↓Ⅱ↓）。

2）前一轨道区段（Ⅰ）出清且本轨道区段（Ⅱ）继续被占用（Ⅰ↑Ⅱ↓）。

3）本轨道区段（Ⅱ）出清且后一轨道区段占用（Ⅱ↑Ⅲ↓）。

4）前一轨道电路（Ⅰ）已解锁。

当上述条件均满足时，本轨道区段（Ⅱ）将会自动解锁，本轨道区段一旦解锁立即解锁提供侧面防护的元件。

进路的解锁是从进路始端（进路第一区段）开始，逐一向后解锁的，一直到进路的终点，即最后一个区段。

对于进路的第一个轨道区段只需要检查前两个条件，条件3和4不需要检查。

如果在这条进路没有全部解锁，后续列车就需要通过该条进路，这时进路可以重新排列。一旦进路排列好，前行列车就不能再逐段解锁这条进路，因为对前行列车而言，逐段解锁的条件已经不具备了，也就是说条件4已被破坏—前一轨道区段没有解锁，后续轨道区段就不能解锁。

也就是说，除非排列一新进路，否则该进路仅在线上的最后一列车过后才会逐段解锁。

（3）中途返回解锁（折返解锁）

中途返回解锁是对折返进路中没有被列车全部正常通过的区段的一种自动解锁方式。在此种情况下，列车总是在牵出后又返回，根据正常解锁的定义，折返轨将不能解锁，而需采用一种特殊解锁方式自动解锁。该种特殊的自动解锁方式称折返解锁。其目的在于：当折返进路排列后，列车沿折返进路返回，如果折返轨道出清，则牵出进路的剩余区段将自动解锁。

根据被列车占用的情况，又可以分成主动折返解锁和被动折返解锁。主动折返解锁是指因列车的占用、出清而解锁折返轨的方式；被动解锁是与其他区段解锁引起的解锁方式，与列车的运行无关。当折返轨只有一个区段，或有多个区段的第一个被列车占用的区段，这个区段的折返解锁为主动解锁，其他后方的区段的解锁为被动解锁。

该种方式的关键条件是列车确实进行了牵出、返回运行，而且已出清了主动折返解锁的折返区段。

（4）故障解锁（强行解锁）

正常情况下，进路应随着列车驶过进路而自动逐段解锁，但由于某种故障，如轨道电路不能正常工作，区段可能不能正常解锁。因此，需要人为强行使该区段解锁，称此种人为方式为故障解锁或强行解锁。当对区段进行强行解锁时，立即关闭信号机，并根据列车的运行情况，采取延时解锁或立即解锁，只有在以下条件全部满足时才进行无延时解锁，否则延时解锁：

1）进路空闲；

2）联锁连接正常；

3）接近区段空闲；或者接近区段占用，但在列车占用接近区段期间，进路信号机既没有开放过通过信号也没有开放过引导信号。

如果区段进行强行解锁操作，则进路和保护区段的征用都将被强行解锁。但是如果该区段同时又提供侧面防护，解锁后不能取消侧面防护的锁闭，也就是说，继续提供侧面防护。

（5）保护区段解锁

保护区段的解锁也有以下几种方式：

1）正常解锁（列车通过解锁）

类似于列车的正常解锁，依次检查以下条件后，保护区段自动解锁：

在本区段占用时，本区段与前一区段均占用过。

在本区段占用时，本区段与后一区段均占用过。

本区段空闲。

2）延时解锁

当列车占用进路的最后一个区段（目的轨）时，系统自动开始计时，一旦达到设定延时时间，保护区段自动解锁，如果在计时期间，列车进入了保护区段，计时停止，不能再进行延时解锁。

3）折返解锁

类似于进路的折返解锁，详情见进路折返解锁章节。

4）强行解锁

由于某种原因列车通过后保护区段不能自动解锁，或设备故障后不能自动解锁，需要人工介入，强行解锁，只有在以下任意条件下才能解锁：

保护区段的设置接近区段至进路的目的区段（不包括目的区段）没有被列车占用。

保护区段的设置接近区段至进路的目的区段（不包括目的区段）没有被进路征用，即进路已解锁。

（6）侧面防护元件的解锁

在前面我们讲到的进路和保护区段的解锁均属于主动解锁，即均在列车正常通过后可以自动解锁；侧面防护元件的解锁则属于被动解锁，即列车通过该防护元件后，元件不能解锁，只有当要求提供防护的元件解锁后，该防护元件才能解锁。

4. 轨道区段的逻辑属性

轨道电路用于检测轨道区段空闲的设备，它利用电气绝缘分割轨道区段，轨道电路由发送和接收设备组成。当列车进入一个轨道区段时，利用车轴的分路效应使接收端接收到的电流大大减少，接收电压大大降低，经放大之后也不能使继电器可靠吸起，继电器落下从而显示轨道区段占用。联锁系统利用信息通道采集到轨道区段的继电器状态，从而反映出区段的空闲和占用。这里主要描述轨道区段的物理空闲和逻辑空闲方面的知识。

（1）物理空闲、占用状态

轨道区段的物理空闲是指列车检测设备（如轨道电路，计轴设备等）反映的室外区段实际没有被列车占用的状态。如轨道电路吸起状态即为物理占用。如轨道电路落下状态即为物理占用。

（2）逻辑空闲、占用状态

对于列车的走行可以分成两种，第一种为列车通过运行，列车多数是这样运行的；另一种是折返运行，即列车运行到折返轨后，更换运营方向，进行折返作业。

逻辑空闲、占用就是检查列车的运行是否符合以上两种运行情况，如果一个区段经历了从物理空闲状态变为物理占用状态，再变为物理空闲状态的过程，系统将自动结合相邻两区段的状态检测是否符合以上两种列车走行方式之一，从而判断列车是否真正运行过该区段。如果判断列车符合两种走行方式之一，则系统将认为该区段为逻辑空闲状态；否则认为该区段为逻辑占用状态。

5. 单独操作

（1）与轨道区段（包括道岔区段）相关的操作

1）轨区逻空

由于某种原因，轨道区段已经物理空闲，但系统认为该区段没有逻辑空闲。这时可以使用该命令人为将轨道区段设为逻辑空闲状态。

当轨道区段显示逻辑占用且不能确定相邻轨道区段是否物理空闲，则轨区逻空命令不能使用，只能利用下一列车通过使其空闲。

2）封锁区段、解封区段

由于维护或其他原因，不允许列车通过某个区间或区段，可以使用"封锁区段"的命令将区段封锁，禁止进路征用该区段，从而禁止列车继续通过该区段。封锁区段的命令被操作后，不会影响原有进路状态，也就是说原来已经排列好的进路仍然可以被列车通过，一旦列车通过该区段解锁后，系统将禁止通过该区段排列进路。

同时被锁闭的轨道区段能通过"解封区段"的命令，将轨道区段去除封锁。该操作为安全相关操作，操作员在操作前必须明确要求封锁的原因已经取消，否则将有可能造成安全事故。

3）区段强解

由于某种原因造成进路不能正常解锁，需要操作员人为将区段进行解锁。系统提供了命令以满足这一要求。这样，在任何时候操作员均可以通过"区段强解"对进路任一轨道区段进行强行解锁并负有责任。注意被解锁的包括进路征用和保护区段征用。但是，区段中仍存在侧防命令时，解锁后不取消侧防锁闭。进路区段的强行解锁使得相关的提供侧面防护的元件的侧面防护被取消。

一旦进行了操作，系统立即关闭始端信号机，当进路的接近区段有车时，进路要素的操作解锁由延时产生。

（2）与道岔相关的操作

1）岔区强解

由于某种原因造成进路不能正常解锁，需要操作员人为将道岔区段进行解锁。系统提供了命令以满足这一要求。这样，在任何时候操作员均可以通过"岔区强解"对进路任一道岔区段进行强行解锁并负有责任。注意被解锁的包括进路征用和保护区段征用。但是，道岔区段中仍存在侧防命令时，解锁后不取消侧防锁闭。进路道岔区段的强行解锁使得相关的提供侧面防护的元件的侧面防护被取消。

2）转换道岔

道岔在任何位置均可用该控制命令转换到另一位置；

系统有两种自动转换道岔的可能，一种是排列进路，系统将自动将道岔转换至所需位置。

另一种是根据道岔的优先位的设计，当道岔区段解锁后，经一定时间的延时，道岔将转换到设计的优先位置。如果在这种情况下转换不成功，必须记录下来。

道岔转换的条件：

道岔区段逻辑出清；

道岔区段没有被进路、保护区段和侧防征用/锁闭。

3）强行转岔

如果某一道岔区段被占用或故障，使用强行转岔控制命令可转换该道岔（此命令全属安全相关操作）。

使用强行转换道岔命令的条件：

道岔区段逻辑占用；

道岔没有挤岔。

该操作为安全相关操作，操作员在操作前必须明确列车没有在故障区域或者不在道岔尖轨上并且人员在安全区域，否则将有可能造成安全事故。

4）挤岔恢复

道岔挤岔被修复后，"挤岔恢复"控制命令可转换发生挤岔的道岔，并且复位挤岔记录。

使用"挤岔恢复"命令的条件：

道岔区段没有被进路、保护区段和侧防征用/锁闭；

道岔发生了挤岔（或有挤岔显示）；

道岔没有被单独锁定。

在复位挤岔记录之前，道岔已转到位。

"挤岔恢复"命令要计数；

该操作为安全相关操作，操作员在操作前必须明确要求维修人员在安全位置，否则将有可能造成安全事故。

5）单独锁定道岔、取消锁定道岔

通过"单独锁定"命令可以单独锁闭道岔，禁止道岔进行转换；同时也可用"取消锁定"命令解除道岔锁定，使得可以重新转换道岔。

6）岔区逻空

在前面讲到只有当本轨道区段空闲并且两个 KICK-OFF 控制有效时，轨道区段才逻辑空闲。对于道岔区段同样适合，只是由道岔位置决定相连的轨道区段。

（3）与信号机相关的操作

1）开放引导信号

只有当进路始端信号机前方的轨道区段占用时，才能设定相关进路的引导信号。

如果始端信号机前方的轨道区段太短（短于 ATP 保护区段），将可能设定第二个接近区段。

引导信号开放后 60s 自动关闭。

列车在引导信号前停车，以 RM 模式运行通过故障区段后的两个区段后，自动向 SM 模式切换。

设定引导信号的条件：

① 列车占用信号机前方的一个或两个轨道区段（即接近区段）。

② 进路监控达到主信号层或引导层。

③ 信号机没有开放。

④ 记录了"开放引导"命令的操作。

2）人工关闭信号

信号机在开放状态或引导信号状态时可用"关闭信号"命令关闭信号。

同时也可以使用"关区信号"和"关站信号"命令分别关闭一个联锁区或一个车站的所有信号机，将所有信号机设为禁止状态，即点红灯。

3）人工开放信号

由于人工关闭信号或设置重复开放信号的进路监控暂时故障而关闭了信号，如果重新信号机开放条件重新满足，那么用"开放信号"命令可使它重新开放。

人工开放信号的条件：

信号机已经在关闭状态；

进路监控达到主信号层；

信号机没有发生故障；

信号机没有被封锁；

记录了"开放信号"命令的操作。

4）单独封锁信号机、解封信号机

通过"封锁信号"命令可以封锁信号机，禁止开放信号；同时也可通过"解封信号"命令解封信号机的封锁，允许开放信号。

只要信号机被封锁，在开放状态下的信号机将自动设置为禁止信号。信号机封锁后不能开放，但可设置引导信号显示。解封后的信号机不会自动开放。（在进路达到相关的控制级也不行）

如果信号机的封锁是因防淹门关门请求引起的，则系统不允许人为解封，只有当防淹门关门请求取消后，系统自动取消该信号机的封锁。

5）接通、关闭所有信号机的自动列车排路

通过"自排全开"命令可将所有具有自动列车排路的信号机接通自动列车排路功能，这样列车进路将根据列车的目的地号自动排列进路。

同时也可通过"自排全关"命令将所有具有自动列车排路的信号机关闭自动列车排路功能。

6）接通、关闭所有信号机的追踪进路

通过"追踪全开"命令可将所有具有自动追踪排路的信号机接通自动追踪排路功能，这样列车进路将根据列车的接近自动排列固定方向的进路。

同时也可通过"追踪全关"命令将所有具有自动追踪排路的信号机关闭自动追踪排路功能。

在操作"追踪全开"时，要保证所有信号机均关闭了自动列车排路功能。

在地铁和轻轨，自动追踪排路通常设定为自动列车排路的降级后备模式。

7）接通、关闭单个信号机的追踪进路

通过"追踪单开"命令可将一个具有自动追踪排路的信号机接通自动追踪排路功能，这样该信号机的列车进路将根据列车的接近自动排列固定方向的进路。

8）接通、关闭单个信号机的自排进路功能

通过"自排单开"命令可将一个具有自动列车排路的信号机接通自动列车排路功能，这样该信号机的列车进路将根据列车的目的地号自动排列进路。

（4）其他操作

接收控制（接通现地操作）。

强行站控。

交出控制（接通控制中心操作）。

6. 道岔的控制、驱动模式

（1）道岔采用单动模式

在大铁路上，所有的渡线上的道岔均采用了双动控制模式，即表示电路同时检查两个道岔的位置，只有均在左位或者均在右位时，该两个道岔才给出表示，在左位或右位；同时这两个道岔的动作将逐一先后动作，也就是说，先动其中一个道岔，只有当该道岔转换到位后，另一个道岔才能动作。这样需要的动作时间将加长，是两倍于一个道岔的动作时间。

在地铁系统中，由于对间隔的要求高，达到 2min 1 列车，故信号系统的动作时间或者响应时间应尽量减少，同时为了减少对运营的影响，避免一个道岔故障造成上、下行线同时停止运营或同时采用其他降级模式，减少故障影响区域，提高系统的可用性，所以在正线区域所有的道岔全部采用了单动控制模式。

（2）道岔交错控制

由于采用了单动控制模式，有可能在进路的排列时，存在几个道岔同时启动转换，而启动时的电流很大，增加了对电源系统的要求。为了避免这种情况，采用了道岔交错控制技术。道岔交错控制可防止几个道岔的转动同时启动，避免道岔转换电源的负载瞬间过大。如果进路设定命令需要几个道岔自动转换，道岔交错控制将在 200ms 的间隔内逐个启动道岔（间隔时间设为 20ms）。

单独操作的转换命令一次只能转换一个道岔，故不通过道岔交错控制进行控制。

7. 其他一些联锁功能

不同的信号系统联锁功能整体上都相同，但一些具体的功能上还是存在一些差异性，下面将介绍目前在用信号系统还具备的一些联锁功能。

（1）在 CBTC 模式下，道岔接近锁闭

如果列车占用接近区域，在通过道岔的进路取消后的一定时间内，接近锁闭可防止道岔发生转动。

（2）敌对进路检查

进路的任何部分（进路及延续进路部分）与其他进路的任何部分有重叠，则这两条进路就是敌对进路。

（3）信号允许锁闭

该功能是防止信号的重复开放。在信号机已经开放的情况下，由于某个（某些）轨旁设备故障导致了信号关闭，"信号允许锁闭"功能将被激活。此后需要调度员人工干预才能重新开放允许信号。只有当所有导致信号机关闭的故障因素全部消除时，系统才可以接受并执行调度员的"解除允许锁闭"命令以重新开放信号。

（4）站台紧急停车按钮监控

联锁会监视站台和室内紧急停车按钮的状态。进站及出站信号机均与紧急停车按钮状态联锁，当按压一个紧急按钮后，进站及出站信号机不能开放。

对于 CBTC 受控列车，当列车尚未进站时，地面 ATP 子系统设备监测到车站的紧急停车按钮按下或接收到 ATC 系统的紧急停车命令时，保证列车停在站外；当列车停在站台区时，地面 ATP 子系统设备监测到车站的紧急停车按钮按下或接收到 ATC 系统的紧急停车命令时，保证列车不能启动；当列车启动后尚未离开站台区时，地面 ATP 子系统设备监测到车站的紧急停车按钮按下或接收到 ATC 系统的紧急停车命令时，将施加紧急制动使列车停车。

（5）计轴区段状态监督

系统对计轴区段的占用/空闲状态进行持续监督，并向 ATS 报告。系统对计轴区段的

受扰状态进行监督，并向 ATS 报告。对于受扰的计轴区段，设备提供预复位功能。

（6）进路的自动排列

当列车进入接近区段，前方进路满足要求，联系系统会自动触发排列下一段进路。

5.3 联锁系统原理

目前在用的各类型联锁系统设备结构原理基本都是采用图 5-4 所示的结构，各层级设备包括人机会话界面、联锁运算控制、设备采集驱动和室外联锁设备，并通过工业以太网实现设备的连接和信息的传送，不同是联锁系统在各设备层采取实现的方式会有差异，例如联锁运算层不同系统采取的不同的冗余方式；设备采取驱动上有些厂家采取了集成的电路板实现，有些厂家采用继电器接口电路实现。以下对各层级实现的原理进行具体阐述。具体如图 5-4 所示。

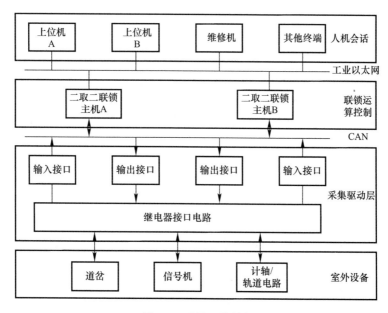

图 5-4　联锁系统结构

1. 操作显示接口（MMI）单元

MMI 单元一般包括监控 A 机和监控 B 机，监控机采用高可靠的工业控制计算机，监控 A 机和监控 B 机硬件配置相同，并行工作，各自独立地与联锁子系统进行通信，各自的故障不影响对方的使用。MMI 单元与联锁子系统通信采用冗余数据通信网。单点故障不影响系统的正常工作。对于 MMI 单元发送给联锁子系统的操作命令信息，联锁子系统在收到命令后发送命令回执信息，MMI 单元在没有收到命令回执信息时要启动重发机制重发该命令。通过在 MMI 单元与联锁子系统、MMI 单元与 ATS/CTC 通信协议中加入冗余校验提供数据传输的可靠性。

2. 联锁运算控制单元

联锁运算控制单元采用有不同的计算机冗余机构，目前大部分都是采取"二乘二取二"结构，包括互为备用的双重系：联锁 A 系和联锁 B 系。单系中包括实现"二取二"

比较的两个运算单元。

联锁运算控制单元有三种工作状态：A、B 两系均不工作、A、B 两系中只有一系工作和双系联机同步工作。在联机同步时，系统处于热备状态。

作为 A、B 联锁机来说有单机工作、脱机、联机和联机同步四种状态，其中联机状态为过渡状态。系统启动时，先上电的一系（A 系或 B 系）定义为主机，先进入工作状态，其次上电的联锁机为备机，与主机通信联机，实现同步工作。A、B 机的自动切换和人工倒机，均不影响系统的正常工作。监控机与联锁机之间的通信关系不随联锁机的切换而切换。两系联锁机内部的硬件结构相同（有些厂家会采用不同硬件和不同的操作系统），联锁子系统单系须能保证足够的安全性，而不需要双系配合。

联锁子系统的各个功能部件按照模块化标准进行设计。

联锁子系统机箱用于装载联锁运算控制单元的所有电路板，机笼结构采用前后插拔电路板方式，一个机笼具有多个插槽。同样机箱内的电路板也可以采用 PC 机代替。

3. 采集驱动单元

（1）采集单元

联锁机采集单元实现对继电器接点状态的采集。采集单元定时进行状态采集。联锁机定时向采集单元发送信息呼叫命令，采集单元收到信息呼叫命令后，对信息呼叫命令做出应答，向联锁机发送采集状态信息。

采集模块的输入部分由 CPU 与硬件"门"电路组成，形成"异或"逻辑，既保证了采集功能，又提高了故障的检出率和检出速度。

（2）驱动单元

联锁机要通过驱动单元实现对继电器的控制。驱动单元收到联锁机的命令信息后，要对联锁机做出应答。驱动单元收到联锁机的命令信息后，要解析命令意义，实现输出驱动功能。驱动单元中的两个处理器各自对收到的正码信息和反码信息进行一致性验证，一致后分别驱动输出。如果此时安全电源有电压输出，继电器线圈就会得电，继电器吸起。

安全电源向输出通道部分提供功率驱动电源。驱动单元中的两个处理器通过控制安全电源的控制端实现对安全电源的控制。两个处理器均可单方停止向安全电源的控制端提供特定脉冲信号来中止安全电源的输出。

4. 本地联锁计算机

有些联锁系统分为联锁集中控制计算机和本地控制计算机，本地计算机主要功能还是对接口元件的控制，同样该计算机也是具有冗余功能，通常采取三取二的冗余方式。

这种三取二的配置提供了相当高的实用性，系统的三个结构相同，同步命令的微机一起工作。有任何两台工作正常就能够确保设备安全工作，而第三台微机用作冗余，以便在一个通道产生故障时安全性不受到影响。

5.4 联锁系统主要技术指标及设计要求

本节内容主要摘录了由中国城市轨道交通协会技术装备专业委员会组织编写的《城市轨道交通 CBTC 信号系统系列行业技术规范》。

1. 一般要求

（1）联锁系统是实现车站联锁的信号系统，联锁将控制范围内信号机、列车占用检测装置及道岔等信号设备构成一种既相互联系又相互制约的关系。联锁应保证进路行车安全，提高运输效率，改善劳动条件，并具备大信息量和联网能力。

（2）联锁系统应满足24h不间断运行的要求。

（3）联锁系统的监控容量应满足正线车站、车辆段/停车场的建设规模和运输作业的需要。

（4）联锁系统应具有与ATS校核时钟的能力。

（5）联锁系统可与ATS系统配合，实现站控/遥控的转换。

（6）联锁系统主要通过进路控制列车的运行。在CBTC模式下，联锁系统允许多列车运行到同一条进路内，按照移动闭塞行车；在降级模式下，联锁系统只允许一列列车运行到该进路内，按照固定闭塞行车。

2. 联锁系统硬件要求

（1）联锁硬件体系结构应具有层次结构，可分为人机对话层、安全运算层和执行表示层。人机对话层由操作显示设备、系统诊断维护设备组成，安全运算层由联锁计算机组成，执行表示层由采集驱动设备组成。

（2）安全运算层计算机应采用二乘二取二或三取二硬件冗余结构。

（3）执行表示层可采用带CPU的智能单元，也可采用不带CPU的电子电路实现。

（4）人机对话层的操作显示设备应采用冗余结构。

（5）人机对话层的操作显示设备可与ATS系统操作表示设备合并设置。合并设置操作显示设备时，由ATS系统按照ATS规范提供操作、表示界面。

（6）系统应配置冗余的电源。

（7）对于二乘二取二计算机联锁，执行表示层的主体电路也应是二乘二取二冗余结构。对于驱动电路，主体电路即除最终产生驱动继电器电压的器件组外的其他电路。

（8）执行层对结合继电器的物理驱动宜采用双断方式，即所有由电子电路驱动的继电器不采用公共的驱动回线。驱动继电器对应执行层的双系宜采用分线圈使用。

（9）联锁采集的继电器应通过采集继电器接点的方式直接证明继电器状态。对于涉及安全的非由联锁驱动的关键继电器（轨道继电器、道岔表示继电器等），联锁的每一系均应采用同时采集这些继电器的前后接点或双接点采集的方式并予以校核。其中定位表示、反位表示继电器及其他有动作关联的继电器可采用后接点串接后由联锁采集的方式。

（10）其他设备的故障，不得影响联锁设备的正常工作。

3. 联锁系统软件要求

（1）软件的安全等级

联锁软件应按安全性要求划分软件安全完整性等级。

（2）软件的一般要求

1）联锁软件应达到软件制式检测要求的可靠性和安全性。

2）联锁软件按安全性要求划分软件安全完整性等级，并应采取与确定等级相适应的技术措施。

3）联锁软件根据所划分的安全完整性等级，遵照软件质量保证体系、软件生命周期来设计、开发和测试软件。

4）在编制软件需求规格说明书时，应同时提出软件体系结构。

5）联锁软件应经过测试确认和安全性评估，并将结果作为文档的一部分交给用户。

6）联锁软件应能随着计算机硬件不断升级而方便地移植。

7）联锁软件应模块化、结构化、标准化。

（3）软件的设计要求

1）应消除已判定的危险，避免导致危险的人为差错。

2）为使软件达到确定的安全完整性等级，应采用可靠性和安全性技术进行设计。

3）有相同意义的与行车安全有关的变量及其同一变量不同取值的信息编码的汉明码距不应小于4。

4）与行车安全有关的信息编码，在其码集中非法码字和合法码字或非安全侧码字和安全侧码字的不对称比率不应小于255：1。

5）在联锁机上电、复位之后，开始联锁运算之前，应运行自检程序，检查联锁机及其输入、输出接口功能的完好和完整。

6）联锁机在整个工作期间内，应周期性运行自检或互检程序。

7）开关量信息采集周期应适应列车最高运行速度的要求。

8）应具有对涉及联锁关系的数据的校验功能。

4. 环境条件

（1）联锁设备应安装于信号机械室内，信号机械室应符合《计算机场地通用规范》GB/T 2887—2011 文件所规定开机时的 C 级要求。

（2）温度：0～40℃。

（3）相对湿度：不大于 90%（室温＋25℃）。

（4）大气压力：74.8～106.2kPa（相当于海拔高度不超过 2500m）。

（5）外电网引入电源屏的零地电位差不大于 1.0V。

（6）室内应采取防静电、防尘等措施。周围无腐蚀性和引起爆炸危险的有害气体。

5. 性能要求

（1）可靠性、可用性、可维护性和安全性（RAMS）要求

1）可靠性要求

a. 联锁系统应采用高可靠性硬件和冗余结构；

b. 联锁系统的平均无故障间隔时间（MTBF）应不小于 105h。

2）可用性要求

a. 联锁系统的设计寿命为 15 年；

b. 联锁系统的可用性是可靠性和可维护性的综合指标，可用性指标应不小于 99.99%。

3）可维护性要求

a. 联锁系统的平均恢复时间小于 30min；

b. 联锁系统应能与信号集中监测系统接口，向其提供室内外联锁设备的状态及报警信息。

4）安全性要求

a. 联锁应工作可靠并符合故障-安全原则；

b. 联锁系统的安全完整性等级应达到 SIL4 级，系统中涉及安全的设备的安全完善度等级须达到 SIL4 级或由相关国家权威部门出具等级相当的认证报告以证明其符合 SIL4 级的要求；

c. 有关电源、电磁环境、外部接口、人机接口（考虑操作失误）等环境条件和使用条件的设计应采用与安全完整性等级相适应的设计方法；

d. 联锁系统应具有一定的错误检测机制，检测到软、硬件故障发生时及时采取措施，触发安全反应，不得引发或维持不安全状态。

（2）可扩展性要求

联锁系统的硬件和软件结构应实现模块化和标准化。

（3）系统实时性要求

联锁系统的处理周期应不大于 1s。

（4）系统关键设备的切换

1）采用二乘二取二硬件冗余结构的系统应具备切换功能，当主机出现异常停机时，备机应能自动转为主机并接管控制权。

2）应采用有效的冗余技术，切换时不应影响系统的正常使用并应给出相应提示。

6. 功能要求

联锁系统用于列车占用检测的区段，可分为逻辑区段和物理区段。联锁系统可提供封锁区段、解封区段功能。区段封锁后，联锁系统不应排列经过该区段的进路。

（1）信号机

1）信号应不出现乱显示即不符合规定的信号显示。在组合灯光开放和关闭时，应避免因灯丝故障导致信号显示升级。

2）联锁系统检测到信号机显示与预期结果不一致时，应控制该信号机显示禁止信号。

3）联锁系统应能接受地面 ATP 提供的信号机的列车接近信息，控制进路始端信号机转换不同的显示。

4）联锁系统可提供信号机封锁、信号机解封功能。信号机封锁后，不能再排列经过该信号机的进路。

5）联锁系统可提供信号关闭功能。

6）联锁系统应具备信号重复开放的功能。办理了重复开放手续，防护该进路的信号机应检查信号开放条件满足后开放。

7）进路信号开放，应持续检查信号开放联锁条件满足。

8）进路的始端信号机，在信号关闭后，除本规范明确的情况外，不经再次办理，不应自动重复开放信号。

9）信号灯丝监督应符合下列规定：

① 列车信号机和调车信号机应设灯丝监督；

② 信号机在开放列车允许信号灯前，应检查红灯灯丝完好；

③ 在信号开放允许信号灯后，应不间断地检查灯丝完好；

④ 当开放的信号灯断丝，应控制信号机显示禁止信号；

⑤ 联锁系统可提供信号机灯光测试功能。进行灯光测试时，联锁点亮控制区域内的全部信号机。

（2）道岔

1）联锁系统应具备道岔位置信息，包括：道岔定位、道岔反位、道岔四开，并能提供道岔挤岔表示。

2）道岔的转换

① 联锁系统应具备操作道岔的功能，包括：人工单独操纵（对应定操和反操命令）、进路选动和进路带动。道岔的单独操纵的优先级高于进路的选动和带动；

② 进路控制方式操纵道岔时，进路上的道岔应顺序选出，动作电流应错开启动峰值。

3）联锁系统应能够通过进路锁闭、区段锁闭、人工单独锁闭、引导总锁或其他锁闭的方式对道岔进行锁闭。道岔一旦被锁闭，道岔不能操纵。

4）联锁系统应具备单独锁闭和单独解锁的功能。道岔单独锁闭后可以排列经过该道岔所在位置的进路。

5）联锁系统可提供道岔封锁、道岔解封功能。道岔封锁后，联锁系统不应排列经过该道岔的进路。

（3）进路

1）联锁系统应具备列车进路、引导进路和调车进路

① 正线联锁系统应具备列车进路、引导进路；车辆段和停车场联锁系统应具备调车进路，车辆段和停车场联锁系统可提供列车进路和引导进路；

② 联锁系统应为不同控制等级的列车办理不同性质的列车进路，联锁系统应为CBTC控制级列车提供CBTC列车用进路，CBTC列车用进路的办理和开放可检查进路内方首区段的空闲，不检查进路内其他区段的空闲。

2）进路的办理

① 联锁系统应能提供人工办理、ATS自动办理进路的功能；

② 进路人工模式和自动模式之间的转换，可单独转换，也可按照联锁区统一转换；

③ 联锁系统为CBTC列车提供进路和非CBTC列车提供进路的办理操作方式应相同；

④ 联锁系统应能选出与操作意图相符的进路，依次确定进路的始端、终端，只能自动地选出一条基本进路；

⑤ 一条进路办理之后，不得同时开通其敌对进路。

3）进路的锁闭

① 联锁系统应具备进路锁闭的功能。进路锁闭在进路选通且有关联锁条件具备时构成；

② 联锁系统应具备进路接近锁闭的功能。接近锁闭在信号开放后接近区段有车占用时构成；当接近区段未设置轨道检测装置时，接近锁闭应于信号开放后立即构成。

4）进路的解锁

① 正常解锁：

a. 联锁系统应具备进路正常解锁的功能。锁闭的进路在其防护信号机因列车跨压正常关闭后，能随着列车的正常运行分段自动解锁，解锁时有条件做三点检查的区段采用三点检查；

b. 进路中存在多列车时，进路应随最后一列车的运行解锁。

② 人工解锁/取消进路：

a. 联锁系统应具备取消进路的功能；

b. 联锁系统应具备进路人工解锁的功能。进路接近锁闭后，人工解锁可采用延时解锁或在收到列车停车保证的情况下立即解锁。

③ 联锁系统应具备区段故障解锁功能，办理区段故障解锁应人工确认。

5）联锁系统可提供自动通过进路的功能，处于自动通过模式的进路不随列车运行自动解锁，其防护信号机的显示随着列车的运行自动开放或关闭。

6）联锁系统可根据需要提供自动折返进路功能。办理自动折返进路后，联锁系统自动排列列车进入折返线和驶出折返线的进路，并开放信号。当折返轨多于一个时，联锁系统可提供全自动折返进路功能，办理全自动折返进路后，联锁系统根据折返线的使用情况选择合适的折返线，排列折返进路。

7）联锁系统应具备引导进路功能，可提供引导总锁功能，引导总锁后联锁系统控制范围内道岔锁闭。正线仅在进路引导的情况下才能开放引导信号。

（4）保护区段功能

1）保护区段：

① 联锁系统应能够提供不同路径的保护区段；

② 保护区段与后续进路方向一致时，两者可以重复锁闭。

2）保护区段的设置：

① 为非 CBTC 控制级列车办理列车进路时，保护区段随着列车进路的建立而建立，进路始端信号开放需要检查保护区段锁闭且空闲；

② 为 CBTC 控制级列车办理进路时，保护区段随着列车的走行而建立，进路始端信号机的开放宜不检查保护区段；

③ 当保护区段不唯一，联锁系统可根据操作意图设置不同的列车保护区段；当保护区段唯一，联锁自动设置保护区段。

3）保护区段的锁闭：设置保护区段，保护区段空闲且道岔转换到保护区段所需位置，相关联锁条件满足后，保护区段锁闭。

4）保护区段的解锁：

① 列车进入列车进路停稳后，保护区段自动解锁；

② 保护区段被后续进路重复锁闭时，保护区段随着后续进路的正常解锁而自动解锁；

③ 保护区段随着主进路的取消或人工解锁而自动解锁。

7. 接口与通道要求

（1）联锁子系统与地面 ATP 子系统接口要求

1）本规范定义了联锁子系统与地面 ATP 间应用层交互信息。

2）联锁-地面 ATP 间的数据传输宜基于 IP 协议，应保证数据传输的安全性。

3）联锁-地面 ATP 间信息交换采用周期通信和/或事件触发通信的方式。

4）从联锁到地面 ATP 的信息：

① 联锁传送给地面 ATP 的信息包括以下内容：

a. 区段状态。

b. 无人折返按钮信息。

c. 站台门状态。

d. 站台紧急关闭状态。

e. 进路信息。

② 区段状态是指物理区段检测设备检测到的区段状态信息；

③ 无人折返按钮信息是指办理无人自动折返的按钮状态信息；

④站台门状态是指站台门的状态信息，包括关闭/开放等信息；

⑤ 站台紧急关闭状态是指站台的紧急关闭按钮状态；

⑥ 进路信息是指联锁的进路信息，包括进路状态、信号机状态、区段锁闭状态，道岔信息和保护区段状态。

5）从地面 ATP 到联锁的信息：

① 地面 ATP 传送给联锁的信息包括以下内容：

a. 信号机的列车接近信息。

b. 逻辑区段信息。

c. 停稳信息。

d. 跨压信息。

e. 无人折返状态指示信息。

② 信号机的列车接近信息是指地面 ATP 根据列车的属性信息控制对应的信号机接近信息，联锁可利用该信息作为信号机的强制命令，控制信号机开关灯显示；

③ 逻辑区段信息是指地面 ATP 传递给联锁系统的逻辑区段状态信息，联锁可利用该信息追踪列车的位置；

④ 停稳信息是地面 ATP 送给联锁的列车停稳信息，联锁可用来解锁保护区段；

⑤ 跨压信息是地面 ATP 送给联锁的列车跨压进路始端信号机信息；

⑥ 无人折返状态指示信息是地面 ATP 传递给联锁的无人自动折返信息，联锁可利用该信息控制无人折返灯。

（2）联锁子系统与车载 ATP 子系统接口要求

1）本规范定义了联锁子系统与车载 ATP 间应用层交互信息。

2）联锁-车载 ATP 间的数据传输宜基于 IP 协议，应保证数据传输的安全性。

3）联锁-车载 ATP 间信息交换采用周期通信和/或事件触发通信的方式。

4）从联锁到车载 ATP 的信息：

① 联锁传送给车载 ATP 的信息包括站台门状态信息；

② 站台门状态是指站台门的状态信息，包括关闭/开放等信息。

5）从车载 ATP 到联锁的信息：

① 车载 ATP 传送给联锁的信息包括站台门命令信息；

② 站台门命令是指车载 ATP 发出的站台门控制命令，联锁可利用该信息控制站台门开/关。

（3）联锁子系统与 ATS 子系统接口要求

1）《城市轨道交通 CBTC 信号系统系列行业技术规范》中定义了联锁子系统与 ATS 子系统间的应用层交互信息。

2）联锁-ATS 间的数据传输宜基于 IP 协议。

3）联锁-ATS 间信息交换周期通信和事件触发通信的方式。

4）从联锁子系统到 ATS 子系统的信息：

① 联锁传送给 ATS 的信息包括以下内容：

a. 道岔位置信息。

b. 道岔单锁信息。

c. 道岔封锁信息。

d. 自动通过进路信息。

e. 信号状态信息。

f. 信号封锁信息。

g. 信号引导信息。

h. 灯丝状态信息。

i. 区段状态信息。

j. 自动折返模式信息。

k. 站台扣车状态信息。

l. 保护区段状态信息。

m. 报警信息。

② 道岔位置信息指道岔的定位和反位状态信息；

③ 道岔单锁信息指道岔的单锁状态信息；

④ 道岔封锁信息指道岔的封锁状态信息；

⑤ 自动通过进路信息指进路的自动进路模式状态信息；

⑥ 信号状态信息指信号灯的状态信息，如红灯状态、绿灯状态、黄灯状态等；

⑦ 信号封锁信息指信号机的封锁状态信息；

⑧ 信号引导信息指信号机的引导状态信息；

⑨ 灯丝状态信息指信号机的灯丝断丝状态信息；

⑩ 区段状态信息指区段的占用、空闲、锁闭状态信息；

⑪ 自动折返模式信息指联锁自动折返模式的状态信息；

⑫ 站台扣车状态信息指站台上设置的扣车状态信息；

⑬ 保护区段状态信息指联锁子系统建立的保护区段的状态信息；

⑭ 报警信息指联锁子系统在信息采集或逻辑运算时产生的各种报警信息。

5）从 ATS 子系统到联锁子系统的信息：

① ATS 传送给联锁的信息包括以下内容：

a. 道岔位置控制。

b. 道岔单锁控制。

c. 道岔封锁控制。

d. 进路控制。

e. 进路模式控制。

f. 信号控制。

g. 信号封锁控制。

h. 信号引导控制。

i. 区段故障解锁。

j. 自动折返模式控制。

k. 站台扣车控制。

② 道岔位置控制指请求扳动道岔位置，包括请求定位操作与请求反位操作；

③ 道岔单锁控制指请求改变道岔单锁状态，包括设置道岔单锁与解除道岔单锁；

④ 道岔封锁控制指请求改变道岔封锁状态，包括设置道岔封锁与解除道岔封锁；

⑤ 进路控制指请求改变进路建立状态，包括建立进路与取消进路；

⑥ 进路模式控制指请求改变进路的控制模式，包括设置进路自动通过模式与取消进路自动通过模式；

⑦ 信号控制指请求改变信号机状态，信号重开等信息；

⑧ 信号封锁控制指请求改变信号机封锁状态，包括设置信号机封锁与解除信号机封锁；

⑨ 信号引导控制指请求改变信号机的引导状态，包括设置引导状态与取消引导状态；

⑩ 区段故障解锁指用于故障情况下的区段故障解锁请求；

⑪ 自动折返模式控制指请求改变联锁自动折返模式的状态，包括设置与取消各种自动折返模式；

⑫ 站台扣车控制指请求改变站台扣车状态，包括设置站台扣车与取消站台扣车。

5.5 联锁系统接口原理

联锁系统是信号系统最基本的组成部分，它与其他各子系统和外围设备都存在很多的接口，因设计技术标准里面已经对内部接口进行了要求和描述（详见上一节对 ATP/ATS 接口的描述内容），本节主要讲述与外部设备的接口。主要阐述与车辆段联锁接口、与站台门设备接口、与防淹门设备接口、与紧停设备接口，对接口功能进行描述外并个别举例对接口电路原理进行说明。

1. 正线联锁与车辆段联锁接口

该接口类似于大铁的场间联系，通过继电接口实现的，主要实现以下联锁关系：

（1）不能同时向对方联锁区排列进路，并将本方排列进路的信息传送给对方。

（2）如果本方的轨道电路（或计轴区段）作为另一方联锁区的进路的一部分，则必须传给另一区，以进行进路检查。

（3）如果本方的进路包含另一方联锁区的轨道电路，则必须将本方进路的排列信息传送给另一区并要求另一区排列出另一部分。

接口有以下要求：

1）正线与车辆段间的接口原则上按"转换轨"处的列车敌对照查关系处理。

2）正线与车辆段的接口电路采用安全型继电接口电路，接口分界点在正线信号设备室电缆配线架端子排。

3）联锁边界两边的信息传输都是通过电气隔离的继电器接点实现。触发继电器选用符合铁标的安全型继电器或更好的继电器。

4）在联锁边界点，两个联锁系统的轨道空闲检测系统之间是相互断开的。联锁系统的连续式 ATC 也要在这里终止。

2. 联锁与站台门的接口

（1）信号系统与站台门系统的接口功能

准移动闭塞（如西门子 LZB700M 系统）联锁与站台门没有接口，站台门只与 ATP 有接口。

CBTC 信号系统与站台门系统之间实现的功能有两个方面，一方面是实现车门和站台门的联动，当列车到站停稳在停车窗内，列车可以发出一个开门信号，该开门信号通过无线传到轨旁实现车门和站台之间的联动；另一方面是把站台门作为 ATP 和联锁的检查范围，站台门的开关影响到信号的开放，也是作为列车进出站台的一个条件。

1）CTC 模式下信号系统与站台门的接口任务

在 CTC 模式下，所执行的主要任务有以下几点：

① 防止列车在 PSD（站台门）未关闭及锁闭的情况下出发；

② 防止列车在 PSD 未关闭及锁闭的情况下进站；

③ 如果列车在站台停稳，并在停车窗范围内，信号系统发开门信号使 PSD 打开；

④ 列车要发车时，信号系统给出关门信号使 PSD 关闭。

2）联锁系统的 PSD 接口任务

联锁系统在 PSD 接口方面有两个主要任务：

① 向 ATP 来回发送关于 PSD 的指示和命令；

② 在 ITC 模式下，当 PSD 没有关闭或信号未检查到站台门的关门且锁闭的状态时，站台前后的信号将不能够开放。

唯一有权允许 PSD 打开和要求其关闭的设备是信号的 ATP 设备，因为它是唯一能够检测到列车正确位置的设备。因此，PSD 系统必须设置一个人工强制命令，以旁路站台门"门关闭且锁闭"的信号，也就是"门未关闭且锁闭"的人工互锁解除信号。该强制命令应由一个安全型强制开关以故障-安全的方式提供。可以通过两个互相独立的开关提供该安全强制开关，这两个开关必须同时接受操作以产生命令。强制命令信号通过 2 个安全型继电器的节点，以故障-安全的方式提供"PSD 强制命令"信号。如果遇到强制开关故障，接点应保持打开。这些接点被联锁系统读入，独立于"关闭且锁闭"信号。强制命令的发出设备必须由经过授权的人员在各车站进行操作，并且这些来自 PSD 系统的强制命令都是连续信号。

3）信号系统与站台门系统间的接口信息

为了更好地描述信号系统和站台门系统的接口信息，使用图 5-5 和表 5-1 进行了阐述，图 5-5 描述的是信号系统与站台门系统间的接口信息，表 5-1 描述的是各信息实现的功能。

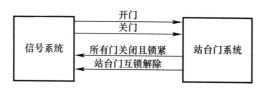

图 5-5　信号系统与站台门系统接口示意图

信号名称	功能描述	PSD 事件	信号形式
开门指令	打开所有站台门	当列车停靠在正确的位置且信号系统发出开门指令，所有站台门应立即打开	信号系统应将该信号发送到 PSD 系统。信号将负责列车车门和 PSD 的同步
关门指令	关闭所有站台门	信号系统发指令关闭站台门，接收到该命令后，所有站台门应立即关闭	信号系统应将该信号发送到 PSD 系统。信号将负责列车车门和 PSD 的同步
站台门关闭且锁紧	确认所有站台门关闭且锁闭	当同一站台的所有站台门均已关闭并锁闭后，PSD 系统应将此信号发送至信号系统	信号系统接收 PSD 系统传过来的关门且锁闭信号，信号系统将允许列车离站
站台门互锁解除	未收到门关闭并锁闭的信号时，允许列车发车	车站工作人员操作互锁解除钥匙开关发出发车互锁解除信号给信号系统	信号系统接收到互锁解除信号后将允许列车离站

（2）信号系统与站台门系统的电气接口

信号系统和站台门系统要联系必须要有一定的电气接口，而该接口实现的最好方式就是使用继电器，在功能方面，信号系统与站台门接口必须具备下列连接：

1）对站台门关闭且锁闭状态的安全指示；

2）安全型互锁解除开关的安全指示；

3）安全命令输出，以允许门打开；

4）安全命令输出，以允许门关闭。

这些接口项将通过干接点实现，以便于各方可使用和提供所需的电压来驱动其各自的接口，命令的输出是采用双路输出方式，信号的采集是采集双路互异信息。

① 所有门关闭且锁闭继电器接口

当所有门关门并产生有效的"关闭且锁闭"信号，那么如图 5-6 所示 PSD 系统的继电器接点应当闭合。在这种情况下，信号继电器 R1 和 R2 就被励磁吸起，产生两路"关门且锁闭"的安全指示信号通过信号系统接口模块以非等效模式读入联锁。联锁读到该信号后将向 ATS 系统发送一个所有门关门且锁闭的信息，此外联锁也将向 ATP 提供所有门关门且锁闭的信息，使列车可以离开或进入站台。如果 PSD 系统或者"所有门关闭且锁闭"继电器发生故障，PSD 系统的继电器接点将断开，此时显示为开门状态，防止列车离开或进入站台。

② 所有门关闭且锁闭互锁解除继电器接口

如果出现站台门故障（例如门不能关闭），经授权的操作员可使用安全型互锁解除开关，即将钥匙开关旋至联锁释放位置，将信号联锁与 PSD 断开。如图 5-6 所示通过继电器 R7 和 R8 将互锁解除信号的状态读入联锁。在互锁解除信号的情况下，联锁将向 ATS 系统发送一个互锁解除信息。此外，联锁将向 ATP 提供安全互锁解除信息，使列车可以离开或进入站台。

③ 所有门开门继电器接口

当列车发出一个开门的联动信号，如图 5-6 所示继电器 R3 和 R4 将得电，输出接点将闭合，给出一个开门的命令输出，并且是双路输出命令，站台门收到该开门命令后将打开。若要求关门，则这些继电器会落下，输出接点将打开。

④ 所有门关门继电器接口

当列车发出一个关门的联动信号，如图 5-6 所示继电器 R5 和 R6 将得电，输出接点将闭合，给出一个关门的命令输出，并且是双路输出命令，站台门收到该关门命令后将关闭。若允许开门，这些继电器将落下，输出接点将打开。

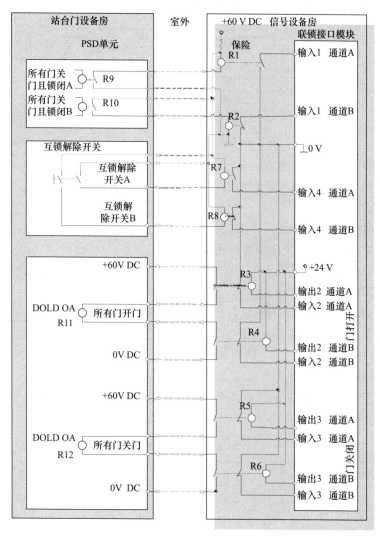

图 5-6　信号系统与站台门电气接口

（3）信号系统与站台门系统接口的操作

1）基本操作循环

在一次站台门的开关过程中，将按下列顺序发生命令/状态变化。具体如图 5-7 所示。

① 开门时序

T_1：如信号向 PSD 发送了一个开门命令（打开＝高电平；关闭＝低电平），直至 PSD 开门继电器的接点状态处于打开位置所用时间 T_1，T_1 为 350ms；

T_2：如 PSD 开门继电器位于打开位置，直至站台门开始移动所用时间 T_2，T_2 为 300ms；

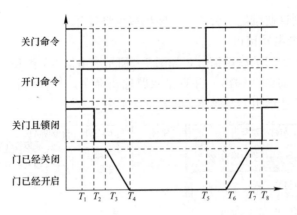

图 5-7　PSD 开关过程中命令/状态变化的时序

T_3：如站台门开始移动，直至站台门关闭且锁闭状态处于打开位置（关闭且锁闭＝低电平）所用时间 T_3，$T_2＋T_3＜600\text{ms}$；

T_4：如站台门开始移动，直至站台门完全打开所用时间 T_4，T_4 约为 2.5s 到 3.5s。

② 关门时序

T_5：如信号向 PSD 发送了一个关门信号（打开＝低电平；关闭＝高电平），直至 PSD 开门继电器的接点状态处于关闭位置所用时间 T_5，T_5 为 350ms；

T_6：如 PSD 开门继电器处于关闭位置（PSD 打开＝低电平），直至站台门开始移动所用时间 T_6，T_6 约为 300ms；

T_7：如站台门开始移动，直至站台门完全关闭所用时间 T_7，T_7 约为 3s 到 4s；

T_8：如站台门完全关闭，直至站台门已关闭且已锁闭状态位于关闭位置（已关闭并已锁闭＝高电平）所用时间 T_8，T_8 约为 200ms。

2）门开关命令的真值表

站台门的开关是采用两路的输出命令，因此这两路输出命令必须遵循一定的规律，这两条命令的真值表如表 5-2。

开关门命令真值表　　　　　　　　　　　　　　　　表 5-2

所有门开门命令	所有门关门命令	含义
0	0	错误命令，详见下文
0	1	正常，"关门"
1	0	正常，"开门"
1	1	错误命令，详见下文

如果 PSD 已关闭且锁闭时，遭遇到任一种错误情况的发生（0.0 或 1.1），门将保持关闭且锁闭状态；如果 PSD 已完全开启，在任一种错误情况（0.0 或 1.1）发生时，门将保持完全打开状态；如果门正在打开过程中，任一种错误情况（0.0 或 1.1）发生时，门将继续打开至打开位置并保持在打开位置；如果门正在关闭过程中，遭遇到任一种错误情况的发生（0.0 或 1.1），门将继续关闭并且保持在关闭位置。

"所有门关门"和"所有门开门"命令的下降/上升沿时间通常不在同一时刻。然而，最坏情况下可存在最长 400ms 的时间差。在这段时间内，将出现"故障状态"信息，但不会导致 PSD 系统的任何故障反应。PSD 系统应等待 400ms 后再转发命令。

3）PSD 系统的时间响应

① 快速连续下达所有门开启/所有门关闭命令

当门尚在开启过程中下达关闭所有门命令，PSD 系统将在接收到关闭所有门命令 1200ms 内停止继续开门并开始关闭；当门尚在关闭过程中下达开启所有门命令：PSD 系统将在接收到开启所有门命令 760ms 内停止继续关门并开始打开门。

② "所有门关闭且锁闭"及"所有门关闭且锁闭互锁解除"接点的时间响应

如"所有门关闭且锁闭"或"所有门关闭且锁闭互锁解除"接点的状态发生改变，则需一个弹跳时间，直到其状态达到稳定，接点的稳定/弹跳时间小于 400ms。

3. 联锁与防淹门接口

与防淹门实现以下四种信息的传递或控制。

（1）防淹门状态信息：开门状态。

（2）防淹门状态信息：非开状态。

（3）防淹门请求信号：请求关门。

（4）信号设备给出的同意信号：关门允许。

其基本联锁关系如下：

（1）进路的排列应检查防淹门的状态，只有当防淹门在开门状态并且没有请求关门的情况下才能排列进路，否则不能排列进路。

（2）根据计算的 ATP 保护区段的长度与防淹门的位置关系，如果防淹门在计算的保护区段内则只有当防淹门在开门状态并且没有请求关门的情况下提供的保护区段才是有效，列车才能进入站台停车。如果防淹门在计算的保护区段的外方，则保护区段无须考虑防淹门的状态。

（3）当信号机开放信号后，收到了防淹门非开信号，信号机立即关闭并封锁信号。

（4）信号机开放信号后，接收到了来自防淹门的"请求关门"请求，联锁按以下步骤自动处理：

1）首先关闭并封锁始端信号机；

2）取消进路：如果接近区段无车时，则立即取消进路；否则延时 30s，取消进路。

3）检查隧道区域轨道电路是否有占用，如没有占用则立即给出"关门允许"信号；否则，联锁不给出"关门允许"信号，需要防淹门操作人员人工确认列车运行情况并依据有关操作规定人工关门。

4. 联锁与紧急停车按钮接口

（1）接口的基本描述

紧急停车按钮的区域通常为车站周围的区域，这些区域将定义在轨道数据库中。紧急停车按钮通过联锁接口模块为 ATP 轨旁计算单元提供一个安全输入，ATP 轨旁计算单元考虑此输入，从而得出列车的移动授权。

（2）紧急停车按钮的工作原理

通常情况下，每一个站台轨道都将独自拥有紧急停车按钮的状态信息，对于不同类型站台（岛式或侧式）来说，处理原则并没有区别。紧急停车按钮的数据采集通过闭环原则实现。

如果一个紧急停车按钮被按压，将会在联锁逻辑上创建一条警示信息。联锁通过使用ATC地-车通信，将停车指示发送给列车，这将启动列车的紧急制动模式。中央控制室也会相应的产生一条警示信息。此外，相关的轨道区间的所有信号机的显示将为停车显示。

在列车未装备 ATC 系统或运行在非 ATC 模式的情况下，将由司机负责启动紧急制动，这是因为在每个固定闭塞区间在信号的可视范围外没有信号通信。

（3）与紧停的电气接口

此接口将安装在综合监控系统内，作为一部分部件而实施。紧停电路需要电源屏提供可调整的 24～60V DC±1‰ 的输出电压，该电压将根据距离被调整。重力继电器、灯和蜂鸣器也应设计成 24VDC，如下所示。

1）与紧停的接口继电器的电气数据

工作电压为 24VDC 的铁路安全继电器 JWX-1700 将用作与 IBP 和紧急停车按钮的接口继电器（JTGJ）。具体见表 5-3 所示。

JWX-1700 继电器参数表

表 5-3

重力继电器型号 JWX-1700（用于 JTGJ 继电器）	
线圈的标称电阻	850Ω
线圈的最小电阻	765Ω
线圈的最小电压	16.8V DC

2）紧停接口的室外电缆

① 电缆总电阻

非联锁站分线架与相邻联锁站分线架之间的电缆连接必须确保通过长电缆连接的JWXC-1700 继电器的线圈能够配有最小引入电压。

通过可调节的电源屏提供 24VDC 电源，回路电阻因有一定阻值要求，确保继电器正常吸起。该值包括电线、连接器、套管、端子和继电器接点的电阻以及温度的影响。

② 室外电缆敷设要求

为了避免紧急停车按钮由于电缆芯短路而导致失效，各电缆芯应敷设在两个不同电缆中，出于同种原因，车站分线架和紧急停车按钮之间的连接应通过每个紧停两根一芯电缆的方式得以实现。

（4）紧停接口的功能描述

在正常情况下（紧急停车按钮未被按压），继电器 JTGJ 的电路为闭合，继电器被励磁。因此紧停灯不亮，且声音报警未激活。

若紧急停车按钮或 IBP 上的紧停按钮被按压，则电路会开路，继电器将落下。继电器自身的一个接点将使得电路保持断开，使得继电器不能再次励磁，即使紧停按钮没有再被按压。

当继电器一旦落下，声音报警的电路被闭合，声音报警被激活。此外 IBP 上也会显示紧停报警。

要取消紧停，必须按下取消紧停按钮，使得紧停继电器能够再次激励（并且由其自身的一个接点保持在吸起位置）。

5.6 典型联锁系统设备组成结构介绍

各联锁系统总体结构基本相同，但实现方式上还是有较大差异，本节主要介绍几个典型联锁系统设备结构，主要描述了西门子准移动闭塞、西门子移动闭塞、卡斯柯、泰雷兹、铁科信号系统的联锁系统结构。

1. 西门子 SICAS 联锁系统结构介绍

（1）子系统配置

SICAS 的系统配置如图 5-8 所示，主要包括中央控制、信号逻辑和元件控制三个层级，主要功能单元是联锁逻辑；通过操作员操作的功能指令实现对现场元件的控制，SICAS 软件原理是一种将铁路运营规定以联锁表的形式体现，所有现场元素的静态操作状态以表格的形式储存。

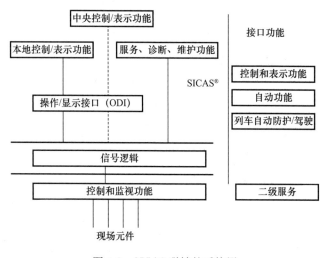

图 5-8　SICAS 联锁的系统层

（2）系统主要构成部件

1）本地操作工作站（LOW）

SICAS 联锁中的操作和显示借助于操作控制系统 VICOS OC 101 的人机接口系统来完成。

VICOS OC 101 的应用领域从现场联锁的简单操作与显示系统到控制系统操作台。操作台的基本硬件是由带有键盘、监视器和鼠标的 PC 组成。彩色监视器连接到操作台。操作系统软件采用 WINDOWS NT。

2）联锁计算机

联锁计算机是在西门子故障安全微机系统 SIMIS-3216 基础之上形成的；它的配置为三取二。

联锁计算机安装在计算机机柜里，计算机核心构成为：同步比较板 VESUV3、处理器板 VENUS2、中断板 VESIN；根据应用情况，剩余位置会安装接口或输入和输出板：BUMA（总线控制模块）、MELDE2（数字输入模块）、KOMDA2（数字输出模块）；以及电缆夹、通风设备、通信模块 OLM、电源模块和滤波器。

3）分散式元素接口模块（DSTT）

分散式元素接口模块 DSTT 不带有任何微机系统，它们通过元素接口模块（ST-EKOP）实现控制。

DSTT 系统有下列功能单元：

① DSTT 道岔—道岔元素接口模块 DEWEMO；

② DSTT 信号机—信号机元素接口模块 DESIMO。

2. 西门子 ECC 联锁系统结构介绍

（1）基本系统配置

SICAS ECC 联锁系统由操作与显示控制系统、IC（联锁计算机）系统和 SICAS ECC（元件控制计算机）三大部分组成，他们三者自己的密不可分，SICAS ECC 联锁配置图如图 5-9 所示。

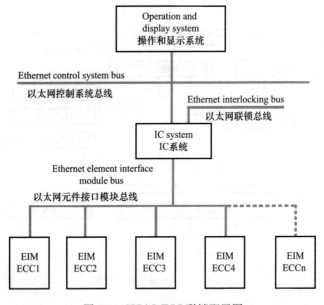

图 5-9　SICAS ECC 联锁配置图

每个 SICAS ECC 联锁系统可以连接多达十个联锁区，每个由一个 IC 系统和最多十个 EIM ECC（元件接口模块 ECC）组成。EIM ECC 包含硬件控制驱动器。各系统的基本情况如下所示：

1）操作与显示控制系统

① 计算机单元操作控制台。

② 中央操作与显示功能。

③ 服务与诊断（S&D）设备。

2）IC（联锁计算机）系统

① 用于联锁的信号和安全逻辑，以及监控逻辑。

② 多样化的微机、冗余设计。

③ 到 EIM-ECC 的总线连接。

3）SICAS ECC（元件控制计算机）

① 带有三取二计算机系统的故障-安全 EIM-ECC。

② 用于室外设备和轨道空闲检测的接口连接。

③ 其他指示的处理（例如，电源）。

④ 最大控制距离：6.5km（取决于所使用的室外设备和电缆参数）。

⑤ 邻近的 SICAS 联锁是经由以太网连接的。信息经由高性能光纤链路发送。为增加实用性，连接是冗余的。

SICAS 和其他的联锁（电子的或者以继电器为基础的），能通过铜电缆链路，以继电器接口的形式连接。

（2）系统的不同部件之间的连接

室外设备部件经由铜电缆连接

一个总线连接用于连接不同的操作控制系统，以及用于连接此线路的联锁的列车自动防护

以上就是 SICAS ECC 联锁系统的一个完整的配置情况，但是需要注意的是电源、轨道空闲检测系统（计轴系统）以及其他的系统是安装在单独的机柜中的，因而不作为基本联锁配置的一部分提及。

（3）子系统原理

SICAS ECC 系统基于微机联锁，此联锁带有故障-安全信息处理程序，这个程序是以 SIMIS 原理（SIMIS-Siemens fail-safe microcomputer system 西门子故障-安全微机系统）为基础的。

IC 系统是一个二取二的多样化微机系统。为增加实用性，这个系统作为一个 2×2 取 2 系统被设计为冗余的。这个系统由两台多样化的微机组成。IC 系统的多样化是通过使用不同的操作系统以及不同的处理器来实现的。

ECC 之间的数据传输是通过一个 ETHERNET 连接来建立的。如果满足了特定标准（例如，两个不同的计算机的输出必须相同，并且在限定的时间帧内进入），则输出部分只被转送到外围设备。具体如图 5-10 所示。

3. 泰雷兹联锁系统结构介绍

（1）系统构成

正线计算机联锁子系统设备称为 PMI，核心为二乘二取二的冗余系统。具体如图 5-11 所示。系统的安全基于二取二的 MCCS（联锁主机）安全架构，包括：

1）独立的处理通道：获取双重的输入，双重的计算单元，和双重的输出管理。

2）一个动态表决系统以验证双机的一致性。

3）双重的二取二架构以增强系统的可用性。

（2）系统工作模式

1）CBTC 模式：

在 CBTC 模式下，MAU 是"主"处理设备，接收 ATS 请求的进路并遵循移动闭塞原则执行主要的 ATP 和联锁功能。

在 CBTC 模式下，PMI 执行从 MAU 接收到的命令，例如：设置信号机显示为允许或禁止、移动道岔至直股或侧股。PMI 给 MAU 提供信号机、道岔、计轴区段、站台门、紧急停车按钮、防淹门等设备的状态。

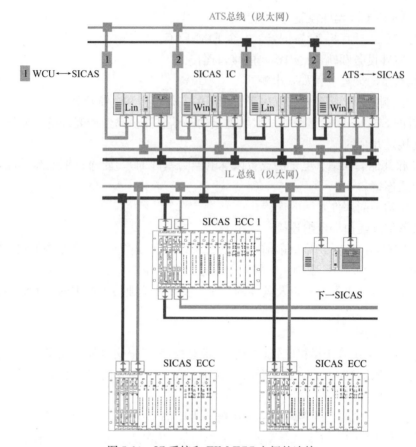

图 5-10　IC 系统和 EIM ECC 之间的连接

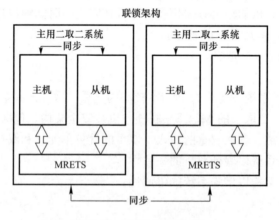

图 5-11　联锁计算机结构

2）后备模式：

如果 MAU 故障，系统由 PMI 执行联锁功能。在这个模式下，PMI 将直接从 ATS 接收进路请求并基于固定闭塞信号逻辑执行进路和命令信号机、道岔。

在后备模式下，PMI 像传统的联锁系统一样执行所有的联锁功能。在正常工作情况下，所有的进路请求都由中央 ATS 自动发出。PMI 根据接收到的中央 ATS 进路请求，控制道岔和进路。

后备模式下，PMI 基于计轴区段的占用/出清，所命令的道岔位置、进路请求和其他相关轨旁设备状态控制信号机的显示。

PMI 通过继电器架和 CTF 架接收辖区内设备（道岔、计轴区段、信号机、站台门、紧急停车按钮、防淹门等）的状态。

若中央 ATS 故障或者通信网络故障，本地 ATS 工作站通过本地交换机直接与 PMI 连接，用作联锁的人机界面。进路请求由本地 ATS 工作站发出。PMI 根据接收到的本地 ATS 进路请求，控制道岔和进路。

联锁系统数据流如图 5-12 所示。

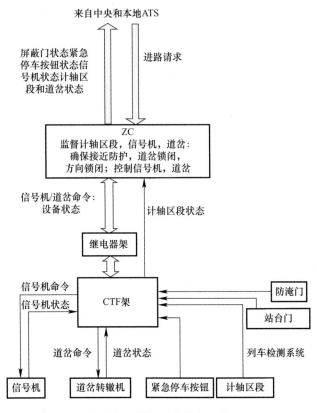

图 5-12　联锁系统数据流图

4. 卡斯柯联锁系统结构介绍

子系统的组成

结合 ATC 系统的特点，CBI（联锁）子系统采用了分布式联锁控制方式，CBI 子系统通过安装在集中站的设备实现对全线信号、道岔、进路等的控制，在非集中站的设备仅实现对所属集中站范围内列车运行的监视功能。联锁计算机采用二乘二取二结构，CBI 系统与轨旁信号设备的接口采用安全型继电器。正线 CBI 子系统的系统结构如图 5-13 所示。

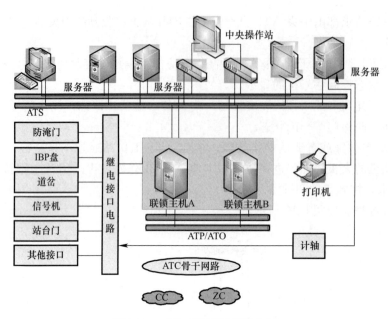

图 5-13　正线 CBI 子系统结构图

说明：图 5-13 中的 ATS 分机是 ATS 设备，为联锁系统提供车站 HMI 和中心 CATS 之间的信息传输以及车次号的追踪显示。

（1）设备集中站

CBI 子系统的设备主要分布在设备集中站，其具体构成如图 5-14。

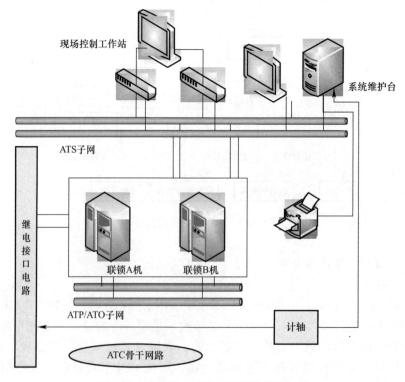

图 5-14　设备集中站 CBI 子系统设备框图

设备集中站的配置如下：

① 设置一套双系热冗余的二乘二取二联锁系统（简称 ZLC），负责完成管辖区域内的所有联锁功能，及与中心 ZC 和车载 CC 之间的接口和数据传输；该设备布置在设备集中站的信号设备室内。

② 配置 2 层冗余的通信传输结构，一层为 ZLC 系统与 ATS 子系统、系统维护台及现地控制工作站之间的信息交换提供网络传输通道；一层为 ZLC 与车载和轨旁 ATP 计算机之间的信息交换提供网络传输通道。上述传输设备均安置在信号设备室的网络机架内。

③ 设置一套热冗余的现地控制工作站（HMI）。车站值班员的操作命令（例如：进路办理、单操道岔、开放引导进路等所有的联锁操作）经 HMI 处理后送给 ZLC；ZLC 把联锁运算后的相关表示信息（信号机状态、道岔位置、区段状态等）送至 HMI 上显示。该设备布置在车站控制室的综合控制台上。

④ 设置一个系统维护台（SDM），负责完成本设备集中站所辖车站的联锁诊断和故障记录等；并把相应的信息内容通过网络送至 MSS 子系统。该设备布置在信号设备室内的维护操作台面上。

（2）非设备集中站

非设备集中站都与其所属的设备集中站相连。

图 5-15 为非设备集中站 CBI 子系统设备框图。

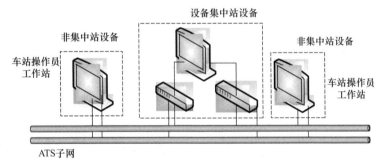

图 5-15 非设备集中站 CBI 子系统设备框图

每个非设备集中站的配置如下：

设置 1 台车站操作员工作站，只监不控，提供所属设备集中站范围内信号设备状态的显示和列车的运行显示，并将本站电源屏信息传递到所属正线设备集中站，同时提供和发车表示器的接口。该设备布置在车站控制室的综合控制台上。

5. 铁科院联锁系统结构介绍

CBI（联锁）子系统的结构可分为三个层次：操作显示接口层、逻辑运算层、输入输出层。

（1）操作显示接口层

由操作显示接口子系统和维护终端子系统组成，提供可视化的人机界面的接口。操作显示接口子系统和维护终端子系统之间通过局域网交换信息。操作显示接口层还完成和自动列车监控子系统（ATS）、微机监测等外部信号系统之间的信息交换，完成列车运行指挥控制和设备维护管理等功能。

（2）逻辑运算层

即联锁逻辑单元，是整个联锁系统的核心层，由具有安全冗余结构的专用计算机组成。联锁逻辑单元通过安全数据通道与输入输出层，以及区域控制中心（ZC）系统、相邻站联锁系统、轨旁电子单元（LEU）等外部信号系统交换信息；通过局域网和操作显示接口层交换信息。联锁逻辑单元接收来自操作显示接口层、外部信号系统的操作命令信息和来自输入单元、外部信号系统的现场设备状态、列车信息等，据此进行联锁运算，产生相应的输出控制，通过输出单元、以及相关的外部信号系统对现场设备进行控制。

（3）输入输出层

由输入单元和输出单元组成。输入输出单元通过安全数据通道与联锁逻辑单元交换信息。输入单元通过采集接口电路，采集现场设备的状态信息，发送给联锁逻辑单元；输出单元接收来自联锁逻辑单元的输出控制信息，通过驱动接口电路，安全地控制现场信号设备。

按照上述逻辑层次划分，基于 CBTC 技术的联锁系统由操作显示接口子系统（MMI）、维护终端子系统（MT）、联锁逻辑单元（IL），输入单元（FIMI）、和输出单元（FIMO）组成，共同完成联锁系统的需求。其中 IL、FIMI、FIMO 为安全子系统，均按照"二乘二取二"硬件安全冗余结构进行设计。基于 CBTC 技术的联锁系统的基本结构如图 5-16 所示。

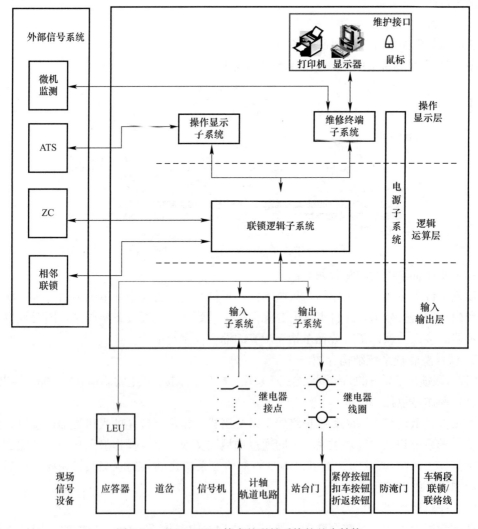

图 5-16　基于 CBTC 技术的联锁系统的基本结构

5.7 联锁系统设备维修重点

本节主要介绍联锁系统设备的维修重点，主要描述了经过多年的运维、分析、试验总结出一系列对联锁系统设备良的运行的方法、措施和经验。

上一节描述到联锁系统根据不同供应商不同的设备原理大致分为西门子准移动闭塞、西门子移动闭塞、卡斯柯、泰雷兹、铁科信号系统的联锁系统结构。虽然各供应商联锁系统实现方式及系统结构有所不同，但联锁系统室内机柜均以高度集成的计算机设备为主，故其维修重点主要如下。

1. 定期对联锁系统进行重启复位

联锁系统等类似的计算机设备长期运行使用时，由于联锁系统根本上还是基于系统硬件平台，联锁软件的运行程序是在计算机的运行内存中执行的，如运行内存执行出错或运行内存占用超出正常范围，会导致联锁系统出现卡顿而影响联锁功能。解决方法是根据各联锁系统不同的使用年限、不同的运行环境、冗余性能完备性等各种因素，定期对联锁系统进行重启复位（周期根据实际情况调整），以清除、重置计算机的运行内存，让联锁软件长期保持正常运行。

2. 定期测试联锁系统的冗余功能

联锁系统的冗余功能是提高联锁系统可靠度的重要功能，必须定期对通道或主机的冗余性进行检查。

（1）三取二冗余方式的测试方式

系统由三个各自独立的，相同的，对命令同步工作的计算机（通道1、通道2和通道3）组成。如果其中一个通道故障，另外两个通道会继续工作。独立于数据流的在线计算机功能检测可确保偶然故障的及时检出。这一检查在一定的周期内完成一次，一旦检出了第一个故障，相关的通道会被切除。电子联锁计算机将按二取二系统方式继续工作。只有当又一个通道故障时，系统才停止工作。根据此原理进行冗余功能的测试。

在系统正常状态下，排列跨联锁区进路，依次关闭联锁系统三通道 A、B、C 通道中的其中一个，检查系统工作是否正常。（关一个通道后需恢复三取二系统后，再关另一通道），系统必须保持运行正常，进路信号机仍处于开放状态，LOW 显示正常，无异常故障报警，OLM 显示正常。能排列跨联锁区进路，图 5-17 为三取二系统设备图。

（2）二乘二取二冗余方式的测试方式

二乘二取二联锁系统是由两组二取二的微机系统组成，目的是为增加系统的冗余度，增强实用性和可靠度，这个系统由两台多样化的微机组成，通常系统的多样化是通过使用不同的操作系统以及不同的处理器来实现的。根据此原理进行冗余功能的测试。

在系统正常情况下，排列跨联锁区进路，关闭联锁系统两个不同系统单元（共 4 种组合），系统运行正常，进路信号机仍处于开放状态，LOW 显示正常，无异常故障报警。能排列跨联锁区进路。（例如西门子移动闭塞信号系统的 4 台联锁计算机处理信息分别是两台 CPU 为 intel 的 Windows 系统和两台用 AMD 的 Linux 系统，架构如图 5-18 所示，正常冗余功能正常情况下，任意一台 Windows 系统或 Linux 系统故障对联锁功能均无影响）。

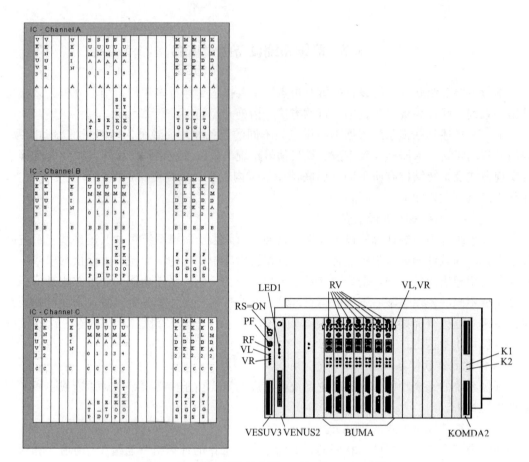

图 5-17 三取二系统设备图（西门子 SICAS 系统）

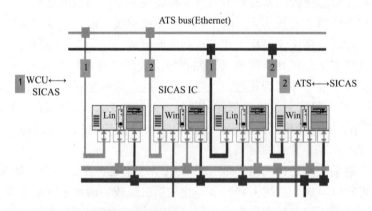

图 5-18 二乘二取二的联锁系统设备图（两台 Windows、两台 Linux 系统组成）

3. 定期完成机柜内部板件的检查及清洁除尘

计算机内部板件存在灰尘会降低电子板件的使用寿命，甚至会造成板件的烧损，故必须定期对联锁机柜内部板件进行除尘工作，同时对内部板件元器件进行外观检查。

维修内容：对设备进行彻底的清洁，吸尘，对电源模块、散热风扇等灰尘较多的板件需分解清洁；检查电路板外观无变形，无烧黑等不良现象；检查电容外观完整，无发胀、爆裂、漏液；磁性元件外观完整，无发黑；检查各类保险安装牢固，接触良好；各接点接触良好，无虚焊，无锈蚀和接触不良现象。图 5-19 为电子板件灰尘过多容易造成元器件短路的情况。

4. 确保联锁系统运行环境符合标准

联锁计算机柜的电子板件的中央处理器（CPU）等关键部件，对环境的温度有一定的要求，CPU 部件温度过高会诱发系统设备死机，导致联锁功能失效。另外，设备房的湿度对电子板件运行同样有影响，湿度过高会诱发冷凝水的形成，湿度过低会导致板件的静电无法释放。

在正常运行的情况下，需确保设备房室内环境保持在 18～28℃，相对湿度 40％～70％（图 5-20）。

图 5-19　电子板件灰尘过多容易　　　　图 5-20　设备房内需恒温恒湿
造成元器件短路的情况

5. 对故障率高的板件进行定期轮换修

联锁设备内部板件可针对故障率较高的情况进行定期轮换修策略，如设备机柜的电源模块、外设驱动板块等，联锁系统的电源模块故障率相对其他部件较高，目前根据联锁系统的上线运行时间以及电源的负载，定期进行轮换修，以达到提高联锁系统运行质量的目的，图 5-21 为联锁电源模块故障率相对高。

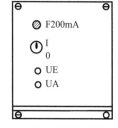

图 5-21　联锁电源模块故障率相对高

5.8　联锁系统设备常见故障分析

处理联锁系统故障应遵从先通后复原则。联锁系统发生通道、备机报警如不影响联锁功能，原则上等待运营结束后处理；如发生不具备联锁功能的故障，首先考虑全联锁功能恢复的处理方式，如不成功，立即采取以最低冗余方式恢复联锁功能的操作。以最快的方式恢复联锁功能，以满足行车组织需要。

1. 联锁系统故障常见案例：联锁系统单通道、单备机故障（联锁功能不影响）

故障现象：

联锁系统三通道其中一通道故障或二乘二取二中一个备机故障，联锁功能不影响。

故障分析处理：

联锁系统单通道、单备机故障为联锁系统故障中最为常见的故障，通常由于单台设备中的板件或软件故障，检修人员可以根据故障代码、故障报警、故障报文入手进行分析。造成单道通联锁主机故障原因主要有以下几个方面：

（1）故障通道或故障主机对应的电源模块故障。

（2）故障通道或故障主机对应的硬件板块故障，导致单通道故障，一般通过故障代码分析。

（3）故障通道或故障主机的程序出错，一般通过报文、报警信息进行分析。

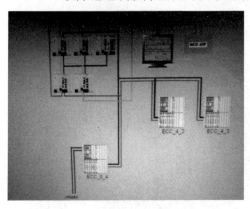

图 5-22　联锁单机故障情况

（4）故障通道或故障主机板件灰尘较多，引起板件短路等板件故障。

处理建议：由于该类故障对运营无影响，原则上是在运营结束后处理，优先确保运营安全。根据维修手册等文件和现场故障报警、灯位情况、报文记录分析具体指向板件，如板件功能与报文分析相符原因清晰，建议更换板件；如指向有多件相同功能板件故障，建议全部更换。同时对故障机柜的内部灰尘情况进行评估，如灰尘较多立即全机柜进行除尘工作，图 5-22 为联锁单机故障情况。

2. 联锁系统故障常见案例：联锁机柜跨联锁通信异常（联锁仍具备基本功能）

故障现象：

跨联锁进路不能排列，联锁机柜本身设备显示正常，联锁区内仍具备联锁功能。

故障分析处理：

跨联锁通信出现异常，应立即检查跨联锁通信的通信链路是否正常，包括联锁机柜的通信板件、站间通信设备以及相邻联锁系统设备运行情况。造成跨联锁通信异常故障原因主要有以下几个方面：

（1）跨联锁通信链路设备故障，包括 Profibus 的站间通信设备、DCS 骨干网通信设备等。

（2）本联锁区或相邻联锁区的联锁机柜负责通信的板件故障或出现通信异常而被停用。

（3）跨联锁通信双通道切换不成功，导致影响整体机柜的跨联锁通信。

处理建议：该类故障对运营影响较大，严重降低行车组织的效率，必须立即处理。如检查发现为跨联锁通信链路故障，尽快恢复单通道跨联锁通信的功能；如检查发现机柜通信板件异常，立即尝试复位通信板件能否恢复正常通信，如不能，应尽快评估更换板件重启联锁系统；如发现跨联锁双通道切换不成功，可尝试中断其中一个通道的跨联锁链路，使其使用第二通道进行跨联锁通信，图 5-23 为跨联锁通信异常故障示意图。

3. 联锁系统故障常见案例：联锁区内计轴、轨道电路空闲/占用采集信息异常

故障现象：

联锁区内所有计轴、轨道电路空闲/占用采集信息异常，全区显示占用信息。

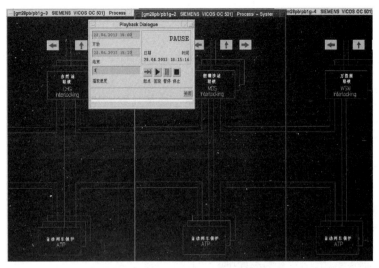

图 5-23　跨联锁通信异常故障示意图

故障分析处理:

该类故障重点以计轴、轨道电路空闲/占用采集回路检查为主,以及相应采集回路的供电设备及相关链路。造成联锁区内全区显示占用信息的故障原因有以下几个方面:

(1) 检查计轴或轨道电路机柜供电是否正常。

(2) 空闲/占用采集回路出现异常。

(3) 空闲/占用采集回路的相应供电设备故障。

处理建议:该类故障对运营影响很大 (如 CBTC 线路列车以连续通信模式则仍能维持正常列车行驶),针对准移动闭塞线路必须立即处理。首先检查确认列车检测设备机柜是否供电及运行正常。重点检查空闲/占用采集回路供电设备有无异常并检查采集回路的公共点是否出现异常,图 5-24 为准移动闭塞线路全区占用故障示意图。

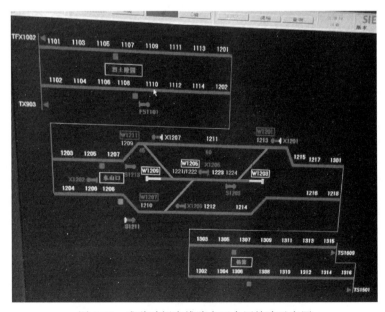

图 5-24　准移动闭塞线路全区占用故障示意图

4. 联锁系统故障常见案例：联锁系统机柜死机（已不具备联锁功能）

故障现象：

联锁系统死机，联锁区显示灰显，已不具备联锁功能。

故障分析处理：

联锁系统死机为联锁系统最为严重的故障，通常在较为极端的情况下发生，检修人员可以根据故障现场情况、故障代码、故障报警、故障报文入手进行分析。造成联锁死机故障原因主要有以下几个方面：

（1）联锁系统对应的电源屏供电故障。

（2）联锁系统自身冗余功能失效。

（3）联锁系统双通道操作通道权限接管失败，导致不具备联锁功能。

（4）联锁系统两个或以上通道发生板件类故障，导致不具备联锁功能。

处理建议：由于该类故障严重影响运营，必须立即进行处理，以先通后复的原则尽快恢复联锁功能。首先检查联锁系统电源供电是否正常，如能确认有两个通道/主机或以上的设备供电正常，尝试以最低的冗余方式（二取二系统）重新启动联锁机柜，尽快恢复联锁功能，图 5-25 为 STC 电源模块故障可直接导致联锁相关设备掉电。

图 5-25　STC 电源模块故障可直接
导致联锁相关设备掉电

第6章 DCS子系统

DCS子系统作为城市轨道交通信号系统的"神经系统",为列车的CBTC运营提供了可靠、安全、快捷的信息传输通道,其工作稳定性直接影响到列车的运营安全及运营效率。

6.1 DCS子系统构成

一般而言,DCS(Date Communication subsystem,数据通信子系统)子系统包括:地面有线通信骨干网、无线网络地面接入点及车载无线设备等。整个数据通信系统分为核心层、中间层和移动层等。

1. DCS子系统架构

DCS为城市轨道交通CBTC系统构建连续双向的数据通信网络,其中包括有线通信网络和无线通信网络,有线通信网络为控制中心、车站、轨旁、车辆段/停车场、试车线、培训中心和维修中CBTC设备之间提供有线数据传输通道。无线通信网络为列车与地面CBTC设备之间提供连续双向的无线数据传输通道。DCS子系统逻辑架构如图6-1所示。

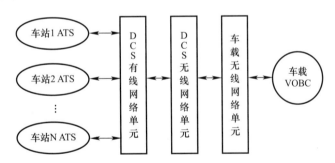

图6-1 DCS子系统逻辑架构

2. DCS子系统设备硬件结构

目前主流DCS子系统硬件组成部分包括:轨旁骨干网、轨旁AP(Access Point,无线接入点)、车载无线单元等。

(1)轨旁骨干网:联锁站包含SDH传输节点设备和以太网交换机;非联锁站包含以太网交换机,实现各模块间的信息的交互,如图6-2所示(部分信号设备厂家也使用三层交换机构造DCS骨干网,如泰雷兹、西门子等)。

(2)轨旁无线网络:负责地面列控子系统设备与列车无线单元之间的业务应用数据的接收与转发功能;无线控制器是无线网络设备管理控制中心,完成对整个无线网络的配置,监控所有轨旁AP和车载无线单元,实现对系统的详细诊断;轨旁AP负责WLAN无线网络的覆盖、车载设备的无线接入,如图6-3所示。

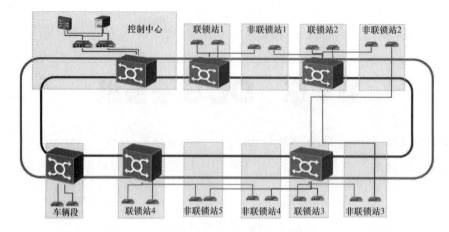

图 6-2　DCS 子系轨旁骨干网硬件结构

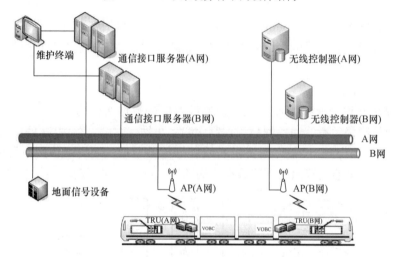

图 6-3　DCS 子系轨旁无线网硬件结构

（3）车载无线单元：主控单元（CPU）是车载无线单元的处理核心，实现对无线控制单元和网络接口单元的控制和管理。无线控制单元包括 WLAN 接入模块和 WLAN 协议转换板卡，实现与 WLAN 无线网络链接和协议转换，以及与主控单元通信。网络接口单元为车载无线单元提供与外界设备的有线网络接口，实现与 ATP/ATO 的通信，如图 6-4 所示。

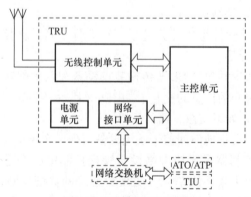

图 6-4　TRU 的硬件结构

6.2　DCS 子系统功能

DCS 子系统作为 CBTC 信号系统的通信传输通道，其设备构建的通信网络应满足 CBTC 系统各子系统数据信息传输的需求，提供有线通信通道和车地无线通信通道。

1. DCS 子系统基本功能

DCS 属于非安全系统是整个 CBTC 系统的核心，实现 CBTC 系统地面设备之间及车-地设备之间的双向信息交互，对整个系统的正常运作起到至关重要的作用，有效提高列车的运营效率和行车安全。在实际的运作过程中它主要负责列车控制子系统之间数据报文的发送和接收，为列车 CBTC 运行提供可靠的数据传输，DCS 的典型设计如图 6-5 所示。

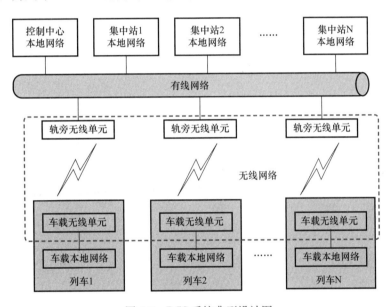

图 6-5　DCS 系统典型设计图

2. DCS 子系统网络类型

DCS 子系统网络主要由有线网络、无线网络组成，它们各自承担着不同的功能，为列车的 CBTC 运行提供有力的支撑。

（1）有线网络

根据其基本功能可分为骨干网和接入网，骨干网主要实现将所有物理位置分散的控制系统本地网络和接入网设备互联互通，整个系统连接成一个整体；接入网主要分布在轨道两旁，将无线接入点接入到网络中，实现无线网络和有线网络的互通。

骨干网是网络的核心部分，骨干网设备发生故障，会影响一部分设备甚至整个网络的正常运行，所以设计时冗余性有一定的要求：（1）设备冗余，为解决骨干网设备单点故障问题，通常在节点 1：1 冗余设置 2 台骨干网设备同时工作，实现该节点的控制系统本地网络冗余接入。任何 1 台设备故障，不会影响整个网络的互通性。（2）链路冗余，为解决骨干网链路单点问题，每台设备设计成二条或二条以上的链路分别连接到其他不同的设备上，实现链路的冗余。网络拓扑结构通常可以分为链型结构、环型结构、网状结构等，如

图 6-6 所示。

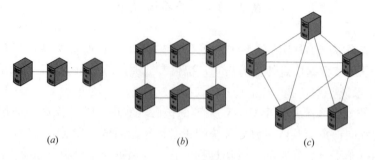

图 6-6　DCS 骨干网拓扑结构
(*a*) 链型结构；(*b*) 环型结构；(*c*) 网状结构

接入网由分散的无线接入设备连接的有线网络组成，一旦接入网设备发生故障，仅会影响与该设备连接的无线接入设备，相对而言影响较小。考虑到设备的分布特点一般采用星型、环型或双环型结构如图 6-7 所示。

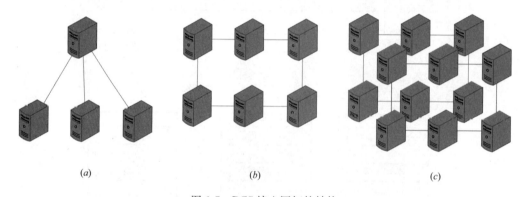

图 6-7　DCS 接入网拓扑结构
(*a*) 星型结构；(*b*) 环型结构；(*c*) 双环型结构

（2）无线网络

无线网络的主要功能是将移动列车上的车载本地网络接入到轨旁的有线网络，实现车地之间网络的互联互通。列车的 CBTC 运行状况很大程度上依赖于数据通信系统的品质，而数据通信系统中又以无线网络最易受到外界的影响。

目前适用与 CBTC 的无线通信技术主要有 WLAN 和移动通信 4G 技术。在无线网络的设计中主要需要考虑：1）设备的抗干扰性。2）系统的安全性。

6.3　DCS 子系统原理

DCS 子系统使用现代数字通信技术，实现列车与轨旁设备、列车与中心控制设备、轨旁设备与中心控制设备的数据交互，监控列车、轨旁设备的实时状态，维持列车的 CBTC 运营。

1. DCS 子系统安全性能

DCS 子系统安全性是指网络不受未授权用户的侵扰，或防止用户无意识地对网络的侵害，具有移动的自保护能力。DCS的安全性主要从两个方面来考虑：产品本身的安全性、系统的安全性。

（1）产品的安全性

产品的安全性能够防止未授权的人员对DCS相关产品进行更改。产品的安全性需要考虑：产品是否有登录用户名和密码的设置；产品登录密码次数超过限制是否会禁止一定时间能再次登录；产品登录界面是否会超时退出等。

（2）系统的安全性

系统的安全性主要指在数据传输过程中，通过DCS安全机制保护CBTC的控制数据不受侵扰。DCS中与安全相关的技术包括以下几个方面：

1）无线网络采用有线等效保密（WEP）、WiFi保护访问（WPA）或第2版WiFi保护访问（WPA2）安全模式。

2）有线网络根据《铁路应用—通信、信号和处理系统》EN50159标准规定，数据通信过程需要满足消息认证、消息完整性、消息及时性和消息序列等安全服务。通常虚拟专网（VPN）技术，是在开发网络上建立一条安全、稳定的隧道，在通信网络之间建立安全连接，并保护数据的安全传输。VPN架构通常采用了多种安全机制，如隧道技术、加密技术、密钥管理技术、身份认证技术等，确保信息在非安全网络中传输时不被窃取，或即使被窃取，对方亦无法读取数据包内在信息内容。

3）内部网络需受到有效保护，以防列车控制的内部网直接暴露在开放网络中。

2. DCS子系统有线网络

轨旁骨干网有线通信网络用于连接各轨旁列控设备（ATS、车站联锁、区域控制器）和轨旁无线设备等，实现点到点，点到多点信息功能和无线数据系统接入功能。不同信号系统厂家实现的方式也不同，如基于同步数字体系（SDH）传输的DCS有线网络（如图6-8所示），基于OTN骨干网三层交换机传输的DCS有线网络等（如图6-9所示）。

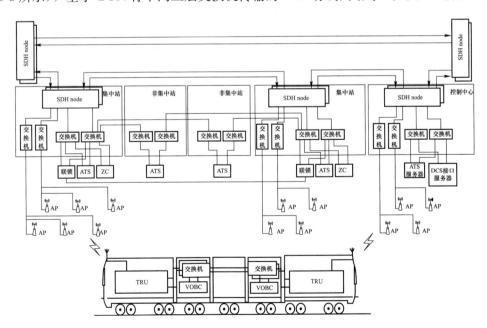

图6-8 基于同步数字体系（SDH）传输的DCS有线网络

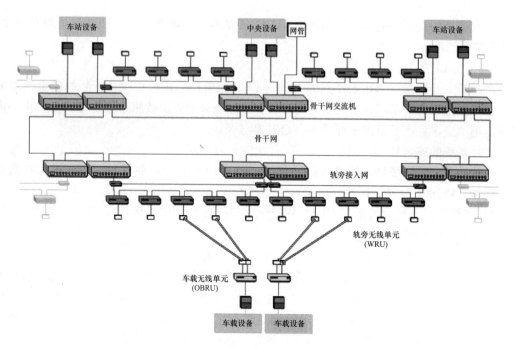

图 6-9 基于 OTN 骨干网三层交换机传输的 DCS 有线网络

3. DCS 子系统无线网络

DCS 子系统无线网络包括：无线数据传输网络、无线接入点（AP）以及车载无线单元组成，其设计要求功能如下：

（1）无线数据传输网络，其作用是实现车地数据报文的双向传输。为了保证数据报文传输的可靠性，设计时需为车-地无线通信系统的 CBTC 列控数据报文提供 2 条独立对等的网络传输通道，沿线部署 2 套配置完全相同、工作完全独立的无线网络，每列车两端安装 2 套车载无线设备，分别接入两个网络。2 个车-地无线通信网络并行工作，同步传递相同的数据报文，即使出现单网故障，也不会影响数据报文的传输，整个 CBTC 系统依然能够正常工作。

（2）无线接入点，为轨旁提供均匀、可靠、满足车载无线单元接入要求的无线信号覆盖。轨旁 AP 的部署间距设计要求需要小于或等于 AP 的无线覆盖半径，这样即使单个 AP(N) 出现故障，相邻 2 各 AP（$N-1$）、AP（$N+1$）的信号依然能够覆盖到 AP(N) 的空缺范围，满足无线信号覆盖要求。

（3）车载无线单元，其作用是保持与轨旁设备通信，传输列车的状态信息，接收轨旁设备对列车状态的调整命令。对于同一列车采用车载无线通信单元双网冗余设计，单一车载无线单元故障时，可切换到另一台车载无线单元上工作，保障车-地无线数据可正常传输。

6.4 DCS 子系统主要技术指标及设计要求

DCS 设备应符合 IEEE 802.3 标准通信协议，支持 IP 协议通信。

1．DCS 子系统性能参数

（1）DCS 系统主要指标

1）信息传输延迟时间，信息传输的端到端延迟时间不大于 150ms；

2）信息传输速率：有线网络路由传输骨干通道信息传输速率不小于 100Mbps。在非切换区域，单列车无线网络信息传输上下行总速率不小于 1Mbps；

3）信息丢包率：在非切换区域，信息传输丢包率不大于 1％；

4）信息传输切换时间：无线网络切换时间 95％条件下小于 100ms。

（2）有线通信要求

1）DCS 有线通信网络设备应具备实现双向自愈环形拓扑结构组网的能力，当单个通信设备发生故障时，有线通信网络仍能正常工作，不会导致 CBTC 信号设备之间的通信发生中断。

2）DCS 有线通信网络设备应保障在构建环形网络后，当网络通路发生单点故障时网络自愈时间小于 50ms。

3）DCS 有线通信设备软硬件处理能力应能满足 CBTC 信号设备通信需求，并留有不小于 30％的余量。

4）DCS 有线网络路由传输设备应采取冗余备份的构建方式，以保证网络的可靠工作。

5）DCS 有线网络接入设备接口速率应满足 CBTC 信号设备通信传输速率要求。

6）DCS 有线通信设备通信端口应采用标准通用接口，网络接入设备端口熟练应满足 CBTC 信号设备通信需求，并留有一定的余量。

7）室内环境条件下使用光电转换设备时，宜选择机架式光电转换设备。

8）DCS 有线通信网络端口传输介质可使用双绞线或光纤。

（3）无线通信要求

1）DCS 无线通信设备应遵循国家无线电管理的相关法律法规。

2）DCS 车地无线通信设备技术制式采用 IEEE802.11 无线网络标准。

3）DCS 车地无线通信设备所使用的无线频率应是在国家无线电管理部门规定的 2.4GHz 公用频率，或申请批准允许使用的专用频率。

4）DCS 车地无线通信系统为双网冗余设计，两个无线网络设备应分别使用两个相互独立的工作信道，实现两个无线网络之间完全隔离，提高 DCS 无线系统抗干扰能力。

5）DCS 车地无线通信设备应支持同频率组网方式。

6）DCS 车地无线通信系统在车载无线设备切换区域应该实现单网无线信号重叠覆盖，以保证系统切换性能。

7）DCS 车地无线通信设备在 2.4GHz 工作频率的条件下，其性能符合下列要求：发射功率不大于 20dBm；频率容限不大于 20ppm；杂散发射限值不大于 30dBm；基于 802.11b 协议的传输速率，则 1Mbps/2Mbps/5.5Mbps/11Mbps 自适应，基于 802.11b 协议的传输速率，则 6Mbps/9Mbps/12Mbps/18Mbps/24Mbps/36Mbps/48Mbps/56Mbps 自适应。

8）DCS 车地无线网络应具有网络光临维护手段，对 AP 和车载无线设备进行检测和管理。

9）DCS 轨旁设备安装应满足轨道交通线路和车载的现场条件。

10）DCS 轨旁设备箱体应满足不低于 IP65 防护等级的要求。

2. DCS 子系统容量

DCS 子系统容量：

（1）系统监控和管理的最少列车数量按线路远期长度和配属列车数量计，并预留 20％的余量。

（2）通信接口服务器必须具备管理全线车辆的能力。

（3）有线通信通道容量完全可以满足 CBTC 各子系统的传输容量的要求，提供所需的业务接口，并预留正线线路延伸的容量扩展能力。

3. DCS 子系统可用性

可用性是衡量一个网络优劣的重要参数，网络系统的可用性重要是评价网络出现故障时系统能够自动地、快速地启用保护机制，确保网络承载的业务不受影响，一般而言从产品本身的可用性、系统设计可用性等两个方面考虑。

（1）产品的可用性。由于 DCS 的应用环境要求，通常在设备选型需要根据此类要求，选择可用性指标较高的产品。

（2）系统的可用性。根据可靠性工程的原理，冗余工作的系统能够极大地极大提高其自身的可用性。基于这个理论基础，DCS 在设计中必须保证冗余性，防范单点故障对系统带来的影响，在系统层面保障可用性满足 CBTC 系统的要求。

6.5 DCS 子系统接口

DCS 设备接口应满足组件通信网络通道端口需求，同时为 CBTC 系统子系统设备接入通信网络提供通信端口，满足子系统之间的链接和信息传输要求。

（1）DCS 有线网络路由传输设备提供构建双向自愈的环形拓扑结构组网方式的能力，其接口应符合下列要求：

1）接口类型为光信号接口；

2）接口速率不小于 100Mbps。

（2）DCS 有线网络接入设备提供 CBTC 信号设备通信接入功能，其接口应符合下列要求：

1）接口协议支持 IP 协议；

2）接口类型为电信号接口或光信号接口；

3）接口速率为 10Mbps/100Mbps 自适应。

（3）DCS 无线网络设备无线接口提供构建车地无线通信网络的功能，其接口应符合下列要求：

1）无线空间接口协议为 IEEE 802.11 标准协议；

2）接口协议支持 IP 协议；

3）有线接口为电信号接口；

4）有线接口速率 10Mbps/100Mbps 自适应。

6.6 典型 DCS 子系统组成结构介绍

DCS 为城市轨道交通 CBTC 系统构建连续双向的数据通信网络，典型的 DCS 子系统主要由有线通信网络和无线通信网络以及网管三大部分组成。

（1）有线通信网络：位于信号设备室，实现轨旁设备之间的数据通信；

（2）无线通信网络：位于列车和轨旁，用于实现车载和轨旁设备的数据通信；

（3）网管设备：位于控制中心和停车场，用作 DCS 系统的管理、配置、监测和维护。

1. 有线通信网络

有线通信网络为控制中心、车站、轨旁、车辆段/停车场、试车线、培训中心和维修中心 CBTC 设备之间提供有线数据传输通道，能够实现轨旁设备之间的数据通信，包含核心网络和接入网络。

核心网络由 SDH 节点光缆环构成，主要用于接入以太网交换机和路由器。各设备集中站、OCC 及车辆段的 SDH 节点机通过骨干网光缆构成环状网络。接入网络由以太交换机、路由器光电转换器等组成，直接与信号各子系统设备接口，并将各子系统设备接入 SDH 骨干网。

在 SDH 节点设备集中站的以太网交换机上，基于端口划分以太专用局域网 VLAN，为各个 EPLAN 分配固定的带宽，并为冗余信号网、冗余 ATS 网及维护网提供独立的通信通道，图 6-10 为 DCS 有线部分以太专用局域网 VLAN 划分示意图。

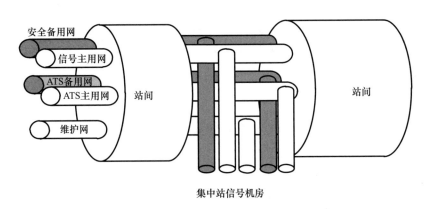

图 6-10　DCS 有线部分以太专用局域网 VLAN 划分示意图

2. 无线通信网络

无线通信网络位于列车和轨旁，为列车与地面 CBTC 设备之间提供连续双向的无线数据传输通道，实现车载和轨旁设备的数据通信。在轨旁设备中，为保证两个独立的通道，无线接入点是双网冗余的。另外通过特定的安装和配置，确保在两个相邻无线单元的冗余无线覆盖。

3. 网管设备

网管设备位于控制中心或维修中心，用作 DCS 系统的管理、配置、监测和维护工具。可以实现对 DCS 节点机机各类交换机和 modem 进行配置、监测、维护和告警管理，监测的主要内容包括：交换机 CPU 的使用情况、AP 轨旁设备和车载交换机的温度、有线丢包率、无线通信丢包率以及监控以太交换机某些端口的数据速率是否超过阈值。图 6-11 为 DCS 子系统中网管结构示意图。

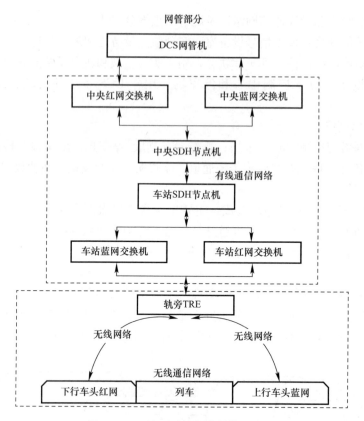

图 6-11　DCS 子系统网管结构示意图

6.7　DCS 子系统设备维修重点

通常情况下，不同的信号设备厂商 DCS 子系统的设计架构不同，但在设备的组成上存在相同之处，例如骨干网中都有交换机、光纤，车地无线通信网络中都有光电转换媒介、无线接入点等，下面就关键设备维修、维护重点进行介绍。

1. 轨旁无线通信设备是 CBTC 运营的基础，属于关键基础设备

考虑轨旁无线通信设备的分布、冗余程度以及设备的可靠性等方面，总结出一系列保持设备良好运行的方法、措施：

（1）车地无线通信质量的是否符合要求，不仅仅与自身设备的工作状态有关，还与隧道内的环境有关。目前城市轨道交通各线路普遍采用基于无线通信的移动闭塞系统，其无线系统采用开放的 2.4GHz 频段的 IEEE 802.11b 标准。由于 IEEE 802.11x 系列标准使用的是开放的 2.4GHz 频段，被广泛应用于家用及商用领域，极易发生同频干扰。同时，外部网络环境越来越复杂，车地无线通信系统的安全性遭到威胁。因此，在对车地无线通信的质量监测时，首先需要保证无外部环境的干扰因素，即同频干扰或邻频干扰等，DCS 子系统需要有一定的技术手段来屏蔽该类型的干扰。

在主动防御方面，针对无线干扰须从建设、设计阶段就开始考虑。在多系统共存的环境中设计尤为重要，如需新建 2.4G 网络系统，必须考虑已涉及以及规划内的各系统网络

覆盖，通过合理布局、设计，尽可能实现干扰抑制。在建设初期便考虑无线干扰问题能减少很多后期工作。

在部署网络方面，需要勘测部署环境、各种阻挡物的衰减系数、规划网络的应用服务、规划 AP 覆盖范围、选择 AP 安装位置、选择合适的发射天线等。

（2）车地无线通信设备本身工作状态的维护，隧道环境较差，湿度较大，而作为电子产品的车地无线通信设备在此种环境下工作，其性能肯定有一个逐渐下降的过程，因此，我们需要做到设备的密封与防潮，尽量保持设备的工作环境干燥。

（3）隧道内各专业设备较多，且分布密集，其他专业施工作业时，存在极大概率对车地无线通信设备造成破坏，如漏缆被踩踏，造成漏缆接头的松动或信号漏泄方向变化、高空作业时，造成定向天线损坏或方向偏移等，所以这需要定期对车地无线通信数据的场强进行分析，确保车地无线通信质量符合要求。

2. 关键设备系统数据及配置备份，确保故障及时恢复

对于 DCS 子系统在线运营服务器、工作站、传输设备、交换机、无线接入点设备等，维护过程中一个重要项目就是保存设备的配置文件。

（1）定期保存设备最新的配置文件很重要，它直接关系到在设备故障更换时，对该设备的正确配置，确保整个系统的正常运营，如交换机，轨旁无线接入点，传输设备等需要按照设备编号保存设备的配置文件。

（2）类似与服务器、工作站等设备，在维护中，不仅仅需要对设备进行定期重启等日常维护工作，还需要定期备份设备的系统文件，确保设备故障时可以通过备份文件恢复设备功能。

3. 系统机柜内设备状态、风扇及接地线状况定期检查及维护

DCS 子系统室内机柜内设备主要包括节点机、交换机、光纤、网线等关键设备，机柜内各设备部件的工作状态、电源工作状态、交换机的工作状态、光纤与网线是否有折损或受力过大现象、风扇及接地线状况等都是日常巡视工作的重点。

（1）风扇检查。检查机柜内顶部风扇及交换机的冷却风扇，可用手在机柜后面板通风口处检查通风情况，发现问题及时更换处理。

（2）通信线路检查。定期对网线、光纤等通信线路进行检查，确保所有的光纤及网线、电缆线路均处于自然放松的连接状态，严禁有紧绷或拉扯的现象。

（3）对系统的工作接地和保护接地进行检查和测试，接地线应连接应无松动现象，机柜设备接地电阻值在正常范围内。

4. 交换机端口数据流量的监测

交换机作为 DCS 子系统中重要的设备，其工作稳定性直接关系到 DCS 子系统工作的稳定性，正常情况下，信号系统工作稳定时，交换机各端口的数据流量变化范围应该不大，当某一个或一些端口的数据流量大幅度变化时，说明系统中必定存在着隐患，所以定时查看交换机各端口的流量是很有必要的，可以提早发现、排除隐患。

5. 定期开展交换机内部除尘

由于设备构造和外部环境原因，部分型号的交换机内部电路板容易积累灰尘，这些灰尘会影响电路板上芯片热量的散发，使电路板上的电子元器件温度上升，从而可能造成芯片过热而烧损。为提升交换机运行的可靠性和稳定性，降低交换机故障概率，需定期开展

交换机卫生情况排查及整治。为避免除尘可能导致设备故障的情况发生，可考虑使用交换机轮换除尘方式进行内部卫生清洁。

6. 设备电源输入维护及检测

在 DCS 子系统中电子设备，对电源的供电要求较高，不仅对电源电压的范围有明确要求，还需要对输入电源的功率及电流有明确要求，所以在对设备进行维护时需要测量设备正常工作时的电压及电流值。

6.8 DCS 子系统常见故障分析

（1）DCS 子系统常见故障案例：列车无线单元红点故障。

1）故障现象

列车在运行过程中，列车无线单元出现红点，后续红点消失。

2）故障分析处理

针对此故障，由于涉及的设备较多，需要根据现场的实际情况逐一排查，因为单个的无线接入点离线或传输媒介设备故障都会导致列车无线设备在某些固定位置出现的红点。

故障处理原则：一般情况下，需要将此类故障进行分类，核查是否为某些固定的点，在不同列车的情况下都出现此类故障现象，还是单列车在不同的位置出现此类故障现象。前者基本可以排除列车无线设备的故障导致此类故障现象，后者基本可以排除轨旁设的故障导致此类故障现象。对轨旁设备进行排查时，首先需要排查信号传输媒介（天线、漏泄电缆或波导管等），一般排查信号设备的信号传输媒介设备的本身的工作状态，信号的发射方向是否正确，是否有遮挡物等。无线接入点设备故障同样也会造成该类现象的故障，如无线接入点设备本身故障，设备内部滤波器故障，高频跳线松脱或断裂等。

（2）DCS 子系统常见故障案例：单个联锁控区内出现多趟列车紧急制动。

1）故障现象

单个联锁控区内出现多趟列车紧急制动，列车无法升级至 CBTC 模式运营，只能采用点式模式运营。

2）故障分析处理

单个联锁控区所有车都无法以 CBTC 模式运营，根据现场的故障现象可以判断列车进入该控区不能上传列车的状态信息，与接收轨旁相关信息，基本可以判断为无线接入点设备交换机工作异常导致此次故障。

故障处理原则：根据"先通后复"的原则，此类影响大面积列车正常运营的故障，首先重启对应交换机，如果无法恢复故障，可对故障交换机进行更换。在更换交换机时必须确保备件交换机的配置与在线运营的交换机型号相同，配置相同。

（3）DCS 子系统常见故障案例：网络风暴导致全线车地通信故障。

1）故障现象

全线 CBTC 骨干网交换机显红，全线轨旁无线单元掉线，ATS 人机界面报警：车地无线通信断开。

2）故障分析处理

根据全线设备的状态，以及骨干网交换机数据业务量基本判断为网络风暴：AP 环网络连接线错误网络风暴；部分 AP 配置错误造成的冗余光缆单元 owner 或 neighbor 冲突造成网络风暴；部分 AP 故障造成其 ARP 功能崩溃。

故障处理原则：通过对全线集中站 IRSW-AP 连线检查，对近期新处理的 AP 进行逐个断电，网络风暴平息后重新上电问题 AP 观察风暴是否存在，进行故障点确认。最后将故障源锁定为 AP1508，开启该 AP 后网络现象恢复。查看 AP1508 的工作状态，配置信息不完整，重刷配置后开启无异常。基本可以断定是该 AP 的配置损坏、导入不完整或机器故障造成的 ARP 功能崩溃，扰乱了该 AP 环的环网冗余功能，致使 ARP 报文在整个二层网络中不断循环造成网络风暴。

（4）DCS 子系统常见故障案例：中央主用网交换机故障导致全线列车后备模式运行。

1）故障现象：

控制中心中央主用网交换机故障，全线列车需后备模式运行。

2）故障分析及处理：

经分析判断，故障原因为交换机内部固件在断电重启后出现运行错误，故障时中央主用网交换机配置程序降为交换机出厂默认配置，即引导启动配置文件降级至原使用并已删除的配置文件。

故障处理原则：经更换交换机重新进行数据配置后，设备恢复正常。同时，对全线所有交换机配置数据以及版本进行检查确认，将无关配置程序都彻底清除。在设备配置过程中，应注意检查软件版本和配置是否和在线设备一致，删除旧版配置文件，新版本文件完成配置后执行保存操作，确认断电重开后设备配置文件仍然正确。

（5）DCS 子系统常见故障案例：联锁站 SDH 节点机板块故障导致列车紧制。

1）故障现象：

故障区域内列车紧制，网管机有节点机数据处理板芯片不工作、单板串口通信失效告警，板块业务告警指示灯亮红灯。

2）故障分析及处理：

根据故障现象及报警定位为节点机板块故障。此故障处理过程中需注意，更换数据处理板后与主用板进行数据同步耗时较久，在同步过程中不要进行任何操作，以免发生同步中断或错误。

故障处理原则：故障定位时，应先分析高级别告警，如紧急告警、重要告警，再分析低级别告警，如次要告警和提示告警，将故障点准确地定位到单站。为保证迅速、准确地处理传输网故障，信号维修人员必须掌握故障情况下的影响范围，提前制定应急措施；并掌握交换机及节点机的软件配置能力，才能保证故障抢修效率。

（6）DCS 子系统常见故障案例：轨旁无线通信设备故障导致多列车紧制。

1）故障现象：

多列车在同一区域自动停车或紧制，全线列车需后备模式运行。

2）故障分析及处理：

依据网管机告警信息对信号设备室相关和轨旁的无线通信设备进行检查，发现无线通信设备内部 MODEM 故障，更换备件后恢复。

故障处理原则：由于轨旁无线通信分布于线路各处，发生故障可能受位置因素限制，无法即时下线路处理，因此故障发生后应按"先通后复"原则，做好行车组织安排，待满足故障处理条件后恢复。同时，由于在隧道中环境较差，湿度较大，轨旁无线通信设备性能容易发生下降，应考虑使用健壮性较好的设备部件，并加强设备状态监控。

（7）DCS 子系统常见故障案例：车地无线通信干扰故障导致列车紧制。

1）故障现象：

列车在转换轨出、入厂过程中出现无线丢失产生紧制。

2）故障分析及处理：

通过对有线网络进行检查：ping 光路正常，灯位、光功率也正常，因此排除有线网络故障原因。同时，进入无线 AP 网管机查看其报文显示负责转换轨位置的无线 AP 认证失败。认证失败以下存在三种原因：NMS IP 中 community 名称错误；设置配置中 community 名称错误；外部尝试入侵。查看配置均无问题，排除前两种原因。

针对外部尝试入侵原因，对无线网络进行检查：利用频谱分析仪对故障无线 AP 信号进行分析，发现中心频点周围有较多杂波，判断为可能造成列车无法关联或关联后通信差的原因。因此初步断定存在外界干扰。下一步从查找干扰源和无线部分深入测试两方面着手，最终分析故障原因为存在干扰导致信号接收异常。

故障处理原则：地铁外界干扰信号对信号系统的行车安全带来很大风险，所以对于车地无线通信故障发生后，首先应快速排查信号设备，检查有线和无线通信设备功能正常的情况下基本可以确定为无线干扰，并建议重点从查找干扰源和处理干扰源两个方面开展故障处理工作。通过对信号设备有线和无线部分设备功能检查确认无异常后，基本可以确定为外界干扰。联系无线电监测站进行现场检测定位，重点检查附近有无大型视频无线传输设备（比如工地塔吊等），有无安全保密性单位或工厂，将其列为重点怀疑对象，由无委会进行详细排查确认。确认干扰源后主动联系相关单位了解设备安装及开启情况，判断是否与现场故障时间一致，并协调关闭相关设备进行测试。

第7章　电源子系统

电源系统是城市交通信号系统、设备所不能缺少的重要系统设备，它的质量直接影响系统设备的工作状态和运行质量，地铁信号系统使用的电源尤其重要，是地铁运输安全运行的基本保障。地铁信号系统属于国家一级负荷供电，由两路不同的电源同时供电，同时配有大型在线式 UPS，实现两路电源之间不间断地相互转换，以保证系统稳定运行。

7.1　电源系统构成

电源系统（Power System）是由整流设备、直流配电设备、蓄电池组、直流变换器、机架电源设备等和相关的配电线路组成的总体。电源系统为信号设备提供交、直流电源，维护信号系统的平稳运行。从基本架构方面，信号设备电源系统包括两大部分：信号电源屏和不间断电源，其中不间断电源简称 UPS（Uninterruptible Power System）。

1. 电源系统硬件架构

（1）信号电源屏

信号电源屏有两路独立的交流电源供电，选择其中一路向设备供电。其中一路接入到 UPS 设备，经 UPS 处理后的稳定无畸变的 380V 交流再次输入进电源屏，然后再经各直流或交流电源模块输出，为相应设备提供标准电压；另一路被送到各种不需 UPS 支持的设备，其中转辙机的动作电源也是由此路输出。

（2）不间断电源

UPS 当市电输入正常时，将市电电压稳压后供应给负载使用；当市电中断或其他故障时，会及时由蓄电池向负载提供电源，使设备仍能持续工作一段时间，保证设备的正常运行，避免因市电故障而造成影响，在信号专业中，避免因此而影响行车、甚至中断行车。

2. 电源系统安全架构

城市轨道交通信号系统 ATC 系统设备，在正常工作时，其设备电源均纳入室内电源供电。如若出现紧急供电故障，在"故障-安全"的原则下，信号系统必须保障好在线运行列车的安全，并及时存储重要数据为运营恢复做好准备。此时的电源系统就在正常供电及失电情况下给予信号系统电力保障。

目前较为常用的信号电源系统架构为双 UPS 冗余方案，信号电源系统结构图如图 7-1 所示。

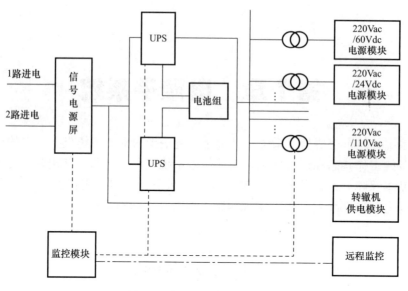

图 7-1　信号电源系统结构图

7.2　电源系统功能

1. 切换功能

智能电源屏输入采用两路独立的交流电源，电源设备具有自动切换功能，两路切换时间小于 100ms。为了方便维护和检修，系统还设有手动切换装置。系统设有两路直供开关，当电源屏输入切换单元故障时，可以通过直供模式供电。

典型的电源切换功能图如图 7-2 所示：正常供电的情况下，图 7-2 中的 KM1 吸合，KM2 断开，第一路输入给互为主备的一组模块供电。在第一路输入不正常时，KM1 断开，KM2 吸合，这样由第二路输入给两个模块供电。在切换系统故障时直供开关 K1、K2 可以实现第一路输入或第二路输入直供供电。

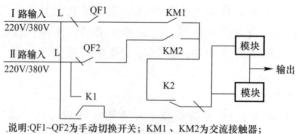

说明:QF1~QF2为手动切换开关；KM1、KM2为交流接触器；
　　　KM1、KM2具有电气和机械互锁特性。

图 7-2　电源切换功能图

2. 稳压后备功能

信号电源设备提供多种需要的标准电源输出，如 AC220V，DC60V，DC24V 等。保证不间断地供电，并且不受外电网电压波动和负载变化的影响。智能电源屏的输出电源采用模块化，具有稳压滤波作用，输出电压更稳定，并具有自动检测功能，包括欠压、过压、断相、缺相等故障的检测。

同时具备市电断电后的后备供电模式，当市电断电后，电源屏无法给予 UPS 供电，此时 UPS 检测到断电故障，自动转为静态旁路，利用蓄电池给信号设备继续提供稳定电压，确保断电时信号设备短时间内能够继续平稳运行。

3. 电源监控功能

非智能电源屏装有指示电源系统的输入输出电源的电流和电压的仪表，并使用指示灯形式简单地反映运行状态及告警信息。

智能电源屏能实时监测到电源系统的各项运行参数、系统及各模块运行状态、告警状态、设置参数、系统配置等更多数据，并能集中显示出来。监控模块可根据采集到的数据对系统故障进行声光报警，产生相应的动作，同时能上报到后台主机。可以记录系统的故障或告警信息，方便维修人员查阅和分析。通过网络，还可以把分散在各站的电源屏状态、运行参数、告警等信息集中在监控平台上显示出来。

4. 供电保护功能

供电大于 50Vac、120Vdc 必须有接地线，电源系统的防雷接地和保护接地分别使用不同的接地体。

所有可以触及的、有导电能力的金属部分及外壳，必须使之达到电位平衡。

电源系统具有过电压、过电流保护措施。系统输入电压超出系统输入范围时，系统自动切除该路输入电源，保护电源设备；模块输出过电压时，自身处于保护状态切断对外部的电源供给，保障设备的安全；模块输出电流超出额定值时，即进入限流输出状态，输出电流仍不能得到抑制时，输出电压直至被切断。

信号电源系统输入端配有防雷元件，甚至有些还配有采用多级防雷系统，保证系统在雷雨天气下仍然能可靠工作。

7.3　电源系统原理

1. 交流切换电路

切换电路可以用多种方式实现，在此以其中一种方式为例说明其切换原理，如图 7-3 所示。

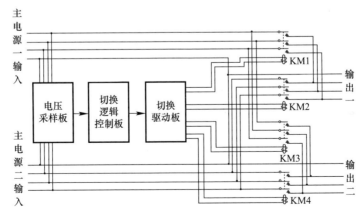

图 7-3　输入切换原理图

该切换电路由检测回路（包含输入电压采样板、切换逻辑控制板、切换驱动板）和动作回路（包含供电线路和四个输入交流接触器 KM1～KM4）组成。

检测回路不间断地对交流Ⅰ路和交流Ⅱ路进行检测，首先由电压采样板完成输入电压采样，并把采样到的输入电压值送给切换逻辑控制板，切换逻辑控制板完成输入过压、欠压判断和切换逻辑的实现并产生切换控制信号，切换控制信号送到切换驱动板，由切换驱动板驱动相应输入交流接触器，交流接触器的动作如表7-1。

供电部门输入的两路电源均正常时，交流接触器 KM1 与 KM3 闭合，KM2 与 KM4 断开，切换电路选交流Ⅰ路输出，交流Ⅱ路作为备用。

当检测回路检测到交流Ⅰ路电出现过压、欠压、断电等情况同时交流Ⅱ路时供电正常时，交流接触器 KM1 与 KM3 断开，KM2 与 KM4 闭合。切换电路选交流Ⅱ路输出。

当检测到交流Ⅰ路恢复正常后，切换电路会切换回交流Ⅰ路供电。

交流Ⅰ路、Ⅱ路供电状态与交流接触器 **KM1、KM2、KM3、KM4** 对应状态表　　**表 7-1**

交流Ⅰ路	交流Ⅱ路	交流接触器 KM1	交流接触器 KM2	交流接触器 KM3	交流接触器 KM4
断电	断电	断开	断开	断开	断开
断电	供电	断开	闭合	闭合	断开
供电	断电	闭合	断开	断开	闭合
供电	供电	闭合	断开	闭合	断开

2. 直流、交流电源模块

直流电输出电路图见图 7-4。

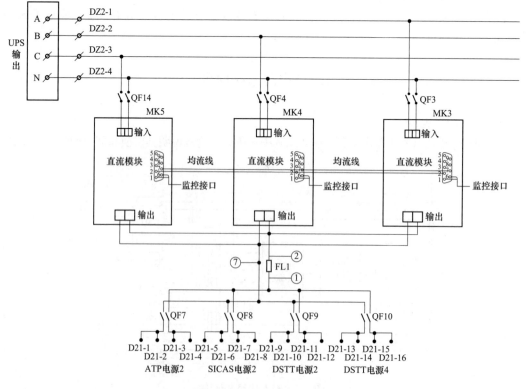

图 7-4　直流电输出电路图

UPS输出的380V交流电被电源屏接入各直流和交流模块中,这些模块可以把220V交流电转换为各种标准的电压(三相输出的模块除外),为使三相供电平衡,这些模块会根据负载情况,分别接入A、B、C三相中。

这些模块根据需要可以采用N+1备份方式共同为负载供电,这些模块同时具有自我检测能力,当发生故障时,能及时切断输出,以免影响其他模块的正常供电,因此保证当某一模块故障不影响设备运行。

(1)直流模块

直流模块使用的桥式整理或高频开关电源方式完成从交流电网输入、直流输出的全过程。其中高频开关电源具有体积小、重量轻、输出功率大、方便监测与控制等优点,因此,智能电源屏上多数采用该种方式,其工作原理如图7-5所示。

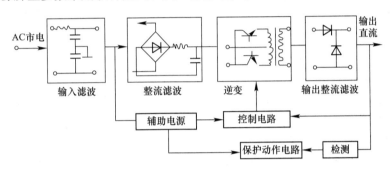

图7-5 开关电源模块的工作原理图

1)输入滤波器:其作用是将电网存在的杂波过滤,同时也阻碍本机产生的杂波反馈到公共电网。

2)整流与滤波:将电网交流电源直接整流为较平滑的直流电,以供下一级变换。

3)逆变:将整流后的直流电变为高频交流电,这是高频开关电源的核心部分,频率越高,体积、重量与输出功率之比越小。

4)输出整流与滤波:根据负载需要,提供稳定可靠的直流电源。

5)控制电路:一方面从输出端取样,经与设定标准进行比较,然后去控制逆变器中的开关管,改变其输出的频率或脉宽,达到输出稳定;另一方面,根据测试电路提供的资料,经保护电路鉴别,提供控制电路对整机进行各种保护措施。

6)检测电路:除了提供保护电路中正在运行中各种参数外,还提供模块各种状态信息输出,如:指示灯、仪表、报警信息等。

7)辅助电源:提供模块中各板件不同要求电源。

(2)交流模块

交流模块采用恒压变压器方式稳压。集稳压、隔离、变压为一体,具有双向滤波功能,可消除电网杂波干扰,具有良好的抗干扰能力。

3.不间断供电

(1)后备式UPS

1)后备式UPS原理

输入切换原理图见图7-6,市电供给交流电源,它直接通过UPS传输到所连接的负载。电池充电器把输入的交流电转换成直流电,维持电池充电。如果市电故障,逆变器将电池的直流电转换成交流电供给负载。逆变器在大多数时间里运行在后备方式，充电器仅保持电池充电状态的功率。一旦市电出现超出规定范围的变化，逆变器从电池获得电能，直到电池耗尽。

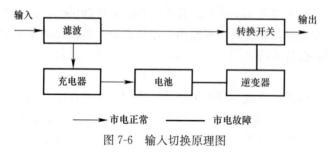

图 7-6　输入切换原理图

2）性能特点

后备式 UPS 对市电利用率高，可达 98％以上，输入功率因数和输入电流谐波取决于负载性质，输出能力强，对负载电流波峰因数，浪涌系数，输出功率因数，过载等没有严格限制，转换时间一般为 4～10ms。一般说来，后备式 UPS 具有运行效率高、噪声低、价格较低等优点，常见的小型后备式 UPS 可向满负载提供的供电时间一般在 12～15min。

（2）在线互动式

1）在线互动式 UPS 原理

在线互动式 UPS 采用变压器或电感器串联在市电电源和负载之间，如图 7-7 所示。这种串联式电感器提供一定程度的电压调节，使 UPS 逆变器能够同输入电源"相互作用"（互动式名称的由来）。

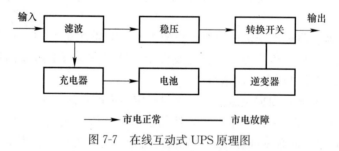

图 7-7　在线互动式 UPS 原理图

2）性能特点

在多数情况下，在线互动式 UPS 的"双向的"转换器是恒定的电压装置，它用改变输出相位角去调节负载的变化，由于相位角不能够快速变化，需要电池提供功率差，这会导致电池寿命的减少。在线互动式产品的另一个限制是如果不由电池供电运行，它不能完全地使输入电源隔离负载。公用电源的干扰、频率上的干扰和其他电源的异常情况可能直接传送到关键负载上，因为它不是完的电气隔离。同后备式 UPS 相比，由于该 UPS 的逆变器和输出总是处于连通状态，因而它能对电源起到滤波及削波作用。当市电存在时，市电利用率高，可达 98％以上。输入功率因数和输入电流谐波取决于负载性质。对负载电流波峰系数、浪涌系数、输出功率因数、过载等没有严格的限制。其逆变器具有稳压、调压作用，当电压过低时 UPS 自动切换到蓄电池供电方式，因而这种 UPS 在电源质量很差的地方照样能正常运行。逆变器的设计使得即使它发生故障，仍然能由交流输入电源直接提供输出，消除了"一处失灵，全局崩溃"的隐患，有效地提供了两个独立的电源通道。

应该说在线互动式 UPS 效率很高因而很可靠，同时它具有很优越的电源保护功能。市电掉电时，输出虽有转换时间但比后备式要小。

（3）在线式 UPS

1）在线式 UPS 原理（图 7-8）

当输入、负载和 UPS 本身都正常工作时，UPS 电源将输入的交流市电先通过整流器变成直流电，然后通过逆变器将直流电逆变成交流电，输出标准的稳定的纯净的正弦波电源，也即在一切都正常的情况下，负载得到的是由逆变器输出的高质量的正弦波电源。

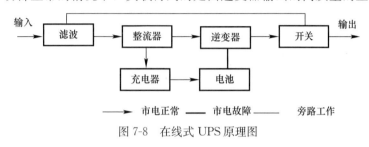

图 7-8　在线式 UPS 原理图

2）性能特点

在线式 UPS 电源与后备式 UPS 电源相比，在线式 UPS 电源的供电质量明显优于后备式 UPS 电源，因为它可以实现对负载的稳频、稳压供电，在线式 UPS 可以向负载提供稳压精度高、频率稳定、波形失真度小、无干扰的瞬态响应特性好的高质量交流电。当在线式 UPS 的输出端承受 100％ 的加载或减载时，它的输出电压波动不但小于 5％，而且即便是这样小的瞬态电压波动也会在 20ms 内恢复到正常稳压值。当市电供电中断时，UPS 中的逆变器利用蓄电池所提供的直流电来维持负载的正常运转，由于不存在从市电供电到逆变器供电的转换步骤，因此就不存在转换时间长短的问题。可以向用电设备提供高质量的电流，这是在线式 UPS 的最大优势。无论市电正常与否，负载都由逆变器供电，所以当市电发生故障的瞬间，UPS 的输出电压不会产生任何间断，且在由市电供电转换到蓄电池供电时，其转换时间为零。

总的来说，离线式 UPS 对负载的保护最差，在线互动式相比之较好，在线式则几乎可以解决所有的常见电力问题。

7.4　电源系统主要技术指标及设计要求

1. 电源系统性能参数

（1）电源屏技术指标

1）信号电源设备结构模块化，除 UPS 外其他电能变换环节采用模块式结构，均采用"1＋1"或"N＋M"（M＞N/3）并联冗余工作技术。任何单元模块出现故障，可自动退出并报警，并可热插拔更换模块。任一模块故障均不影响本路电源的正常容量输出。

2）电源模块采用无损伤热插拔技术，更换时间小于 1min，维护快捷方便。

3）独特的"Y型"两路交流电源输入自动切换装置和系统方案，可以保证系统的交、直流电源输出不间断；当Ⅰ路输入电源故障（包括过压、欠压、缺相、错相、停电等），电源系统将自动切换至Ⅱ路输入电源工作并告警；如果Ⅰ路输入电源故障恢复，电源系统可手动切换回Ⅰ路输入电源。

4）电源系统的各种输出电源均采用隔离供电方式，合理分束，分别供电。

5）具有完善的隔离、净化、分配、防雷、过压和过流保护、短路保护等功能，交、直流电源均对地绝缘。

6）完善的防雷击和过电压、过电流、短路保护等措施，向室外设备供电的电源电路均采取可靠的防雷措施，保证系统在恶劣的条件下可靠工作。

7）电源系统具有短路保护、可靠的人身安全防护及电气火灾防护系统，还具备对地漏泄检测的功能。

8）电源系统具有智能监控单元，实现输入/输出电压、电流过欠压、断相/错相监测报警、电源模块故障报警，故障信息记录。电源系统的维护和报警信息传至控制中心、维修中心相应的维护工作站。电源系统的维护和监测信息纳入维护监测子系统统一管理。

9）专用输出交、直流电源，均应对地绝缘，电源屏需具备过压保护功能。

10）引入电源内的两路交流电源，应具备手动转换功能。当其中一路发生断电或断相时，应能自动转换至另一路电源供电，且屏内转换断电时间应不大于0.15s。

11）三相交流输出电源应确保相序正确，若相序错误，应报警。

12）电流互感器二次侧不得开路，并应可靠接地。

13）监控单元事件记录应大于等于100条，且掉电后事件记录不应被删除。

14）在UPS工作在正常状态时，交流输入电压在380V/220V（+15%～10%）范围内波动变化时，交流、直流220V输出电压应稳定在220V±10%范围内。

15）交流转辙机输出范围：交流380V应稳定在380V±15%范围内；直流转辙机输出范围：直流220V应稳定在210V±10%范围内。

16）旁路稳压电源输出范围：交流380V应稳定在380V±15%范围内。

17）当温度为15～35℃时（相对湿度45%～80%）的气候条件下，整机输入、输出端子对地的正常绝缘电阻值大于25MΩ，输入对输出端子绝缘电阻值大于25MΩ（直流500V情况下）；经过交变湿热试验后，其潮湿绝缘电阻值大于1MΩ。

（2）不间断电源技术指标

1）UPS应能可靠地工作，并在室温不高于30℃时能适应连续不间断地运行。

2）UPS能提供设计规定的后备时间；当市电中断（事故停电）时，UPS能立即向负载供电，转换过程中不影响负载正常工作。

3）在线式UPS应具有隔离作用：将瞬间间断、谐波、电压波动、频率波动以及电压噪声等电网干扰要阻挠在负载之前，使负载对电网不产生干扰，反之一样。

4）当UPS整流器、逆变器故障时，能自动转到旁路供电，转换过程中不影响负载正常工作。

5）在线式UPS应具有自我检测功能，当发生故障时能及时报警。

6）在线式UPS应具有故障记录功能。

7）在线式UPS应提供维修模式（手动旁路模式），在此模式下，UPS内主要设备应不能带电。

8）UPS输出电压精度。稳态电压精度±1%，动态电压范围（100%负载跃变时）电压精度±2%。

9）容量小于 5kVA 的后备式 UPS 采用后备（离线）方式工作。

（3）蓄电池技术指标

1）电容量参数不低于标称值 80％。

2）个体蓄电池电器特性差异不足以危害整组电池的使用寿命。

3）蓄电池整体完整，没鼓胀、没变形、没破损、没爆裂、没漏液。当发现应立即先评估再更换电池。

4）当蓄电池电极因锈蚀或铜绿导致电极不良时，应立即先评估再更换电池。

5）镍铬电池每组电压不小于 1.2Vdc，每组电池液的相对密度在 1～1.5 范围内。

2. 电源系统设计要求

无论车站电源屏、区间电源屏，还是综合电源屏，一套具体的电源屏设备都由具体的电源模块和功能单元构成。电源模块只输出电源规格不同的各类模块，当用信号电源模块种类如下。

（1）AC220V/50Hz 模块：提供信号点灯、道岔表示、计算机联锁、微机监测、CTC、稳压各用等负载电源。

（2）AC24V 模块：提供表示灯、闪光灯电源。

（3）AC25Hz 模块：提供 25Hz 轨道电路电源。

（4）AC380V 模块：提供交流转辙机电源。

（5）DC220V 模块：提供直流转辙机电源。

（6）DC 24V 模块：提供继电器电源。

（7）DC 24～60V 模块：提供站间联系电源。

另外还有特殊规格电源模块，如 DC48V 模块、DC110V 模块等。电源模块一般不单独使用，在配置时，直流模块按照并联均流方式输出，交流模块按照互锁方式输出，单独一台模块故障时，既要保证故障面不扩大，不能影响其他模块，又要保证负载供电不受影响。

电源模块是信号电源的基本构成单元，功能单元是将各电源模块有机组合并实现整体功能的装置。智能电源屏具有自动切换单元、智能监控单元、输出配电单元、防雷单元、漏电监测单元、不间断供电单元等。智能电源屏不再以大站、中站、小站来区分容量，而是以设备配置的各路电源容量值之和作为系统额定容量指标。

1）计算机联锁电源：具体到每个站的计算机联锁电源配置容量要根据联锁机来确定，一般情况总容量不超过 3kVA，站场规模特别庞大的站点，可以达到 5kVA。

2）微机监测电源：负载为 UPS＋工控机，按照 220Vac/5A 配置。

3）继电器电源：继电器联锁系统选择 24Vdc/30A；计算机联锁系统选择 24Vdc/20A。

4）信号机点灯电源：根据信号机数量确定，实际负载容量＝信号机个数×0.16A。

5）50Hz 轨道电路电源：根据站场轨道电路区段数确定，实际负载容量＝轨道区段数×0.16A。

6）25Hz 轨道电路电源：25Hz 电源容量＝2kVA×（25Hz 轨道区段数/60）。

7）计轴电源：每个计轴点按照 40W 计算，实际负载容量＝40×计轴点数量。

8）直流转辙机电源：根据开放进路涉及的最大转辙机数，实际负载容量＝同时动作的直流电机数×2A。

9）交流转辙机电源：交流转辙机电源容量＝开放最长进路经过的道岔电机数×单台

电机转动功率（S700K 单台电机功率约为 400VA）。交流转辙机电源只需隔离，电压范围可与系统输入范围相同，即＋15％至－20％。

10）道岔表示电源：根据站场道岔数量确定，实际负载容量＝道岔个数×0.05A。

11）控制台表示等电源：目前全部采用发光二极管期间，工作电流都在毫安级。

12）一套电源屏系统中包含上述一种或多种电源，系统容量就是所有包含的全部输出电源容量之和。

7.5 电源系统接口

（1）电源屏应有两路独立的交流电源供电，并应满足一级负荷供电的可靠性要求。

（2）交流引入：两路单相三线制或两路三相五线制。如采用两路三相五线制，要求零线允许互连。

（3）输入线截面要求：5kVA、10kVA 系统为 10mm²，15kVA 及以上系统为：16mm²。

（4）地线截面要求：≥10mm²。

（5）电源屏向信号系统提供电源屏相关报警信息：如系统状态（系统正常/故障）、供电状态（Ⅰ、Ⅱ路供电和 UPS 供电正常/故障）、各路输出状态（正常/故障）等。

（6）UPS 还可以通过电源屏向信号系统提供 UPS 工作状态信息：电子旁路状态、电池供电状态等。

（7）电源远程监控接口：不同产品使用接口不同。

（8）柜间线缆的连接

1）柜间交流主电源转接线的连接

根据电源屏图纸配置图找到电源屏屏间主电源线转接端子位置，根据线缆线标，连接柜间交流转接线缆。

2）柜间 24Vdc 电源线的连接

根据电源屏图纸柜间接线示意图，连接柜间 24Vdc 电源线。

3）柜间模块通信 RS485 线的连接

根据电源屏柜间线缆图，连接模块通信线缆。

4）UPS 柜间线缆的连接

根据电源屏接线图和 UPS 用户手册，连接电源屏到 UPS 主路输入、UPS 输出到电源屏的柜间线缆。

5）UPS 通信线缆的连接

根据 UPS 用户手册和电源屏接线图，连接 UPS 通信线缆。

6）稳压器线缆的链接

根据电源屏图纸，连接电源屏到稳压器输入端线缆；根据 UPS 用户手册，将稳压器输出线缆连接到 UPS 旁路输入端子。

7）UPS 到电池柜空开线缆的连接

根据电源屏配置图，连接 UPS 到电池柜空开的线缆。

8）电池的连接

根据电源屏图纸中电池线缆连接图，连接电池线缆。

注意：连接电池时，最好将电池线缆分类，比如，组间连线、层间连线、池间连线等；连接电池时，注意电池极性，禁止闭环。

7.6　典型电源系统组成结构介绍

1. 鼎汉信号电源屏结构介绍

鼎汉信号智能电源屏可分为继电联锁电源屏、计算机联锁电源屏、驼峰电源屏、25Hz电源屏、区间电源屏、交流电动转辙机电源屏（俗称"提速电源屏"）或以上几种类型的综合电源屏几类。其结构由3部分组成：输入配电单元、模块单元及输出配电单元3部分组成。

对于每类电源屏中所包含的直流、交流机柜，一般结构图如图7-9所示。

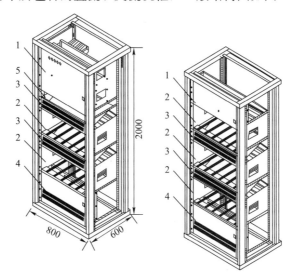

图7-9　直流机柜（左）、交流机柜（右）结构图
1—输入单元；2—模块单元；3—通风单元；4—输出单元；5—监控单元

鼎汉信号智能电源屏输入输出都采用了比较完善的防雷系统，同时考虑信号设备复杂的工作环境，系统给室外设备供电的输出也设有一级输出防雷，保证系统在恶劣的环境下可靠工作。防雷系统原理如图7-10所示。

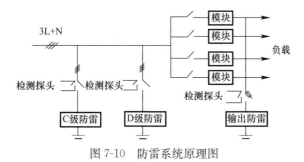

图7-10　防雷系统原理图

监控系统采用三级集散式监控体系，各级监控自成体系，下级监控保证在上级监控故障或不存在时能独立工作，产生告警信息；上级监控可以对下级监控的工作状态和数据进行汇总处理。第一级监控为模块监控和配电监控，监测模块信息和系统配电信息；第二级

监控为监控单元，是电源系统的人机交互接口，对第一级监控数据进行汇总显示和故障定位；第三级监控为全线电源的信息汇总。监控系统具有如下特点：

第一级：模块监控和配电监控

每个电源模块内部都含有一块模块监控CPU板。模块监控板的功能有：（1）采集模块的输出电压、电流值；（2）采集电源模块的工作状态，包括保护、故障、工作/备用；（3）显示该模块的保护、故障告警信息；（4）通过RS485口与监控模块通信。

配电监控对整个系统的配电状态进行监测，完成输入、输出配电的数据采集、干结点输出控制、声光报警及通信等功能。

第二级：监控单元

监控模块以INTEL公司嵌入式CPU为主控器，以RTOS（实时多任务操作系统）为系统平台，具有如下功能：

（1）显示与设置功能：能实时显示电源系统的各项运行参数、运行状态、告警状态、设置参数、系统配置数据。全汉字显示，界面友好，具有在线帮助、数据边界检查功能。

（2）遥测、遥信功能：监控模块可对系统输入、模块输出模拟量进行遥测；实现配电系统开关量、模块状态量等信号的遥信功能。

（3）告警与记录功能：监控模块可根据采集到的数据对系统故障进行声光报警，产生相应的动作，同时能上报到后台主机。告警分为紧急告警、一般告警和不告警三种级别，用户可根据实际情况设定告警级别，并可为每种告警类型设定对应的继电器输出，也可设为无继电器输出。用户可查阅历史告警记录和当前记录，历史告警记录包括告警类型名、发生时间、结束时间，当前记录中则只有告警类型名和发生时间，显示顺序按发生时间的先后来显示。历史告警记录按循环存储方式保存最多100条，超出100条则自动清除最旧的告警记录。

（4）通信功能：监控模块具有与后台主机和下级设备通信功能。与后台主机的通信支持MODEM、RS232、RS485/RS422等方式，与下级设备的通信支持RS485方式。

（5）故障回叫：在设有监控后台的电源系统中，当系统发生紧急告警时，监控模块通过MODEM向监控后台发出告警信息。用户可设置回叫次数、回叫时间间隔、回叫电话号码（最多三组），设置时必须通过密码校验。

（6）干结点输出功能：监控单元具有7个干接点信号输出，当系统发生任何告警时，用户可根据需要设置成其中一个干接点信号输出。

监控单元参考外形如图7-11所示。

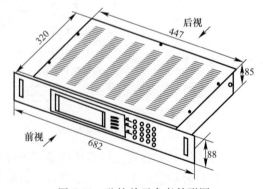

图7-11　监控单元参考外形图

第三级：全线电源的信息汇总

电源系统采用 64kbpsRS422 串行接口，以共线通信通道方式进行集中组网监测。控制中心集中监测系统工作站对全线智能电源屏的工作情况进行远程实时动态监测和管理。集中组网如图 7-12 所示。

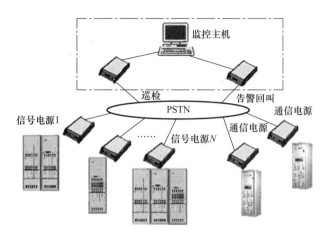

图 7-12　集中监测组网示意图

2. 艾默生 iTrust UL33 系列 UPS 系统结构介绍

UL33 系列 UPS 系统主要包括由整流模块（REC）和逆变模块（INV）组成的 AC-DC-AC 变换主回路、由反向并联的可控硅组成的旁路静态开关、维修旁路空开 Q3BP、输出隔离变压器和逆变静态开关、蓄电池组以及输入 Q1/输出空开 Q5 等。

系统组成如图 7-13 所示，其中，空气断路器 Q1 控制主路交流电源输入，整流模块将交流电源变成直流电源，逆变模块进行 DC/AC 变换，将整流模块和蓄电池提供的直流电源变换成交流电源，经过隔离变压器输出。蓄电池组在交流停电时通过逆变向负载供电。输入电源也可以通过旁路静态开关从旁路回路向负载供电。另外，要求对负载供电不间断而对 UPS 内部进行维修时，可使用维修旁路开关 Q3BP。

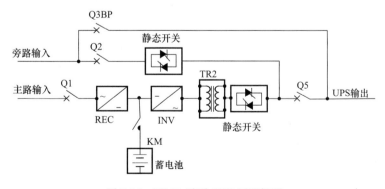

图 7-13　UL33 系列 UPS 原理框图

UL33 系列 UPS 系统主要由整流模块、逆变模块、辅助电源、输入输出配电、监控系统、并机控制、防雷和 EMI 系统、风扇制冷系统、输入输出隔离滤波系统等组成。

其工作模式分为 7 种，分别为：正常工作模式、电池工作模式、旁路工作模式、ECO 工作模式、维修工作模式、智能发电机模式、并机工作模式。

（1）正常工作模式

在主路市电正常时，UPS 一方面通过整流器、逆变器给负载提供高品质交流电源；另一方面通过整流器为电池充电，将能量储存在电池中。原理框图如图 7-14 所示。

（2）电池工作模式

当主路市电异常时，系统自动无间断地切换到电池工作模式，由电池通过逆变器输出交流电向负载供电。市电恢复后系统自动无间断地恢复到正常工作模式。原理框图如图 7-15 所示。

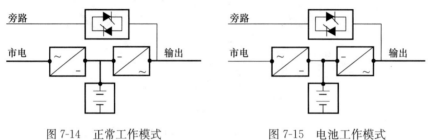

图 7-14　正常工作模式　　　　图 7-15　电池工作模式

（3）旁路工作模式

旁路工作方式有两种，一种能自动恢复到正常工作模式；另一种需人工干预才能回到正常工作模式。

在逆变器过载延时时间到、逆变器受大负载冲击等情况下，系统自动无间断切换到静态旁路电源向负载供电。过载消除后，系统自动恢复正常供电方式。当用户关机，或主路市电异常且电池储能耗尽，或发生严重故障等情况下，逆变器关闭，系统会切换并停留在旁路工作模式。此后若需恢复到正常工作模式，则需要用户重新开机。原理框图如图 7-16 所示。

（4）ECO 工作模式

如果负载对电源的质量要求不是很高，而对系统的效率要求较高时，可通过设置让系统工作在"ECO 工作方式"。这种方式下，旁路电源正常时系统通过静态旁路给负载供电，主路通过整流器给电池充电；当旁路电源断电或超出允许范围时，UPS 会自动将负载切换到由主路或电池逆变器供电。当旁路电源恢复正常后（在允许范围内），系统会自动地切回到旁路供电，从而大大提高了系统的效率。原理框图如图 7-17 所示。

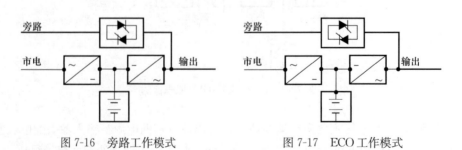

图 7-16　旁路工作模式　　　　图 7-17　ECO 工作模式

（5）维修工作模式

对 UPS 系统及电池进行全面检修或设备故障维修时，可以通过闭合维护开关 Q3BP，将负载转向维修旁路直接供电，以实现对负载不停电维护。维修时需要断开 UPS 内部的主路输入开关 Q1、旁路输入开关 Q2 和电池输入开关 QF1 以及输出开关 Q5，实现 UPS 内部不带电而对负载仍然维持供电的维修工作模式。原理框图如图 7-18 所示。

（6）智能发动机模式

当市电无法供电，柴油发电机组输出功率又不满足负荷需求时，蓄电池会自动辅助供电，实现柴油发电机组与蓄电池联合供电。联合供电时间应当服从电池管理系统的设置。原理框图如图 7-19 所示。

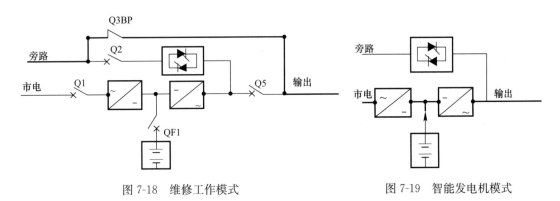

图 7-18　维修工作模式　　　　　图 7-19　智能发电机模式

（7）并机工作模式

多台 UPS（最多 8 台）在冗余并机或扩容并联的工作方式时，各台 UPS 之间自动均分负载，如果其中一台 UPS 出现故障，该台 UPS 自动退出运行，剩余 UPS 均分负载；如果系统过载，则整个 UPS 系统转旁路运行。并机工作又有正常工作模式、电池工作模式、旁路供电模式、维修工作模式和联合供电模式等多种工作模式。

7.7　电源系统设备维修重点

电源系统作为信号系统的唯一供电平台，其状态稳定性决定信号设备工作情况。因此，在电源设备维护过程中必须掌握相关重点操作及注意事项。

1. 季节天气对电源系统的影响

（1）温湿度影响

电源系统为高压带电设备，其自身将交流高压转为稳定的交直流低压。南方天气潮湿闷热，空气水含量较大，一旦处于天气潮湿，会导致内部电路短路或者人员通过潮湿物体直接或者间接碰触电源设备，会导致人员触电或者设备短路的风险。

为防范因上述因素可能导致的安全风险，在设备维护过程中，应注意以下几点：

1）电源设备的维护过程中，必须遵守相关行业的安全规范，严禁违章操作。

2）维修过程中不能容许操作的开关和按钮上，必须挂上禁止操作标识牌。

3）操作时严禁在手腕上佩戴手表、手链、手镯、戒指等易导电物体。

4）操作必须使用绝缘工具，操作时要使用合适的工具。

5）配电操作空间紧凑，任何操作之前要注意选好操作空间。

（2）天气影响

一旦碰到雷雨天气，大气中会产生强电磁场，雷电产生瞬间高压损坏设备。在维护过程中需注意：

1）定期检查防雷设施是否完备。

2）线是否良好，特别是检查接地线是否良好。

2. 人为操作对电源系统的影响

（1）未按照指引操作

人员在对电源系统进行操作过程中，如未按照规定要求开展操作或者维护，可能会导致因维修使用不当造成电缆、电气设备故障短路放弧，或者因操作不当造成负载断电。

为防范因上述因素可能导致的安全风险，在设备维护过程中，应注意以下几点：

1）操作 UPS 前应详细阅读 UPS 的使用说明书，严格按照操作指引操作 UPS。

2）UPS 逆变器在工作状态时，严禁转动手动维修旁路开关，否则将损坏 UPS。

3）当 UPS 在运行中，面板上的故障指示红灯时，表示有故障发生，请检查面板上的报警信息，如是 UPS 故障，请进行检查并做好故障记录。

4）UPS 在工作状态下，不能进行 UPS 内部检修。以防触电。

5）为使电池工作在最佳状态和延长电池的使用寿命，要求每三个月放电一次，方法是将 UPS 上的电源输入开关断开。

6）放电 30min 后结束放电维护，闭合电源输入开关，UPS 自动对电池进行充电，要求此后 10h 市电满足 UPS 的工作条件。

7）为保证电池正常工作和延长电池使用寿命，建议定期进行电池保养与维护。

（2）维护手段不正确

不正确连接电缆或电缆、端子接触不良、电缆绝缘老化与天气潮湿会导致短路，使设备损坏，出现火灾等危险。此外，不正确插拔模块，会使模块后部的插针歪曲、插针松动，引起接触不良或短路；人体静电会损坏板件上的敏感元器件。在维护过程中需要注意以下几点：

1）在连接电缆之前，确认电缆及电缆标签与实际安装是否相符。

2）上电前必须再次检查各端子连接正确且连接良好。

3）维护工作过程中，要使用合适的工具。

4）在进行在线（带电）作业时必须严格检查线缆和接口端子的极性，严禁操作时将电源系统配电正负极短路或将非接地极对地短路。

5）拔板件时，应顺着槽位往外拔，遇到阻力较大时，可上下轻轻晃动往外拔。切不可使劲上下摇。

6）拔线缆时，应用手拉着插头用力拔，切不可拉着线缆拔。

7）插入模块时不要用力过大，遇到阻力不要强行插入，要严格顺着槽位插入模块。

8）为防止人体静电损坏敏感元器件，如大规模集成电路（IC）等。在接触设备，手拿插板、电路板、IC 芯片等前，必须佩戴防静电手腕，并将防静电手腕的另一端良好接地。

9）启动设备时，先打开电网输入主电源，再启动电源屏内各模块，然后把输向设备的开关合上，最后启动其他信号设备；关闭电源的操作顺序与开机相反。

3. 电源系统故障的影响

电源系统故障会导致设备停机，会影响行车安全和效率，所以在日常的维修过程中，应确保对设备本体的状态检查，在维保过程中，须注意以下几点：

（1）加强设备维护质量，并对维护质量进行监控。

（2）行车期间严禁对正在使用中的设备进行需关机作业或其他会影响设备正常运行的检修。

（3）当设备发生故障时，按故障处理或抢修流程，尽快恢复设备供电，以减少对行车的影响。

4. 维修其他重点

为保障设备的正常运行，电源设备维修还需重点关注以下几方面：

（1）电源设备因发热比较大，设备巡视中需密切关注设备房的温湿度情况。

（2）做好设备的清洁工作。

（3）做好设备各状态等的检查及报警信息的检查确认。

（4）电源屏冗余性测试。

（5）各输入输出电气特性测试和试验。

（6）测量单个蓄电池内阻及电压后，要及时安装好蓄电池正负电极盖套，防止人为误碰导致蓄电池放电造成的人身伤害和设备损坏。

7.8 电源系统设备常见故障分析

电源系统常见的故障主要为电源屏故障及 UPS 故障两大类别。

1. 信号电源屏设备常见故障

电源屏设备故障有供电模块故障，电源切换故障，报警回路故障等，这时我们应根据电源的面板或指示灯提示、设备报警信息、设备供电情况结合电源的工作原理和图纸进行测量、分析，进而查出故障原因。

（1）电源系统常见故障案例

故障现象：

设备报警 60VDC 模块供电故障。

故障处理分析：

各设备供电正常，检查电源屏，有一个 60VDC 模块工作指示灯灭。初步判断为此模块故障。

1）60VDC 模块是使用 $N+1$ 备用方式供电。断开故障模块供电输出电缆，测量输出电压，电压为 59.9VDC（属于正常范围），排除此模块供电回路故障。

2）检查此模块检测回路，此模块是使用一组继电器接点向电源屏反馈模块是否工作正常信息。使用电压挡测量此接点，接点有 24VDC 压降，说明此接点已断开。

3）根据上述分析原因，可以判断是 60VDC 模块的工作状态信息反馈回路故障，导致模块工作正常情况下，仍向电源屏输出报警信息。

4）此故障暂不影响行车，在结束运营后，更换该模块。

（2）电源系统常见故障案例

故障现象：

所有设备断电。

故障处理分析：

交流一、二路电源供电正常，所有电源模块工作指示灯灭，UPS电源工作正常。

1）测量UPS输出三相电压正常。

2）电源屏输入空气开关处于闭合状态，但测量空气开关输出端没电，测量空气开关输入端三相电压正常。

3）若此故障中空气开关处于断开状态，此种故障往往是由于短路或接地造成。需切断空气开关输出端，然后合上空气开关测量输出是否正常，如此类推，逐级向下测量，查找故障点。

4）空气开关故障，立即断开UPS输出端开关，更换故障的空气开关。

2. UPS常见故障

UPS常见的故障主要有逆变器停止工作、后备时间缩短等，应根据UPS的面板提示结合UPS的工作原理进行分析，进而查出故障原因。

不间断电源常见故障案例。

故障现象：

Galaxy 3000 UPS停止工作，自动转到自动旁路工作，面板上显示："逆变器停止，冷却液过低"。

故障分析处理：

根据面板提示，结合Galaxy 3000 UPS的工作原理，可知道如果冷却系统的冷却液面过低，冷却系统的液面传感器会断开冷却系统的电源，使冷却系统停止工作，此时UPS为防止IGBT过热，会将负载切换到由空气冷却的旁路静态开关，也就是我们通常所说的自动旁路（或静态旁路）。所以确定有2处可能的故障点及相应的故障排除方法：

（1）冷却系统的冷却液液面低于液面传感器探头，要补充冷却液使冷却液液面高于液面传感器探头。

（2）液面传感器故障，更换液面传感器。

图7-20　电源屏监控报警

3. 故障案例

（1）2016年9月6日四号线石碁站电源屏输入故障

1）总体情况概述

2016年9月6日18：27 ATS报石碁站电源屏故障，石碁站值班人员陆某检查室内信号设备，确认为电源输入故障，电源屏监控报警见图7-20。

19：10经研究分析现场制定了临时恢复供电的措施，并将相应的处理方法报至行调；

19：20经行调同意现场展开处理；

19：35现场处理人员逐步将输入电源断开，并核实相应的电源相序正确后，逐步对各接线展开临时恢复；

19：55恢复设备电源输入，并确定UPS主路供电正常。

经信号人员抢修，临时恢复电源输入供电，暂不影响运营；待晚上收车后进一步处理。

2）故障处理

给点后检查配电箱到电源屏一，二路供电电缆（8根电缆），未发现线耳松动、表皮破损，绝缘保护层良好，检查配电箱至电源屏输入端线缆对地及线间绝缘均大于500MΩ；

拆除临时接电线，恢复白天故障现象，对当天故障进行模拟试验；

通过模拟试验确定为切换驱动板故障导致电源屏Ⅰ、Ⅱ路电源切换无输出、UPS无输入。更换该板块后恢复正常。

检查各交流接触器吸合正常，各接线端子紧固，试验确认Ⅰ、Ⅱ电源切换正常；

检查UPS各项功能无异常。

3）故障分析

正常供电时，市电一、二路同时往电源屏供电，当电压正常时逻辑分析切换电路控制交流接触器KM1，KM3得电吸合（如图7-21），市电送到QT1切换开关后再送UPS输入。

恢复设备到白天故障状态开始测试检查，合上电源屏市电交流Ⅰ路空开，此时正常交流接触器KM1/KM4两个开关应该吸合，但现场只有KM1吸合，KM4未动作未吸合，并测量KM1输出电压正常。

同理再次断开电源屏正面市电交流Ⅰ路空开，合上电源屏市电交流Ⅱ路空开，此时正常交流接触器KM2、KM3两个开关应该吸合，但现场只有KM2吸合，KM3未动作未吸合，并测量KM2输出电压正常。通过实验初步判断为逻辑切换电路部分异常造成交流接触器无法正常吸合。

在切换当中未吸合工作的KM3、KM4同属于交流接触器切换电路控制，控制KM3、KM4吸合与切换的为切换驱动板，拆除该板块，测量该板块的保险确定无异常，为此，对该切换驱动板进行了更换，更换后试验设备恢复供电正常，交流接触器KM1/KM3正常吸合。

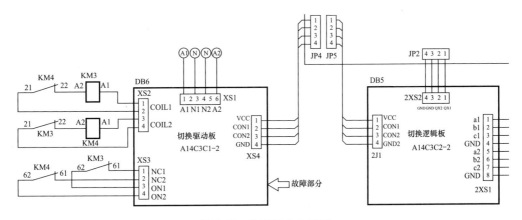

图7-21 故障设备电路图

结论：

经检查确定故障原因为石碁站电源屏电源切换电路中切换驱动板故障，如图7-21所示。故障发生时交流接触器KM3未能正常吸合输出电压，导致UPS无输入电源，设备由UPS的电池组供电。

4）故障定性

电源屏切换电路驱动板故障。

（2）2019 年 8 月 17 日五号线淘金站信号 UPS 冷却系统故障

1）总体情况概述

16：36 CLOW 显示 B 类报警信息：淘金站 UPS 状态故障、PPS-PS taj 电源屏状态故障信息。线上列车运行正常。OCC 组织信号人员到场处理；

16：50 信号人员检查为淘金站电源屏 UPS 报冷却系统故障，已将 UPS 设为旁路状态，并安排人员在现场值守。OCC 组织变电专业人员到场协助保障，通知车站、司机做好应急准备。故障对运营暂未造成影响，图 7-22 为 UPS 监控屏报警。

2）故障处理

检查 UPS 冷却液液面高度正常；

检查冷却系统模块工作正常；

更换液位传感器后设备恢复正常；

对换下的液位传感器进行测试，发现在浮标

图 7-22　UPS 监控屏报警

升起后接通的异常情况（正常浮标浮起，传感器输出断开）；

重启 UPS，设备工作正常，各项告警信息消除。

3）原因分析

由于 UPS 液位感应器故障，正常冷却液液位正常时，液位传感器接点断开，反馈 UPS 液位正常的信息，而故障液位传感器在液位正常时，为 16Ω 的接通状态，导致 UPS 无仍未冷确认不足，触发告警并切换至电子旁路，保护设备。

4）故障定性

冷却系统液位传感器故障。

第8章 维护支持子系统

信号设备维护支持系统用于实时监测轨道交通信号设备状态，发现信号设备隐患，分析信号设备故障原因，辅助故障处理，指导设备维护；主要通过对信号设备（包括电源、道岔、信号机、轨道电路设备等）的相关模拟量、开关量、通信数据进行采集，实现对信号设备状态的实时监测，实现对站场运用状况、信号设备运用情况、作业操作记录的实时监视，实现存储记录和历史记录回放等；通过对采集的信号设备参数和状态进行分析，可生成报警或预警，并进行必要的故障诊断和分析。

8.1 维护支持子系统构成

维护支持子系统设备主要由中心层、车站层、维护工作站层设备构成。

中心层是信号集中监测网络系统的中心，通过专用通道与各个监测车站进行通信，收集各个车站层站机及从中心层接入的其他子系统的信息，对于报警信息，及时给出报警提示。同时可以根据使用者的不同查询准则形成各种的维护维修汇总报表，便于对设备进行统一维护指导。车站层主要负责维护支持子系统所需开关量、模拟量、报警、预警等信息数据的采集、分类、逻辑分析处理、报警输出、数据统计汇总和存储回放等功能，并提供了人性化的人机交互接口，以图形、列表及曲线等方式给维护人员提供维修状态信息，同时接受用户的输入，实现实时、交互式浏览和查询。维护工作站层主要用于维护人员的人机操作，监测、控制和管理其权限范围内站点的站场信息，各类开关量、模拟量和报警信息，测试与维修信息等。

1. 中心层

中心层一般设置在控制中心，设置应用服务器、磁盘阵列以及维护工作站、显示器和打印机等设备，主要用于获取各个车站层站机及从中心层接入的其他子系统的信息，如自动列车控制系统（以下简称 ATC 系统）、自动列车监控系统（以下简称 ATS 系统）、数据通信系统（以下简称 DCS 系统）等，并负责工作站层和站机层信息的转发和交互。服务器一般采用冗余配置，以增加系统的可靠性，主用设备故障时可自动切换至备用设备。维护支持系统数据库管理系统一般使用的是对象—关系型的 Oracle 数据库，负责管理磁盘阵列中的所有数据。

2. 车站层

车站层一般设置在正线设备集中站：设置监测站站机、采集机柜、采集分机（接口分机、综合分机）、各种传感器和隔离转换单元、现场总线控制模块、数据处理单元和接口设备等。车站采集设备采集基础信号设备的模拟量及部分开关量信息，通过标准接口从联锁、智能电源屏、计轴轨道电路等设备获取相关报警信息及开关量状态，同时将采集数据和报警信息通过维护网络传送到控制中心的服务器。

3. 维护工作站层

维护工作站层主要根据用户需求，在设备集中站设备室、值班点等地点设置维护工作站。维护工作站通过人机界面为用户提供丰富的维护支持功能。维护工作站通过通信网络通道连接到服务器，可获取车站监测信息，实现远程联网诊断；通过远程访问，可实现全站场的状态显示、故障诊断、参数超限报警、数据查询及其他必要的信息查询及显示。

8.2　维护支持子系统功能

信号维护支持子系统一般具备监测、报警功能，为辅助系统，不论其工作或故障，都不会影响信号系统的正常工作，所有的采样都设置电气隔离，在不影响被监测设备正常工作的前提下，能对设备进行故障诊断、本地和远程集中监测及报警，向维护人员提供信息。其功能主要包括：

（1）在车辆段、设备集中站对信号设备（如电源、信号机、转辙机、轨道电路、电缆绝缘等）运行的工作状态和主要电气性能指标进行在线监测。当设备的工作状态异常或电气性能指标偏离预定界限时，实时地给出报警及设备状态信息，同时传至控制中心服务器。

（2）收集、显示包括 ATS、ATC、DCS 等子系统设备的状态和报警信息。故障一般可以定位到板件级，除在相应的维护工作站上进行现地显示监测和报警外，报警信息还能传至其他的监测设备，便于查看。

（3）通过对整个信号系统的设备故障报警进行集中监测，便于对报警进行分析处理，实现对在线运行的信号设备的报警管理和维护支持。

（4）具备设备故障报警的统计功能，并能按要求生成所有信号设备报警和各单项设备的统计报表，并且具备下载、打印等功能。

（5）实现对信号设备监测、报警及维护记录信息的集中统一处理（汇总、分类、分级、报告、显示、打印、回放等），并具有自动存储功能。

（6）报警监测设备具有智能化，不仅满足对信号系统设备的监测报警和统计报表的功能，还对信号系统的各设备进行维护信息分析，提供相应的维护支持。

1. 设备状态采集

信号维护监测系统从 ATC、ATS、DCS 等子系统收集维护数据，在各设备集中站、车辆段，站机通过标准接口从联锁系统、智能电源屏、智能灯丝报警仪、计轴系统等获取相关信息。

主要设备状态信息包括如下内容：

（1）ATS 系统：CATS（中心 ATS）状态、LATS（本地 ATS）状态、ATS 工作站状态、数据库服务器状态、ATS 外部接口状态等。

（2）DCS 系统：无线通信系统设备状态、车载调制解调器状态、光/电交换机状态等。

（3）联锁系统：工作站状态、联锁板卡状态、联锁站场信息、按钮状态等。

（4）电源系统：输入电压/电流、各路输出电压/电流、电源设备状态及报警信息等。

（5）计轴系统：区段状态、故障信息等。

（6）ATC 系统：实时监测车载 ATC 系统信标天线/测速仪等外设状态、机柜板卡状态、车载 Modem/交换机状态、风扇单元状态等；实时监测轨旁 ATC 系统电源单元状态、风扇单元状态、计算通道状态、通信单元状态等。

维护工作站在维护操作员的请求下显示控制中心的服务器发送的所有报警。显示的报警不会串接,即已产生的报警不会再产生另一报警。显示的报警由维护服务器根据预定规则和错误事件进行发送,并根据用户需求允许人工干预。

2. 设备参数采集

在各设备集中站、车辆段/停车场设置的设备参数采集系统,可用于采集各站基础信号设备的运行状态,系统应严格遵循铁道部统一的接口规范、通信协议和数据格式。采集的模拟量信息包括外电网综合质量信息,转辙机动作电流、功率信息,道岔表示电压、信号机点灯回路电流,电缆绝缘电阻值,电源对地漏泄电流等。

(1) 外电网综合质量监测

① 监测内容:外电网输入相电压、线电压、电流、频率、相位角、功率。

② 监测点:配电箱闸刀外侧。

③ 监测量程:AC380V 电压:量程范围 0～500V;AC220V 电压:量程范围 0～300V;电流量程范围:0～100A;频率量程范围:0～60Hz;功率量程范围:0～30kW:

④ 监测精度:电压±1%;电流±2%;频率±0.5Hz;相位角±1%;功率±1%。

⑤ 监测方式:周期巡测(周期≤1s);变化测。电流采用开口式电流互感器检测。

⑥ 采样速率:断相、错序、瞬间断电开关量的采样速率为 50ms。电压、电流采样速率为 250ms。

⑦ 报警:输入电压大于额定值的 15% 或小于额定值的 20% 时报警并记录。

输入电压低于额定值的 65%,时间超过 1000ms 时断相/断电报警并记录。

输入电压低于额定值的 65%,时间超过 140ms,但不超过 1000ms 时瞬间断电报警并记录;对于三相(380V)输入电源,相序错误时错序报警并记录。

(2) 交流转辙机监测

① 转辙机类型:交流系列电动转辙机。

② 监测内容:道岔转换过程中转辙机动作电压、电流、动作时间、转换方向、显示转辙机动作功率及电流曲线。

③ 监测点:电压采样在断相保护器输入端;电流采样在断相保护器输出端。

④ 监测量程:动作电流 0～10A(单机):动作时间 0～40s(单机):功率 0～5kW(单机)。

⑤ 测量精度:电流±2%;功率±2%;时间≤0.1s。

⑥ 采样速率:40ms。

(3) 直流转辙机监测

① 监测内容:道岔转换过程中转辙机动作电流、故障电流、动作时间、转换方向。

② 监测点:动作回线。

③ 监测量程:电流:0～10A(单机);动作时间:0～40s(单机)。

④ 测量精度:电流±3%;时间≤0.1s。

⑤ 采样速率:40ms。

(4) 道岔表示电压监测

① 监测内容:道岔表示交、直流电压。

② 监测点：分线盘道岔表示线。

③ 监测量程：DC：0～100V，AC：0～200V。

④ 监测精度：±1%。

⑤ 测量方式：站机周期巡测（周期≤2s）；变化测。

⑥ 采样速率：500ms。

（5）电缆绝缘监测

① 电缆类型：各种信号电缆回线（对耐压低于500V的设备不建议纳入测试范围）。

② 监测内容：电缆芯线对地绝缘（电源屏电压线缆不建议纳入测试范围）；

③ 监测点：分线盘或电缆测试盘处。

④ 监测量程：0～20MΩ，超出量程值时显示">20MΩ"。

⑤ 测量精度：±10%。

⑥ 测试方式：天气状况良好时拔出防雷或断开防雷地线后启动自动测量；或人工命令多路测试。

（6）电源对地漏泄电流监测

① 监测类型：电源屏各种输出电源。

② 监测内容：输出电源对地漏泄电流。

③ 监测点：电源屏输出端。

④ 监测量程：AC 0～300mA，DC 0～10mA。

⑤ 测量精度：±10%。

⑥ 测试方式：人工启动，通过1kΩ（DC）/50Ω（AC）电阻测试电源对地漏泄电流值；人工命令多路测试。

（7）信号机点灯回路电流的监测

① 监测内容：列车信号机的灯丝继电器工作电流。

② 监测点：信号点灯电路始端。

③ 监测量程：0～300mA。

④ 监测精度：±2%。

⑤ 测试方式：站机周期巡测（周期≤2s）；变化测。

⑥ 采样速率：500ms。

（8）道岔表示缺口监测

① 监测内容：交流系列转辙机表示缺口。

② 监测方式：拍照方式显示。道岔无动作过程时，每半小时拍照一次；道岔转换时，转辙机锁闭时拍照一次。

③ 缺口监测功能：实时缺口图像动态抓拍，过车视频记录及回放，实时缺口状态视频查看。

④ 表示缺口识别精度：0.1mm。

3. 设备状态实时监测与回放

（1）站场图显示及回放

在设备集中站、车辆段和停车场的维护站机及各维护工作站上都具备站场图形显示及回放功能。既可动态跟踪当前的站场信息，也可查看历史记录，具体如下：调阅车站联锁系统按钮状态、控制台表示状态、关键继电器状态等开关量及模拟量的实时信息显示；记录并回放车站联锁系统按钮状态、控制台表示状态、关键继电器状态等开关量及模拟量的历史信息显示。

（2）设备状态图形化显示及回放

在各维护工作站上都具备设备状态图形化显示及回放功能。具体如下：可以在线路图上，查阅全线路各站的设备故障情况；可以在逻辑状态图中，查阅各子系统的设备故障情况；车站图形化连接图显示车站所有设备工作状态，当某个系统设备出现故障时对应的系统图标变为红色显示，点击可进入详细设备图形化界面；可以逐级细化，显示设备状态，可以精确到板卡级。

4. 数据曲线分析功能

维护支持系统提供丰富的曲线功能，例如道岔动作的电流曲线、功率曲线，信号机综合信息月曲线，电源屏信息日曲线，轨道综合信息日曲线等。

（1）可以进行时间设置，方便进行曲线查询。

（2）可以进行设备月、日、实时曲线查询。

（3）可以对曲线进行保存或者打印。

5. 报警管理和显示

维护工作站在维护操作员的请求下显示中央服务器的所有报警，这些报警可根据操作员需求定制并过滤。报警信息可由人工确认并生成维护工单，报警的生成不影响列车运行和被监测设备的正常工作。

（1）报警级别

维护支持子系统根据设备故障性质一般产生三类报警和预警：

一级报警：涉及行车安全的信息报警；采用声光报警，须经人工确认后才能停止报警，并通过网络上传到各级终端。

二级报警：影响行车和设备正常工作的信息报警；采用声光报警，报警后延时适当时间自动停报或经人工确认后停止报警，并通过网络上传到各级终端。

三级报警：一般不影响行车和设备的正常工作，非重要设备的报警，电气特性超限或其他报警；采用红色显示报警信息，可通过网络上传到各级终端，一般在监测报警工作站和相应的维护工作站上显示和报警。

预警：根据设备电气特性变化趋势，设备状态及运用趋势等进行逻辑判断并预警；采用蓝色显示预警信息；预警可通过网络上传到各级终端，一般在监测报警工作站和相应的维护工作站上显示和报警。

（2）报警生成

报警可以通过信号维护支持系统监测过程中的设备状态变化自动生成。

（3）报警显示

维护工作站在维护操作员的请求下显示信号维护监测系统服务器的所有报警，这些报警可根据操作员需求进行定制并过滤。

根据子系统和设备的定义，信号维护支持系统必须定义错误码和错误描述的配置文件，系统初始化时加载该配置文件。

信号设备的告警与线路图结合，即当某车站或控制中心的信号设备出现故障时，将在线路图相关位置进行提示,例如闪烁、语音等方式,来提醒维护人员。

对于相同设备、相同告警类型、并有效且未处理的告警,将会自动合并为一个告警。

8.3　维护支持子系统原理

维护支持子系统主要实现设备状态采集和设备参数采集。设备状态采集主要通过轮询方式收集各子系统设备状态信息;设备参数采集主要依靠监测设备采集设备模拟量、开关量等参数信息。

1. 设备状态采集原理

在控制中心,信号维护监测系统使用标准协议从 ATS、ATC、DCS 等信号子系统收集维护数据,并设定一定的轮询周期。各信号子系统具有内置的状态监测能力及更新其状态报告的功能。当没有检出故障时,只有在维护支持系统请求下才会发送状态信息,维护支持系统会周期性地发出请求,此后设备将一定时间内发回状态信息;当设备检出故障,必须更新状态信息并在故障后一定时间内发送至维护支持系统。

在各设备集中站、车辆段,站机通过标准接口采集联锁、电源屏、信号机、轨道电路系统的维护数据。

2. 设备参数采集原理

(1) 外电网综合质量监测原理

外电网质量采集分电压和电流两部分,电压采集点在外电网输入空开的外侧,电流采集可使用电流传感器夹在输入开关的输入线或输出线上采集。

(2) 电缆对地绝缘监测原理

被测的电缆芯线通过继电器接点选路网络接到电子绝缘表,电子绝缘表发出的 500V 或以上直流高压加到需要测试的电缆芯线上,将电缆芯线全程对地绝缘电阻 R_x 接入测试回路,电子表内的采样电阻与 R_x 串联,通过计算采样电阻上电压的大小从而得出电缆全程对地绝缘的阻值。绝缘测试需严格按照维规规定周期进行测试,一般采用人工启动方式。对耐压低于 500V 的设备、电话回线和电源屏各种输出电源等不纳入测试。

(3) 电源对地漏流监测原理

测试电源屏隔离输出的电源电缆,其中电源屏输入为非隔离电源,不测漏流。电源屏输出电源有交、直流之分,为了提高测试精度,可加装两个继电器,对于不同的电源切换到不同的电路。将取样电压信号量化转换成标准模拟电平,经综合采集机模拟量输入单元送至处理器进行 A/D 转换和数据处理。

电源屏输出电源对地漏流的测试电路与电缆绝缘测试可共用一套测试继电器组合,只需在电缆绝缘测试继电器组合中增加两个漏流测试继电器,并设定测试电缆绝缘和测试电源漏流的区分条件,测试电路中串入保护电阻和保护熔断器。

(4) 道岔状态监测原理

开关量采集器内部为一个感应线圈,通过感应与道岔控制电路继电器接点构成的回路的闭合状态,判断继电器的吸起落下情况。

(5) 直流转辙机动作电流监测原理

直流转辙机电流传感器采用可开口式穿芯传感器采集电缆电流,与道岔动作电流回路隔离。

（6）交流转辙机监测原理

功率电流采集器设置在组合架附近，一个采集器采集一组转辙机的三相电压、电流、启动继电器状态。电压的采集点 U_a，U_b，U_c 平时在不扳动道岔时不直接与外线相接，经由道岔启动继电器接点断开外线，只有在道岔扳动时，该采集点与外线接通。

电流采集：在道岔转辙机动作回路，电流具体采样位置一般为表示继电器输出与启动继电器之间，采用互感器方式，穿芯后采集电流。当启动继电器动作时，会产生开关量状态的变化，此时传感器采集电机动作时的电压值和电流值，在传感器内部进行隔离转换，并计算出有功功率，并顺次记录下来，等待一条完整动作结束，以总线通信方式将电压、电流实时值以及有功功率曲线以及定/反位状态送往站机进行处理。站机曲线显示总功率和电流，同时实时显示电压、功率等信息。

道岔表示电压采集一般将采集线（一般为四根线，定、反位表示电压各两根采集线）引入道岔表示零散定型组合侧面，经继电器底座后进入继电器内部，经过隔离防范后进入采集器，经过隔离转换后，采用现场总线方式通过光隔后进入接口通信分机（主要作用是将采集器传送的信息处理后送至维护监测站机）。

（7）道岔表示缺口监测

道岔缺口采集设备从室内到室外，由缺口采集主机、通信转换器，缺口采集器（不同转辙机，采集模块结构不同）等组成。对于 ZYJ 系列转辙机可选择增加油位传感器、油压传感器等。典型道岔缺口监测系统结构图如图 8-1 所示。

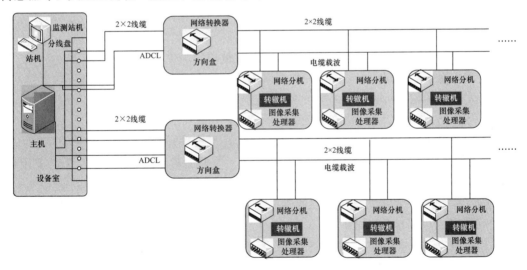

图 8-1　道岔缺口监测系统机构图

注：图示转辙机表示道岔转辙机室外机内示意图（缺口图像采集器安装在转辙机内）。

室外道岔缺口采集器安装于转辙机内，使用拍照方式显示道岔缺口状态。室外每台转辙机上安装的采集器使用电力线载波将采集到的图片信息传输到室外的通信转换器处，通信转换器一般设置于道岔电缆盒处，每台通信转换器可连接一定数量缺口采集器，将采集信息传回室内，与接入器（主机）连接。集中站设备室内分线盘至道岔电缆盒，电缆盒至各道岔分线盒之间需为道岔缺口采集设备预留备用芯线，用于室外设备的电源供电和通信连接。另外，如果需要采集转辙机内或岔区视频，室内外应使用光纤传输数据，采用以太网协议。接入器与道岔监测站机（工控机）之间一般采用 TCP/IP 数据通信方式，工控机上的监测软件自动接收、保存这些图像数据，识别、分析并记录每个转辙机即时的表示缺口间隙值，当间隙值大于预设间隙值时自动给出报警信息；监测软件还可提供对每台转辙机表示缺口各时间段的间隙值进行列表、统计分析、图片查询、图示缺口间隙变化曲线等功能，供维护人员参考。

（8）信号机点灯回路监测原理

站内及区间信号机电流采集信号点灯电路始端电流，通过电流传感器穿芯采集。出于信号集中监测功能不影响联锁电路的考虑，采用电流传感器测试点灯回路电流，将点灯去线穿过电流传感器，经电磁感应在传感器输出两端产生感应电压，采集单元与电流传感器在采集组合上间隔安装，采集单元通过测试其感应电压的大小，得出回路中的电流值。通过直接采集熔丝报警器点灯直流电（一般为 24V），实现熔丝断丝监测。

8.4 维护支持子系统主要技术指标及设计要求

维护支持子系统作为信号系统设备的重要监测系统，需满足一定的性能要求，具备可靠性、可用性、可维护性以及安全性。

1. 主要性能

（1）系统容量需能允许一定数量的维护工作站同时与系统相连，满足信号系统的需要。

（2）服务器需采用双机冗余热备的模式，具备切换功能。

（3）系统时钟与 ATS 系统时钟保持同步。

（4）服务器存储系统主要的历史数据，一般最低期限为 1 个月。

（5）系统服务器的初始化时间，一般最多不超过 10min。

（6）工作站的初始化时间：一般最多不超过 5min。

（7）当发出告警时，系统需在出现故障后即时警告维护人员。

（8）设备需要进行预防性维护时，从监测到预防性维护开始即时警告维护人员。

（9）硬件需考虑远期站场规模配置，控制、表示及监测对象需超过一倍以上的备用量，机柜也需预留一定数量的模块插接位置和设备插接位置，以满足远期站场规模的变化。

（10）预留延伸线的接入条件，以便延伸线工程实施不影响既有工程系统的正常使用。

2. 可靠性、可用性和可维护性

（1）在安装新的软件版本或软件补丁或重新安装软件旧版本时，系统的不可用状态一般不超过 30min，同时储存在数据库内的数据不会丢失。

（2）在进行系统软件故障恢复时，系统的不可用状态一般不超过 30min，同时储存在数据库内的数据不会丢失。

（3）冗余服务器一般在 5min 内完全可用。

（4）系统设备的平均无故障时间 MTBF≥10000h，引用《铁路信号集中监测系统技术条件》（运基信号【2010】709 号）。

3. 安全性

（1）信号维护支持系统不影响被监测设备的正常工作。在对联锁设备采集时，采用 PT 隔离（电压互感隔离）等互感器隔离技术，在维护监测设备故障时不会影响联锁系统的功能，不会破坏联锁系统的安全性能，另外，监测系统供电电源应与被监测对象电源可靠隔离。

（2）应采用适当的安全技术建立保密安全屏障和管理措施，逐步形成完整体系，确保监测系统网络和信息的安全。各层级设备需综合采用 IP 地址过滤、防火墙和入侵检测等技术。

（3）在各个计算机节点上须安装病毒查杀软件，对系统中的计算机进行实时的病毒检测和清除。后期的病毒升级和维护工作定期完成。

（4）应实施信息资源的分级、分类管理，保证信息和数据的完整性、可靠性和不可更改性。

（5）应采用用户身份认证等机制保证连接用户身份的合法性，并对重要信息进行跟踪和加/解密管理。

（6）调试设备接入维护支持系统网络时，应使用为调试分配的专用 IP 地址，并经过防病毒服务器杀毒软件检查。

（7）信号维护支持系统相关设备应满足城市轨道交通信号设备防雷及电磁兼容防护的相关规定。

8.5　维护支持子系统接口

信号维护支持子系统的接口主要包括：与 ATS 子系统接口、与 ATC 子系统接口、与数据通信系统接口、与联锁子系统接口、与电源子系统接口、与轨道电路子系统接口及其他接口等。其接口示意图如图 8-2 所示。

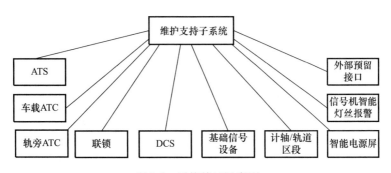

图 8-2　系统接口示意图

1. 与 ATS 子系统接口
通过 SNMP（简单网络管理协议）接口接收 ATS 维护工作站传送的 ATS 设备信息。
2. 与 ATC 子系统接口
在控制中心通过 SNMP（简单网络管理协议）协议接收 ATC 设备信息。
3. 与数据通信系统接口
在控制中心通过信号系统双网的 SNMP 接口通过网管子系统接收 DCS 设备信息。
4. 与联锁子系统接口
站机与联锁系统工作站机通过串口连接，获取计算机联锁系统的维护开关量信息、报警信息、系统维护信息等，并把设备维护信息通过维护网络传送给控制中心的服务器。

5. 与电源子系统接口

在车站通过标准接口的方式将集中站和非集中站的电源屏统一接入集中站维护支持系统站机；维护支持系统站机对接收的信息进行记录和储存，同时将信息传送至控制中心应用服务器，维护工作站从维护支持系统服务器调阅电源屏信息。

6. 与轨道电路子系统接口

在各设备集中站、停车场车辆段维护支持系统站机一般通过 RS-485 或 RS-422 串口接口方式与轨道电路维护系统通信，从而获取相关报警信息。

7. 其他接口

可根据需求增加设置，例如智能灯丝报警仪采集灯丝断丝报警信息，并定位到每个灯位。集中站和车辆段停车场的维护支持系统站机通过总线或串口接口方式与智能灯丝报警仪接口，记录并显示各信号机灯位的断丝报警。

8.6 典型维护支持子系统组成结构介绍

典型维护支持子系统，如 URBLIS 信号设备维护支持系统（MSS），用于实时监测轨道交通信号设备状态，实现对 URBALIS 各子系统（ATS、ATC、CI、DCS 等）的设备状态进行实时监测，实现对基础信号设备（包括电源设备、道岔、信号机、计轴）的相关模拟量及开关量进行采集，实现对站场运用状况、信号设备运用情况、作业操作记录的实时监视，存储记录和历史回放，实现对采集的信号设备参数和状态进行分析，生成报警或预警，并进行必要的故障诊断和分析。URBLIS 信号设备维护支持系统采用三层系统架构：中心服务层、站机层、维护工作站层。

1. 中心层

在控制中心设置信号维护支持系统服务器、磁盘阵列、维护工作站及打印机等设备。服务器采用冗余配置，主用设备故障时可自动无扰切换至备用设备。主要具备如下功能：获取从中心层接入的其他子系统的信息，中心层接入子系统包括 ATC、ATS、DCS 等；负责工作站层和站机层信息的转发和交互。中央两台服务器共用一套磁盘阵列，所有维护支持系统的数据都储存在该磁盘阵列中。MSS 系统支持服务器冗余，当服务器 1 出现故障时，服务器 2 能够取回磁盘阵列中的相关数据，接替服务器 1 的工作。服务器连接示意图如下图 8-3 所示。维护支持系统使用 Oracle 数据库管理系统，负责管理磁盘阵列中的所有数据。

2. 车站层

在正线设备集中站、车辆段各设置一套 MSS 采集设备，包括站机、采集机柜、采集分机（接口分机、综合分机）、各种传感器和隔离转换单元、现场总线控制模块、数据处理单元和接口设备等。车站采集设备采集基础信号设备的模拟量及部分开关量信息，通过标准接口从联锁、智能电源屏、计轴、智能灯丝报警仪获取相关报警信息及开关量状态，同时将采集数据和报警信息通过维护网络传送到控制中心的服务器。车站采集设备结构图如图 8-4 所示。

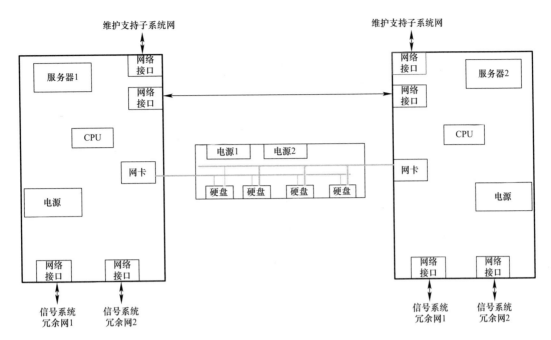

图 8-3　服务器连接示意图

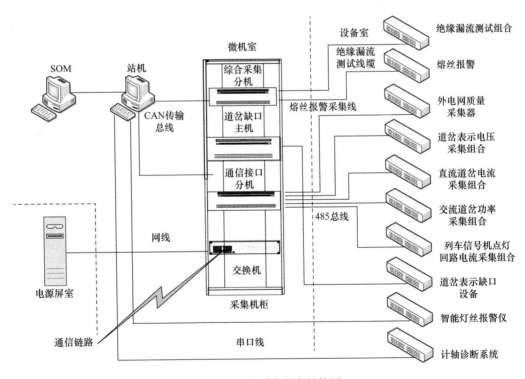

图 8-4　车站采集设备结构图

3. 维护工作站层

OCC 信号设备室设置维护工作站。维护工作站通过人机界面为用户提供丰富的维护支持功能。维护工作站通过通信网络通道连接到服务器，可获取车站监测信息，实现远程联网诊断，通过远程访问，可实现：全站场的状态显示、故障诊断、故障及模拟量超限报警及其他必要的信息查询及显示。

8.7　维护支持子系统的维修重点

维护支持子系统作为具有监测、报警功能的辅助系统，必须具有良好的电气隔离，不影响被监测设备正常工作，同时能对设备进行故障诊断、本地和远程集中监测及报警，向维护人员提供维护相关信息。其包含的设备主要有中央服务器、站机、维护工作站、各接口采集装置、传输网络等。

维护支持子系统维修重点如下。

1. 中央服务器、站机维修重点

（1）设备运行状态检查：目测检查设备外观良好、稳固，各指示灯完整无损，显示正确。

（2）卫生清洁：设备表面干净清洁、无积尘、无污点、无水迹、所处环境温湿度正常。

（3）部件运行检查：服务器风扇安装牢固、运转良好，风量正常以起到散热作用；设备运行无过大噪声及过热情况，无异味；供电开关及保护电器安装牢固，容量符合标准，接触良好；服务器等主机固定良好，无松动，无异味；系统相关线缆无破损，引入与引出端子编号和标签清晰；各插接件紧固无松动、无接触不良、无破损情况。

（4）各机柜板卡、模块运行良好，指示灯显示正常；各服务器主机硬盘容量无超限，CPU 运转正常。

2. 维护工作站维修重点

（1）设备运行状态检查：各工作站监测软件运行正常，查阅菜单功能项运行正常，所监测的数据与现场设备实际状态一致；手动试验鼠标的移动及键盘各键的使用正常，操作良好灵活。

（2）卫生清洁：设备表面干净清洁、无积尘、无污点、无水迹、所处环境温湿度正常。

（3）部件运行检查：主机风扇应安装牢固、运转良好，风量正常以起到散热作用；设备运行无过大噪声及过热，无异味；相关接线无伤痕、破损；各插接件紧固无松动、无接触不良、无破损情况。

（4）人机界面显示检查：显示图像清晰、色彩鲜艳、明暗度对比度适中；各指示灯显示正常；显示屏亮度、颜色等调整功能正常。

3. 接口采集装置、传输网络维修重点

（1）网络通信情况检查：主机、各采集分机与外部系统连接的网线紧固无松动、无接触不良、无破损情况；网络通信指示灯显示无异常，通信良好。

（2）接口采集装置检查：采集装置安装无异常，与所监测设备电气隔离良好，相关采集接线、插接件紧固无松动、无接触不良、无破损情况；引入与引出端子编号和标签清晰。

8.8　维护支持子系统的常见故障分析

维护支持子系统设备常见故障案例如下：

1. 维护支持子系统设备常见故障案例：中央服务器、站机死机

（1）故障现象

中央服务器、站机死机。

（2）故障分析处理

检查服务器、站机供电电源是否正常；供电正常情况下对服务器、站机机柜主机进行重启。

2. 维护支持子系统设备常见故障案例：系统板卡、模块故障

（1）故障现象

服务器、站机机柜板卡、模块故障。

（2）故障分析处理

检查服务器、站机故障诊断灯位显示，根据灯位指示排查故障模块，进行更换；更换完重启设备。

3. 维护支持子系统设备常见故障案例：维护工作站死机

（1）故障现象

维护工作站死机。

（2）故障分析处理

检查工作站供电电源是否正常；供电正常情况下对工作站进行重启；若重启无法恢复，更换工作站主机，并注意检查配置。

4. 维护支持子系统设备常见故障案例：工作站软件故障

（1）故障现象

维护工作站软件无法正常工作。

（2）故障分析处理

对工作站进行重启；若重启后软件仍无法恢复，则进行软件卸载、重装，并注意检查配置。

5. 维护支持子系统设备常见故障案例：监测状态信息与实际状态不一致

（1）故障现象

监测采集的设备状态信息与设备实际状态不一致。

（2）故障分析处理

1）检查监测/采集软件配置是否正确，运行是否良好；

2）检查网络通信状态指示灯显示有无异常，网络通信是否良好；

3）检查现场信息采集装置是否良好；相关接线、插接件是否连接正确，是否有松动、接触不良、破损情况；

4）根据排查情况，采取修改软件配置、紧固接线/插接件、更换采集装置相关部件等方式处理。

第9章 关键外设

城市轨道交通信号系统较为关键通用设备主要包括道岔转换与锁闭设备、信号机、轨道电路（计轴）、应答器等设备。这些信号设备是构成城市轨道交通信号系统基础，其安全性、可靠性和可用性关系行车安全、运营效率和维修成本。将来信号设备将做到标准统一、制式统一、接口统一，最终城市轨道交通各线路之间或者与国铁之间实现互联互通。

9.1 道岔转换与锁闭设备

道岔是担负着改变列车走行径路的重要基础设备，因此对道岔的动作和密贴要求绝对正确可靠，才能确保行车安全。道岔转换与锁闭设备是道岔控制系统中的执行机构，它的基本任务是转换道岔、锁闭道岔和反映道岔的位置和状态，对其性能和质量必须给予极大的重视。目前，全国各地城市轨道交通正线道岔通常采用 9 号或 12 号道岔，车辆段或停车场因列车运行速度较低，道岔一般采用 5 号或 7 号道岔。与其相配套的转辙机主要有 ZD6 型电动转辙机、S700K 型电动转辙机、ZYJ7 型电液转辙机和 ZD（J）9 型电动转辙机。

1. 道岔转换与锁闭设备概述

（1）道岔转换与锁闭设备作用

道岔转换与锁闭设备主要包括转辙机、安装装置（如长短角钢、角形铁、安装托板等）、机外动作杆、锁闭杆和表示杆件等组成。转辙装置应具有足够大的牵引力以带动道岔的尖轨作往复运动，并能保持尖轨与基本轨密贴时有足够的密贴力。牵引力和密贴力的大小与尖轨的重量、弹性、滑床板的平滑程度、尖轨根部与基本轨的连接方式（硬连接和松连接）以及工作的气候条件（温湿、冰雪和风沙等）息息有关。

转辙机的动作分成 5 个全过程：一是切断原表示；二是尖轨解锁过程；三是转换过程；四是尖轨锁闭过程；五是接通新表示。

（2）转辙机基本分类

1）按动作能源分类，分为电动转辙机、电动液压转辙机和电空转辙机。

2）按工作电源分类，分为直流转辙机和交流转辙机。

3）按道岔锁闭的方式，分为内锁闭转辙机和外锁闭转辙机。

4）按是否可挤，分为可挤型转辙机和不可挤型转辙机。

（3）城市轨道交通道岔转换与锁闭设备特点

在普铁或高铁线路上，所有的渡线上的道岔均采用了双动控制模式，这两组道岔的动作将逐一先后动作，也就是说，先动其中一组道岔，只有当先动的道岔转换到位后，另一组道岔才能动作。同时，表示电路也检查两组道岔的位置，只有两边的道岔均在定位或者均在反位时，才给出该两组道岔表示，这样的设计方式动作时间将加长，是两倍于 1 组道岔的动作时间。

　　在城市轨道交通系统中，要求行车间隔短，要求每 1～2min 到站 1 列车，故信号系统的动作时间及响应时间应尽量减少，同时为了避免因一组道岔故障造成上、下行线同时影响运营或同时采用其他降级模式，减少故障影响区域，提高系统的可用性，所以在城市轨道交通系统正线区域的道岔基本采用了单动控制模式，减少了道岔转换时间，有效提高了线路的通过能力。

　　在城市轨道交通，对道岔位置称呼或描述未采用国铁传统的定位和反位，通常叫作开通左位和开通右位，其具体分辨方法为：人站立岔尖前方，面对岔心，道岔开通左边方向即称之为左位，道岔开通右边方向称之为右位。道岔的编号也在国铁的号码前加上"W"、"P"或"L"，如：W1208 或 L28。对于道岔无表示故障的描述通常叫作"某某道岔红闪"或"某某道岔干扰"等。

　　2. 道岔转换与锁闭设备结构及工作原理

　　（1）ZD6 型电动转辙机结构及工作原理

　　1）ZD6 型电动转辙机的结构

ZD6 型电动转辙机由直流电动机、减速器、自动开闭器、动作杆、表示杆、移位接触器、主轴、齿条块、锁闭齿轮、底壳及机盖等部分组成。其结构图如图 9-1 所示。

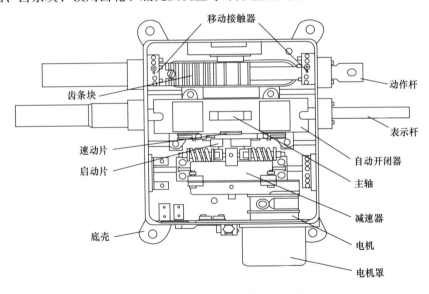

图 9-1　ZD6 型电动转辙机结构图

　　2）ZD6 型电动转辙机的工作原理

　　室内控制流程：

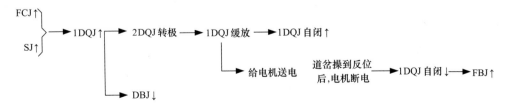

注：【DCJ（定操继电器）、FCJ（反操继电器）、SJ（锁闭继电器）、1DQJ（一启动继电器）、1DQJF（一启动复示继电器）、2DQJ（二启动继电器）、DBJ（定表继电器）、FBJ（反表继电器）、TJ（时间继电器）、BHJ（保护继电器）、DBQ（断相保护器）】

现在以定位向反位转动为例，说明ZD6型电动转辙机的工作原理。

解锁过程：当直流电动机通电反时针方向转动后，带动减速器。输出轴按反时针方向旋转，并使起动片带动主轴及锁闭齿轮向反时针方向转动。此时，首先是锁闭齿轮的锁闭圆弧面在齿条块的削尖齿上滑退，自动开闭器断开接点，切断表示电路；这时锁闭齿轮上的起动小齿从削尖齿旁经过，当主轴旋转32.9°（相当于手摇把手摇3.7周），锁闭圆输弧面全部由削尖齿上滑开，起动小齿与齿条块上槽的右侧接触，这就完成解锁过程。

转换过程：从起动小齿拨动齿条起，锁闭轮转动291.1°（相当于手摇把手摇33.2周）齿条块及动作杆向右移动156±2mm（动程），使道岔尖轨转到反位，开启尖轨与另一根基本轨密贴，这就完成转换过程。

锁闭过程：在转换过程完毕后仍需锁闭齿再继续转动到324°（相当于手摇把手摇36.9周），锁闭轮的起动小齿在削尖齿旁边经过，锁闭齿轮上的锁闭圆弧面与齿条块削尖齿弧面重合，右侧速动爪快速落入速动片缺口中，使自动开闭器动接点组快速断开电机动作电路并接通反位表示接点，表示道岔锁闭在新的位置。这就完成锁闭过程。如果表示杆检查块的缺口位置偏移，检查柱落不到缺口内只能落到表示杆检查块的平面上，则表示电路不能接通。

当尖轨与基本轨有障碍物，动作杆受阻不能锁闭时，电机动作电路不切断，迫使电动机带动摩擦带联结器空转，防止转辙机各部件损伤。直到人为采取措施，将道岔往回转动。

当挤岔时，车轮将尖轨移动，通过密贴调整杆传到动作杆；由于动作杆和齿条块是由挤切削联结的，齿条块被锁闭齿轮锁住不能动作，因此挤岔力超过挤切削的挤切力后就将挤切削挤断，移位接触器接点断开，切断表示电路。与此同时，表示连接杆也受力再传动转辙机的表示杆，表示杆斜面推动检查柱向上运动，检查块移动压缩弹簧，在移动8mm时表示接点被切断，给出挤岔表示。

（2）S700K型电动转辙机结构及工作原理

1）S700K型电动转辙机的结构

S700K电动转辙机由检测杆、导向套筒、导向法兰、遮断开关、地脚螺栓孔、开关锁、锁闭块及锁舌、接地螺栓、速动开关组、电缆密封装置、表示标、底壳、动作杆套筒、止挡片、保持连接器、接插件插座、滚珠丝杠、电动机、摩擦连接器、摇把齿轮、连杆及动作杆等部件组成。如图9-2所示。

2）S700K电动转辙机工作原理

三相交流电源通电后，电动机转动，通过由电机齿轮、中间齿轮和摩擦连接器上的大齿轮传递到滚珠丝杠驱动装置上，该装置通过限制丝母的旋转将电动机的旋转运动转换为直线运动。转辙机转换力可通过调整摩擦连接器来限定。操纵板在丝母的作用下，推动锁闭块克服弹簧的弹力回退，从而使表示接点转换，切断表示电路；锁闭块进一步回退，实现转辙机的解锁。丝母继续通过推动保持联结器来带动动作杆运动，实现转辙机的转换。当动作杆运动至另一终端位置时，动作杆最大转换为220mm，外锁闭装置（道岔尖轨）

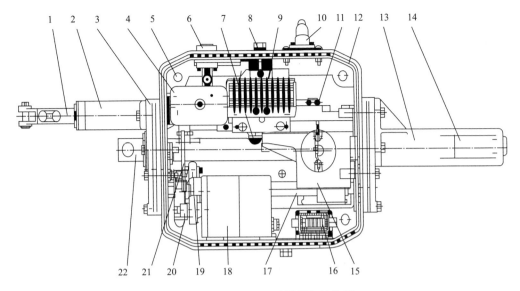

图 9-2　S700K 型电动转辙机结构图

1—检测杆；2—导向套筒；3—导向法兰；4—遮断开关；5—地脚螺栓孔；6—开关锁；7—锁闭块及锁舌；
8—接地螺栓；9—速动开关组；10—电缆密封装置；11—指示标；12—底壳；13—动作杆罩筒；
14—止挡片；15—保持连接器；16—接插件插座；17—滚珠丝杠；18—电动机；
19—摩擦连接器；20—摇把齿轮；21—连杆；22—动作杆

最大转换为 160mm，另一侧的锁闭块在弹簧的作用下探出，将保持联结器锁闭，并使得另一侧的接点转换，切断电动机电源并接通新的表示电路，完成转辙机的锁闭。S700K 电动转辙机的动作时间一般为 6.6s。

S700K 电动转辙机的挤岔过程，凹槽式的保持联结器使转辙机能承受挤岔。与道岔相连的动作杆由保持联结器以一定的力牢靠地固定住，当作用在道岔上的力超过挤岔阻力时动作杆松脱。动作杆侧面的凹槽会使锁闭块后退而转换接点。由于接点被强制转换，在室内可给出故障及挤岔显示。

（3）ZYJ7 型电动液压转辙机结构及工作原理

1）ZYJ7 型电动液压转辙机的结构

ZYJ7 型电动液压转辙机一般由 ZYJ7 型电液转辙机（亦称主机，用于第一牵引点）和 SH6 型转换锁闭器（亦称副机，用于第二、第三等牵引点）组成，主机与副机共用一套动力系统，两者之间靠橡胶油管连接传输动力。ZYJ7 型电液转辙机（主机）主要由锁闭杆组、惯性轮、电机、注油孔、溢流阀、油泵、油标、接点组、保护管、一动调节阀、油缸组、锁块、锁闭铁、二动接头、锁闭柱、空动缸组、动作板、滚轮、遮断器、动作杆组等组成，如图 9-3 所示。SH6 转换锁闭器（副机）主要由保护管、二动调节阀、油缸组、底壳、锁块、锁闭铁、胶管总成、挤脱接点组、检查柱、动作板、滚轮、表示杆组、动作杆组等部件组成，如图 9-4 所示。

ZYJ7 型电液转辙机主要由动力机构、转换锁闭机构、表示锁闭机构等组成。动力机构的作用是将电能变为液压能，主要由电机、联轴器、油泵、油管、单向阀、滤芯、溢流阀及油箱等组成。转换锁闭机构的作用是转换锁闭尖轨在密贴位置，该机构锁闭尖轨后能承受 100kN 的轴向锁闭力，它由油缸、推板、动作杆、锁块、销轴、加强板及锁闭铁等零部件组成。表示锁闭机构的作用是正确反映尖轨状态并锁闭尖轨在终端位置，该机构锁闭尖轨后能承受 30kN 的轴向锁闭力。它由接点组、锁（表示杆）闭杆等零部件组成。SH6 转换锁闭器（副机）结构主要由转换锁闭机构、挤脱表示机构等组成。挤脱表示机构的作用是正确反映尖轨状态，并具有挤岔断表示功能，它由挤脱接点组、表示杆组等零部件组成。出厂时动作杆轴向挤脱力调至 27.4～30.4kN 之间。

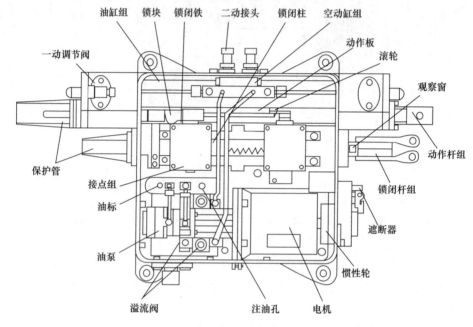

图 9-3　ZYJ7 型电液转辙机（主机）结构图

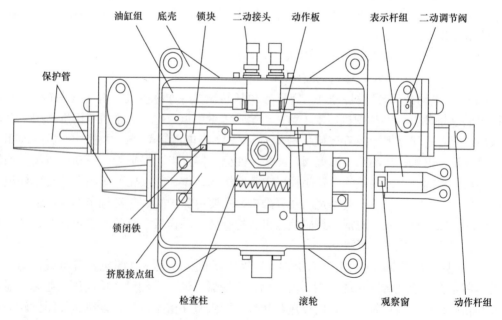

图 9-4　SH6 转换锁闭器结构图

2）ZYJ7 型电动液压转辙机工作原理

室内控制流程：

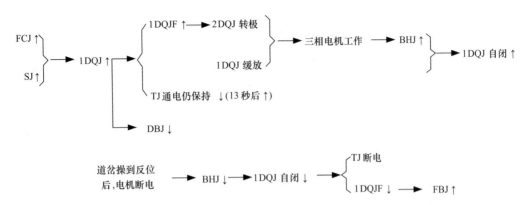

定位操反位时道岔相关继电器动作顺序

当三相电机带油泵逆时针旋转时，油泵从油缸右侧腔吸入油，泵出的油使油缸左腔体积膨胀，油缸（主、付）向左侧移动。当油缸动作到终端停止动作时，泵从右边的单向阀吸入油，泵出的高压油经左边的滤油器和溢流阀回油箱。

反之，电机顺时针旋转时，动作情况与上述相反。为改善交流电机的启动特性，油缸并联了启动缸。另外，主机、副机进出油缸之处加装了流量调节阀，用于调节主机和副机在转换道岔时实现同步动作。

电机启动，油缸向伸出方向移动时，推板随油缸移动，移动 25mm 时推板拉入锁闭面全部退出拉入锁块的锁闭面。此时，转辙机为解锁状态。推板继续移动，即带动伸出锁块、销轴、动作杆移动，动作杆又带动拉入锁块离开锁闭铁拉入锁闭面，迫使拉入锁块移动，拉入锁块动作面跟随推板拉入动作面。此时转辙机进入了转换状态。油缸和推板继续移动，至伸出锁块锁闭面将要与锁闭铁伸出锁闭面接触，则进入增力状态。这时伸出锁块由推板伸出动作面和锁闭铁伸出锁闭面接触。此后推板再向前 15.2mm（动作杆相应动作 7.6mm）即为增力阶段。推板继续移动 9.8mm，伸出锁块斜锁闭面与锁闭铁伸出锁闭面完全吻合，转辙机为伸出锁闭状态。

挤脱表示机构动作原理：挤脱表示机构的表示部分的工作原理与锁闭表示机构的表示部分的工作原理相同；当电液转辙机处于锁闭位时，若油缸不动，尖轨带动动作杆和表示杆向左移动时，动作杆通过锁块推动锁闭铁一起向左移动，锁闭铁顶起挤脱块，同时表示杆斜面推动检查柱向上移动，从而断开表示接点，实现挤脱断表示功能。

（4）ZD（J）9 型电动转辙机结构及工作原理

1）ZD（J）9 型电动转辙机的结构

ZD（J）9 型电动转辙机主要由电动机、减速器、摩擦连接器、滚珠丝杠、推板套、动作板、锁块、锁闭铁、自动开闭器、动作杆、锁闭（表示）杆等部件组成，如图 9-5 所示。

2）ZD（J）9 型电动转辙机动作原理

ZD（J）9 型电动转辙机是一种能适应交、直流电源的转辙机。它有着安全可靠的机内锁闭功能，因此既可适用于联动内锁道岔，又可适用于分动外锁道岔，既适用于单点牵引，又适用于多点牵引，安装时，既能角钢安装，又能托板安装。

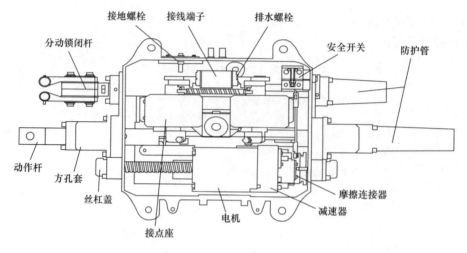

图 9-5 ZD（J）9电动转辙机结构图

电机接通电源后，电机上的小齿轮通过齿轮箱中的传动齿轮进行两级减速把动力传递到摩擦连接器的齿轮上。通过摩擦连接器中的内外摩擦片的摩擦作用，齿轮的旋转运动传递到滚珠丝杠上。滚珠丝杠把传动齿轮的旋转运动转与丝杠联结的推板套的水平运动。推板套水平运动，推动安装在动作杆上的锁块，在锁闭铁的辅助下使动作杆水平运动，完成道岔的锁闭功能。ZD（J）9型转辙机有着安全可靠的内锁功能，在两个终点位置时锁块在推板套和锁闭铁的共同作用下实现了转辙机对道岔的锁闭。表示功能由动作板、接点座组成、表示杆共同完成的。推板套动作的同时，安装在推板套上的动作板随着推板套一起运动，动作板开始运动后，动作板滑动面一端的斜面推动与起动片联结的滚轮，切断表示，同时接通下一转换方向的动作接点；当动作到位时候，滚轮从动作板滑动面落下，动作接点断开，同时表示接点接通，给出道岔表示。在这一过程中，滚轮通过左右支架的作用，使锁闭柱（检查柱）抬起或落入锁闭（表示杆）槽内，达到检测道岔状态的作用。

挤岔原理：车轮先挤到斥离尖轨，斥离尖轨通过杆件推（拉）动作杆，动作杆上的外力通过销轴、锁块传至锁闭铁，锁闭铁的水平移动推动水平顶杆，水平顶杆推动竖顶杆，竖顶杆推动动接点支架断开表示接点；同时斥离尖轨通过安装装置杆件将转辙机表示杆推（拉）也可以断开表示接点，完成整个挤岔过程。

（5）JM-A型密贴检查器结构及工作原理

1）JM-A型密贴检查器的结构

JM-A型密贴检查器主要由接点组、盖、表示杆、导向套、速动片、移位标和电线引入管等部件组成，如图9-6所示。

2）JM-A型密贴检查器工作原理

JM-A型密贴检查器用于检查尖轨（或心轨）的密贴状态，也可以用于道岔挤岔时切断表示。现在主要用于直向通过列车速度在160km/h以上牵引的道岔，在两牵引点间检查5mm。

JM-A型密贴检查器仅能检查一根尖轨的密贴状态，因此每组道岔两根尖轨需要两台密贴检查器，分别安设在两侧。接点系统采用圆弧接点，在动接点轴用花键连接有调整板、动接点组和拐臂，调整板和起动片的连接，起动片及其滚轮和表示杆的速动原理均与

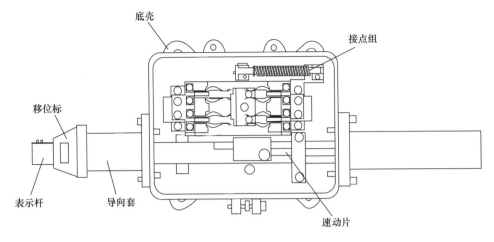

图 9-6　JM-A 型密贴检查器结构图

ZD6 型电动转辙机、ZDJ9 型电动转辙机和 ZYJ7 型电液转辙机的动作板的速动原理相同。当表示杆到位后，拐臂由拉簧接头和拉簧的拉动下，将动接点快速接通表示位。在表示杆拉出时，起动片上滚轮与表示杆上的斜面接触时开始，表示杆水平移动 10mm，起动片上的滚轮与表示杆上槽内平面接触，动接点组就能转换 14°到中间位，可靠地切断表示，此时表示和斥离接点均断开。在表示杆拉出 65mm 以上时，起动片上滚轮经过表示杆上第二斜面与表示杆上平面接触，动接点组就能转换 28°，接点组的斥离接点接通。表示杆最大动程为 170mm。在表示杆伸出处，上平面有一移位标，表示杆从斥离位拉入时，当接点组上的起动片刚从表示杆内速动片上掉下时，在移位标方孔左侧下的表示杆上刻有标记。此时，表示杆再向内移动，标记离移位标方孔左侧的距离，即为表示缺口的距离。

3. 道岔转换与锁闭设备维修重点

(1) 道岔转换与锁闭设备是城市轨道交通运营的关键基础设备

从设计、建设、部件选材和设备安装等方面都要考虑其可靠性、安全性和可用性。通过多年的现场施工、调查、分析、试验，总结出一系列有利用于道岔转换与锁闭设备良好运行的方法、措施和经验。具体如下：

1) 目前设计提供的道岔基坑与钢轨顶面高度不少 350mm 的要求不利用日后转辙机的安装、拆卸和维修，往往造成因角钢与基坑底部间隙太少而造成安装螺栓无法取出的困惑，或角钢和杆件易与基坑底部接触影响对地绝缘，如图 9-7 所示。因此，道岔基坑与钢轨顶面高度宜为 390～400mm。

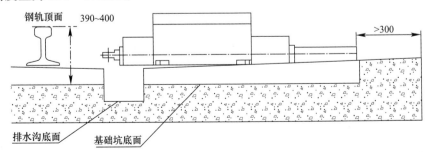

图 9-7　道岔基坑示意图

163

2）隧道内道岔基坑积水也是一个常见的问题，该处排水不畅，转辙机、安装角钢及机外杆件长时间浸泡在水中生锈严重，加快锈蚀速度，影响其强度，从而进一步缩短安装角钢及机外杆件的使用寿命。同时，在积水严重时，水通过转辙机底部或动作杆、锁闭杆及表示杆进出口方孔渗漏到机内，引起机内各部件生锈，造成电气绝缘下降，直接影响道岔的正常使用；另外，基坑积水容易导致道岔绝缘低从而诱发牵引回流烧坏道岔安装绝缘或杆件的问题。建议采用以下方法，如图9-8所示。将与基坑的同侧排水沟前后封堵，并在基坑前后3～4m开2处宽约200mm的过钢轨底的排水横沟，既保证流水畅通，也让水不流过基坑，有效保证道岔基坑干燥。

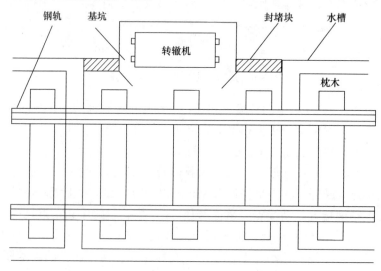

图9-8　道岔基坑排水设计示意图

3）城市轨道交通的转辙机安装方式目前主要采用角钢固定在两根基本轨上，该安装方式在列车通过时转辙机受到的震动较大，机内部件容易损坏而且对安装装置绝缘影响较大，安装装置上螺栓存在断裂松脱的风险隐患，危及行车的安全，并且不利于日后维修更换。国营铁路已基本上采用托板式的安装方式。地铁列车速度较低且载重轻，并采用整体道床，完全可采用托板式的安装方式。

4）在新线道岔转换与锁闭设备施工中，维修人员要提早介入，以既有运营道岔维修规程条款作为验收标准，严把施工质量关。相当多的问题都是施工单位粗糙、不规范施工所引起，例如长角钢安装孔偏差造成不方正、螺栓未紧固或未采用防松装置、配线接触不良等。

5）为了防止因牵引回流不畅造成道岔角形铁、机外杆件等绝缘烧损，提高道岔安装、杆件的绝缘值，减少日后维护工作量，建议采用整体绝缘代替传统的组合绝缘进行安装。传统组合式绝缘因分解检查后重新安装后工艺不到位而造成烧坏绝缘的例子不少。整体绝缘如图9-9所示。

6）对于道岔表示电路通常采用二极管整流后构通，建议每月测量交直流电压并建立台账进行对比分析。判断电路是否存在异常将故障消灭于萌芽状态。同时，联系科研单位定做三并三串的防雷整流二极管。如图9-10所示。要求单个二极管的正向电流不少于2.5A、反向耐压不少于10kV。确保日后道岔可靠运行。

图 9-9　整体绝缘图

7）道岔转换与锁闭设备的关键部件（例如：动（静）接点、紧固件、绝缘部件、继电器和断相保护器等）应采用信誉好、大品牌和售后服务好的厂家供货。由于轨道交通的迅速发展，信号设备需要剧增，但市场上的产品质量参差不齐。例如，经常使用的动接点部分厂家在生产过程中接点柱内部未采用铁芯加固，导致频繁动作而折断影响道岔动作或表示，如图 9-11 所示。又如，安装在基本轨的紧固件因质量问题在长期的列车车轮震动容易出现断裂，如图 9-12 所示，给行车安全构成威胁。这些问题往往都是上道使用后一段时间才会暴露出来，但已对运营造成很大影响。

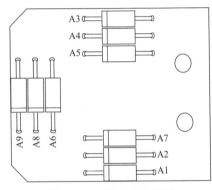

图 9-10　三并三串整流匣

图 9-11　动接点

图 9-12　紧固件

8）由于列车运行时隧道活塞风大，容易将隧道内的异物带到转辙机机外杆件上，加上杆件表面有油，易粘上灰尘和异物。为防止出现异物掉落锁钩及锁闭铁间造成道岔空转故障，在锁钩处增加锁钩防护盖进行防护，如图 9-13 所示。另外，分动外锁方式的道岔下雨后应迅速道岔进行清扫及加油，特别是锁钩与锁闭铁的锁闭面，以避免雨后因油润不足引起锁钩不解锁故障。

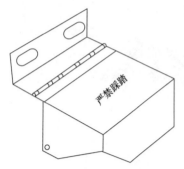

图 9-13 锁钩防护盖图

9）由于折返站转辙机每天转换频繁，继电器加强接点烧黑严重。为了保证接点接触良好，对道岔继电组合的1DQJ（一启动继电器）、2DQJ（二启动继电器）及1DQJF（一启动复示继电器）等加强型继电器考虑每季进行更换，确保室内电路接触良好。同时，也建议对折返站转辙机自动开闭器动、静接点每季进行更换（包括密贴检查器）。

10）转辙机或将密贴检查器配线宜采用 7×0.52 的多股铜线，所有线头压接线耳后才进行安装，端子市场产品质量参差不齐，容易出现接触不良和绝缘下降的隐患。并无法目测检查。隧道环境潮湿建议电缆盒采用瓷 6 柱端子进行安装。

11）转辙机表示缺口是转辙机锁闭柱落入内表示杆（锁闭杆）缺口后，锁闭柱与内表示杆（锁闭杆）缺口的间隙，日常检查单靠目测 0.5～2.5mm 距离存在很大偏差，从而出现频繁的调整。因此，检修中维修人员必须采用专用工具进行量化，以保证缺口实际大小。如图 9-14 所示。

图 9-14　转辙机缺口检查工具图

12）安装装置及转辙机内等非经常调整的螺丝要做松动标记，经常调整的螺丝应加防松装置。这种简单直观的标记能有效节省检修的时间。

13）分动外锁闭道岔在锁闭条件下判断锁钩的密贴状态的标准为：在第一牵引点，外锁闭的锁钩在锁闭时，用小撬棍撬动锁钩底部，锁钩能够上下有轻微松动；用手锤轻敲锁钩横面，锁钩能够左右移动。在第一牵引点的位置，尖轨与基本轨间不能有大于 0.8mm 的缝隙（建议最佳调整值为"0.2～0.7mm"）；在第二牵引点，外锁闭的锁钩在锁闭时，用小撬棍，用力不大，撬动锁钩底部，锁钩能往上滑动，尖轨能往密贴侧移动；同时需用手锤左右轻敲锁钩横面，锁头能轻微移动。因锁钩锁闭过紧造成道岔不能解锁空转的故障时有发生。

14）由于城市轨道交通效率高、设备动作频繁并考虑成本等各方面因素。道岔转换与锁闭设备原执行的预防性维修方式将由故障修所代替。因此，道岔转换与锁闭设备加装微机监测设备尤为重要。例如对缺口、转换时间、转换力、表示电压等监测，有条件的可以在道岔区域安装高清摄像头实时监控其动作状态。

15）为了保证道岔转换与锁闭设备检修质量以及司机对道岔位置瞭望确认，要求道岔区域必须保证足够的光亮度，同时也考虑每组道岔区域设置 220V 的工作电源。

（2）工务道岔病害主要表现为 6 个方面

1）道岔不方正。转换过程中会使动作杆或表示杆扭动，加重牵引负载。

2）滑床板吊板或脱焊。由于厂家焊接问题及列车运行震动导致滑床板脱焊，使尖轨在移动过中出现卡阻或转换力增大，引起道岔出现空转。吊板严重，列车通过时上下振动，从而造成挤切销挤伤或转换力变大等隐患。

3）道岔拱腰。当列车通过时，道岔尖轨转辙机内的动作杆、表示杆（含密贴检查器）的横向冲击力可能使接点断开，引起断表示的故障。

4）道岔反弹。这是在转辙机解锁和锁闭施加的一种弹力，它将增加了转换尖轨的阻力是造成转辙机不解锁、不锁闭以及不能转换到底的重要原因。

5）道岔的肥边。列车长期单边运行，更容易产生肥边，易造成道岔空转。

6）道岔第二牵引点尖轨与基本不密贴。为了保证第二牵引点密贴，通过增加密贴调整片来实现，使第二牵引点加重了牵引负载使道岔解锁困难。

（3）在线运营的道岔转辙设备有下列缺陷之一时，必须联合工务甩开转换道岔杆件，对尖轨与基本轨进行甩杆分解检查

1）道岔锁闭或解锁时，尖轨出现反弹现象（判断依据：①动作杆解锁后出现 3mm 及以上的平移；②摇把出现回转 3 圈或以上的情况等）。

2）S700K 电动转辙机锁闭块回缩（判断依据：①有回缩迹象；②丝杠回转圈数超出正常值；③丝母间隙大于 6mm 等）。

3）道岔转换力超出正常值（判断依据：①9 号道岔第一牵引点大于 1.5kN，第二牵引点大于 2.5kN；②12 号道岔第一牵引点大于 1.5kN，第二牵引点大于 2.8kN；③ZD6 转辙机单岔大于 1.2A，交分岔大于 1.8A）。

4）道岔发生不能正常转换或转换力过大情况。

5）道岔转辙设备出现机械故障。

6）道岔转换时，转辙机或外锁设备有异响。

（4）工务、信号道岔转辙设备结合部整治标准应满足下列要求

1）道岔各部轨距、牵引点处开程应符合工信联合整治表内的相关要求。

2）尖轨、心轨、基本轨的爬行、窜动量不得超过 20mm。

3）尖轨尖端至牵引点（第一连接杆或第二连接杆）处与基本轨应保持密贴，尖轨尖端允许缝隙不大于 0.8mm，除 9 号道岔直线尖轨第二牵引点不大于 4mm，其余刨切范围与基本轨缝隙不大于 1mm。

4）尖轨、心轨无影响道岔转换、密贴的硬弯、肥边和反弹，甩开转换道岔杆件，人工拨动尖轨、心轨，刨切部分应与基本轨、翼轨密贴，除 9 号道岔直线尖轨第二牵引点不大于 4mm，其间隙不大于 1mm。

5）滑床板应无影响道岔转换的划痕，且光滑油润。尖轨、心轨底部与滑床板密贴（第一牵引点第 1～3 块，第二牵引点前后 1 块滑床板应保持在同一水平面，与尖轨的离缝不大于 1mm，其他滑床板应无连续吊板、无侧磨）。

6）尖轨顶铁轨腰不应接触，其间隙均不大于 1mm。

7）配合工务进行改道、起道作业完成后，必须对道岔安装绝缘进行分解检查确保绝缘良好。

（5）ZD6 型电动转辙机维修重点

1）摩擦电流：ZD6 型电动转辙机的摩擦电流一般要求是在 2.6～2.9A，如果摩擦带

进水、油、摩擦连接器生锈等原因使摩擦电流变小，转辙机就会出现空转不能转换或锁闭道岔。影响因素包括摩擦带有油渍、受潮、材料不良、内齿轮伸出的轮箍面有锈斑、左右夹板不同心、夹板调整螺栓孔偏移大、夹板轴定位偏移或与内减速器壳不垂直。如图 9-15 所示。

2）机内插接件：插接件接触不良，会造成一个或多个接点出现接触不良。检查包括是否有虚焊线头、安装是否平行紧固、接点是否有变形等。

3）自动开闭器（安全接点）接点：静接点片长短一致，辅助片作用良好，动接点打入两边静接点的深度均衡，动接点与静接点应擦干净，保证接触良好。

4）碳刷和换向器：换向器表面应保持清洁、光滑、干净，片间绝缘物不得高出换向器的弧面，碳刷与换向器接触良好。如果换向器表面碳粉或污物过多，可能造成碳刷与换向器接触不良。换向器的换向片接触不良平时不易发现，只有当电机停转时，碳刷正好停在该换向片上，这时再操纵道岔时，操纵不动。如果转动一下电机，又正常了。这种故障比较难查，只能用万用表欧姆挡慢慢地一个换向片一个换向片地测量才能发现。如图 9-16 所示。

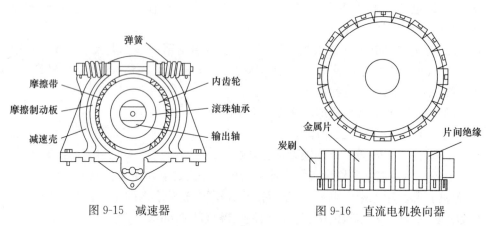

图 9-15　减速器　　　　　　　　图 9-16　直流电机换向器

5）移位接触器：移位接触器内部有 1 组常闭接点，移位接触器在非挤岔时出现常闭接点断开或接触不良而发生道岔失去表示故障。如安装没有问题就是考虑对整个移位接触器进行更换。

6）挤切销：挤切销折断原因很多，主要是材质不良，工艺粗糙；列车运行的强力冲撞，使基本轨产生横移，造成挤切销疲劳折损；尖轨底部与滑床板不密贴，车轮压上尖轨时，使尖轨下部沿着基本轨底部上面的斜坡反复滑动，动作杆产生横向推拉力并作用在挤切销上；道岔捣固不良，列车通过时尖轨跳动，强烈振动造成挤切销疲劳折损；道岔调紧过紧，密贴阻力增加，挤切销受力过大而折断。

7）自动开闭器拐轴：因维修人员对表示调整不当，易将自动开闭器的拐轴顶变形。拐轴弯曲后，动接点打入两边静接点的深度都不够，或一边够另一边接触不上。只能将整个自动开闭器更换。

（6）S700K 型电动转辙机维修重点

1）速动开关组：在组装好上道使用前要求对速动开关做接点转换动作检查，如发现有速动开关组动作不一致情况，除单个或相并联的两个速动开关动作不一致情况外，要求对其他动作不一致的速动开关进行更换，以避免速动开关组接点在转换过程中瞬间出现1～2、3～4接点同时接通的情况。

2）速动开关组和遮断开关组接点：加强接点测量，接点电阻不大于1Ω。可采用并联方式解决接点电阻过大的问题。

3）插接件：接触状态良好，无破损、掉头、脱线现象，端子不松动，扣件动作灵活并起扣紧作用。

4）密贴检测杆与表示连接杆：转辙机密贴检测杆与表示连接杆处的叉形接头鼓型销别卡导致鼓型销磨耗旷动，鼓型销上的开口销磨耗断裂，叉形接头磨耗断裂，表示缺口变化大。针对此问题主要是通过规范表示连接杆安装工艺和表示缺口调整工艺、开口销的安装工艺以及检修中的检查方法来确保鼓型销的安装方正无憋卡，并且及时更换磨耗较大的鼓型销、叉形接头和耐磨圈。

5）保持力：目前主要存在的问题是对于操纵板和保持连接器处的连接结构根部无法进行检查和维护，对操纵板与保持连接器间的保持力无法进行调整，对于保持力下降的转辙机就只能通过整机更换来解决问题，而且目前对保持力的精确测量没有一个很好的手段和检修的标准。

（7）ZYJ7型电动液压转辙机维修重点

1）动作油缸衬垫：早期生产的ZYJ7电动液压转辙机动作油缸侧面的衬垫采用胶水贴粘，长期频繁动作容易造成动作油缸衬垫脱落导致卡阻的隐患，解决方法从机壳外侧向衬垫里钻孔开螺纹后，安装螺栓进行固定，工程量小，但效果明显。即使后面生产的转辙机改进对衬垫加厚和加铆钉，但动作频繁也会出现松动。

2）油箱渗油：从目前机内发生渗漏的地方主要集中在单向阀、溢流阀或者油管接头，主要为密封铜垫变形损坏、螺杆松动或安装不方正原因等引起。

3）三相电机绝缘：隧道环境潮湿，影响到机内的干燥，电机对地绝缘较低，加强对电机及电缆绝缘测试，及时发现隐患确保绝缘良好。

4）油泵：手摇检查道岔转换轻与重时，如溢流压力上不来或出现空转现象，在确认不是外力卡阻所致。基本可以判断是油泵出现问题，及时油泵进行更换。

5）惯性轮：判定惯性轮是否失效的判断方法：使电机轴不转，转动惯性轮检查是否锈蚀，可从弹簧孔适量滴润滑油防止生锈。

6）联轴器：联轴器作用连接电机输出轴与液压油泵泵输入轴，带动液压泵工作。此部件容易出现在电机转动过程中出现异响。主要原因连接处接头固定塞钉松脱或套管有磨耗导致。

7）油路系统：如油路系统有空气，会出现油缸到位后，尖轨反弹断开表示。要确认油路系统中无空气，处理方法：松开油标尺螺栓，手摇转辙机反复松紧溢流阀，排除空气，应进行多次定反位摇动、松紧。

（8）ZD(J)9电动转辙机维修重点

1）自动开闭器：拉簧的弹力适当，保证动接点迅速转换，能带动检查柱上升和落下。动、静接点不松动，静接点长短一致，相互对称，接点片不弯曲，不扭斜，辅助接点片不失效，动接点打入两边静接点的深度均衡，动接点与静接点座间隙不得小于3mm，动接点与静接点应擦干净，保证接触良好。

2）摩擦连接器：摩擦力偏小或偏大，易造成道岔不能解锁及转换时间过长或转换到位后，表示接通后又断开。将摩擦力调整到合适范围。如果不能调整到合适值，则更换摩擦连接器。

（9）JM-A 型密贴检查器维修重点

自动开闭器：加强自动开闭器进行检查，必须用手对动接点进行扳动试验，检查是否存在卡阻的现象，对折返站道岔密贴检查器内部拐轴、滚轮等活动部位清扫注油；静接点开口调整不能过小，约 10～11mm 为宜，加强对转辙机及密贴检查器动、静接点清扫；对弹簧的安装或伸缩长度进行适当调整，来增加拉力；用弹簧拉力测试机定期对使用过的弹簧进行测量，在拉开 13mm 时，保证弹簧拉力达到 66N 设计标准。对动作频繁的折返站的密贴检查器建议 3 年（或 30 万次）下道。

4. 道岔转换与锁闭设备常见故障分析

处理道岔转换与锁闭设备应遵循四个顺序：先室内后室外；先机械后电气。道岔发生故障时首先发现在室内，首先在室内查找，也就是判断故障点在室内还是在室外。第二步是处理室外故障。如同时出现机械和电气故障时，因机械故障比较直观处理容易，所以第三步是处理机械故障。最后一步是处理电气故障。

（1）道岔转换与锁闭设备常见故障案例：道岔空转或转换不到位（机械故障）

1）故障现象

折返站排列进路后，从道岔从定位转不到反位，并显示道岔无表示。

2）故障分析处理

道岔空转（或转换不到位）是道岔常见故障现象，通常是由于机械传动方面引起。检修人员应该遵循先机外后机内的查找原则。造成道岔空转（或转换不到位）的原因主要有以下几方面：①有尖轨与基本轨之间有卡阻（例如：异物卡阻、滑床板吊板或断裂、基本轨飞边、工务第二连接杆过长、顶铁安装不当、防跳器卡阻和尖轨根部活接头过紧等）；②外锁闭道岔密贴过紧或锁钩与锁闭铁锁闭面卡阻造成锁钩不能解锁或锁闭；如图 9-17 所示。③ZD6 型电动转辙机的摩擦电流变小、挤切销折断；④ZYJ7 型电动液压转辙机的溢流压力达不到标准值（例如：溢流阀或油泵工作不良、启动油缸柱塞破损等）；⑤S700K 型电动转辙机及 ZD(J)9 型电动转辙机的摩擦连接器齿轮组机械性能下降。如图 9-18 所示。

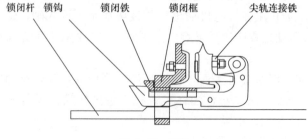

锁闭杆　锁钩　　锁闭铁　　锁闭框　　尖轨连接铁

图 9-17　锁钩

偶尔出现的 1 次或 2 次道岔空转（或转换不到位）就自动恢复，必须从外到内进行认真仔细检查，不放过每一个有可能接触到的地方，多操、多看、多听和多测。保持油润是活动机械部件的根本条件，决不能因为加多机油吸尘影响外观而少加油或不加油。

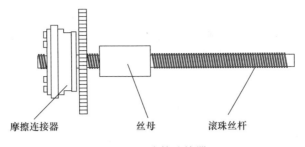

摩擦连接器　　　　　　　丝母　　　滚珠丝杆

图 9-18　摩擦连接器

（2）道岔转换与锁闭设备常见故障案：道岔转换到位不能接通表示（机械故障）

1）故障现象

排列进路，道岔由反位转换到定位，转换到位后，道岔定位无表示。

2）故障分析处理

道岔已转换到位，说明动作电路正常，表示电路出现故障。表示故障的原因主要分为机械故障和电路故障；通过测量分线盘有无交流电来判断故障点在室内或室外。机械故障主要包括动接点的检查柱不能正常落入表示杆检查块缺口（行业称呼：表示杆卡缺口）、动静接点接触不良、自动开闭器拉簧拉力不足等。卡缺口只是故障反映出的现象，不能通过简单的调整表示杆来克服，一定要找到影响卡缺口的根本原因才能将问题彻底解决。卡缺口主要由以下几方面引起：①有尖轨与基本轨密贴发生变化（轨距变化、密贴强度不够和销子磨耗旷动等）；②活动接头松动，如图 9-19 所示；③表示杆调整有扣轴套和无扣轴套安装不当或者机内表示杆与机外表示杆接头松脱或连接销子磨耗旷动。④S700K 型电动转辙机密贴检测杆与表示连接杆处的叉形接头鼓型销别卡导致鼓型销磨耗旷动，叉形接头磨耗断裂，表示缺口变化大。紧固件松脱或磨耗是造成表示杆卡缺口的主要原因，针对折返站道岔过车速度低但动作频繁、中间站道岔过车速度高而单边使用的特点来制定相应的检修周期。

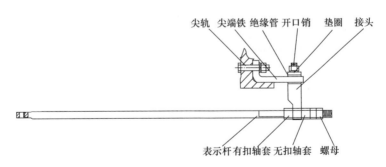

尖轨　尖端铁　绝缘管　开口销　　垫圈　　接头

表示杆　有扣轴套　无扣轴套　螺母

图 9-19　尖端铁活动接头

对于紧固部件如螺栓、螺母可采用加装弹簧垫圈、双螺母或螺纹上加铁丝等方法提高可靠性。也可以在紧固部件表面画红线标识来判断活动部件松紧状态。紧固件的质量也至关重要。另外，要求工务人员在道岔区域作业完毕后必须通知信号人员现场确认道岔的状态。

自动开闭器也是故障多发部件，特别是 JM-A 型密贴检查器的自动开闭器；如图 9-20 所示。例如静接点片折断；左右静接点片调整过紧，动接点打不进去；动接点卡簧（开口销）折断使卡环跳出；拉簧松或拉力下降，动接点不能正常动作。静接点组建议采用铍青铜材质，动接点环可采用铜钨合金材料。动接点胶座柱子要求内部有铁芯加固。检查柱、拐轴要定期加油润滑。另外，ZD6 型电动转辙机移位接触器也是容易造成道岔中断表示原因之一。

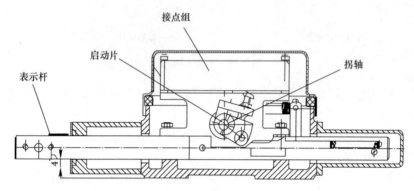

图 9-20　JM-A 型密贴检查器拐轴动作不灵活

（3）道岔转换与锁闭设备常见故障案例：不能转换（电气故障）

1）故障现象

排列进路，道岔显示四开，不能动作。

2）故障分析处理

道岔不能转换，主要分为控制电路和动作电路两大部分。控制电路主要检查：①室内的组合架控制 24V 直流电空气开关（或保险）是否正常；②相关定反操作继电器（DCJ/FCJ）、锁闭继电器（SJ）（或驱动道岔动作控制板）是否按联锁的逻辑命令驱动励磁吸起（或有效输出）；③再观察一启动继电器（1DQJ）是否吸起、二启动继电器（2DQJ）是否转极。

动作电路主要检查：①组合架动作电源空气开关（或保险）是否正常；②电源经过的继电器接点是否都能接通；③保护器（DBQ）能否输出 24V 直流电压来动作保护继电器（BHJ）；④时间继电器（TJ）是否提早动作；⑤电机是否开路或接地；⑥插接器是否安装牢固接触良好。从以往发生故障原因统计分析，主要集中在加强型继电器的动接点断裂、继电器的底座插接接触不良以及断相保护器本身质量问题引起。

动作电路如出现混线现象，操岔时会造成室内动作电源的空气开关跳闸（保险烧断）。查找道岔动作电路故障时，因动作电源为断续性供电，可采用电阻挡或兆欧表进行查找，但必须要求该道岔不能操动。

（4）道岔转换与锁闭设备常见故障案例：转换到位后无表示或道岔瞬间中断表示（电气故障）

1）故障现象

排列进路，道岔由定位转换到反位，转换到位后，道岔反位无表示。

2）故障分析处理

排除了机械故障后。首先测量分线盘有无交流电来判断故障点在室内或室外。造成道岔到位后无表示或道岔瞬间中断表示问题主要有以下几点：①组合架表示电源（含空气开关或保险）是否正常；②电源经过的继电器接点是否能导通；③电路的经过的电容、电阻、二极管和表示继电器性能是否良好；④继电器接点与插座簧片是否生锈出现铜绿现象、转辙机插接器接触是否良好；⑤电路的室内外配线无断根、假焊或线耳折断现象。

表示电路主要故障点集中继电器接点断裂、整流二极管开路或击穿造成。加强型继电器加强接点建议采用带有辅助片的，整流二极管可选择三并三串整流闸更为可靠稳定。

在室外表示电路发生混线时，由于室内电路中串接有 1000Ω 或 750Ω 电阻，短路电流比 $0.5A$ 保险容量小，因此不会出现表示电源空气开关跳闸（或保险烧断）现象。查找表示电路故障时，因表示电源为连续性供电，不可采用电阻挡。用电压挡查找断路故障时应将一表笔固定在一处，另一表笔从远端往固定处逐段移动向近端方向查找。

9.2 色灯信号机

色灯信号机是铁路及城市轨道交通的轨旁基础关键设备，在信号系统中担负着重要的作用。普铁主要以地面信号显示为行车指令，而城市轨道交通和高铁则以车载信号作为主体。目前，城市轨道交通广泛的采用透镜式色灯信号机和 LED 色灯信号机。随着城市轨道交通发展透镜式色灯信号机将逐渐被 LED 色灯信号机所取代，与透镜式色灯信号机的灯泡相比，LED 色灯信号机具有显示效果好、寿命长、节能、可靠性高、聚焦稳定、无冲击电流、免维护的特点。采用 LED 色灯信号有效减少信号灯光的故障率、对运营影响降低，并可降低维修强度，节省维修费用。

1. 色灯信号机概述

色灯信号机是用于指挥列车运行的信号设备，信号机显示为开放信号时允许列车通过进路，信号机显示为关闭信号时禁止列车进入进路。正线和车辆段信号机的设置主要原则在安全的情况下满足最小的行车间隙和尽量缩短列车或车列行走距离，将根据列车的长度、线路的状态、设计速度等多种因素进行设置。根据信号系统供货商设计或运营方的要求，城市轨道交通中正线上信号机在使用 CBTC（基于通信的列车控制系统）模式运行时，信号机设计为灭灯状态或显示蓝灯；只有在使用点式或者后备模式的情况下才以信号机显示来指挥列车运行。

2. 色灯信号机结构及原理

（1）信号机显示意义

信号机在城市轨道交通中显示通常的意义如下：

红灯：代表停车信号，禁止通过，列车必须在信号机前停车。

绿灯：代表允许信号，进路上至少有一组道岔开通直股，允许列车按规定速度越过该信号机。

黄灯：代表提醒信号，进路上至少有一组道岔开通弯股，列车可以越过该信号机并做好停车准备；用于车辆段显示时，只代表列车可以通过，不含道岔开通情况。

蓝灯：代表禁止调车信号（用于车辆段显示），列车必须在信号机前停车；在正线信号机显示蓝灯表示当前信号控制系统在自动模式下运行，列车可正常通过该区域。

白灯：代表允许调车信号（只用于车辆段），列车可以通过信号机进行调车。

城市轨道交通信号系统基本上以车载信号为主，地面信号为辅，正线上运营列车的牵引、隋行和制动受车载信号系统来执行。因此，信号系统供货商设计理念或者运营方的需求差异，对于地面信号机的显示及代表的意义也存在一定的区别。

（2）信号机的种类

城市轨道交通信号机按光源分为两大类：透镜式色灯信号机和 LED 色灯信号机。现在除了早期建设的线路仍采用透镜式色灯信号机，现在基本上以 LED 色灯信号机为标准配置。

按使用地点分：正线信号机（如图 9-21 所示）和车辆段信号机（如图 9-22 所示）。

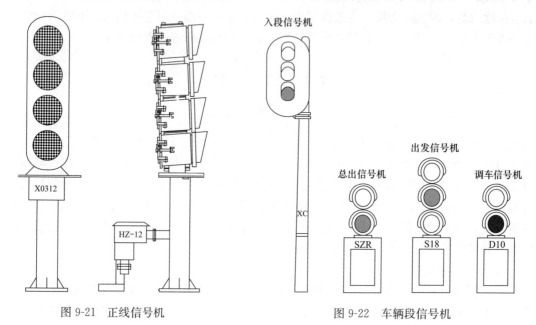

图 9-21　正线信号机　　　　　图 9-22　车辆段信号机

（3）信号机结构

一架透镜式色灯信号机主要由信号机构（包括凸透镜、灯座及灯泡、遮檐和背板）、机柱、梯子（作业平台）、基础平台、电缆盒（或 XB 箱）和电缆配线等组成。而 LED 色灯信号机主要用整流门限电路和发光盘代替灯座和灯泡。控制信号机的开放信号的电路通常称为信号机点灯电路，信号机点灯电路由室内和室外两大部分组成。室内电路一般由保险（空气开关）、交流电源、控制继电器接点（或电子板卡）、灯丝继电器、隔离变压器和报警电路等组成；室外电路一般由电缆芯线、灯丝转换继电器、灯座和信号灯泡（或整流门限电路和发光盘）、和报警单元等组成。对于透镜式色灯信号机为了保证信号显示不中断连接信号显示，信号机灯泡采用主、副双灯丝，并且对应每个灯泡设置 1 个灯丝转换继电器。

（4）信号机的命名规则

城市轨道交通正线上的信号机命名主要遵循以下的规则。如图 9-23 所示：

1）信号机的编号共有五位，第一位为字母（S 和 X），后四位为数字，例如 X0818。

2）第一位字母为 S 和 X，代表方向，S 代表上行方向，X 代表下行方向，F 代表复示。

3）第二三位为数字，代表车站编号，如 08 代表第 8 个车站。

4）第四五位为数字，代表设备编号，单数为站台上行区域设备，双数为站台下行区域设备。

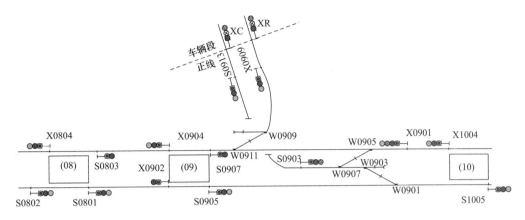

图 9-23　正线信号机命名

对于车辆段（停车场）内的信号机的命名，主要遵循以下的规则来命名。如图 9-24所示：

1）信号机的编号共有二至三位，第一位为字母（D、S 和 X），后一至二位为数字或字母。

2）第一位字母为 D、S 和 X，代表调车和列车信号机，D 代表调车信号机，S 代表上行方向的列车信号机，X 代表下行方向的列车信号机。

3）第二或二三位为数字或字母，代表设备编号。

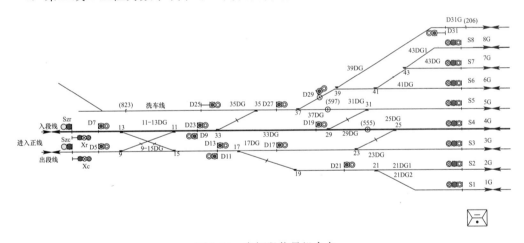

图 9-24　车辆段信号机命名

（5）信号机的工作原理

信号机点灯电路主要由为室内、室外两大部分组成。透镜式色灯信号机和 LED 色灯信号机工作原理基本相同。只是由 LED 色灯信号机的 LED 光源的功率仅 6W 左右，直接用于既有的信号点灯电路会因点灯回路中的电流过小，达不到 JZXC-H18 等型号的灯丝继电器的要求而不能正常工作。即将信号点灯电源输出由交流 220V 降低为交流 110V。

室内电路：一般正常情况下，轨旁信号机灯光显示为红灯或蓝灯，行调或车站人员下达进路命令后，如满足信号开放条件，车站联锁设备逻辑控制单元通过接口单元向驱动单元发出开放信号命令，驱动单元（或通过继电器吸起接点）立即接通供电单元通过电缆芯线向室外信号机供电，并实时监督室外信号机点灯的情况。

透镜式色灯信号机室外电路如图 9-25 所示：来自信号设备房经过联锁条件的交流电源 220V 通过电缆芯线接到轨旁信号机点灯变压器初级，经变压器变压后次级通过不同端子为主、副电路提供不同的电压。刚接通电路时，主、副丝电路会有瞬间同时点亮，但随着主灯丝电路中的灯丝转换继电器得电吸起，因灯丝转换继电器其中 1 组后接点串联在副灯丝回路中，从而切断副灯丝电路，使副灯丝熄灭。当主灯丝断丝灭灯时，主灯丝回路中的灯丝转换继电器失电落下，该转换继电器后接点（接在副灯回路）闭合，从而接通副灯电路，使副灯丝点亮。同时，灯丝转换继电器的另 1 组接点构通电路，向室内给出主灯丝报警信息。

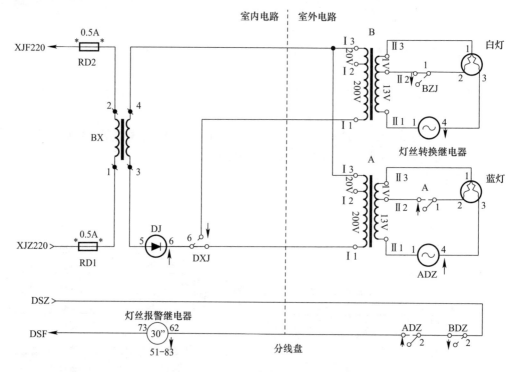

图 9-25　透镜式色灯信号机点灯电路

LED 色灯信号机室外电路如图 9-26 所示：来自信号设备房经过联锁条件的交流电源 110V 通过电缆芯线接到轨旁信号机点灯变压器，为满足露天安装防雷的要求，一般在点灯单元的输入端并联安装放电管，经变压器次级输出 42～52V 电压。通过整流门限电路整流后点高发光盘上 8 路（或 12 路）发光二极管。LED 色灯信号机的报警是通过监督点灯回路中电流的变化实现对 LED 信号光源和点灯回路的工作状态的监督。当发光盘 LED 损坏数量达到 25％时或室外信号光源发生故障导致点灯回路中的电流下降，当电流低于设定的报警值时，报警单元中的报警继电器落下，报警灯亮，发出报警信号。同时，每个报警单元通过报警继电器的落下接点输出 2 个报警信号（KZ），分别为继电报警电路和微机监测设备提供报警信号。经室外点灯单元变成直流电源供 LED 发光二极管使用。电路的基本形式是变压器降压和整流电路组成。LED 发光二极管电路为串联、并联相结合设计，将数个发光二极管与限流电阻串在一起，再将 8 组上述发光二极管并联组成光源。

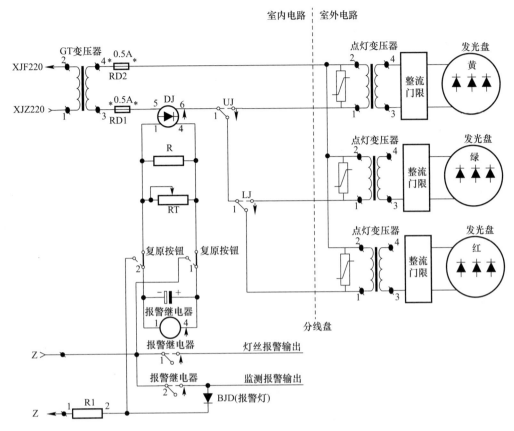

图 9-26　LED 色灯信号机点灯电路

3. 信号机维修重点

（1）镜式色灯信号机和 LED 色灯信号机相对于其他信号设备结构简单、通用性强，维修基本一致，主要区别于使用光源不一样，它们维修共同的特点如下：

1）结构外观检查：机构良好无损，安装牢固，机柱完好，无裂纹，机顶封堵良好，基础稳固，无破损，梯子中心与机柱中心线应一致，牢固无过甚弯曲，无锈蚀。箱盒完好，无破损，机构加锁良好。基础或支持物无影响强度的裂纹，安设稳固，设备的周围应硬化，保持平整、不积水、无杂草。

2）检修各部位螺丝、螺栓注油：螺丝扣不滑扣，螺母须拧固，螺杆应伸出螺母外，最少与螺母平，弹簧垫圈等防松配件能起到应有的作用；连接销螺丝紧固、不旷动。各部螺丝无锈蚀，无污物堆积。螺丝、锁鼻、锁耳油润。

3）透镜清扫、检查：透镜内、外玻璃干净，无影响信号显示的斑痕、无裂纹和影响显示的剥落。

4）机构、箱盒内部清扫、检查：机构、箱盒内部清洁，无尘。门、无裂纹、无缺损、盖严密，端子号码牌固定良好，清晰。配线图清楚完整。

5）目测接地线外观用手扳、摇、拽试接地线，与接地端子接触良好，固定螺母紧固，不松动。地线无绝缘破损、裂纹、老化、脱落、断痕、断股及磨损现象；接头有无锈蚀、打火痕迹。

6）工作平台安装牢固，无锈蚀，信号机铭牌清晰明显。

（2）透镜式色灯信号机维修重点：

1）信号机灯泡的寿命长短，主要取决于灯泡质量、使用环境和点灯电压等诸多因素，其中以点灯电压影响最为显著，点灯电压低，可延长灯泡使用寿命，但影响显示距离，电压高，信号灯泡的光通量增大，可提高显示距离，但灯泡寿命缩短，因此，灯端电压为额定值的85%～95%。

2）除调车信号机外所有透镜式色灯信号机主灯丝断丝时，应能自动转换到副灯丝，不应导致开放的信号关闭。都应有断丝报警，灯泡主灯丝断丝后应及时更换。灯泡灯口端正、不松动。

3）电器部分检查：外罩完整、清洁、封闭良好，变压器安装牢固，无严重锈蚀，端子板无裂纹，线圈不过热。可动部分和导电部分，不论在何种情况下，与外罩均须有间隙。灯丝转换继电器接点清洁平整，无严重烧毁，上下接点无偏移。线圈引出线各部连接线应不影响接点动作，插片与插座插接牢固、平稳，防松装置良好。

4）调整灯座，使信号显示距离符合标准；定焦盘不活动，挑簧接触良好，（主副挑簧高度齐平，弹性良好，挑簧和灯泡接点均无氧化发黑），灯座安装牢固。灯泡存放期不得超过1年。

5）每五年轮换灯丝转换继电器。

（3）LED色灯信号机维修重点：

1）机构LED发光二极管损坏数量达到30%时，不能影响信号显示的规定距离，并应有及时报警。

2）由于发光盘的二极管使用寿命较短，建议根据现场的使用情况进行预防性更换。

3）由于隧道光线暗，LED色灯信号机的光强度会对司机瞭望或眼睛造成一定影响，建议厂家可以根据使用环境能调整光强度。

4. 色灯信号机常见故障分析

（1）信号机常见故障案例：室外变压器损坏。

故障现象：

室外信号机不能开放黄灯。

故障分析处理：

1）确认信号机故障。

2）室内分线盘上测量220V电压送出。

3）到室外进行故障查找。

4）开放点灯信号变压器一次有220V交流电压。

5）开放信号时点灯信号变压器二次有否13V交流电压。

6）无，确认点灯信号变压器故障。

（2）信号机常见故障案例：LED发光盘损坏。

故障现象：

室外信号机蓝灯光偏暗。

故障分析处理：

1）确认信号机故障。

2）室内测量分线盘110V电压是否送出。

3）到室外进行故障查找。

4）发现发光盘灯光偏暗（通过透镜观察 LED 灯烧了几路）。

5）立即更换 LED 发光盘。

（3）信号机常见故障案例：主灯丝断丝。

故障现象：

色灯信号机黄灯灯丝报警。

故障分析处理：

1）确认报灯丝故障对应的信号机及灯位。

2）室内测量分线盘 220V 电压是否送出。

3）到室外进行故障查找。

4）测量信号机机内经变压器送出的电压正常。

5）检查灯泡、灯座和灯丝转换继电器。

6）发现主丝断，副丝好。

7）立即更换灯泡。

（4）信号机常见故障案例：电缆芯线断路。

故障现象：

信号机灭灯。

故障分析处理：

1）确认信号机故障。

2）室内测量分线盘交流电压是否送出。

3）到室外进行故障查找。

4）测量信号机电缆盒电压（或相对应灯位）。

5）发现电缆盒内无交流电压。

6）判断出室内外之间电缆配线断路。

7）立即更换备用芯线。

（5）信号机常见故障案例：室内继电器前接点接触不良。

故障现象：

信号机不能开放。

故障分析处理：

1）确认信号机故障。

2）室内测量分线盘无交流电压是否送出（继电器吸起）。

3）在室内进行故障查找。

4）测量吸起继电器的中接点有电压而前接点时有时无。

5）判断出继电器中接点与前接点接触不良。

6）更换继电器。

9.3 轨 道 电 路

轨道电路是以铁路线路的两根钢轨作为导体，并用引接线连接信号电源和接收设备所构成的电气回路，用于监督铁路线路是否空闲，并自动、连续地将列车的运行和信号设备联系起来，以保证行车的安全。它是由钢轨、轨道绝缘、轨端接续线、引接线、送电设备及受电设备等主要元件所组成，是故障一安全系统。

1. 概述

（1）轨道电路分类

1）按接线方式分

闭路式轨道电路
开路式轨道电路

2）按供电方式分

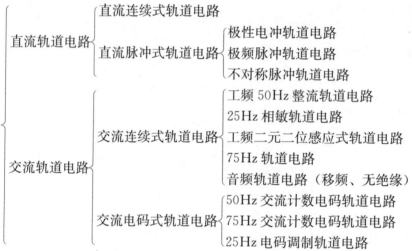

3）电气牵引区段轨道电路按照牵引电流通过的轨条来分

单轨条牵引回流轨道电路
双轨条牵引回流轨道电路

4）道岔区段轨道电路从结构上分

并联式轨道电路
串连式轨道电路

（2）轨道电路组成

1）导体

轨道电路的导体部分包括：钢轨、连接夹板、导接线等。其中正线钢轨采用 60kg/m 无缝长轨，车厂钢轨采用 50kg/m 短轨，连接夹板、导接线主要用于车厂线路和正线折返线、存车线等处。

2）钢轨绝缘

正线运营轨道电路以电气绝缘方式实现相邻区段轨道电路的分割。电气绝缘是通过谐振槽路的选频方式，发送/接收本区段的中心频率，折返线/存车线及车厂区域的轨道电路以机械绝缘方式分割，机械绝缘包括轨端绝缘、槽形绝缘、绝缘套管和绝缘片等。

3）送电设备

车厂工频轨道电路的送电设备包括送电电源、送电（降压）变压器、熔断器等；正线数字轨道电路送电设备包括控制板、辅助板、电源板，耦合单元、感应环线、连接棒线等，实现数字信息的调制、传送等。

4）受电设备

车厂工频轨道电路的受电设备包括升压变压器、连接电缆、轨道继电器等；正线数字轨道电路受电设备也包括控制板、辅助板、电源板，耦合单元、感应环线、连接棒线等，与送电设备不同的是接收钢轨信息，并对多样的数字信息进行衰耗、选频和解码等，动作轨道继电器。

5）限流电阻

限制送电端信号电流，并调整送电端信号的幅值等。

2. 结构和原理

本节主要以 FTGS-917 型轨道电路为例，分析说明轨道电路工作原理。

FTGS 意思为德国西门子公司的遥供音频无绝缘轨道电路。它广泛应用于世界各地的正线铁路和城市轨道。FTGS 轨道电路分两种型号：（1）FTGS-46 型，使用 4 种频率（4.75kHz、5.25kHz、5.75kHz、6.25kHz）；（2）FTGS-917 型，使用 8 种频率（9.5kHz，10.5kHz，11.5kHz，12.5kHz，13.5kHz，14.5kHz，15.5kHz，16.5kHz）。

FTGS-917 型轨道电路与国内的轨道电路作用基本相同：把轨道线路分割为多个区段，检查和监督这些轨道区段是否空闲，并将空闲/占用信息传给联锁系统。它还有一个特殊功能就是：传送 ATP（自动列车保护系统）产生的报文信息到列车上。

FTGS-917 型轨道电路与国内的轨道电路最大的区别就是：实现的方式不同。国内的轨道电路是采用机械绝缘节来划分区段，而 FTGS 是使用电气绝缘节来划分区段的，为了防止相邻区段之间串频，使用了不同中心频率和不同位模式进行区分。对于某一轨道区段来说，只有收到与本区段相同的频率与位模式的信息才被响应。

FTGS-917 型轨道电路的空闲检测过程可分为三步：

（1）幅值计算：检测接收回来的电压；

（2）调制检验：检测接收回来的电压的中心频率是否正确。

（3）编码检验：检测接收回来的电压所带的位模式是否正确。

首先，接收器对幅值进行计算，当接收器计算到接收到的轨道电压幅值足够高，并且调制器鉴别到发送的编码调制是正确的时，接收器发送一个"轨道空闲"信号，这时轨道继电器吸起表示"轨道区段空闲"；其次，当车辆进入某区段时，由于车辆轮对的分路作用，造成该区段短路，使接收端的接收电压减小，轨道继电器达不到相应的响应值而落下，进而发出一个"轨道占用"信号。

由于轨道电路直接关系到行车安全和行车效率，因此要求：

（1）当轨道电路空闲且设备良好时，轨道继电器衔铁应可靠吸起。

（2）轨道电路在任何一点备列车占用时，轨道继电器应立即释放衔铁。

（3）当轨道电路不完整时（断轨、断线或绝缘破损等情况），轨道继电器应立即释放衔铁，关闭信号。

轨道电路原理图见图 9-27。

对某些轨道电路，还应实现由轨道向列车传递信息的要求。

轨道电路的三种工作状态：

（1）调整状态：或称为正常工作状态，即在轨道电路空闲，设备完好的状态。此时，轨道继电器衔铁应当可靠地吸起。

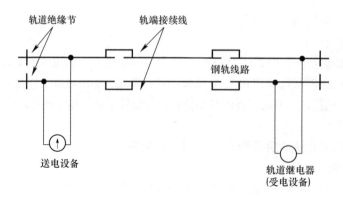

图 9-27 轨道电路原理图

（2）分路状态：即轨道电路在任一点被列车占有的状态。此时，轨道继电器衔铁应当可靠地落下。

（3）断轨状态：即轨道电路的钢轨在某处断开时的状态。此时，轨道继电器衔铁应当可靠地落下。

轨道电路在这三种状态下工作，主要会受三个变量参数影响：轨道电路的道碴电阻，钢轨阻抗、电源电压。

调整状态最不利条件为：接收设备获得电流最小、钢轨阻抗模值最大、道碴电阻最小、电压电压最低；

分路状态最不利条件为：接收设备获得电流最大、钢轨阻抗模值最小、道碴电阻最大、电压电压最高；

断轨状态最不利条件为：接收设备获得电流最大、钢轨阻抗模值最小、电压电压最高，此外，断轨点的道碴电阻也会对其影响。

3. 轨道电路维修重点

关注轨道电路外部环境

1）建议定期检查 S 棒、8 字棒及轨旁盒周边环境是否潮湿，轨道区间内有无积水或造成钢轨接地的隐患，道岔区段轨端绝缘外观无破损，工建扣件弹条无碰接鱼尾板造成短路的可能，各种过轨的线缆无破损，固定良好，穿越钢轨处距轨底不应小于 30mm，无造成短路的隐患且螺丝紧固良好。

2）重点轨道电路道碴电阻情况

轨道电路在电能传输中，电流由一根钢轨经过枕木、道碴以及大地泄漏到另一根钢轨的泄漏电阻，通称为道碴电阻。

这些泄漏电流是沿着轨道线路均匀分布在各点上，电流的大小（即泄漏电阻大小）受道碴材料、厚度、清洁度、枕木材质、数量以及天气等因素影响很大。道碴电阻越小、两根钢轨间的泄漏电流越大，轨道电路工作越不稳定。因此要提高轨道电路工作质量，应该尽可能地提高最小道碴电阻。

4. 轨道电路常见故障分析

（1）常见故障分析

1）轨道电路常见故障案例：

故障现象：

轨道电路粉红光带。

故障分析处理：

对方向转换继电器接点和轨道继电器接点进行深入检查，排查是否存在跳动、接触不良或电路分路的因素，同时也应关注道岔绝缘状况。

2）轨道电路常见故障案例：

故障现象：

轨道电路红光带。

故障分析处理：

先排除室内故障，首先重点排查电源、电源保险和继电器有无异常，同时检查室内方向转换、发送接收相关设备。在排除室内故障的基础上，对室外设备进行仔细检查，重点检查室外电气绝缘节是否失效，道岔绝缘是否失效。

（2）常见 FTGS 故障处理常用方法

1）电压法

在通电状态下，按轨道电路发送——接收电路逐段测量各关键点电压，与标准值进行比较来判断故障点；也可以用二分法，从电路中间测量，判断是测量点前方还是后方故障，然后同样方法逐段缩小范围来找出故障点。

此方法比较常用，特别在运营期间，能在不影响行车下进行故障判断。

注意：使用 FLUKE 表测电压时，可能会出现串频现象，因此要先确认测得电压是否为当前区段频率的电压。

2）电阻法

通过用电阻挡测量判断线路的通断，当接线过长而无法测量时，可在线的另一端与另一条线短接，形成一个回路，再进行测量。

注意：一定要在断电状态下进行测试。

3）开路法

断开后边级联电路，测前端输出电压，如果电压正常，说明前级设备正常；如果电压不正常，说明前级设备有故障。

注意：

① 断开部分端子会造成部分继电器反复动作，应尽量避开此情况，如果必须如此应尽快测量，尽快接上。

② 断开后级会造成负载变化，影响前级电压，易造成故障点的误判。

③ 使用 FLUKE 表测电压时，可能会出现串频现象，因此要先确认测得电压是否为当前区段频率的电压。

4）替代法

当无法确定具体哪块模块故障时，用已知完好的模块替换怀疑故障的模块，可以使用备用模块替换；也可以与正在使用设备对调。

注意：

① 更换、对调时要注意模块的型号、插塞、波段开关、跳线是否一致。

② 更换、对调后要测量各关键点电压，是否正确。

③ 更换、对调与频率相关的模块，一定要重新进行调谐，分路试验，并更新该驱动的数据表

5) 比较法

对某模块工作时电气参数不熟悉情况下，测量另一个正常的相同设备同样工作状态下的电气参数作为参考数值，来判断模块是否工作正常。

6) 干扰法

人为地对棒件各部分进行敲打、振动，并观察其现象，来诊断因接触不良而造成的不稳定性故障。

注意：敲打、振动时要注意用的力度和方向，以免造成新的故障。

7) 转换方向法

① 在室内可以通过转换方向，测防雷端的接收和发送电压，可以大致判断故障点在接收端、发送端还是在钢轨上。

② 某些情况下，转换方向可以使故障点更明显显示出来。

注意：当 LZB 把轨道电路设置为"A"或"B"方向时，不要用改变跳线的方法来转换方向，只能用排列进路方法；否则可能会损坏设备。

9.4 计 轴

1. 概述

计轴又称微机计轴，是组成城市轨道交通线路的重要设备，利用安装在钢轨的闭环传感器监督列车车轮对经过数，经过设在室内的微机系统与门检测后将本站的轮对数利用半自动设备发送至对方站，列车到达对方站后，对方站收到轮对数与发车站的相同时自动开通区间，换言之，是一种能检测通过车轮的铁路信号设备，它能够取代许多的普通轨道电路。不同于轨道电路，计轴设备维护成本低对使用环境要求没有像轨道电路高，不需要安装轨道绝缘，这避免了因为插入绝缘而锯断已焊接好的长轨。这些绝缘部位给钢轨带来薄弱环节，断轨经常发生在这些地点。并且许多轨道电路的故障都是由轨道绝缘引起的。

计轴是一种重要的信号设备，世界各大铁路公司及城市轨道交通线路都有相应的计轴产品，如 AzLM 型号，AzS350U 型号、国产 ARTJZ-2 型等。计轴系统集传感器，通信传输，故障-安全计算机等技术为一身，可谓麻雀虽小五脏俱全。设备内部 CPU 多采用 2 取 2 设计，安全完整性水平达到了 SIL4。在目前的城市轨道交通信号系统发展中，无论是在车场还是正线区域，传统的轨道电路则可以被计轴完全取代来实现列车占用检查，具有广阔的发展前景。

2. 结构及原理

计轴设备随着大铁路及城市轨道交通信号系统的发展也在不断升级换代，从最早不带室内主机发展到现在室内主机及室外设备一体化，计轴设备已广泛应用于各种制式的信号系统，品牌多样，本节分别选取目前主流的 AzLM 型、AzS350U 型以及国产 ARTJZ-2 型三种具备代表型的计轴设备进行介绍说明。

（1）AzLM 型计轴

多区段 Az LM 计轴系统可作为轨道区段的自动监督检查设备，广泛应用于铁路、城

市轨道交通等领域。AzLM 系统由计轴评估器（ACE）与一个或多个计轴点（Zp30H/Zp30K）组成。AzLM 不仅用于欧洲各种大型铁路中，而且用于全世界各种环境，包括从北极地区到亚热带甚至沙漠地区的铁路环境中。

AzLM 型计轴采用室内主机＋室外计轴点的方式，适用于各系统制式的地铁轨道区段及大铁路。设备组成主要包含：

室外设备含：轨道磁头、电子单元和磁头间的连接电缆。

室内设备含：计轴主机和数据电源耦合单元。

ACE 计轴评估器由两个中央处理器模块（CPU）、两个电源供应模块及串行 I/O 和并行 I/O 板组成。与联锁的接口为继电器接口。

电源板：为 ACE 计轴评估器内的各种板卡提供稳定的 5VDC、12VDC 的电源。

CPU 板：识别各 I/O 板卡间的数据传输，并根据配置对计轴点、计轴区段状态进行数据处理。

串口 I/O 板：接收轨旁计轴点 Zp30H/K 的数据，并将数据处理后通过 CAN 总线传送至 CPU 板。

并口 I/O 板：输出轨道继电器占用/出清信息；接收联锁的计轴复位命令。

AzLM 型计轴系统室外设备由磁头与 EAK 构成。轨旁计轴点采用 Zp30K 磁头（图 9-28），EAK 采用 30K 型号，EAK 内只有一块板卡（图 9-29）。

图 9-28　室外 Zp30K 磁头　　　　　　　图 9-29　室外 EAK30K

AzLM 计轴磁头包括两套物理上分离的线圈组 Sk1 和 Sk2，安装在同一根钢轨上。钢轨外侧为两个发送线圈，在线圈附近产生由两种不同额定频率 28kHz 和 30kHz 形成的电磁场。钢轨内侧有两个接收线圈，产生两个存在时间差的感应电压，电子单元通过这些感应电压可以判断车轮的存在和行进方向。出于可靠性的考虑，除了发送/接收磁头内的线圈外，磁头内无其他电子器件。使用的频率、接收磁头外壳的形状和材料以及接收/发送磁头相应的线圈排列都是经过精心选择的，以保证牵引电流和制动的谐波干扰不会影响车轮检测过程。针对严重电磁干扰的进一步防护，例如接触网短路和轨道制动磁场，是通过一系列措施来保证的，包括相敏整流，移频键控以及接收/发送磁头（Sk30H 和 Sk30K）使用无铁素体线圈等方法。

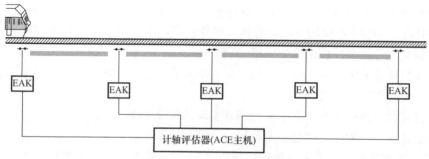

图 9-30 计轴器工作原理图

计轴器的工作原理如图 9-30 所示，AzLM 计轴系统的工作是基于统计车轴的原理，采取闭合电磁线圈检测模式在需要监测的区段两端分别设置计轴点，计轴点与室内主机连接，计轴主机处理来自磁头点的信息。若进入区段的轴数和离开区间的轴数相同，则计轴系统给出区段空闲提示；反之，提示占用。

（2）西门子 AzS(M)350 计轴

西门子 AzS(M)350M 型和 AzS350U 型微机计轴系统，是一种新型小型微机计轴系统，它采用 SIMIC-C 安全型计算机为控制核心，配备完善的配套电路构成其运算单元，每个运算单元可以直接连接 4 个先进的西门子 ZP43V 型计轴点设备，同时具备检查 2 个轨道区段的能力，并且通过多个运算单元的有机组合来构成一个整体系统，用以检查不同规模形式的站场和区间轨道的空闲与占用状态。

AzS(M)350M 采用 SIMIC-C 安全型计算机为控制核心，可用于检测轨道、道口和道岔区段的占用和空闲，适用于一或多轨道区段，主要用于站内。该系统可处理列车速度达到 350km/h 的信息。AzS(M)350M 具有以下特点：

1）一个运算单元可直接连接 4 个 ZP43V 型计轴点，第 5 个计轴点可复用。

2）一个运算单元可给出两个区段的表示。

3）监测区段的长度最大可达 42km。

4）AzS(M)350M 型微机计轴系统组成：

① 安装在站场或区间钢轨和轨旁的西门子车轮检测设备 WDE（也称 ZP43 计轴点设备），如图 9-31 所示。

图 9-31　车轮轮检设备现场图

② 置于室内的西门子 AzS(M)350M 运算单元组合（EC）。

③ ZP 43 V 型计轴点与 AzS(M)350M 运算单元间的外部电缆连接系统。

④ AzS(M)350M 运算单元与车站联锁系统之间的接口电路、在值班控制台上的控制按钮以及配套的电源设备等。

AzS(M)350 计轴系统的工作检测区段两端装有车轮检测设备，当列车从所检测区段的一端出发，驶入区段，经过计轴点时，运算单元对传感器产生的轴信号进行处理，判别及计数，此时继电器落下并给出"占用"信息，同时将"计轴数"及"驶入状态"等储存起来；当列车驾驶出区段，经过任意一端计轴点时，运算单元对传感器产生的轴信号进行处理、判别及计数，将"计轴数"及"驶出状态"等不断地与原存储的数据进行校核。当运算单元对"计轴数"及"驶入、驶出状态"等校核无误后方可使继电器吸起，给出所检测区间的"空闲"信号，图 9-32 为 AzS 350 室外磁头通过比对进入区段的轮对数确定区段出清。

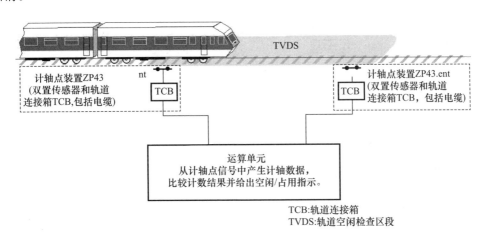

图 9-32　AzS 350 室外磁头通过比对进入区段的轮对数确定区段出清

（3）国产 ARTJZ-2 型计轴

ARTJZ-2 型计轴系适用于站内计轴和站间计轴，由如下几部分构成：计轴传感器、计数单元、通信板、轨道板部分以及供电部分。可安装在 50kG/m、60kG/m 以及标准槽型轨等类型钢轨上，适用于国铁列车、地铁、轨道工程车、低底板有轨电车、具有磁制动功能的低底板有轨电车等车辆的探测（图 9-33）。

ARTJZ-2 计轴系统便于安装、环境适应力强、适用于多种轨道环境，可以秩序稳定的工作，维护工作量低。适用于电气化以及非电气化区段。ARTJZ-2 计轴系统通过 SLL4 独立安全评估，符合故障—安全原则。信号传输距离远（可长达 5km），传感器内包含了一套发射装置和两套接收装置，使得传感器计数更加准确并且单个传感器就可以判断列车的运行方向。同时每计轴点双传感器布局，使用了更灵

图 9-33　ARTJZ-2 型室外计轴磁头和计轴箱盒

活的四取三出清模式。

ARTJZ-2计轴系统工作是基于列车（车辆）驶入和驶出计轴点所监视的区段时所记录轴数的比较结果，以此确定该区段的占用或空闲状态。当列车从所检查区段的A端进入，车轮驶入计轴传感器（A）作用区域时，向计数单元传送轴脉冲，计数单元开始计数，并判别运行方向，确定对轴数是累加计数还是递减计数。这时B计数结果为零，轨道板根据轴数信息，经比较不一致后，发出区段占用信息，控制该区段轨道继电器落下。轨道板通过CAN总线使显示单元显示区段轴数。当列车通过B端，计轴传感器（B）计数，经轨道板比较使显示单元显示区段轴数减少，当A、B轴数一致时，轨道板输出区段空闲信息，控制该区段轨道继电器吸起，显示单元显示为零（图9-34）。

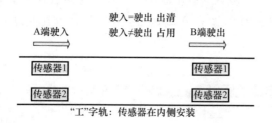

图9-34 ARTJZ-2型计轴系统原理图

3. 计轴维修重点

（1）关注维护诊断软件的应用和分析

随着设备监控功能的不断升级完善，目前主流计轴产品都具备自身诊断系统功能，维护人员应重点关注诊断软件功能是否满足用户用于现场设备维护的需求，并在设备厂验或设计联络期间提出明确要求，一般情况下，计轴诊断软件应包含但不限于以下功能：

1）能够对室内各板卡、单元进行检测，在发生故障时通过声光告警的形式准确报送故障信息。

2）能够对室外设备进行检测，在发生故障时通过声光告警的形式准确报送故障信息。

3）能够实时检测列车轴数是否正常。

4）提供历史报文查询手段，历史报文数据保存时间不少于1个月。

在设备维护维修方面，若设备已具备上述自诊断功能，维护人员应充分利用该诊断软件，作为日常维护和故障处理的关键手段。

（2）预防性维护关键点

室内设备日常维护

1）日常维护主要是每日对计轴主机板卡状态的查看以及使用诊断软件对设备的运行状态进行监控。

2）在室内日常维护检查方面，建立设备日常巡视表，内容涵盖主室内机柜中ACE各板卡指示灯工作状态的检查、诊断软件数据监控和报警信息检查。

室外设备日常维护

1）首先需对外观进行检查，查看电子盒的外观是否有磕碰，破损、密封是否良好等，如有问题应及时处理或者更换。

2）同时对室外计轴点检查磁头及其电缆，包括接地连接有无物理损伤，磁头安装螺栓有无松动。如有，及时进行整改。

3）在上述常规外观的检查基础上，利用在诊断机检查是否有磁头漂移告警，如有磁头告警，但是每天只出现几条，则可以忽略，先做好记录；如果每天出现大量的漂移告警信息，则应该立即进行磁头的标调及测量。在记录方面，可以建立数据库，通过数据的趋势建立，可以有效分析室外计轴设备的运行环境，如某一区域多次出现磁头漂移或轴数异常的现象，虽未导致设备故障，但需要引起关注，设备运行环境内可能存在干扰源。

4）日常巡视时，关注室外的计轴箱盒螺丝是否拧紧，保证计轴盒子密封良好，没有水汽侵入。

预防性维护工作注意事项

1）为保证行车安全，所有检查测试工作必须在非运营时间内进行。

2）定期通过诊断软件对室内主机进行诊断，充分应用诊断软件并建立巡视制度，发现问题及时解决处理。

3）室外密封性检查除螺丝紧固外，在设备安装前期对设备箱盒、磁头进行抽样浸水实验，相关密封标准达到产品标准，一般情况下不低于 IP66。

4）一般情况下，需要保证传感器周围 0.5m 范围内除钢轨和感应板外不能有其他金属异物。在日常巡视时需要重点关注。

（3）设备定期维护关键点

结合国内多条线路运营经验，建议对计轴设备按照每年一次的频次进行全面的定期检查。内容涵盖但不局限于：

1）计轴机柜端子排输入电源电压测量，包含供电、继电器供电、工控机、键盘显示器、温控风扇供电等。

2）对计轴进行接地检查，包括：对计轴室内室外设备接地电阻进行测量，一般情况下接地电阻不应大于 1Ω。

3）对计轴室外电缆绝缘进行测试，一般情况下大于 5MΩ。

4）对于机柜后门背部的防尘网应每半年定期做除尘处理或者清洗维护，保持机柜通风良好。

5）机柜内部应全面进行除尘。

6）对室外设备的限界进行检查，室外计轴点检查发送磁头与钢轨是否接触或超过轨面，如有，则需要重新进行磁头的标调及测量。

定期维护工作注意事项

1）为保证行车安全，所有检查测试工作必须在非运营时间内进行。

2）除常规电气测试及卫生清洁外，也应重点关注长期没有列车经过的区段，对该区段的继电器、板卡进行功能测试。视情况进行现场模拟划轴试验。

3）具备直接复位功能的正线区段，应定期对该功能进行验证，由于正线操作直接复位，存在较大风险。针对该项功能的检查，应建立专项制度，执行复位前，必须确保区段内无车。

4. 计轴常见故障分析

计轴系统代替轨道电路的应用越来越广泛，由于计轴系统的占用/出清检查不依赖轨道环境，所以他可以克服目前轨道电路所存在的分路不良、红光带等不稳定问题。虽说大部分计轴系统都通过了 SIL4 认证，由于应用环境的变化，使得传统计轴系统增加了一些新的安全风险，尤其在城市轨道交通线路运营中非常常见，如抗干扰、抗振动能力较弱，在一些特定环境下，如存在干扰源、列车行驶过程中钢轨振动大、钢制手推车驶过计轴磁头等因素，易导致计轴设备出现区段干扰故障。

由于运营对设备可用性的要求不断提高，传统计轴固有的可用性风险已经成了信号系统能否正常工作的一个重要问题，这些问题如不能很好地解决、缓解，将严重影响信号系统的安全性以及可用性。

（1）计轴常见故障案例 1

1）故障现象

调车作业时车轮往复运动或被压导致计轴干扰。

2）故障处理分析

通常情况下，计轴传感器中会有两个信号接收线圈，通过线圈接收到车轮的感应信号的时序性来判断列车的行驶方向，当列车车轮在传感器上方的一个接收线圈的上方进行往复运动却没有抵达另外一个线圈的上方时。由于计轴系统无法判断是否有线圈故障，所以会采取故障占用的方式以保证安全，可用性被降低。处理建议使用两套完全独立的传感器，独立探测车轮，如果有列车在其中一个传感器上方进行了往复运动，另外一个传感器也会有相应的信号回采以证明确实有金属物或车轮位于计轴点区域内，计轴系统可以正常工作与计数。

（2）计轴常见故障案例 2

1）故障现象

电力牵引磁场导致计轴干扰。

2）故障处理分析

当列车启动或者急加速时，大电流产生的磁场可能会对传感器输出产生干扰，导致传感器有单脉冲输出（等同于调车作业时的往复运动），此时系统无法对干扰以及传感器故障进行区分，为保证安全，系统会导向安全侧，影响系统的可用性。处理建议：联合车辆专业对列车牵引电流进行分析，稳定大电流磁场，同时考虑计轴磁头换边规避干扰源。

（3）计轴常见故障案例 3

1）故障现象

传感器丢轴导致计轴干扰。

2）故障处理分析

多发生于单套传感器设计的计轴系统，产生丢轴故障时将会导致岔区有车不被占用（即等同于轨道电路分路不良）。除加强常规设备维护外，通过设备升级改造，替换为两套完全独立的传感器，独立探测车轮。只要有一套探测到车轮进入，轨道区段即被占用。

（4）计轴常见故障案例 4

1）故障现象

计轴系统或出清的风险。

2）故障处理分析

在某些信号系统制式下，CBTC 模式下计轴系统一般用于后备系统，股道的占用出清依赖系统提供的车辆位置，由于系统提供的位置包络大于车长，特别是在折返线处，岔区不能及时出清，影响地铁运营的效率。所以目前一些集成商采用或出清逻辑（岔区的出清条件为系统判定出清或者计轴判定出清，满足其中一个条件即视作出清）。当传感器发生丢轴现象时，在计轴漏记故障产生时将会导致岔区列车驶出岔区时，计轴区段提前出清，此时岔前区段被 ZC 出清，岔区被计轴出清，满足顺序占用/出清逻辑，此时自动触发进路，将导致列车脱轨或挤岔事故。

安全起见，不建议采用或出清逻辑。同时考虑使用完全独立的双传感器布局，并进行比对分析，当发生轴数不一致的情况时，采取故障—安全原则。对于入口处某单个传感器发生的漏记错误，计轴系统以计轴数量多的传感器为参考，当列车通过岔区时，岔区一直保持占用状态直到列车完全通过。

（5）计轴常见故障案例 5

1）故障现象

钢轨振动导致的计轴干扰。

2）故障处理分析

特殊情况下，计轴磁头的安装位置位于行车内侧钢轨时，在列车高速经过时候由于离心力原因，对内侧压力不够大而容易导致内侧钢轨容易震动，继而导致磁头振动过大。计轴磁头振动幅值过大，且垂直方向的加速度大大超出其设计的值，由此带来的振动力度也超出了磁头所能承受的范围。磁头受到长期振动而引发内部电子元器件脱落或功能下降，导致出现计轴干扰。

针对此特殊情况的计轴设备进行换边安装处理，并利用振动测试仪对计轴按照环境进行测试。

（6）计轴常见故障案例 6

1）故障现象

室外计轴通信频繁中断导致计轴占用。

2）故障处理分析

目前一些主流品牌的计轴系统，为提高计轴系统的可用性，在三计轴点两区间场景下，当中间计轴点发生可恢复的技术性故障（丢轴或数据传输失败），在发生故障后又在一段时间内能自行恢复时，不需要人为的参与，计轴系统参照边界的两个计轴点对发生故障计轴点相关区段进行自我恢复，即大区间容错功能。该功能提高了计轴设备的可用性，但在实际应用过程中需要结合轨旁 ATP 的判断逻辑，如轨旁 ATP 在计轴系统通信不良时，由于大区间容错功能，特殊情况下会导致轨道区段频繁占用出清，造成故障—安全侧，从干扰升级到列车占用，造成故障升级。

该功能在设计联络期间，结合信号轨旁 ATP 的判断逻辑进行优化，确保判断逻辑支持该功能后在投用，避免特殊情况下的故障扩大后。若信号系统集成商不支持该项功能，则取消大区间容错判断逻辑。

（7）计轴故障处理的注意事项

1）针对设备故障处理，应提前评估确认不同板卡是否支持热插拔，是否需要重新配

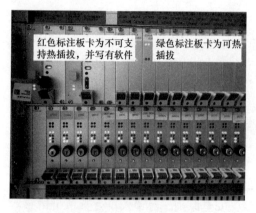

图 9-35　板卡标注示例

置软件，并进行分类标注，如图 9-35 所示，绿色标注为可支持热插拔的板卡，红色标注为不开插拔的板卡。

2）应确认设备断电重启机制，满足设备重启前断电开销时间。

3）故障电路板更换后，应将故障电路板包装好以避免机械或电气损坏。禁止将电路板裸体存放，应装入防静电塑料袋，返厂进行检修。不建议自行修理电路板。没有经过检验的电路板不能投入使用。

4）更换相关板卡备件前，应确认软件版本是否一致。

5）应建立备件管理制度，定期对计轴备件利用离线平台进行功能检测，以确保故障处理期间所使用的备件完整良好。

9.5　应　答　器

应答器是一种常见的通信传输介质设备，在各个领域都有广泛应用。随着轨道交通事业的发展，应答器也逐步作为一种常见的车地通信传输设备应用于各个城市轨道交通和高速铁路中，承担向列控车载设备提供可靠的地面固定信息和可变信息。

1. 概述

应答器分为无源应答器和有源应答器，通过与车载天线进行通信，将应答器报文发送给车载天线，同时通过接口与室内单元进行通信，接收室内单元发送的应答器报文。应答器设备可以简单地理解为一个数据存储器和发送器，当车载天线激活应答器时，应答器发送自身存储的应答器报文至列车车载设备。

以国内广泛应用的中国铁路科学研究院应答器为例，无源应答器的实物照片如图 9-36 所示。

图 9-36　无源应答器照片

无源应答器是一种可以发送数据报文的高速数据传输设备，主要功能和特点如下：

通过接收车载天线传递的载频能量获得电源和时钟，驱动应答器中的信号发生器工作，循环地发送存储在应答器中的数据报文；

通过应答器报文读写器能够读出和检查存储在应答器中的数据报文；

经过严格的授权和多重安全检查后，能够通过应答器报文读写器修改应答器中的数据报文。

如图 9-37 所示，有源应答器带有一定长度的尾缆，尾缆一般情况下采用 4 芯无氯阻燃型应答器传输电缆，用于与室内单元连接。有源应答器是一种可以发送由室内单元传输应答器数据报文的高速数据传输设备，主要功能和特点如下：

图 9-37　有源应答器照片

（1）有源应答器接收来自室内单元正弦波信号，经过整流稳压后为应答器有源部分提供电源；

（2）有源应答器接收来自室内单元编码形式的应答器报文，通过反变换将其还原为比特流，经过 FSK 调制生成符合接口规范的上行链路射频信号；

（3）当有源应答器接收到车载天线传递载频能量时，将上行链路电压信号进行功率放大，通过发射天线将携带应答器报文信息的上行链路信号发射出去；

（4）如果有源应答器检测不到来自室内单元的有效信号，当接收到车载天线传递的载频能量时，启动无源部分工作发送默认报文；

（5）通过应答器报文读写器能够读出和检查存储在应答器中的默认数据报文；

（6）经过严格的授权和多重安全检查后，能够通过应答器报文读写器修改应答器中的默认数据报文。

2. 结构及原理

（1）无源应答器系统原理

无源应答器（也称为固定应答器），一般设于区间入口、车站进出站端处，用于向列车车载设备发送区间长度、线路速度、线路坡度、列车定位等信息。

无源应答器通过接收天线接收来自车载天线发射的功率信号，由整流稳压电路将信号转换为直流电源，为应答器内部电路供电。应答器内部电路上电后，控制电路读出存储在存储器的数据，并通过 FSK 调制单元产生相应的 FSK 信号，经由放大驱动电路，将该信号通过 FSK 发射天线回送给车载天线。无源应答器的报文存储在 $E^2 PROM$ 存储器中。通过无线编程接口电路可以修改报文存储器的内容。

无线编程接口一般需要符合欧洲应答器的 A5 接口规范，采用 9.032MHz 调幅信号提供无线编程接口工作能量以及编程信息。无线编程接口的以下特点保证了对于无源应答器报文修改的安全性。只有在应答器接收到足够强且连续的 9.032MHz 信号，无线编程接口才能得到工作电源而启动工作。9.032MHz 载波信号的幅度调制是以固定波特率进行调制的，只有满足该波特率的信号才能被无线编程接口接收。应答器只有当写入信息满足身份识别密码之后才启动编程操作；在接收到完全一致帧信息的情况下，才进行将数据存入存储器；否则退出编程操作。

（2）有源应答器系统原理

有源应答器（也称可变应答器），一般设于车站进出站端，当列车通过可变应答器时，可变应答器向列车车载设备提供接车进路参数、临时限速等信息。

有源应答器的有源部分通过与LEU连接的应答器传输电缆获取以DBPL编码形式传输的应答器报文信号和正弦功率信号。有源应答器的接口电路先经过变压器隔离，然后通过双工器将正弦功率信号和DBPL信号进行分离，信号经过整流稳压产生供给应答器有源部分工作的电源。另外DBPL码进行滤波和放大，然后将有源部分的FSK信号输出至放大驱动单元。有源应答器的无源部分通过接收天线接收来自车载天线发射功率信号，由整流稳压电路将信号转换为直流电源，为放大驱动电路和控制电路供电；当应答器无源部分电路得电后，时钟提取电路首先工作，提取出时钟信号，无源控制单元判断应答器与LEU连接状态，则从接口模块读入报文，否则从报文存储器中循环读出默认报文，该报文数据流控制FSK调制单元产生相位连续的上行链路FSK信号，经过放大后通过FSK发射天线回送给车载天线。

有源应答器的默认报文存储在默认报文存储器中。通过无线编程接口电路可以修改默认报文存储器的内容。有源应答器的无线编程接口与无源应答器相同。无线编程接口能够保证对于有源应答器默认报文修改的安全性。

3. 应答器维修重点

应答器应当定期维护检查，周期可依据设备运行状态而定，一般以半年检、年检方式开展，维护内容应包含：

（1）应答器外观是否完好无损，如有破损需更换；

（2）应答器无金属区域内不能存在任何金属杂质；

（3）应答器是否安装牢固，如有松动需重新紧固；

（4）应答器安装位置是否符合技术要求，如不符合需重新调整安装位置；

（5）有源应答器的尾缆是否完好，如有破损需更换地面应答器。

最后，在平时的车载设备日常检修时，应关注车载应答器天线的安装高度是否正常，如距离过低，天线与应答器的距离过近，可能会导致旁瓣区干扰，导致列车车载设备接收到不完整的应答器报文，从而发生丢失应答器的故障。

4. 应答器常见故障分析

（1）应答器常见故障案例

1）故障现象：

应答器子系统是否出现故障应通过列控车载设备分析，当列控车载设备显示"应答器（组）信息不完整"、"应答器（组）设置位置错误"或"应答器（组）丢失"时，表明应答器出现故障，此时应下载列控车载数据进行分析。

2）故障分析处理：

① 若提示"应答器（组）信息不完整"，则表明应答器（组）出现故障，应进行更换；

② 若提示"应答器（组）设置位置错误"，则表明应答器（组）设置错误，应拆除并安装到正确位置；

③ 若提示"应答器（组）丢失"，则表明应答器（组）出现故障，应进行更换。

除上述自身故障外，还需重点关注应答器外部运行环境，如若设备周围存在较大的电磁干扰，设备在正常运行时会出现应答器数据报文受扰现象，车载天线解码延时或应答器丢点。若出现改问题，应利用频谱分析仪对应答器进行电磁环境噪声测试，确定干扰源或通过加装滤波器、屏蔽接地改变安装位置等方式缓解电磁干扰。

（2）应答器子系统更换步骤

当地面应答器出现故障时，应采用替换方式进行维护，更换步骤如下：

1）拆除故障地面应答器；

2）使用应答器读写工具将故障地面应答器的应答器报文写入备用地面应答器，写入完毕后读取备用地面应答器的应答器报文，进行校验核实；

3）安装备用地面应答器；

4）检查备用地面应答器的安装位置是否符合要求，如不符合需进行调整；

5）安装完毕后使用应答器读写工具读取备用地面应答器的应答器报文，再次进行校验核实；

6）如果所更换地面应答器为有源应答器，还需要连接地面应答器尾缆。连接完毕后使用应答器读写工具读取应答器报文，将所得应答器报文和列控中心发送的应答器报文进行比较，两者应当一致。

第10章　信号系统的维修理论

10.1　维修模式研究

在城市轨道交通不断发展的过程中，维修思想在不断地发生着变化，维修模式也呈现出科学化、经济化、多样化的特征，维修管理越来越完善。

1. 维修思想历程

（1）早期维修思想

在20世纪50年代以前，各行各业的维修管理主要是事后维修，即在设备故障发生之后进行的补救性维修。由于当时的设备结构比较简单，当时的机器大多数采用皮带、齿轮传动结构，设备故障所造成的经济与安全后果比较轻，对工人的维修技能要求也较低，维修人员凭借眼睛、耳朵、手、鼻子等感官即可判断出故障部位，通过师傅带教的方式就能完成经验传授与技能传承，缺乏系统的理论，维修管理也只能算是经验管理。因此，在当时，人们认为维修只是一种技艺，事后维修就能够满足当时生产的需求。

（2）近代维修思想

随着科技的进步，机械化程度不断提高，设备数量逐渐增加，设备结构更加复杂，逐渐出现了流水线生产方式。在流水线设备运作过程中，单个零件发生故障都可能造成整台设备、甚至整个工厂的停产，对企业的影响特别大，各企业均在想方设法的让设备能够持续运作，保证生产不中断。

为此，人们开始更深层次地研究设备维修理论，认为设备的每个部件在工作时就会出现磨损，磨损就会引起故障，有故障就存在不安全性，因而每个部件的可靠性与使用时间有直接的关系，都有一个可以找到定时拆修的间隔期，并且认为定时拆修工作做得越多，则可靠性越高，可以通过缩短拆修间隔期的办法来预防故障的发生。因此，就形成了在固定间隔期拆修设备以保障设备能够持续可靠运行的定期维修方式，即通过经常检查、定期修理和翻修来控制设备的可靠性，这在近代维修思想中被认为是非常有效的。相比早起维修思想的事后维修，定期维修是在设备故障前进行的一种预防性维修。自此，美国首先实行预防性的定期维修，即事先在某一固定时刻对设备进行分解检查、更换翻修，以预防故障的发生，防患于未然。

这种定期维修减少了故障的发生频率、减少了企业的经济损失，相比事后维修，定期维修带来的效益远远高于事后维修。因此，定期维修迅速传遍世界各地，在各行各业的设备维修中占据了统治地位。

随着设备的复杂性越来越高，设备故障后造成的影响也越来越大，然而出乎意料的是，不管如何缩短拆修间隔期，或加大拆修范围及拆修深度，设备的故障并没有预期的那样得到有效的预防和减少。各企业面对高额的维修成本压力和再频繁的定期维修也不能降低设备故障率的情况下，人们开始对近代维修理论重新进行认识评估。相关研究结果显示，近代维修的定期维修方式对于一些故障集中在一定时间段的简单零部件和一小部分的复杂零部件是有效的，对于复杂设备的故障预防几乎不起作用，并非是定期维修工作越频繁、维修工作做得越多，系统可维持的可靠性就越高，维修工作超过了一定的限度反而会使系统的可靠性降低。可靠性和拆修间隔期的控制并无必然的直接联系，这与近代维修思想中的部件两次拆修间隔期的长短是影响可靠性的重要因素的核心思想完全背道而驰。因此，经过不断的经验总结与可靠性理论研究，以可靠性为中心的现代维修思想出现了，并修正了传统维修思想。

（3）现代维修思想

随着计算机技术和通信技术的不断发展、设备集成化不断提高、智能化逐步出现、维修手段呈现多样化，维修经验逐步积累，现代维修思想与近代维修思想相比，已出现明显的本质变化，已不再是一种单一的维修方式，而是形成了一种以可靠性中心思想为指导的现代综合维修体系。

现代维修思想是以可靠性为中心，从设计源头就需考虑系统的可靠性、安全性与维修问题，正确认识了系统设计和系统维修之间的关系。以可靠性为中心的现代维修思想的基本原理如下：

1）以定时拆修的定期维修方式对复杂设备的故障预防几乎不起作用，但对简单设备和故障往往集中在某一时间段的复杂设备的故障预防是有效的。

2）不是所有的部件有一点小问题就必须更换或拆修，对于与行车安全不相关的部件，可考虑在部件不发生功能故障的前提下继续利用，实现在保证行车安全的前提下使经济效益最大化。

3）全面认识部件的故障类型，及时检查并排除掉未发生或即将要发生的隐蔽功能故障，可有效预防会造成严重后果的故障发生，尤其是涉及行车安全的零部件。

4）设备固有的可靠性水平可以通过有效的预防性维修工作来保持，但不可能超过这个水平，要想超过固有可靠性水平，必须重新设计或对系统进行改造，需要重视技术改造在维修中的重要价值。

5）预防性维修虽能降低故障的发生频率，但不能改变故障的后果，只有通过设计或技术改造才能改变故障的后果。

6）预防性维修是不但要考虑维修技术可行、维修有效，并要依据设备故障的后果来确定，否则，预防性维修工作将失去价值。

7）预防性维修指导文件制定后，需要在使用期间根据设备的运行状态不断修订和完善。

8）预防性维修指导文件不能局限于维修部门的意见，还需参照供货商或设计单位的意见或直接供货商或设计单位共同讨论执行维修指导文件，只有这样才能确保维修指导文件的准确性、全面性。

（4）维修思想的发展趋势

随着计算机技术在企业中应用的发展，设备维修领域也发生了重大变化，设备的状态实现了实时监控，借助先进的监测手段，可由计算机分析出设备的故障部位、诊断出故障原因，为维修人员提出建议维修方法，可以及时预防故障的发生或故障发生后能协助维修人员快速处理故障，减少行车影响。目前，状态修在我国的城市轨道交通信号领域应用较少，道岔、车载类的部分关键设备得到了一定的应用，状态修在我国还处于起步阶段，在国外的应用比较成熟。

基于自诊断电子系统的智能维修在国内外尚处于研究阶段，亦是维护自动化的未来发展的主要方向。

2. 现代维修模式

随着生产设备的复杂化和维修技术手段的提高，设备状态检测和故障诊断技术的不断开发，维修理论的创新，维修模式也在不断的发展变化。现代社会的主流维修策略主要是以可靠性理论为中心思想，以预防性维修结合事后维修、改进性维修的综合性维修体系。

（1）事后维修模式

所谓事后维修就是当设备发生故障或者性能降低即将造成故障时进行维修，亦称为故障修或补救性维修。事后维修的来源主要有检测设备发出的故障检测信息、设备本身发出的故障信息、定期维修中发现的设备失效或故障。事后维修是为恢复系统或设备的基本功能，通过重启、复位、调整、部件替换、部件修复等基本操作，使其恢复到规定状态的维修活动，属于紧急维修或补救性维修。最大优点是充分地利用了零部件或系统部件的寿命，但事后维修是非计划性维修，同时还存在一定的缺陷和不足，即容易打乱生产计划，给调度行车造成困扰。

事后维修除了做为定期维修不足造成的设备故障后的补救性维修之外，部分城市轨道交通还将事后维修做为一种基本的日常维修策略。在现代维修思想中，一些非重要设备、故障造成损失较少、故障后果不严重或备有冗余的设备，可减少定期维修的频率和维修深度，或不进行定期维修，以事后维修为主要维修策略。同时，对于一些维修费用低的设备或辅助作业线的简单设备也可采用事后维修模式做为基本的维修策略。

事后维修的三个典型步骤：

1）问题诊断；

2）故障零件的更换或维修；

3）维修确认。

此类维修模式，在地铁信号设备运维中只作为计划修的一种辅助措施，对于破损或故障后不影响系统正常运行的设备可采取此类维修模式。一般来说，对生产影响不大的一般设备采用事后维修。

（2）预防性维修模式

预防性维修的核心思想是以预防为主，主要包括以时间为基础的定期维修方式和以设备运行状态监测与预判为主的状态修方式。其中定期维修方式是我国各城市轨道交通领域的主要维修方式，状态修方式的实现需要一定技术条件，目前还在局部应用与试验过程中，未得到广泛应用。预防性维修虽有优点，但有时会使维修工作量增多，会造成过度维修，因此需要根据设备运行趋势不断对维修指导文件进行修正。

1）以时间为基础的定期维修

定期维修的理论依据是浴盆曲线。使用经验及试验结果表明，设备在刚投入使用时，由于设备未经磨合，故障率很高；随着使用时间的增加，故障率渐渐地趋于稳定；在使用寿命期终了的时候，故障率又逐渐增加，其故障率随时间变化的关系如图 10-1 所示，它的故障率是两头高、中间低，图形有些类似于浴盆，故称为浴盆曲线。此曲线于1951年发现，1959年被正式命名。

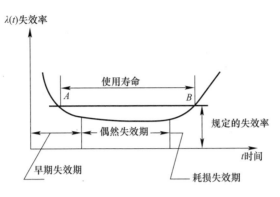

图 10-1　浴盆曲线

从浴盆曲线可以看出，设备的故障率随时间的变化可以分为三个阶段：早期失效期、偶然失效期和耗损失效期，也有人称其为磨合期、有效寿命期、耗损期。当时人们认为如果在耗损故障期到来之前对设备进行拆检、更换磨损的零部件，就能防止其功能故障出现。

2）以状态检测为技术条件的状态修

状态修是指以先进的设备状态监测技术和诊断技术实时提供设备运行状态相关信息，由此判断设备的异常状态，在预判设备发生异常或即将故障时，提前介入设备维修工作，起到精准维修、故障预防、节约维修成本的目的。状态修可以减少不必要的检修工作，节约工时和费用，使检修工作更加科学化。

状态检测可以使维修人员在办公室就能很方便地查看设备运行的当前状态或历史记录，并能迅速地对设备的未来状态进行预测，对于存在故障隐患的设备可以提前组织维修人员、制造厂在内的有关专家进行维修，必要时还可以进行远程诊断。

状态检修是一种较复杂的维修模式，需要建立配套的管理体制、方法机制、技术手段、保障体系。

（3）改进性维修

改进性维修是从维修角度出发，追根溯源，从设备的可靠性、易修性和安全性等方面出发，通过技术革新、技术改造、软件升级等手段对设备部件或整个系统进行的一种改进。

改进性维修是以提高设备固有可靠性、维修性和安全性水平为目的。改进性维修实质上是完善设备的设计，是预防性维修和事后维修的一种补充手段，更是设备改进循环中必不可少的一个环节。

（4）行业维修情况

各地铁、同行的维修方式各有特点，不尽相同。下面简单介绍国内外地铁维修情况。

1）国外地铁维修情况

法国巴黎、美国纽约、日本东京、英国伦敦等地铁的状态修较成熟，通过信息化管理系统较全面地掌握了设备运行状态，维修体系相对简单，例如：车辆设备根据其运行公里数及年限，经过状态评估，主要有定期维护及厂修（段修）等方式，其他设备维修保养分为三类型：状态维修、一般更换及系统升级。

2）我国地铁维修情况

我国地铁通用维修体系以计划修为主，还不能做到国外成熟的状态修，通常是将定期维修、状态修、事后维修组合起来形成一种综合性的维修体系，各城市在具体的维修等级划分上有所差异，但是维修的核心思想是一致的。

香港地铁把信号设备维修等级分为一般性维修和高层次维修，一般性维修主要以委外维修为主，委外单位有端口直接进入施工系统进行操作；整体更换或翻修的工作称为高层次维修，是否需要高层次维修主要根据设备状态的评估、运行时间、风险及经济性来决定。

大陆各城市的信号系统的维修等级主要包括巡检、日常维护、专项维修、中修、大修等。部分城市为了提升专业技术水平，形成体系完整的维修链，按照维修职责和维修深度，又划分了在线维修与离线维修，在线维修又称为前台维修，主要负责年度维修及以下修程的计划修工作；离线维修主要是指后台维修，主要负责设备大、中修及零部件修复，也负责质量评定、设备解体拆解分析、设备故障原因分析、设备主要零部件使用寿命等对指定主要零部件保养、维护、维修和更换的专项修。

10.2 基于可靠性理论的信号设备维修研究与应用

关于设备设施可靠性理论论述，本节重点研究基于大线网运营服务需求，研究信号设备设施差异化维保策略以及设备设施维修策略与规程优化措施。为确保本次研究的可靠性维修策略更具有针对性，本章重点介绍如何通过 FMECA 分析法，对某城市地铁网络化运营管理要求及信号设备设施可靠性现状分析结果，提出城市轨道交通基于可靠性的理论和方法。

1. 设备可靠性分析方法介绍

（1）FMECA 分析法

故障模式影响及危害性分析（Failure Mode, Effects and Criticality Analysis，简称 FMECA）是针对产品或系统所有可能发生的故障，确定每种故障模式对系统产生的后果，并按故障模式的严重程度及其发生概率确定其危害性的一种归纳分析方法。

FMECA 分析的主要目的是通过逐一分析系统各组成部分的不同故障对其产生的影响，全面识别系统薄弱环节和关键因数并确定系统可靠性关键部件和重要部件。本次分析主要针对系统使用过程中的 FMECA 分析方法，通过分析研究系统在使用过程中实际发生的故障频次、故障原因及其影响，为实施设备系统改进、换型等有效提高系统可靠性的方式提供依据。

根据历史故障数据，将各故障模式造成的影响按严酷度即故障等级分为以下几类：①影响列车运营安全；②15min 以上晚点；③5～15min 晚点；④影响列车服务质量（2～5晚点/清客/抽线等）；⑤对列车运营无影响。

在特定严酷度等级下，零部件故障模式中某一故障模式具有的危害度为 C。对给定的严酷度等级和任务阶段而言，部件 i 的第 j 个故障模式的危害度可由下式计算：

$$C_{ij} = \alpha_{ij}\beta_{ij}\lambda_i t \tag{10-1}$$

1）故障模式频数比 α_{ij}：α_{ij} 表示部件 i 按第 j 种故障模式出现的次数与部件所有故障数的比值。

2）故障影响概率 β_{ij}：β_{ij} 是一条件概率，它表示单元 i 在第 j 种故障模式发生的条件下，元件故障对系统的影响级别，一般由分析人员根据经验判断得到，通常按表 10-1 进行定量估计。

元件故障对系统影响级别表　　　　　　　　　　　　　　　表 10-1

故障影响	β
部件肯定造成相应等级影响	$\beta=1.0$
部件可能造成相应等级影响	$\beta=0.5$
部件很少造成相应等级影响	$\beta=0.1$
对部件无影响	$\beta=0$

3）产品的故障率 λ_i：λ_i 的确定方法可以用可靠性试验方法，也可以是通过有关资料查得并进行修正后的数据，这里的故障率 λ_i 是通过现场故障数据得到的平均故障率，其计算公式为：$l_i = N/\mathring{a}t$

式中，N 为某一部件在规定时间内的故障总次数；$\mathring{a}t$ 为某一部件在规定时间内的累积工作时间；下面计算中 $\lambda = \lambda_i\alpha_{ij}$。

4）工作时间 t：t 表示产品的工作时间，一般以工作小时或工作次数表示。

（2）可靠性统计分析法

通过对系统部件故障数据进行建模分析，从中找出设备的故障规律，得到设备运行状态随时间的变化关系，并获得相应的可靠度指标，进而预测部件的寿命，再依据部件使用寿命、设计寿命综合评估得出合理的维修/更新点。具体步骤如下：

1）采用可靠性分布函数建模。

最常用的 4 种寿命分布函数类型：指数分布、威布尔分布、标准正态分布、对数正态分布。

符合典型分布的产品类型举例　　　　　　　　　　　　　　表 10-2

分布类型	适用的产品
指数分布	具有恒定故障率的部件，无余度的复杂系统，经老练试验并进行定期维修的部件
威布尔分布	某些电容器、滚珠轴承、继电器、开关、断路器、电子管、电位计、电动机、电缆、蓄电池、材料疲劳等
对数正态分布	电机绕阻绝缘、半导体器件、硅晶体管、金属疲劳等
标准正态分布	机械产品磨损等

根据表 10-2，选用常用的威布尔分布函数进行可靠性分析，通过对威布尔分布函数进行线性变化，可将威布尔分布函数转换为线性回归方程。

2）可靠性函数拟合。

采用可靠性分析软件数据函数模型拟合，对设备可靠性数据进行数据建模，将维修数据导入函数模型，输出未来设备可靠度的变化趋势。

3）设备设施可靠性预测。

对影响设备设施服务可靠度的关键设备进行可靠性分析，输出可靠度曲线及失效率曲线，建立设备设施维修最佳时间点及建立设备设施更新改造最佳时间点。

2. 基于可靠性的信号设备差异化维保策略研究

城市轨道交通线路运营可靠性在很大程度上取决于信号设备的可靠性。随着线网的增大和用户对地铁可靠性要求的提高，维修管理的重要性日益显现出来。如何采取合理的维修策略和正确决定维修计划，以保证在不降低可靠性的前提下节省维修费用，便成为负责设备维修部门面临的重要课题。

（1）关键设备可靠性风险分类与识别

地铁设备设施故障种类多样，且不同类型故障对设备设施可靠性的影响程度不一，以信号设备设施故障数据为分析依据，按照故障发生频率和影响程度两维度建立风险矩阵，识别出设备设施可靠性的关注重点。

（2）差异化的设备设施维修策略模型

以运营影响程度为核心构建设备设施可靠度模型，根据故障影响程度和发生频率建立风险矩阵，进行关键设备系统辨识。从风险矩阵中的四象限设备设施划分出发，选取各象限典型的设备设施作为研究对象，结合不同关键设备故障率及其对运营服务、安全的影响，实施基于预防性的定期维修、事后维修与状态修等多种维修方式，实现单一或组合的设备设施差异化维保策略，从而确保大线网服务可靠度，合理控制维保成本，形成基于可靠性的差异化设备设施维修策略模型。

（3）基于可靠性的信号设备设施健康管理

根据差异化设备设施维修策略模型，对于关键设备系统中分布在高风险区及高频率区的关键设备设施，利用状态检测技术和数据挖掘诊断，感知系统状态，识别关键风险设施；通过开展关键及薄弱部位的劣化预判，实施精准维修，保持关键设备设施固有可靠性，避免发生任务失效乃至服务失效的后果。

由于信号系统是影响任务可靠性的系统，维修策略方向的重点是对关键重要设备设施进行运行数据分析、状态监测、趋势预判，通过数据分析、远程监测对异常情况及时预判和告警，提前处置设备设施故障隐患，避免发生颠覆性的故障，以此保持系统整体可靠性。

第11章 信号系统的维修组织

11.1 维修周期与内容

城市轨道信号系统的维修需要综合考虑成本控制、人员技能、维修能力以及专业系统对行车、客运的影响程度等因素，采取预防性维修结合恢复性维修的综合维修策略。本章以某城市轨道交通的定期维修模式下的信号系统维修周期和维修内容进行介绍，其信号系统的每种设备包括了日常保养、二级保养、小修、中修、大修共5个修程，其中高级修程应该包含低级修程。

1. 概述

（1）日常维护

信号设备生命周期一般为15～20年，不同供应商提供的信号设备存在生产工艺不同而寿命不同。信号系统的维修需要贯穿整个生命周期，日常保养、二级保养和小修属于设备的日常维护，需要按照技术指导文件定期进行，并根据设备运行状态变化趋势及时对维修周期和维修内容进行修订完善。

信号设备维修主要有电子板卡、易损磨耗件和服务器/工控机的维护保养。电子板卡主要采取轮换、对换、更换、故障修等维修方法；易损磨耗件按照技术指导文件规定的周期到时间就换；服务器/工控机采取故障修，到时间虽然没故障但在预防性维修的原则下进行抽样离线检测，然后专项整治。

更新是指用新件替换原件；更换是指用新件、周转件或修复件替换原件；整治是指对现场设备不满足质量、技术要求的状况，通过现场处理，达到质量要求和技术标准。

（2）大中修

中、大修属计划性维修，按照中修→大修→中修→大修的顺序依次循环，在遇到中大修时如果进行升级改造，则按照升级改造要求进行。

提前进入中大修需要满足一定的条件，即：由负责中大修业务管理部门根据每年的信号设备质量技术评定结果，或者由设备维保部门提出并经上级部门审核通过后，可以提前进入中大修。

信号设备中大修时，要储备一定的周转件用于轮换。轮换下来的部件要进行抽样离线检查、检修、检测，主要是大功率器件、电感电容、继电器板等，关键机械类部件要进行探伤。周转件数量为每种类型设备总数的15%～20%。

信号车载设备中大修可结合车辆架大修进行，年限或公里数满足其一就可进行大修。

在进行大修时，结合备件停产情况、行业新产品新技术运用情况，可以用新产品整体替换1～2个信号系统子设备（或子系统），例如电源、服务器等。

信号设备在大修前进行评估，以确定中大修工作开展的具体时间、执行内容以及实施方式，避免过修、漏修，而不是根据评估结果判定是否进行大修。参考设备的寿命周期、国家行业规范、产品维修手册、同行经验等科学地制定设备的大修周期。

（3）维修指导思想

信号系统的维修指导思想需要综合考虑具体设备属性特征、备件的市场成熟性、各部件寿命等多个因素，有针对性地制定设备的维修周期和维修内容。

1）按周期定期更换动作频繁，机械、电气特性容易变化的轨旁机电一体化设备部件，降低故障率。

轨旁机电一体化部件是例如道岔转辙设备、轨旁信号显示设备、轨道电路、环线设备等受使用时间和动作频次、机械磨损影响较大，价格相对较低，且容易采购到市场的成熟产品，为了提高设备的稳定性，可通过定期更换或集中整治的方式直接更换掉旧的零部件，实现设备稳定，确保运营安全。

2）有针对性地更换寿命与使用时间密切相关的零部件以降低故障。

电源模块、散热风扇、存储设备、电解电容等受使用时间影响较大，但市场成熟，技术含量低，价格相对较低，为了提高设备的稳定性，可通过定期更换或集中整治的方式直接更换掉旧的零部件，实现效益最大化。

3）定期维护，采取少动、细巡、勤测、精查的策略。

对于冗余程度较高，频繁拆装反而容易造成设备的不正常损坏的室内板卡、工控机、服务器、电子模块，基于信号设备的电子特性，可采取少动、细巡、勤测、精查的维护策略，加强监测，尽可能避免过度维修和维修失误。该策略在技术规程中表现为外观检查、供电检测、功能检查和性能测试四个方面，主要应用于日常保养、二级保养和小修中。

4）故障影响小的终端设备可采取日常保养和恢复性维修方式。

地铁信号系统中存在大量的终端设备，其故障具有随机性，如轨旁联锁设备工作站、ATS设备工作站、车载系统的显示屏、键盘、鼠标、防雷器、端子排等设备。从设备冗余程度、质量与维护成本上考虑，可以将对行车安全与运营服务没有太大影响的终端设备，采取日常保养和恢复性维修的方式开展。

2. 维修周期与内容

根据日本工业JIS的定义，维修是指把产品维持在使用及运行状态以及排除故障和缺陷所进行的一切活动，通常包括检查、维护、修理、更新四项任务。本节根据我国某城市地铁实际信号设备运行的维修经验，结合设备的故障特性制定的维修内容和周期，其中高级修程包含低级修程，为避免重复，设备维护修程表中各级修程的检修工作内容只列出除低级修程外的内容，以下检修内容及检修周期均根据现场设备的实际运行状态、相关参数测量等进行综合评估，并适时调整，仅为参考。

（1）ATP/ATO子系统维修周期与内容

ATP/ATO子系统的检修方法及内容主要以设备清洁、目视检查、电气测试、模块评估更换、ATP/ATO静态和动态测试为主。

1）维修周期与工作内容

① 列车定位设备（表11-1）

表 11-1

设备	修程	检修工作内容	参考周期
同步定位设备室内机柜	日常保养	检查设备运转状态、设备外观；设备清洁	每周
	二级保养	检查插接件、标示及设备铭牌、地线、橡胶密封条；电气测试	每半年
	小修	设备清洁（部件）；检查机柜内电子模块	每年
	中修	先评估再更换性能不良部件；清洁内部板件；检查接线端子及背板插接；设备整治；线缆检查及绝缘测试	6 年
	大修	先评估再更换机柜内部部件；设备调测	12 年
同步定位设备轨旁接收设备	小修	检查安装装置、导线、引接线、防护管、接地线、紧固件、铭牌、环线外观及形状、橡胶密封条；箱盒内部防潮、防湿检查，防锈处理；电气特性测量	每年（露天站每半年）
	中修	评估再更换性能不良部件；设备整治；设备调测	6 年
	大修	评估再更换性能下降线缆、部件；设备整治；设备调测	12 年
应答器、信标、接近感应设备	小修	检查外观、应答器的电缆接口、线缆、安装装置；清洁轨旁接线盒；功能状态测试	每年
	中修	更换紧固件、设备除锈、油饰；设备调测	6 年
	大修	评估再更换性能下降线缆、部件；设备整治；设备调测	12 年

② 轨旁 ATP/ATO（表 11-2）

轨旁 ATP/ATO 设备维护修程表 表 11-2

设备	修程	检修工作内容	参考周期
轨旁 ATP 机柜	日常保养	检查设备运转状态、设备外观	每三日
		设备清洁，防尘网清洁	每周
	二级保养	重启设备	每月
		检查设备内部状况、紧固件、地线、橡胶密封条；检查轨旁 ATP 报文数据；电气特性测试、冗余试验	每半年
	小修	检查设备内部状况；清洁内部部件	每年
	中修	评估再更换不良部件；模块老化测试	6 年
	大修	评估再更换系统；设备整治；设备调测	12 年
轨旁 ATP 终端	日常保养	用户访问；检查设备运行状态；备份操作信息	每日
		清洁设备表面	每周
	二级保养	整理硬盘	每月
		检查紧固件、键盘、鼠标、显示器、风扇、打印功能	每季
	小修	评估再更换设备电池；清洁设备板件；紧固内部部件；检查运行状态及功能测试	每年
	中修	评估再更换硬盘、CPU 散热风扇及电源模块；设备整治；设备调测	6 年
	大修	评估再更换性能下降的终端；设备整治；设备调测	12 年
紧急停车按钮、无人折返按钮	二级保养	检查机械特性，车站控制盘、区域控制工作站；功能检测	每季
	中修	检查钥匙开关；整治线缆、车站控制盘外观；设备调测	四年
试车线模拟工作站	日常保养	检查设备运行状态、显示器、键盘、鼠标、散热风扇；清洁设备外部	每周
	小修	检查连接线缆、电源；整理硬盘；备份系统；清洁设备部件；复查试验	每年
	中修	评估再更换鼠标、键盘、散热风扇及电源模块；设备整治；设备调测	6 年
	大修	评估再更换性能下降的工作站（包括电源线路）；设备整治；设备调测	12 年

続表

设备	修程	检修工作内容	参考周期
试车线控制盘	日常保养	检查设备运行状态、设备外表；设备外表清洁	每周
	小修	检查单元块结构、紧固件、线缆、连接件、铭牌、电缆沟；设备清洁，防尘防潮防鼠；按钮测试	每年
	中修	设备整治；绝缘测试	6年
	大修	评估再更换试车线控制盘部件；设备整治；设备调测	12年

③ 车载 ATP/ATO（表 11-3）

车载 ATP/ATO 设备维护修程表 表 11-3

设备	修程	检修工作内容	参考周期
车载信号显示屏	日常保养	问调度了解设备使用情况；检查设备运转状态；做好日检测并记录，读取信号屏上的故障信息	每两日
	二级保养	清洁显示器屏幕；静态测试	每季
	小修	清洁显示屏背部；检查接插件、接口；动态测试	每年
	中修	检查显示器屏幕；设备整治；设备调测	6年
	大修	评估再更换设备；设备整治；设备调测	12年
车载ATP/ATO柜	日常保养	问调度了解设备使用情况；检查设备运转状态；做好日检测并记录	每两日
	二级保养	检查插接件、分线排、紧固件、地线、橡胶密封条、风扇、标示及铭牌；设备清洁；静态测试	每季
	小修	清洁设备（部件）；动态测试	每年
	中修	评估再更换性能不良部件；检查继电器；设备整治；设备调测	6年
	大修	对电子板块进行抽样检测；评估再更换设备；设备整治；设备调测	12年
车地通信天线、车载无线及测速电机	日常保养	检查设备外观、各连接件	每两日
	二级保养	检查线缆、电机及组件；清洁设备外表；天线电气特性及电机测试	每季
	小修	拆卸测速电机，检查机械连接紧固情况、涂抹黄油、评估再更换机械杆件；检查车地通信天线安装距离数据；电气特性测试及功能试验	每年
	中修	拆卸测速电机，评估再更换弹簧及舌头销子等机械部件；检查电缆与插针、电缆整体绝缘性能	6年
	大修	评估再更换设备；设备整治；设备调测	12年
交换机、车载中继器网络系统	日常保养	检查网线接口	每日
	二级保养	清洁设备外表；交换机、中继器功能测试	每季
	小修	清洁设备外表；检查接线缆；交换机、中继器功能测试	每年
	中修	评估再更换设备部件；设备整治；设备调测	6年
	大修	评估整治再更换设备；设备整治；设备调测	12年

④ 车载无线（表 11-4）

车载无线设备维护修程表 表 11-4

设备	修程	检修工作内容	参考周期
车载无线	日常保养	问调度了解设备使用情况；检查设备运转状态；做好日检测并记录	每日
	二级保养	检查地线、标示及铭牌、天线、插接件、紧固件、无线网卡灵敏度、两端无线通信电缆、无线连接状况；清洁机柜	每季
	小修	清洁机柜及所有组件	每年
	中修	评估再更换设备部件；设备整治；设备调测	6年
	大修	评估整治再更换设备；设备整治；设备调测	12年

2）典型设备维修方法与工艺标准

本节选取卡斯柯车载 ATO/ATP 子系统的车载外设设备为典型案例进行分析、详述（表 11-5）。

车载外设设备维修工艺表 表 11-5

设备	修程	参考周期	维修内容	维修方法	维修参考标准
编码里程计、信标天线、DCS天线	日常保养	每日	外观、螺丝紧固检查	目测	无机械损伤，各螺丝紧固，电缆接头不松动
	二级保养	每季	含日常保养内容		
			外部清洁	目测，用抹布清洁	表面无灰尘、油渍
			各接头是否松动	使用专用工具拧紧	连接线应连接牢固，无断线、接触不良、表皮破损
			信标天线、DCS天线安装位置检查	测量信标天线，DCS天线在安装位置	（1）外观无破损，内部无渗水现象。（2）信标天线，DCS天线在安装范围
	小修	每年	含二级保养内容	进行列车动态测试	各外设设备功能正常
			功能测试		
			编码里程计裂纹检查，检查电缆破损程度，DCS天线冗余性测试		
	中修	6年	含小修内容		
			评估再更换设备部件；设备整治；设备调测		达到设备技术指标要求，满足运营使用需求
	大修	12年	评估整治再更换设备；设备整治；设备调测		达到设备技术指标要求，满足运营使用需求

（2）ATS 子系统维修周期与内容

ATS 子系统的检修方法及内容主要为目视外观及状态显示检查、清洁、测量、数据读取分析、功能测试、模块更换等。

1）维修周期与工作内容

① 人机界面、服务器及控制柜（表 11-6）

人机界面及服务器设备维护修程表 表 11-6

设备	修程	检修工作内容	参考周期
人机界面、服务器及控制柜	二级保养	检查键盘、鼠标、显示器、音响、散热风扇、电源及电（光）缆、紧固件、主机；清洁设备表面；冗余切换测试	每月
	小修	评估再更换电池；清洁设备内部板件；系统数据备份；更换硬盘（每三年一次）；功能测试	每年
	中修	评估再更换主机；设备整治；设备调测	6年
	大修	评估再更换主机、地线及接线端子排；设备整治；设备调测	12年

② 工作站（表 11-7）

工作站设备维护修程表　　　　　　　　　　　　　　　　　表 11-7

设备	修程	检修工作内容	参考周期
工作站	日常保养	检查设备运行状态	每日
	二级保养	清洁设备外表；整理硬盘（如遇软件升级后应在检修时进行备份）	每月
	小修	检查紧固件、电源；系统级备份；清洁内部部件	每年
	中修	评估再更换主机；设备整治；设备调测	6 年
	大修	评估再更换主机、地线设备整治；设备调测	12 年

③ ATS 机柜（表 11-8）

ATS 机柜设备维护修程表　　　　　　　　　　　　　　　　表 11-8

设备	修程	检修工作内容	参考周期
ATS 主机柜	日常保养	检查设备运行状态；清洁设备外表	每月
	二级保养	清洁风扇、防尘网；检查外接插件、接口、紧固件、电源端子排、地线；变压器电源输出测量	每半年
	小修	清洁机柜内部板件；功能测试	每年
	中修	评估再更换电源模块、CPU 板；设备整治；设备调测	6 年
	大修	评估再更换设备；设备整治；设备调测	12 年
I/O 接口柜	二级保养	检查运行状态、光纤或者网线接口、电缆及元件、电源开关、安装装置、紧固件；测量电源参数；自动切换开关功能测试	每月
	小修	清洁机柜内板件；机架重启；参数测量	每年
	中修	评估再更换机柜电源模块；设备整治；设备调测	6 年
	大修	评估再更换机柜部件；设备整治；设备调测	12 年

④ ATS 外部设备（表 11-9）

ATS 外部设备维护修程表　　　　　　　　　　　　　　　　表 11-9

设备	修程	检修工作内容	参考周期
发车指示设备	二级保养	检查外观、地线、密封条、安装装置、紧固件、电缆接头、显示状态；清洁设备外表	每半年
	中修	评估再更换电源模块、显示模块；设备整治；设备调测	6 年
	大修	评估再更换设备部件；设备整治；设备调测	12 年
中控背投	日常保养	用户访问、检查设备运行状态	每日
	二级保养	检查处理器运行状态；清洁处理器；整理备份数据；重启	每月
		检查投影机运行状态、屏幕；清洁显示单元	每季
	小修	评估再更换显示单元硬件；清洁显示单元硬件、处理器；校准光路	每年
	中修	评估再更换电源模块、散热风扇；设备整治；设备调测	6 年
	大修	评估再更换设备部件；设备整治；设备调测	12 年
IBP 盘信号按钮	二级保养	检查外观、连接件、电缆沟槽、防鼠情况；清洁设备外表；按钮功能测试	每半年
	中修	评估再更换按钮；线缆整治；按钮功能测试	6 年
	大修	评估再更换设备部件；线缆整治；按钮功能测试	12 年

设备	修程	检修工作内容	参考周期
接线架	日常保养	检查机架外表；清洁机架外表	每日
		检查机架内部状况；清洁机架内部	每周
	小修	检查线缆、接头、紧固件、标识；清洁各光纤端口；整治锈蚀的接头、紧固件；整理、更新配线表	每年
	中修	整治连接线；测试光模块的光功率，测试主、备用光纤的光功率损耗	6 年
	大修	整治连接线；测试光模块的光功率，测试主、备用光纤的光功率损耗	12 年

2）典型设备维修方法与工艺标准

本节将选取卡斯柯信号系统 ATS 子系统 FEP 服务器设备为典型案例进行详述（表 11-10）。

FEP 服务器设备维修工艺表　　　　　　　表 11-10

修程	参考周期	维修内容	维修方法	维修参考标准
日常保养	每日	用户访问	访问操作员日常使用设备情况。详细记录异常现象	了解设备状态，以便及时排除故障
		设备运行状态检查	检查计算机状态	电源指示灯处于稳定亮状态；显示器显示正常；鼠标及键盘各键的使用正常
二级保养	每月	设备表面清洁	用屏幕清洁剂清洁显示屏、键盘、鼠标表面，用抹布清洁主机、主机进、出风口；将各类线规整、清洁，检查设备摆放是否稳固	设备表面、台面干净、清洁、无灰尘；各类线整洁；设备稳固
		紧固部件螺丝	检查插接件是否牢固	各接口的螺丝应紧固，连接线应连接牢固、无断线、无接触不良、表皮无破损
		检查键盘及鼠标功能	检查键盘及鼠标	键盘上各键及 LED 指示灯的功能正常，鼠标的移动灵活及各键的功能正常
		检查显示器	观察显示器的图像显示效果；调整功能	显示图像清晰、色彩鲜艳、明暗度对比度适中；显示窗口大小合适、方正；调整功能正常
		散热风扇是否正常	检查风扇转动是否正常	风扇转动时没有噪声，保持一定风量以起到散热作用
		电源及电（光）缆检查	检查电源线及光缆检查其他接线	各接线应连接牢固，无断线、无接触不良，表皮无破损
小修	每年	设备内部板级清洁	关闭显示器及主机电源，清洁内部风扇、键盘内部卫生；清洁主板、内存条、处理器等部件	设备内部干净、清洁、无灰尘
		设备内部部件紧固	检查插接件是否牢固	插接板插接牢固且密贴性良好。各接口的螺丝应紧固，连接线应连接牢固、无断线、无接触不良、表皮无破损
		系统备份	在主机上安装备份硬盘，打开备份软件进行系统、用户数据备份	均可成功备份
		系统、用户数据备份	使用备份软件进行系统、用户数据备份	内部数据完整备份。确保资料的安全性、权限的可靠性
		功能测试	检查 FEP 通道连接、扣车、跳站功能	根据相关操作手册，功能实现正常，无异常错误
		先评估再更换电池	换下旧的电池	可保存设置

修程	参考周期	维修内容	维修方法	维修参考标准
中修	6 年	评估再更换主机	用经测试功能良好的主机替换旧主机,对新主机安装软件和配置参数	新主机能达到原主机的功能、性能及运行参数
大修	12 年	评估再更换主机	用经测试功能良好的主机替换旧主机,对新主机安装软件和配置参数	新主机能达到原主机的功能、性能及运行参数

(3) 联锁子系统维修周期与内容

联锁子系统的检修内容主要以设备清洁、目视检查、电气和绝缘测试、机械润滑、模块评估更换、联锁功能检查为主。

1) 维修周期与工作内容

① 联锁机柜 (表 11-11)

联锁机柜设备维护修程表　　　　　　　　　　表 11-11

设备	修程	检修工作内容	参考周期
联锁机柜	日常保养	检查设备运行状态、设备外表	每三日
		清洁设备外表	每周
	二级保养	检查机柜内部、设备运行状态、电气特性;清洁卫生;冗余试验	每半年
	小修	检查部件状态;清洁内部部件;功能测试	每年
	中修	评估再更换设备部件;设备整治;设备调测	6 年
	大修	评估整治再更换设备;设备整治;设备调测	12 年

② 接口设备 (表 11-12)

联锁接口设备维护修程表　　　　　　　　　　表 11-12

设备 (数量)	修程	检修工作内容	参考周期
防淹门接口	二级保养	检查室内连接件、室内外一致性、室外开关状态、室外设备安装装置;清洁室内设备、室外设备安装装置;电源测试;机电要求配合的有关测试	每半年
	中修	评估再更换设备部件;设备整治;设备调测	6 年
	大修	评估整治再更换设备;设备整治;设备调测	12 年
继电器柜(架)、分线架、组合架、接口架、综合柜、配线柜	日常保养	检查设备外观、熔丝及空气开关;清洁设备外部	每周
	二级保养	检查继电器插接状况、端子紧固情况、各组件、线缆、组合架报警功能;清洁卫生	每半年
	小修	绝缘测试	每年
	中修	评估再更换设备部件;设备整治;设备调测	6 年
	大修	评估整治再更换设备;设备整治;设备调测	12 年

③ 微机监测设备（表 11-13）

微机监测设备维护修程表　　　　　　　　表 11-13

设备	修程	检修工作内容	参考周期
微机监测设备	日常保养	检查设备运转状态、设备外观	每日
		设备清洁	每周
	二级保养	检查设备内部状况、设备运行情况、电气特性；设备清洁	每半年
	小修	检查线缆；清洁内部部件	每年
	中修	评估再更换设备部件；设备整治；设备调测	6 年
	大修	评估整治再更换设备；设备整治；设备调测	12 年

2）典型设备维修方法与工艺标准

本节将选取西门子信号系统联锁子系统为典型案例进行详述（表 11-14）。

SICAS 联锁系统设备维修工艺　　　　　　　　表 11-14

修程	参考周期	维修内容	维修方法	维修参考标准
日常保养	每三日	检查设备运行状态	检查散热风扇	风扇转动时没有噪声，保持一定风量以起到散热作用，并且没有积尘
			检查模块指示灯	各模块的指示灯应和《培训手册》所描述的各模块指示灯的正常显示一致，应特别注意闪烁状态的指示灯的显示
		检查设备外表	检查设备外表	检查设备外表是否有裂纹、刮花或破损等现象，如果有，应根据损坏程度作出适当的处理
	每周	清洁外表卫生	检查外表卫生	设备外表干净、清洁、无灰尘、无污迹
二级保养	每月	重启 SICAS	关闭电源模块，重启 SICAS	重启后确认板件灯位正常，排列进行测试正常
	每半年	日常保养		
		内部检查	电缆入口密封性检查	电缆入口密封性良好
			机柜检查	机柜门开关灵活，锁闭灵活；机柜密封性良好
			检查各插卡板插接是否松动	各插卡板插接牢固且密贴性良好
			各接口接头（包括屏蔽线、地线、接线端子）是否松动	各接口的螺丝应紧固，连接线应连接牢固、无断线、无接触不良、表皮无破损
		电源模块显示检查	电源模块显示检查	电源模块灯位显示正常
		清洁卫生	拆卸并清扫散热风扇模块	风扇无积尘
			清洁设备表面卫生	设备表面卫生干净、清洁、无灰尘、无污迹
		冗余试验（运行状态）	排列跨联锁区进路，依次关 A、B、C 通道中的一个，检查系统工作是否正常。（关一个通道后需恢复 3 取 2 后，再关另一通道）	系统运行正常，进路信号机仍处于开放状态，LOW 显示正常，无异常故障报警，OLM（联机监测器）显示正常。能排列跨联锁区进路
			依次只启动 AB、AC、BC 通道，检查系统工作是否正常	系统运行正常，LOW 显示正常，无异常故障报警，OLM 显示正常。能排列跨联锁区进路

修程	参考周期	维修内容	维修方法	维修参考标准
小修	每年	二级保养		
		清洁设备部件	更换防尘网、过滤组件	防尘过滤组件应无积尘，通气良好
			在机柜中抽取板件进行除尘，并评估是否进行彻底除尘，如需除尘需要视情况分多个作业点完成。需分部技术人员现场评估	在机柜中抽取板件进行除尘，并评估是否进行彻底除尘，如需除尘需要视情况分多个作业点完成。注意：尽量少卸光纤
		部件检查	检查抽取的板卡、模块，电源模块需分解清洁	电路板外观无变形，无烧黑等不良现象，电容外观完整，无发胀、爆裂、漏液。磁性元件外观完整，无发黑，各类保险安装牢固，接触良好，各接点接触良好，无虚焊，无锈蚀和接触不良现象
中修	6年	评估再更换设备部件；设备整治；设备调测		达到设备技术指标要求，满足运营使用需求
大修	12年	评估整治再更换设备；设备整治；设备调测		达到设备技术指标要求，满足运营使用需求

（4）DCS子系统维修周期与内容

DCS子系统检修方法及内容主要以目视外观及状态显示检查、清洁、测量、数据读取分析、功能测试、模块更换等为主。

1）维修周期与工作内容

① 环线通信（表11-15）

环线通信设备维护修程表　　　　　　　　表11-15

设备	修程	检修工作内容	参考周期
感应环线及轨旁设备、对位环线	二级保养	检查安装装置、导线、引接线、防护管、接地线、紧固件、铭牌、环线外观及形状、橡胶密封条、电气特性测量	季检
	小修	设备除锈、油饰；环线电缆回阻、电缆芯线对地绝缘及线间绝缘测试	每年
	中修	评估再更换设备部件；设备整治；设备调测	6年
	大修	评估整治再更换设备；设备整治；设备调测	12年
馈电设备柜	二级保养	检查设备运转状态、插接件、接线端子、接地线、橡胶密封条、标示及铭牌；清洁设备柜；气参数测量	每季
	小修	检查全部保险、地线、屏蔽线、入口密封性；清洁设备卫生	每年
	中修	评估再更换设备部件；设备整治；设备调测	6年
	大修	评估整治再更换设备；设备整治；设备调测	12年

② 轨旁无线（表 11-16）

轨旁无线设备维护修程表　　　　　　　　　　表 **11-16**

设备	修程	检修工作内容	参考周期
轨旁无线 交换机	日常保养	设备运行状态、设备外观	每三日
		清洁交换机外部	周
	二级保养	检查安装装置、紧固件、接线端子、连接件	每半年
	小修	检查交换机光缆、线缆的状态	每年
	中修	评估再更换设备部件；设备整治；设备调测	6 年
	大修	评估整治再更换设备；设备整治；设备调测	12 年
轨旁无线 AP	日常保养	检查 AP 工作状态	每日
	二级保养	测量并记录 AP 网卡的收发数据或网卡灵敏度	每季
	小修	检查 AP 箱安装装置、尾纤插头、AP 箱内主板、光电转换模块、电源耦合器工作状态、AP 箱线缆及防雷端子；清洁 AP 箱卫生；天线检查及功能测试	每半年
	中修	评估再更换设备部件；设备整治；设备调测	6 年
	大修	评估整治再更换设备；设备整治；设备调测	12 年
轨旁无线 服务管理 及诊断设备	日常维护	检查设备外观	每日
		清洁设备外表	每周
	二级保养	检查安装装置、紧固件、连接件	每半年
	小修	清洁设备内部部件、过滤棉；功能测试	每年
	中修	评估再更换设备部件；设备整治；设备调测	6 年
	大修	评估整治再更换设备；设备整治；设备调测	12 年

③ 漏缆（表 11-17）

漏缆设备维护修程表　　　　　　　　　　表 **11-17**

设备	修程	检修工作内容	参考周期
车地通信 漏缆	二级保养	检查漏缆外观、接头、安装情况	每半年
	小修	测试漏缆性能	每年
	中修	评估再更换设备部件；设备整治；设备调测	6 年
	大修	评估整治再更换设备；设备整治；设备调测	12 年
光电转换 单元	二级保养	检查机内配线、防雷单元、光纤收发器的状态；设备清洁；电气测试	每半年
	小修	测试丢包率、光纤截断报警	每年
	中修	电源模块轮换、测试尾纤的状态	6 年
	大修	检查机内配线、防雷单元、光纤收发情况；电气参数测试	12 年

④ DCS（表 11-18）

DCS 设备维护修程表　　　　　　　　　　表 **11-18**

设备名称	修程	检修工作内容	参考周期
DCS	日检	检查工作状态	每日
	二级保养	检查波导管外观、轨旁盒安装装置、轨旁盒内部、丢包率数据、工作状态；清洁设备外表	每半年
	中修	检查模块板卡、连线、接头；测试尾纤的状态	6 年
	大修	检查设备连接及安装情况、设备状态；电气参数测试	12 年

⑤ 信号专用传输网络（表 11-19）

信号专用传输网络维护修程表　　　　　　　　　　表 11-19

设备	修程	检修工作内容	参考周期
传输网络机柜	日常保养	检查设备运行状态、设备外表	每日
		清洁设备外表	每周
	二级保养	检查紧固件、散热风扇、交换机、地线、公共电话、各模块、各网线、数据线接口接头及电源接头；清理防尘网	每半年
	小修	清洁设备机内部部件；功能测试	每年
	中修	评估再更换机柜内部板载风扇；全面清洁电路板、插槽和机柜内部；轮换电源模块；参数测试	6 年
	大修	评估整治再更换设备；设备整治；设备调测	12 年

2）典型设备维修方法与工艺标准（表 11-20）

本节将选取卡斯柯信号系统 DCS 子系统无线传输 DCS 设备为典型案例进行详述。

裂缝波导管设备维修工艺表　　　　　　　　　　表 11-20

设备	修程	参考周期	维护内容	维护方法	维护参考标准
裂缝波导管	日常保养	每日	TRE 工作状态检查	在 U2000 上对 TRE 的工作状态进行检查	在 U2000 上显示 TRE 的工作状态正常（绿色），无 TRE 红色情况
	二级保养	半年检	波导管外观及安装检查	查看波导管	无损伤、变形、积水浸泡现象；波导管部件顶部不高于轨面；安装螺丝紧固
				查看防水罩	齐全，绑扎坚固
				检查安装支架	齐全
			TRE 轨旁盒安装检查及清扫	查看设备周围隧道壁或顶部有无漏水或积水	不影响设备使用
				检查支架和柜门	支架无破损、无裂纹；柜门动作灵活
				查看铭牌标识和密封性	铭牌齐全、清晰；密封良好
			TRE 丢包率数据检查	在 IP 网管机上，连续观察 5min	丢包率小于 0.03%
		年检	TRE 轨旁盒内部检查	紧固箱盒标识和密封性	紧固
				紧固柜门锁头	紧固
				紧固箱盒内电源模块、无线调制解调器、媒介转换器、耦合单元、光纤盒及电源开关	紧固
				紧固连接 RF 电缆、电源电缆和地线	紧固
				测量过轨钢管与钢轨底部间隙	大于 20mm。否则，加装防护胶管
			设备恢复检查	查看箱盒密闭紧固状况	柜门关闭良好，加锁良好
				核对中央网管终端	无异常报警信息

设备	修程	参考周期	维护内容	维护方法	维护参考标准
裂缝波导管	二级保养	年检	设备工作状态检查	测量输入电压	AC172～AC253V
				查看电源模块的工作状态	"OK" LED 点稳定绿灯，"i" 熄灭
				查看红、蓝网无线调制解调器工作状态	"Operation" 和 "Power" LED 点稳定绿灯
				查看媒介转换器（EMC）工作状态	LED 点亮黄灯，"FDX/COL" 和 "100M" LED 点稳定绿灯
				测试波导管信号发射强度	裂缝波导管场强大于等于 −70dB
	中修	6年	评估再更换设备部件；设备整治；设备调测		达到设备技术指标要求，满足运营使用需求
	大修	12年	评估整治再更换设备；设备整治；设备调测		达到设备技术指标要求，满足运营使用需求

（5）关键外设设备维修周期与内容

1）维修周期与工作内容

① 转辙装置

转辙装置维修方式主要以清洁除锈、目测检查、部件紧固、机械尺寸测量、电气参数测试、评估更换、注油、工信联合整治等为主（表 11-21）。

转辙装置维护修程表　　　　　　　　表 11-21

设备	修程	维修内容	参考周期
转辙机	日常保养	检查紧固件、尖轨与基本轨状态、转辙机运作状况	每日或每三日
	二级保养	检查紧固件、尖轨密贴、道岔开口、手摇转辙机运作状况、机内部件检查、安装装置、各类杆件、道岔绝缘、地线；测试电气参数	正线一级关键道岔按照周检执行，二、三级关键道岔按照半月检执行，正常运营时无列车经过的存车线道岔按照月检执行，其他道岔按照月检执行；车辆段关键道岔按照半月检执行，其他道岔按照双月检执行
	小修	按照转动不超过50万次的标准轮换关键道岔板块及模块；分解、检查、先评估再更换安装装置绝缘；检查配线端子对地绝缘；设备除锈、油漆；测试电气参数	每年
	中修	评估更换转辙机部件；设备整治；全面调测、功能试验	6年
	大修	更换/更新转辙机；设备整治；全面调测、功能试验	12年

215

设备	修程	维修内容	参考周期
外锁闭装置	二级保养	检查各组件、紧固件状况、锁闭框及锁闭杆偏移情况；清扫注油	同转辙机周期一致
	小修	设备除锈、油漆	每年
	中修	评估再更换部件；设备整治；全面调测、功能试验	6年
	大修	更新外锁闭装置；设备整治；全面调测、功能试验	12年
密贴检查器	二级保养	检查机壳、设备特性、自动开闭器；设备油润	同转辙机周期一致
	小修	设备除锈、油漆	每年
	中修	评估再更换部件；设备整治；全面调测、功能试验	6年
	大修	更新密贴检查器；设备整治；全面调测、功能试验	12年

② 信号机

信号机维修方式主要以清洁除锈、目测检查、部件紧固、电气参数测试、评估更换等为主（表11-22）。

信号机维护修程表　　　　　　　　　　　　　　　　表 11-22

设备	修程	检修工作内容	参考周期
信号机	二级保养	检查各部件、紧固件、防潮和防尘；清洁设备；电气参数测试	每半年
	小修	设备除锈、油饰；设备整治；限界检查	每年
	中修	评估再更换部件；设备整治；全面调测、功能试验	地面站：5年；隧道站：6年
	大修	更新信号机；设备整治；全面调测、功能试验	地面站：10年；隧道站：12年

③ 轨道电路

轨道电路维修方式主要以卫生清洁、除锈涂油、部件整治、电气参数测试分析、评估更换等为主（表11-23）。

轨道电路维护修程表　　　　　　　　　　　　　　　　表 11-23

设备	修程	检修工作内容	参考周期
轨道电路	日常保养	检查室内设备状态	每日
		清扫设备外表；电气参数测试	每周
	二级保养	检查轨旁设备各部件、防尘防水；清扫设备外表；设备除锈、油饰；设备调测	每半年
	小修	设备除锈、油饰；设备整治；设备调测	每年
	中修	评估再更换部件；设备整治；全面调测、功能试验	6年
	大修	更新各部件；设备整治；全面调测、功能试验	12年

④ 计轴

计轴维修方式主要以卫生清洁、除锈涂油、目测检查、电气参数测试分析、评估更换等为主（表11-24）。

计轴维护修程表   表 11-24

设备	修程	检修工作内容	参考周期
计轴轨道电路	日常保养	检查室内设备状态	每日
		清扫室内设备卫生	每周
		室内电气测试	每月
	二级保养	检查安装装置、导线、引接线、防护管、接地线及轨端接续线；清洁室外设备外表；电气参数测试	每半年
	小修	设备除锈、油漆；清洁设备部件；电气参数测试	每年
	中修	评估再更换部件；设备整治；全面调测、功能试验	6 年
	大修	评估再更换部件；设备整治；全面调测、功能试验	12 年

⑤ 应答器

应答器维修方式主要以目测检查、功能测试等为主（表11-25）。

应答器维护修程表   表 11-25

设备	修程	检修工作内容	参考周期
应答器、信标	小修	检查设备外观、安装装置、应答器（VB，IB）电缆接口、线缆；清洁应答器/信标轨旁接线盒；电气参数测试	每年

⑥ 电源屏

电源屏维修方式主要以卫生清洁、目测检查、电气参数测试分析、部件轮换等为主（表11-26）。

电源屏维护修程表   表 11-26

设备	修程	检修工作内容	参考周期
电源屏	日常保养	检查设备外表、设备运行状态	每三日
		清洁设备外表	每周
	二级保养	检查紧固件、连接件、线缆；清洁设备；电气参数测试	每半年
	小修	含二级保养内容	每年
		彻底清除内部部件积尘	
		详细电气特性测试	
		线缆检查测试	
	中修	评估再更换部件；设备整治；全面调测、功能试验	6 年
	大修	评估再更换部件；设备整治；全面调测、功能试验	12 年

⑦ UPS 及蓄电池

UPS 及蓄电池的检修内容主要以设备清洁、目视检查、蓄电池参数测量、模块评估更换、蓄电池放电为主（表11-27、表11-28）。

UPS 维护修程表 表 11-27

设备	修程	检修工作内容	参考周期
在线式 UPS	日常维护	检查设备外观、运行状态、散热系统	每三日
		清洁设备外表	每周
	二级保养	检查内部部件、UPS 的运行模式转换；UPS 机柜内除尘；UPS 内部温度测试；放电试验	每半年
	中修	评估再更换部件；设备整治；全面调测、功能试验	6 年
	大修	更新各设备；设备整治；全面调测、功能试验	12 年

蓄电池维护修程表 表 11-28

设备	修程	检修工作内容	参考周期
阀控铅酸蓄电池（免维护蓄电池）	日常保养	检查运行环境、设备外观、风扇转动情况	每三日
		清洁设备外表；测量电池组浮充电压	每周
	小修	检查电池寿命；测量单体电池浮充电压、蓄电池单元组的电压和静态内阻；电池放电后测试	每半年
	中修	铅酸电池整治	4 年
	大修	更新整体电池组；在 UPS 上重新设置电池寿命；电池静态测试；电池充放电测试及容量核对	8 年

2）典型设备维修方法与工艺标准

本节将选取 ZYJ7 型转辙机为典型案例进行详述（表 11-29）。

ZYJ7 型转辙机维修工艺表 表 11-29

修程	参考周期	维修内容	维修方法	维修参考标准
日常保养	每日	外观检查： (1) 道岔外观检查。 (2) 尖轨密贴检查。 (3) 道岔开口检查	(1) 道岔有无外界干扰和异状检查。 (2) 密贴测试。 (3) 使用钢直尺测量	(1) 尖轨与基本轨之间无杂物，各部无异常磨损。 (2) 9 号：电操电液转辙机在动作拉杆中心处的尖轨与基本轨间插入 4mm 厚、20mm 宽的铁板，电液转辙机不锁闭且不得接通机内表示接点，插入 2mm 厚、20mm 宽的铁板，电液转辙机必须锁闭且接通机内表示接点。12 号：电操电液转辙机在尖轨第一牵引点外锁闭装置锁闭杆中心处的尖轨与基本轨间插入 2mm 厚、20mm 宽的铁板，外锁闭和电液转辙机必须锁闭且接通机内表示接点，插入 4mm 厚、20mm 宽的铁板，尖轨第一、第二牵引点间的密贴情况采用塞尺进行检查，在尖轨第二牵引点外锁闭装置锁闭杆中心处的尖轨与基本轨间插入 6mm 厚、20mm 宽的铁板，外锁闭和电液转辙机不锁闭且不得接通机内表示接点。 (3) 尖轨与基本轨密贴，尖轨与基本轨间的间隙应在 0.2～0.8mm 范围内；开口量标准：9 号：尖轨与基本轨间的开口量在 152mm±3mm 内，左右偏差≤3mm。12 号：A 机：160±5mm，B 机：70$^{+5}_{-3}$mm，左右偏差≤3mm

修程	参考周期	维修内容	维修方法	维修参考标准
日常保养	每日	转辙机内部检查： (1) 表示缺口检查。 (2) 机内电路检查。 (3) 自动开闭器检查	(1) 塞尺测量。 (2) 机内配线检查。 (3) 目测	(1) 单机牵引9号岔：调整长、短表示杆使密贴轨锁闭柱与锁闭杆缺口间隙为1.5±0.5mm。电液转辙机表示杆表示缺口与指示标对中，密贴检查器表示杆刻度（线）应在移位标窗口范围内并尽量靠近基本轨一侧。双机牵引9号及12号岔：调整长、短表示杆使密贴轨（第一牵引点）的锁闭柱与锁闭杆缺口间隙为2±0.5mm，密贴轨（第二牵引点）的检查栓与表示杆的缺口间隙为4±1.5mm。 (2) 机内配线良好，无破损、掉头、脱线现象，端子不松动。 (3) 动、静接点接触良好，接点座固定牢固，动接点环无破损，开口销、静接点片无断裂
		电操转换转辙机检查	电操转换道岔听转换过程中的声音和尖轨运行状况	转换过程中无异响，外锁闭装置转换平顺，无鳖卡现象。密贴时尖轨刨切面部分与基本轨同时接触，无尖轨尖部或腰部先接触现象
		密贴检查器内部检查： (1) 自动开闭器检查。 (2) 检查拉簧。 (3) 拐轴润滑检查	(1) 目测。 (2) 转换道岔测试。 (3) 目测	(1) 动、静接点接触良好，接点压力充足，接点磨耗均匀。动接点打入接点的深度为4~6mm，用手扳动动接点，其最大摆动量不大于2mm，动接点与静接点座间隙不得小于3mm，接点电阻需不大于1Ω（每月测量1次）。 (2) 拉簧无变形、无锈蚀，弹力适当，保证动接点迅速转换，能带动检查柱上升和落下。 (3) 检查拐轴转动顺畅、无卡阻，加注拐轴润滑油，确保拐轴足够润滑
		各类杆件、螺丝检查	目测	(1) 动作杆及表示杆固定装置检查。 (2) 动作杆、表示杆、外锁闭装置润滑检查。 (3) 维修标准：1) 动作杆、表示杆、外锁闭装置的固定螺栓紧固，连接螺栓紧固。2) 动作杆、表示杆、锁钩动作灵活；动作杆、表示杆、外锁闭装置保持油润，各部注油孔注油适量
二级保养	正线一级关键道岔按照周检执行，二、三级关键道岔按照半月检执行，正常运营时无列车经过的存车线道岔按双月检执行，其他道岔按照月检执行；	含日常保养		
		道岔外观检查	道岔有无外界干扰和异状检查	斥离尖轨与基本轨之间无杂物，各部无异常磨损
		尖轨密贴检查	密贴测试	(1) 单机牵引9号岔：电操电液转辙机在动作拉杆中心处的尖轨与基本轨间插入4mm厚、20mm宽的铁板，电液转辙机不锁闭且不得接通机内表示接点，插入2mm厚、20mm宽的铁板，电液转辙机必须锁闭且接通机内表示接点。 (2) 双机牵引9号及12号岔：电操电液转辙机在尖轨第一牵引点外锁闭装置锁闭杆中心处的尖轨与基本轨间插入2mm厚、20mm宽的铁板，外锁闭和电液转辙机必须锁闭且接通机内表示接点，插入4mm厚、20mm宽的铁板，尖轨第一、第二牵引点间的密贴情况采用塞尺进行检查，在尖轨第二牵引点外锁闭装置锁闭杆中心处的尖轨与基本轨间插入6mm厚、20mm宽的铁板，外锁闭和电液转辙机不锁闭且不得接通机内表示接点

修程	参考周期	维修内容	维修方法	维修参考标准
二级保养	车辆段/停车厂关键道岔按照半月检执行，其他道岔按照双月检执行	道岔开口检查	使用钢直尺测量	通过增加或减少开程片的数量使尖轨道岔开口符合要求，且尖轨与基本轨密贴，尖轨与基本轨间的间隙应在 0.2～0.8mm 范围内
		表示缺口检查	目测	(1) 单机牵引 9 号岔：调整长、短表示杆使密贴轨锁闭柱与锁闭杆缺口间隙为 1.5±0.5mm。电液转辙机表示杆表示缺口与指示标对中，密贴检查器表示杆刻度（线）应在移位标窗口范围内并尽量靠近基本轨一侧。 (2) 双机牵引 9 号及 12 号岔：调整长、短表示杆使密贴轨（第一牵引点）的锁闭柱与锁闭杆缺口间隙为 2±0.5mm，密贴轨（第二牵引点）的检查栓与表示杆的缺口间隙为 4±1.5mm
		安装方正检查	安装装置检查	道岔长角钢与基本轨垂直，短角钢与基本轨平行，偏差量不大于 10mm
			电液转辙机及转换锁闭器安装检查	电液转辙机及转换锁闭器与基本轨相平行，机体纵侧与基本轨垂直偏差：内锁闭道岔不大于 10mm；外锁闭道岔不大于 5mm
		道岔尖轨与基本轨检查	尖轨与基本轨检查	道岔尖轨与基本轨密贴，尖轨无爬行、飞边现象；岔尖根部螺丝紧固适当。尖轨与基本轨螺丝不相碰。第一牵引点第 1～3 块、第二牵引点前后 1 块滑床板应保持在同一平面，与尖轨的离缝不大于 1mm，其他滑床板应无连续吊板
		各类杆件检查	动作杆、表示杆检查	机外表示杆无错位现象，连接销螺丝紧固、不旷动；长、短表示杆的有扣轴套、无扣轴套、紧固螺母等紧固，表示杆调整丝扣的余量≥10mm，各部螺栓清扫干净；杆件及各连接销表面、配合面应油润，无污垢、不锈蚀
			各类杆件检查	动作杆及表示杆的固定螺栓紧固，绝缘良好
			动作杆、表示杆、锁闭块检查	动作杆、表示杆动作灵活；动作杆、表示杆、均保持油润，各部注油孔注油适量
			开口销检查	开口销安装齐全、规格正确，劈开角度 60°～90°
		传动装置检查	油管检查（双牵引点道岔）	检查第一、第二牵引点之间的油管连接应顺直，弯曲半径不小于 100mm，接头密封紧固良好，油管固定牢固，在两端出入处防护良好，不与钢铁件棱角相磨，且不应由于列车通过上、下振动而受力
			油量检查	检查电液转辙机油箱内油位应在油标上、下限之间，不足时应用专用注油器将 YH-10 号航空油补至标准范围
			油压力检查	(1) 9 号双机、12 号：溢流压力调整至 10～11MPa。 (2) 9 号单机：溢流压力调整至 8.5～9.5MPa。 (3) 9 号双机、12 号：正常转换动作压力不大于 7MPa，9 号单机：正常转换动作压力不大于 6MPa

修程	参考周期	维修内容	维修方法	维修参考标准
二级保养	正线一级关键道岔按照周检执行，二、三级关键道岔按照半月检执行，正常运营时无列车经过的存车线道岔按双月检执行，其他道岔按照月检执行；车辆段关键道岔按照半月检执行，其他道岔按照双月检执行	机箱整体检查	机壳及机盖表面检查	机壳、机盖无裂痕或破损，外观整洁；机盖上有道岔编号、字迹、标志清楚，无锈蚀；机盖不松动，进线缆防护装置有效
			机盖灵活性检查	机壳开启灵活，关闭时锁闭良好；开关锁壳上的锁盖无锈蚀、脱落
			清洁及密封检查	整机密封良好，密封圈保持弹性、无老化现象；机内无漏油、无积水、无积土、无杂物、无锈蚀
			电液转辙机及转换锁闭器密封性能检查	机盖密封良好、不松动；封孔盖封闭严密，能保证防水、防尘
			排水塞检查	排水塞封闭完好，保持油润，损坏先评估再更换
		地线检查	电液转辙机及转换锁闭器的接地线检查	(1) 接地线与接地端子接触良好，固定螺母紧固，不松动。 (2) 地线无绝缘破损、裂纹、老化、脱落、断痕、断股及磨损现象；接头有无锈蚀、打火痕迹。 (3) 接地线不得与其他设备地线混装于防护管内，且与旁边线缆或设备保持一定距离。 (4) 在月检时须甩掉地线，用数字表或机械表测量钢轨与道岔杆件及安装装置间的电阻，检查绝缘性能是否良好
		检查遮断器	遮断器功能检查	手摇把挡板在遮断器闭合时能有效挡摇把插入，断开遮断器时，应可靠断开遮断器接点（不小于2.5mm），手摇把方可顺利插入，开关锁动作灵活，通、断电性能良好。非经人工恢复不得接通电路
		机内电路检查	机内配线检查	机内配线良好，无破损、掉头、脱线现象，端子不松动
		测试电气参数	动作电压测试	道岔启动时，转换电压为交流 380±15% Vac
			表示电压测试	(1) 道岔表示电源电压为交流220V。测量1、2端或1、3端电压：60VAC±5%。 (2) 广佛线道岔表示电源电压120VDC；测量2、3端电压：60VDC±2V。 (3) 测量时注意：要使用正确量程
		自动开闭器检查	自动开闭器检查	动接点接触良好，接点压力充足，接点磨耗均匀。动接点打入接点的深度为4~6mm，用手扳动动接点，其最大摆动量不大于2mm，动接点与静接点座间隙不得小于3mm，接点电阻需不大于1Ω（双月检道岔每2月测量一次，其他道岔每月测量1次）
		手摇转辙机检查	(1) 慢速手摇转辙机，感受道岔阻力和转换力大小。 (2) 听转换过程中的声音。 (3) 在密贴前瞬间观察密贴情况	(1) 阻力小，应与额定转换力有较大的差距，有足够的余量。 (2) 各杆件连接要平顺，无整卡现象。解锁过程中，锁舌与保持连接器无明显摩擦声。 (3) 在解锁时，斥离轨无明显反弹。 (4) 密贴时尖轨直线部分与基本轨同时接触。 (5) 无尖轨尖部或腰部先接触现象

修程	参考周期	维修内容	维修方法	维修参考标准
小修	年检	设备内外清扫、注油	电液转辙机和转换锁闭器加注润滑油脂	锁块与推板；锁块与锁闭铁；滚轮与动作板和速动片、锁闭柱、检查柱、油缸和底壳、动作杆和底壳等部，分别涂注 TR-1 铁路专用润滑脂；动作杆、锁闭杆、表示杆进出口内毛毡垫加注润滑机油
		转换力测试	转换力测试	(1) 9 号单机：正常转换油路系统两侧压力小于等于 6MPa，用转辙机综合测试仪测道岔转换力定反位为不大于 3920N；并将两侧溢流压力调整至 8.5～9.5MPa。 (2) 9 号双机、12 号：正常转换油路系统两侧压力小于等于 7MPa，用转辙机综合测试仪测道岔转换力定反位第一牵引点不大于 1810N；第二牵引点不大于 4070N；并将两侧溢流压力调整至 10～11MPa
		室外设备的除锈、油漆处理	如出现锈蚀，铲除锈蚀部分，整机涂上防锈油及外漆	(1) 油漆油层应完整，无剥落现象并保持鲜明。 (2) 防锈油干透后才能涂上外漆漆膜不能太厚
		电缆绝缘检查	对地绝缘及线间绝缘测试	线间绝缘不小于 5MΩ，对地绝缘不小于 0.5MΩ
		分解、检查、先评估再更换转辙机安装装置绝缘部件	每两年分解、检查、先评估再更换转辙机安装装置绝缘部件	每两年分解并先评估再更换角钢角形铁（L 铁）绝缘、外锁闭装置绝缘；检查各种杆件（表示杆、动作杆和锁闭杆）的绝缘性能，应符合技术标准
		更换转辙机	达到 15 年或转换次数达到 100 万次，更换转辙机	
中修	6 年	评估再更换部件；设备整治；全面调测、功能试验		达到设备技术指标要求，满足运营使用需求
大修	12 年	更新各设备；设备整治；全面调测、功能试验		达到设备技术指标要求，满足运营使用需求

11.2　维修管理

城市轨道交通建成运营后，信号维修管理成了保障地铁安全有效运行的重要工作，其通过对人员管理、生产安全管理、技术管理、质量管理、物资管理、信息化管理、风险应急管理，形成一个闭环的管理过程，从而实现地铁安全高效运营的目标。

1. 人员管理

班组是企业的细胞，是各项工作得以顺利进行的基础，是加强高素质员工队伍思想文化建设的前沿阵地。充分发挥班组的基础性、稳定性、重要性作用，确保地铁事业的健康、和谐、持续发展，最终实现班组稳，则公司稳；班组可靠，则公司牢靠。

（1）认识班组和班组长

1）认识班组

简而言之，班组就是为了完成任务而组建的团队。班组与班组又组成更大的团队。班组完成的任务是实在的生产或者服务任务，是构成企业的生产与服务的最直接、最重要的一环。

2）认识班组长

班组长是直接管理班组事务的基层管理者。班组长有三个重要作用：

① 班组长影响着决策的实施，因为决策再好，如果执行者不得力，决策也很难落到实处。所以班组长影响着决策的实施，也影响着企业目标的最终实现。

② 班组长既是承上启下的桥梁，又是员工联系上级的纽带。

③ 班组长是生产的直接组织和参与者，所以班组长既应是技术骨干，又应是班组业务的多面手。

（2）班组思想文化建设

班组长对班组思想文化建设负主体责任，分部、部门等各级组织要对班组思想文化建设负检查、指导、帮带责任。包括班组思想文化方面的"四化"建设：

1）教育常态化。

2）组织标准化。

3）管理民主化。

4）作业精细化。

（3）班组管理的建设与推进

1）总结试点经验，推广班组优化工作

地铁行业要打造适应自身特点的班组文化建设，寻找班组建设最佳契合点，首先需开展优化班组试点工作，总结试点经验进行推广。

2）逐步建立标准体系，夯实班组管理基础

基础管理是班组建设的重要内容，应积极结合班组生产实际，围绕日常管理制度和工作流程等方面，以"6S"管理为指导，使班组管理工作程序化、规范化。

3）强化质量管理，健全班组管理流程

班组建设的核心目标是服务于安全生产。深入开展质量督查活动和质量技术骨干培训教育活动，要组织员工学习有关规章制度、各类安全通报和事故事件案例，对新入司员工进行岗前安全培训，要始终围绕生产、质量、安全管理，通过制度建设、流程梳理、预案演练等措施，增强班组人员的安全管理意识。

4）加强业务培训，不断提高员工技能水平

通过整体培训推进和全员参与，让员工明确认识到岗位对自身的核心要求和引导，鼓励员工自主学习和提升积极性。

2. 生产安全管理

（1）生产计划管理

计划编制：是针对信号设备维修中周期性的预防性维修的设备进行有计划地安排，其中包括设备年度检修计划、设备月度检修计划。《信号维修规程》是信号专业系统设备检修和维修工作的指导性文本，是信号设备年度检修计划编制的依据。设备月度检修计划是依据年度检修计划的安排通过细化以月度计划的形式进行开展。

① 设备年度检修计划：在每年度全面预算计划开始编制时，由各生产部门参照各专业的检修规程，制订本专业次年的年度检修计划，然后上报总部各级技术主管部门审核后执行。

② 设备月度检修计划：各生产部门收到总部下达的年度设备检修计划后，应根据本部门的工作情况，认真组织细化，形成本分部设备月度检修计划。

③ 如因特殊原因，需对年度计划进行调整的，按以下要求提报。

a. 如具体设备检修计划比年度计划缩短检修周期、增加检修内容的，将调整的计划情况及原因上报备案后即可执行。

b. 如具体设备检修计划比年度计划延长检修周期、减少检修内容的，将调整的计划情况及原因上报总部各级技术主管部门，经审核、批准后方可实施。

（2）生产流程管理

生产流程，对于城市轨道交通信号系统而言，就是指信号设备的预防性维护能力和修复性维修的工艺流程。信号设备的预防性维护工作已成为我们有效履行行车保障任务的主攻目标。

1）制定标准化检修规程，规范检修周期与内容

技术的标准化是保障质量管理良性转动的主要推动力，技术标准又是衡量检修工作实施效果和执行效率的基准。因此，在检修工作开始之前，必须要有一份标准性的检修规程作为检修作业的指导性文件。

2）作业流程标准化，规范作业的组织与操作

① 作业流程的标准化

标准化的检修作业流程可避免由于人为失误造成安全事件。

② 作业过程的标准化

作业的过程主要分为检修人员的检修过程及检修人员之间或检修人员与车务、调度等人员的沟通过程。

3）标准化工艺操作，规范现场作业

维修规程作为检修作业标准，在统一检修方式、规范检修目标、维护检修作业的一致性等方面，发挥了非常重要的作用。为此，我们在维修规程的基础上，增加了检修过程工艺文件，即检修工艺规范，作为与维修规程配套的检修执行文件。

（3）生产组织

1）制定施工计划

① 施工计划分类

a. 按时间分为：月计划、周计划、日补充计划、临时补修计划。

b. 按施工作业地点和性质分为：

（a）影响正线、辅助线行车的施工为 A 类；

（b）在车厂的施工为 B 类；

（c）在车站、主所、控制中心范围内不影响行车的为 C 类。

② 施工计划申报

a. 各施工部门提报月计划时，应于工作开始前一个月向总部提交施工计划。

b. 施工单位、部门需提报周计划时，应于工作开始的前一周向总部提交施工计划。

c. 各施工部门提报日补充计划应于工作开始前一天的向总部申报。

d. 临时补修计划由各施工部门根据当日设备故障处理情况于作业开始前总部提交施工计划。

③ 编制审批

施工计划由总部指定部门统一审批、编制，编制原则是：

a. 在确保安全的前提下，考虑均衡安排，避免集中作业。

b. 处理好列车开行时间和密度、施工封锁等方面的关系，避免抢时、争点现象。

c. 经济、合理的使用机车车辆，避免浪费资源。

2）施工组织

① A类作业，须经行调批准，方可进行。

② B类施工作业经车厂调度员同意方可进行；如影响正线行车须报行调批准。

③ C类作业公司内部的施工项目经车站批准方可施工。

④ 各施工单位及部门的施工、检查作业，严格控制作业区范围及作业时间。

⑤ 现场作业：所有作业必须严格执行总部行车设备维修施工管理规定的相关规定，严格按照《通信维修规程》/《信号维修规程》要求进行检修，作业过程中认真落实"三控"（"自控""互控"和"他控"）原则。

3）特殊环境的生产流程管理：三轨、高架

① 三轨

第三轨供电的概念就是在列车行走的两条路轨以外，再加上带电的钢轨。第三轨供电的方式的优势主要体现为成本相对较小、受天气影响较小、更适合于安装在半径较小的隧道等。但是由于其靠近地面，与人员活动的空间重叠，因此对于维检修工作而言，其又是一个相当大的阻碍。导致开展检修工作时必须花费大量时间和人力对设备进行断电。

② 高架

由于地质环境的复杂性，部分地铁线路需采用高架的方式。对安装在高架上的设备的维修一方面受到气候条件的制约，另一方面员工在对部分使用支架安装在较高位置的天线的检修时存在一定的安全隐患。

（4）安全管理

城市轨道交通信号系统维护是在有限的场地进行生产作业，作业内容涉及高空、机械、高压作业等，安全管理不容忽视。安全管理的重点是既要保障设备设施安全，也要保障作业人员的人身安全。设备是基础，制度是保证，人员是关键，三者相辅相成、紧密连接、互相制约，只有在动态的变化中保持相对的协调和稳定，安全才有保证。安全管理要结合其安全关键点、危险源识别及风险评价、安全警示工作等方面进行，要根据实际生产特点，全面梳理事故隐患排查和危险源识别及风险评估，明确责任主体，有效防范安全风险，避免安全事故。

1）安全管理的基本制度

做好现场生产安全管理，需要经过长时间的深入探索，逐步完善各项措施和规范，建立专门的安全管理体系和机构，配备专职安全管理人员，明确安全生产职责，规范安全生产行为，建立健全安全管理制度，如《安全生产责任制》《安全生产检查制度》《安全生产教育培训制度》《劳动防护用品管理制度》等。

2）加强现场管理，实现安全生产

① 班组安全管理

班组是从事生产的主体，所以班组安全管理尤为重要。工班安全管理原则上实行工班长负责制，工班作业地点不集中或分组的班组，工班长应指定作业负责人，协助工班长进行工班安全管理。工班所辖区域、所承担的作业，应根据具体情况，本着事事有人管、人人有事管和便于工班运作的原则，划分责任到每个人。

② 现场作业安全管理

实行标准化作业，也是安全生产规章制度的具体化。作业标准不但规定了不准干什么，更明确规定了具体的操作程序和方法，这些方法都是安全可行的，实行标准化作业可以让员工形成好的操作习惯，避免不安全行为和违反规章。

3. 技术管理

技术管理是贯穿新线建设到运营维护、改造的各个阶段，通过制定技术方案，维修规程、工艺流程、检测手段、组织措施等，把控和奠定设备质量基础，并组织指导设备维修人员根据对设备设施检测、诊断的结果采取预防性措施，及时排除设备存在的安全隐患和故障征兆，控制和降低设备故障率，保持设备经常性良好状态，降低维修费用，提高设备有效使用率，避免事故发生，提高企业经济效益，为安全运营护航。

（1）技术管理体系

1）技术管理体系

技术管理体系指运营事业总部所辖业务的技术相关工作，内容包括技术规划、技术决策、技术审核、科研、国产化技改管理、技术标准化管理、新技术评估与应用等。技术管理活动应以确保运营安全、提升运营服务水平、节能环保、创效增利为原则，加强技术创新和新技术应用，提高总部总体技术水平。

2）职责

技术管理通常在总公司总工程师室领导下实行逐级管理，通常分为公司级、部门级、分部级，其中部门企业还有总部级和中心级，可根据管辖业务范围等同为公司级或部门级。所有技术问题处理优先权限按"下级服从上级"的原则执行。

3）技术业务管理

在技术管理体系下，各单位搭建本单位管辖业务范畴的技术管理体系，实现技术管理工作的体系化、制度化和标准化，并结合实际工作需要不断地完善。

① 体系内容

体系包括并不仅限于以下内容

a. 制定本单位管辖业务的技术事项管理制度，包括节能、国产化技改、标准化等方面。

b. 对本单位技术决策工作实现"发起-审查-决策-实施-反馈-确认-结束"闭环管理，建立本单位技术管理制度和技术标准。

c. 各单位须建立技术问题处理档案，包括但不限于：

建立本单位技术方案和变更管理台账、建立本单位新线用户需求管理台账、建立本单位故障统计及重大故障分析台账、建立软件更换/更新台账等。

② 技术规划、技术工作计划管理

a. 各单位总结本年度技术管理工作，形成本单位年度技术管理工作总结，制定年度技术管理工作计划明确下年度技术管理工作目标和工作重点，报总工程师室备案。

b. 组织本单位技术管理工作计划执行情况的检查，主要检查工作目标是否完成、工作重点是否落实、技术管理措施是否有效等，以确认技术管理工作计划执行的效果，提出改进的意见并组织落实，检查结果形成报告。

③ 大修规程编制、修订及整体更新改造

a. 在同类专业设备首次开展大修维护前一年，完成该设备大修规程和大修验交技术标准的编制。

b. 大修规程编制和修订及专业系统整体更新改造方案，申报单位须提供编制修订的依据文件，并依据公司重大技术决策要求上报公司审批。

c. 各单位在设备大修和专业系统整体更新改造实施前，需提交项目立项后的总工期和关键工期节点，如有延误需提交原因说明材料及调整关键工期申请。

d. 各单位建立设备大中修前的设备状态跟踪机制并形成历年记录，每年组织对所辖专业设备进行未来三年设备更新改造规划，并形成专题报告。

④ 故障、事件/事故管理

a. 各单位对所辖设备建立故障统计台账，对重大故障及隐患的分析报告进行存档。

b. 各单位出现影响行车安全及乘客人身安全的重大故障及隐患，须在故障发生后将故障分析报告、整改措施及对策等材料存档。

（2）技术文件编制

城市轨道交通信号系统的维护文件主要包括：检修规程、检修工艺、检修表格、技术通知单等。

1）维修规程

维修规程是指信号系统维护过程中必须遵循的技术标准、检修要求、作业程序，具体内容包括各设备的维修要求及标准、调试流程及标准等。维修规程的正确性和先进性是主要的编制要求。

2）检修工艺

检修工艺也称作业指导书或者标准作业流程，是为了保证信号系统维护质量而制定的操作性的文件，以确保维修规程的要求在作业中实现。编制的工艺文件具体内容包括：适用范围、所需工器具及物料、作业人数及作业人员的技能要求、作业工序、作业方法及示意、安全注意事项等。

3）技术通知单

技术通知单是检修规程意外的一种有效技术文件，通常用于对维修规程或检修工艺的临时性补充或修订，是由上而下的技术要求。

（3）规程管理

1）维修策略与原则

① 维修策略

根据各系统设备自身特性及维修保养要求制定分为Ⅰ类、Ⅱ类、Ⅲ类维修策略，其中Ⅰ类为计划性维修策略，Ⅱ类为状态修维修策略，Ⅲ类为故障修维修策略。Ⅰ类、Ⅱ类维修策略的设备采取定期检测及维护保养，加深小修，评估后采取大修或专项修策略；Ⅲ类维修策略的设备采取故障修、评估后专项修策略。

② 维修原则

信号系统设备主要采用Ⅰ类维修策略。若信号专业中有设备采用Ⅱ类或Ⅲ类维修策略需说明理由。

2）编制原则

① 总体原则

a. 维修规程编制需综合考虑成本控制、人员技能、维修能力以及专业系统对行车及客运的影响程度等因素，以状态修（状态评估）为核心，编制、完善运营各专业维修规程。

b. 维修规程应结合设计要求制定相关设备的评估原则及维修周期要求，原则上设备全生命周期维修内容应包括一级（日常）保养、二级保养、小修、中修、大修共5种修程，高级修程包含低级修程。

c. 编制过程应根据国家规范、行业标准、产品维修手册、同行维修经验等科学、合理地制定设备的各修程检修周期，并明确检修周期与设备寿命的关系。

d. 检修周期制定过程中应避免出现设备漏检或过度检修的情形。

e. 机械式设备（如道岔转辙机）宜根据设备使用次数、频率、年限编制维修规程。

f. 各专业设备按照同型号或同类型单体设备组成制定维修规程，部分专业设备可按照线路制定维修规程，不同品牌设备规程应明确差异内容。

g. 同类特性设备（如 UPS 系统）维修规程原则上应是一致或相近，维修规程编写的表达方式、格式和开项内容应统一。

h. 同类设备但系统制式和系统组成架构不一致的设备应进行分类编制维修规程，并明确相关修程内容的适用范围和线路。

② 大、中修程编制原则

a. 大、中修规程合理划分专业系统设备单元，针对不同单元对运营影响程度差异采取不同的维修策略。

b. 大修规程应根据不同的专业特点、设备寿命、设备状态确定评估标准、评估内容、评判标准。

c. 设备大修以恢复设备达到原设计最低标准和性能指标的计划性检修为目标，首次大修年限宜设置在设备使用寿命年限的中期阶段，避免与生命周期重叠

d. 系统设备整体更新改造内容不属于大、中修范畴。

3）内容标准

① 各专业维修规程应包含四项要素：总则、周期与内容、技术标准、质量评定内容。

② 维修规程应列明规程通用规则及主题大纲，根据系统、设备特点，制定不同检修周期的标准，包括"设备类别、设备名称、修程类别、周期、检修工作内容、验收标准、质量评定标准、引用标准、执行记录"等。

③ 维修规程中应结合本专业设备特点，对小、中、大修和专项修等特定名词进行必要的定义和区分说明。

④ 维修规程应包含专项修启动条件、维修内容及标准。

⑤ 维修规程内容应全面、结构简单、内容完整，用词严谨、清晰、准确，方便维修

人员使用和日常规程管理。

⑥ 设备名称原则上以通用专业名称为主，不宜使用设备品牌名称指代。

⑦ 各专业设备维修规程内容应保持完整性；如需分册，原则上低一级的修程内容部分为上册；高一级的修程内容部分为下册。

⑧ 大、中修规程中应明确线网交路中重点、关键设备（如道岔）的定义和具体设备。

4）编制与修订流程

① 维修规程编制

维修规程编制工作以计划性编制为主，各部门临时提出编制需求为辅两种形式开展，根据总部维修模式、体制变革的趋势和现状，明确维修规程编制要求，制定规程编制计划安排，向总部专业组下达专业设备维修规程编制需求和任务。

专业组承接编制任务后，组织各专业组成员开展维修规程编制工作，专业组完成初稿编制后，在专业组范围内进行讨论修订，完善标准并形成标准会签稿。

技术决策部门对提报的编制内容及需求组织相关中心、专业组进行研究讨论，并对是否开展规程编制出具审查意见，审核意见由需求中心负责组织落实。

② 维修规程修订

规程修订申报需列表整理维修规程修编前后差异，详细说明原条款、现条款、修改原因等内容，总工程师室审核后，组织相关中心对修订的内容进行征求意见，相关意见提供至总部相关专业组，由各专业组组织并根据会签意见对修编内容组织讨论，形成统一的修编意见。总工程师室根据修编意见，提出初审意见，组织专业分管领导主持决策会议，形成决策意见。专业组所属单位根据最终审核意见修改后，报总工程师室按照总部技术标准发布流程组织发布工作，各专业设备大修规程的修订审查由总工程师室组织上报总公司审查、决策。

4. 质量管理

质量管理（quality management）是指确定质量方针、目标和职责，并通过质量体系中的质量策划、质量控制、质量保证和质量改进来使其实现所有管理职能的全部活动。

质量管理的发展大致经历了3个阶段：即质量检验阶段、统计质量控制阶段、全面质量管理阶段。

（1）质量管理体系（ISO 9001标准）的应用

1）质量管理体系实施的目的

引入质量管理体系的目的是通过质量管理体系的管理、有效应用、持续改进的过程，提高全员质量管理意识，提高设备检修质量，保证设备设施维护符合要求，增强乘客、员工、公司和其他相关方的满意度。

2）质量管理体系内容

维修部门质量管理的内容主要是对管辖范围内所有影响到设备运行的因素进行评价和控制。因此，维修部门质量管理工作一般包括管理制度/技术规程、员工培训、生产辅助设施、维修组织、物资管理5方面的内容。

3）质量管理工作的开展

企业要做好全面质量管理，应着重从以下几方面开展：

① 加强员工岗位职务培训。

② 落实岗位责任制和标准化作业。

4）设备质量督查

设备质量督查采用抽查的方式进行，收集设备运行的相关数据，采用统计的方法对设备运行状况进行分析。维修部门检查的种类一般可分为部门检查和分部自查两种。质量督查组负责制定质量检查计划并组织实施、跟进问题整改，形成月度质量分析报告上报部门领导，负责参与质量检查，实施检查计划、提交子系统检查分析小结，小结内容包括现场已整改的内容以及未能现场整改的内容。

5）三级检查制度

三级检查制度是指企业（或单位）的三个不同级别的部门分别组织开展的质量、安全检查，是一种常态化的检查制度。三级检查是指部门级检查、分部级检查和班组级检查。

（2）设备缺陷反馈与改进机制

对于检查发现的问题和隐患，一般采取两种反馈和改进方式，一种是整改通知书，另一种是检查通报。至于采用何种方式，需视检查的具体情况而定。一般遵循一个原则：即如果检查发现的问题和隐患的性质比较严重或影响范围较广，宜采用《整改通知书》的形式，否则，采用《质量安全检查通报》的形式。

（3）评估与考核机制

1）不合格项定义

指质量管理体系在建立和实施过程中出现的未满足法律法规要求、质量管理体系要求、设备质量要求的项目，按其性质可分为严重不合格项、一般不合格项、观察项三种

2）质量考评

① 质量考评坚持以下原则

实事求是原则：客观、公正、实事求是地评价质量工作绩效。

结果公开原则：评价结果在部门内公开。

指标量化原则：以评价分值体现质量工作绩效，具有科学性，可操作性

② 质量考评的内容及要求

质量评估内容包括：管理制度/技术规程、员工培训、基础设施维护、维修组织、物资管理五个方面，对各分部、室的质量评价周期为每月一次，评价的结果直接与分部、室的月度绩效挂钩。

5. 物资管理

"兵马未动粮草先行"，物资管理是保证信号检修工作的基础。

（1）物资的管理架构

物资种类繁多，数量庞大，要完善物资的管理，需要建立相应的物资管理体系，对物资进行逐层的分解管理。采用逐层管理模式，一方面需要将具体的物资逐级向下分解到各个使用部门，按"谁使用，谁管理"的原则进行管理；另一方面各个使用部门需要定期逐级向上汇报物资的管理情况，上级管理部门需及时掌握物资的总体情况。

（2）物资的管理

要管理好物资，需要有相应的管理手段，用于指导物资管理工作的开展，常见的物资管理手段包括定额管理、全面预算、综合管理等。

1）定额管理

库存定额是保证企业生产经营活动正常进行所确定的合理库存数量，又称为物资储备定额。

2）全面预算

根据全面预算安排，生产维修部门以及职能部门应编制备品备件和生产材料（含低耗、油料、材料）的全面预算清单，同时作为资金预算的编制依据。

3）综合管理

综合管理主要包括两方面的内容，一是建立相应的物资管理数据库系统，二是定期汇总物资管理自查报告。

（3）物资的分类管理

物资的分类方法有多种，从资产管理的角度来分，可以分为固定资产及非固定资产两类。

1）固定资产的管理

固定资产的归口管理部门根据"谁使用，归属谁；谁归属，谁负责"的原则，把固定资产的具体归属和管理责任落实到归属部门，归属部门进一步将固定资产的具体归属和管理责任落实到具体的使用负责人。

2）备品备件的管理

备品备件是指为修理本企业的机器设备和运输设备等从外部购入的专用零部件，它是设备检修的基本要件。对备品备件的管理实行全面和全过程的管理，即从预算、下达计划、采购、入库保养、发放消耗整个过程的管理，建立健全备品备件管理体系，加强组织、制度建设。

3）工器具（含仪表）的管理

工器具与其他的物资有所不同，在实际使用中需要定期对其有效性进行检测，避免由于工器具的失准导致工作上的错误。因此，工器具的管理与其他物资的管理方式也存在差别，对工器具的管理可按分级管理模式实行管理，如图 11-1 所示。

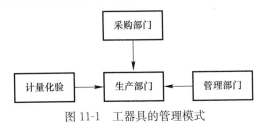

图 11-1 工器具的管理模式

4）生产物料的管理

生产物料是指在生产中用到的，除去固定资产、备品备件、工器具以外的其他材料，一般来说，此类材料的价值相对较低，日常生产中的消耗量较大。

① 生产物料的申购计划

生产物料的申购计划一般结合定额、全面预算等工作开展，按其申购方式，可分为年度申购计划、季度申购计划、临时申购计划及紧急申购计划 4 类。

② 生产物料的申报及领取

生产物料管理员作为与采购物流部门的接口人，负责向采购物流部门提交各项申购计划，并及时跟进各项计划的执行进度。此外，生产物料管理员还需按要求办理物料的领取手续，组织到货物料的领取。

③ 生产物料的消耗

根据实际情况，生产物料的消耗可采用分散消耗及集中消耗的形式。做好物料的消耗记录，有利于进行下一年定额的修订及全面预算的开展。

6. 信息化管理

随着计算机技术和网络技术的快速发展和普及，越来越多的企业力求通过信息化手段，提高企业生产、经营、管理和决策水平，促进企业快速发展。

（1）信息化管理的内容

信号专业负责信号设备的检修维护工作。以系统设备为中心，信息化贯穿设备整个生命周期的运行情况，为中心各专业设备维修规程的修订，生产检修计划的编制，故障统计的分析，故障处理流程的优化，人员技能的评估，人员定编和物料采购计划及库存管理等提供有力依据，继而指导中心开展各项生产组织管理工作。同时通过数据库的管理模式，为实际生产过程提供各类报表和数据查询功能，指导维修工作的开展；从改善设备性能入手，推动设备运营保障能力的提升，提高维修工作的信息化水平，提高线网条件下的维修反应速度，提高线网协同作战能力，提高线网运作能力。

信息化系统的主要功能包括：

1）系统实现

通过系统实现对信号维修的主要业务都有迹可循，对各种与生产有关的信息能及时通过本系统进行查询，并提供多样化的、操作便捷的查询功能，能自动生成各种报表（系统要求有表格自动编辑功能，以利于及时生成新表格或对旧表格进行修改），对设备故障及设备质量及时进行分析，指导维修作业的进行。

2）技术实现

系统支持多线路、多地点的管理模式，并具有良好的扩展性，基于这种管理模式将来可以在平台上新增各类其他管理相关的信息化应用。

3）数据方面

数据方面与相关系统有统一的数据格式，具备相应的集成接口，与其他系统等进行集成。

（2）信息化管理实现的要素

信息化系统包括设备管理、安全管理、物料管理、新线建设、统计报表、文档共享、人员管理、系统管理等8个主要要素。

通过使用本系统，从信号专业的业务实际需要出发，选择重点与关键的环节进行信息化管理与控制，解决目前在应用中存在的呼声比较高的问题，在信息化价值和灵活性、管理工作量之间取得良好的平衡，保证在系统实施后能提高工作效率、降低成本，建设向集中化、基础数据共享方向发展的维修管理模式。

7. 风险管理及应急组织

风险管理及应急工作是安全管理的关键内容，直接影响运营安全和服务质量，如何让员工认识到应急预案的重要性，结合部门实际情况，做好相应的应急预案的培训与演练工作，未雨绸缪，提升员工应急处置能力，是管理者不断探索和思考的。

（1）风险管理

1）风险识别

风险识别就是收集有关损失源、危险因素等方面信息的过程。整个风险识别过程需要考虑以下问题：存在哪些风险，引起风险的主要因素是什么，各项风险引起的后果及严重程度，风险识别的方法。

风险识别的方法可以分为两类：第一类是宏观领域中的决策分析；第二类是微观领域的具体分析。包括业务流程分析法，风险专家调查列举法，分解分析法、失误数分析法等。

信号专业则运用微观领域的具体分析方法分别从轨旁、车载、ATS、车辆段、电源等不同子系统不同设备中识别风险关键点。

2）风险评估

在识别出各系统的风险关键点后，应对其进行分析与评估。风险评估是采用定性与定量相结合的方法，按风险发生的可能性及其影响程度，对识别的风险进行分类和排序，确定关注重点和优先控制的风险。风险分析是在风险识别的基础上对风险发生的可能性、影响程度等方面进行描述、分析、判断，并确定风险重要性水平。

3）风险应对

风险应对是指选择和运用具体措施对风险进行管理的过程，主要是在风险识别和风险评估完成后，由管理层确定如何应对风险，并将应对方案付诸实施。

对于信号专业维护过程中的风险点，企业一般采取风险降低措施，利用控制活动来降低风险发生的概率，从而达到风险应对的目的。安全风险关键点细化表如表 11-30 示例。

安全风险关键点细化表（部分） 表 11-30

专业/岗位	系统/项目	子系统/子项	设备具体部件/具体事项	风险关键点	故障/事件现象	故障/事件影响		故障修复时间（应急保障措施有效落实的前提下）	保障措施	
						影响范围	影响时间		维修保障措施（事前预防）	应急保障措施
信号	联锁	ZYJ7道岔	POM4板	POM4板无表示电压输出	道岔无表示	该道岔干扰，将导致列车晚点	10min	10min	定期检查及更换，各联锁站备有备用 POM4 板	更换 POM4 板
信号	联锁	ICC	Simis CPU 板	板块故障	该组 Simis 计算机故障	有两块及以上板块故障有可能导致联锁失效，整个联锁区故障	30min	更换20min，重启10min	（1）严格按照检修规程加强设备检修工作；（2）准备功能完好的备件放置在现场备用，故障情况下可以迅速更换	更换故障模块，并重启 ICC
信号	ATP	ATP	Simis CPU 板	板块故障	该组 Simis 计算机故障	有两块及以上板块故障有可能导致 ATP 失效，全线列车紧制	30min	更换20min，重启10min	（1）严格按照检修规程加强设备检修工作；（2）准备功能完好的备件放置在现场备用，故障情况下可以迅速更换	更换故障模块，并重启 ATP

4）风险监督与改进

风险监督与改进工作贯穿在应对策略出台的后续长期工作中，定期检查维修作业中重大风险管控方案的制定情况和实施情况，实时监控风险发展变化，定期进行信息沟通和监督。

（2）应急组织

1）应急处理原则

根据故障对正常运营的影响程度，对设备故障进行判断及归类，严格按照"运营事业总部生产（故障）信息管理流程"和各专业设备故障处理流程，按照"先通后复、抢险及时"的原则及时组织人员进行处理，其中对运营的行车或行车质量造成重大影响的故障必须及时启动相应的应急预案、程序，把故障的影响程度降到最低。

2）应急处理流程

设备在使用过程中不可避免会发生故障，特别是信号设备发生的故障，经常会严重影响运营，为防止运营设备发生故障后可能出现的组织和管理上的混乱，运营企业应按自身特点，制定各种设备的应急故障处理流程。

不同专业的故障处理流程不尽相同，但各种故障处理流程通常都会包括故障接报、故障处理和故障消除这三部分。

3）预防措施

① 加强设备监控力度、做好故障类型的判断

出现设备故障并不可怕，可怕的是故障出现了，却怎么也找不出故障原因，无法恢复设备。为了能够提高故障的处理效率，必须加强设备监控力度，对系统的运行状态保持时刻关注。

② 加强演练，快速抢修故障

在故障发生并弄清楚故障产生的根源后，接下来要做的工作就是采取措施，迅速赶到故障现场，将故障现象解决掉。既然要抢修故障，那就需要追求故障解决效率和解决速度，要做到这一点，应该进行经常性的实战演练，保证故障突然发生时，能在很短暂的时间内恢复畅通，不影响地铁的正常运营。

11.3 特殊情况下的维修组织

特殊情况下的维修组织是指非正常运营运作时期，维护部门针对设备特点、时间特点或环境特点所做出的特殊维修安排，具体包括新线开通、既有线软件升级、既有线系统更新、既有线线路改变、交路改变、列车编组改变、重大活动、特殊气象条件等。

1. 新建线路介入、接管

新建线路介入、接管时期称为筹备期，是指新线设备系统建设阶段，在设备生命周期内处于早期故障期之前。筹备期阶段工作质量直接关系到设备投入运营后的运行质量和运行寿命，筹备期工作如能良好地开展，可以有效地缩短早期故障期和延长偶发故障期，提高设备运行的稳定性和可靠性。

为此，根据"早介入、早发现、早解决"的原则，在筹备期提前介入，通过参与用户需求书的编制和审定、设计联络会议、设备工厂验收试验、施工安装验收标准的制定、施

工现场过程监管、设备联调联试等工作，提前发现需求、设计和施工的问题，从而及时将问题反馈至相关责任方，争取各项问题能够在设备正式投入运营前得到解决，确保设备以最佳状态投入正式运营。

同时，筹备期也是培养人才、锻炼队伍的良好时机。借助提前介入筹备期的契机，组织维修人员参与设计联络、工厂培训、施工现场过程监管和设备联调联试等各个环节，有助于维修人员加深对设备的了解，掌握和总结设备调试和维护经验，提高维修人员设备维修水平。

（1）早期介入准备

在全生命周期理论中，用户需求书编制和设计联络是整个新线系统建设项目的前两个关键步骤，也是运营维护人员筹备期介入的重要工作，直接决定各专业设备的建设质量和运行水平。

1）用户需求书编制

信号维护部门的技术人员参与用户需求书的编制，可以更好、更深入地了解线路的工程概况、信号专业设备性能、功能及设计参数，同时根据自身的设备维护经验，提出修改意见，以便更好地满足设备维护需求，有助于缩短设备的磨合期，减少因后期发现未能满足用户需求从而导致的设计变更和重复施工等整改工作。用户需求书编制工作中需重点关注的内容如下：

① 设备的可靠性、可维护性、可扩展性

a. 可靠性。可靠性是指元件、产品、系统在一定时间内、在一定条件下无故障地执行指定功能的能力或可能性，可通过可靠度、失效率、平均无故障间隔来衡量。

b. 可维护性。可维护性是指满足设备可维护操作需求，系统和其主要元素均应设计成只需最少的调整和预防性维护，以及运行维护。系统设计应包括有适当的测试点、故障隔离及诊断措施，以减少设备修复时间、维护材料和人工成本，并通过制定合理的维修/更换策略、制定在线维修措施及提供维修支持设备等来减少停机时间。

c. 可扩展性。可扩展性是指专业设备在设计时应留有扩展能力，以适应线路工程远期扩展的需求，且系统扩展时应不影响原有线路的正常运营。

② 设备供货范围

设备供货范围包括设备、备件、测试仪器和专用工具等。设备、备件、测试仪器和专用工具等直接影响到设备正式投入运营后的运行状态、设备维修和故障修复等工作，在用户需求书时应根据安全性和可维护性原则进行编制和审查。

③ 设备的使用需求

在参与用户需求书编制、审查系统技术规格书时，还需重点关注系统功能是否能够满足现场使用需求。

2）设计联络

系统设备完成设备招标和系统初步设计后，信号维护部门技术人员联合设备供货厂家、设计单位共同对包含系统设计、设备功能、设备供货等内容的设计联络文件进行多方审查、讨论和确认。

通过参与设计联络，信号维护部门技术人员在设备安装和调试前了解系统设备的功能、性能和接口特性。同时，根据自身维护经验并结合设计联络文件提出相关改进建议，要求设备供货厂家或设计单位根据建议的可行性变更设备供货或者系统设计方案，使设备在安装、调试和验收过程中减少设计变更，确保设备投入正式运营后能够高水平运行。

（2）严把厂验关

厂验，又称工厂验收试验，是在供货设备厂家的工厂内对其供货设备进行设备验收测试，按照合同和相关标准，核查设备设施的功能、技术条件、性能和质量，及时发现、提出并协调解决存在的问题，达到确保产品出厂性能和质量的基本目标。

信号维护部门需针对专业设备特点，安排专业技术人员制定详细的测试项目、测试步骤、检查标准、测试目标，并从设备产品外观、设备技术参数和设备功能等多个方面严格把关，确保设施设备质量。

（3）施工过程监管

系统设备在完成系统设计和设备工厂验收测试后，进入到设备安装施工、设备调试阶段。信号维护部门在设备安装施工、设备调试阶段积极参与，确保可以及早发现设备缺陷、功能缺陷和安装施工质量问题，以便及早反馈给相关责任方，做到早发现、早解决，有效减少潜在的设备质量问题。

1）制定规范的施工验收标准

新线建设工期紧，系统设备多，如何在紧张的工期内高质量完成设备的安装向来是新线建设的难题。信号维护部门提前制定规范的施工验收标准，并与施工方进行充分沟通、在做好技术交底、达成共识的基础上，从施工开始，就需将验收工作结合到施工质量跟踪工作中。这样一方面可以随时掌握施工质量，另一方面也使施工方清楚验收技术标准，从而随时做出改正，提高设备质量，使验收工作能顺利通过。

2）施工过程监控

为确保工程质量，提高新线运营筹备的运作效率，信号维护部门需严格做好整个施工过程的监管工作。

① 对整个工程持续进行监管，一方面可以持续掌握工程质量、进度，从而适时提出要求，做出调整；另一方面，在过程监管中使施工方清楚运营部门的需求，清楚施工、验收技术和技术规范，从而随时对工程做出调整、修正，提高设备质量，满足需求，最终使验收工作顺利通过，争创优质工程。

② 成立质量管理领导小组（以下简称领导小组），在此基础上，成立一支由业务过硬、经验丰富的现场技术骨干组成的专业现场小组（以下简称专业小组）。领导小组负责整个工程持续监管领导、协调等工作，而专业现场小组主要负责现场施工质量跟踪，以现场监管为主。与施工单位共同建立工程质量负责制，做到质量管理机构健全，质保自检体系完善，工程质量保证措施有力。

③ 现场过程监管总的指导原则为"工程初期创样板，工程中期查质量，工程末期查整改"。在施工进场前，质量管理领导小组与施工单位充分沟通，以协调会、施工培训等多种方式，将运营方的质量要求、施工验收标准规范、各种设备的工艺、注意事项等与施工单位充分传达，双方可以就有关标准和要点进行坦诚公开的讨论，并达成共识，建立起开展后续工作的基础。各种设备的第一次安装均由双方的现场技术骨干、质量管理人员全程参加，在安装过程中将各种标准规范、问题要素等一一展现，达到双方认可的施工质量和规范，尽量将问题解决在萌芽阶段。与施工单位共同协商，选定样板站、段，作为施工

示范点。在工程初期，领导小组的重点是在各项施工中，务必与施工单位建立样板工程或标准工程，此样板工程必须是高标准、高质量、双方认可的，然后后续全面铺开的工程均按样板工程的标准执行。在工程的中期，领导小组的重点是检查工程质量，可以采取全查、抽查结合的方式，并将质量问题及时反馈给施工单位。在工程的末期，领导小组的工作重点则是前期工作的整改情况。

④专业现场小组对施工现场的全程跟踪监管是整个工程监管的重要工作和保证。对于施工单位现场的施工质量、各种信息、现场的第一手资料等将全部由专业小组进行跟踪和反馈。根据工程进度和计划，专业小组每天安排成员到施工现场跟踪施工，并与施工人员沟通、指导，此为现场级沟通。专业小组成员每天以日报形式将所收集的施工质量问题、要素、信息及时反馈，专业小组及时整理并向领导小组汇报，并每周以周报形式将一周的情况进行整理、归纳，并得出分析报告上交给领导小组。领导小组以周会的形式，每周定期将存在的问题、要求等与施工单位进行协调、沟通，此为管理级的沟通。领导小组和专业小组可以每月根据所掌握的日报、周报进行汇报、分析，形成月报，每月定期与施工单位、监理单位进行沟通协调，或交由更高一级的工程管理单位进行协调，此为领导级的沟通。

在整个过程监管中，现场专业小组的跟踪是最重要的基础，领导小组的协调是工作成功的保证。跟踪监管和沟通协调是两个核心工作，只有把这两项工作抓好，相互促进，才能出色完成过程质量管理工作。

3）设备单体调试

在设备单体调试期间，维修人员需特别关注调试的关键点，确保设备调试后能够满足技术规格书的要求及今后维护需求。在设备单体调试过程中，维修人员可根据设备维护经验，优化系统的数据配置，提高设备的稳定性和可靠性。

4）联调联试

联调联试将由运营方牵头组织实施，在系统联调基础上，从满足运营开通使用的角度，完整、细致地测试城市轨道交通内部各系统正常及故障等情况下接口功能和系统性能，以检验轨道交通内各系统按设计要求协同运作的能力，是运营单位对设备、系统功能一次全面验证及对系统参数进行优化的过程。

为顺利开展联调联试工作，合理调配各方资源，及时解决联调联试发现重大技术问题，需组成的联调联试领导小组、联调联试工作策划小组和项目小组，负责筹备、指挥、管理、协调联调联试过程中的各项工作，确保联调联试的顺利开展，实现开通试运营目标。

5）现场验收及 FAC、PAC 控制

在施工完成后，相关单位会组织一次最终的现场设备验收工作。此时运营方需组织最强的技术力量、最富有验收工作经验的人员，全面组建各验收小组，分项分组启动验收工作。每验收小组设立小组长，全面负责该项目的验收及后续整改工作。

对整个系统的各个设备开展地毯式的全面检查，并将存在的设备缺点、隐患等逐条进行记录，并让施工方进行确认，落实整改工作，必要时进行返工。

①预验收（PAC）

试运行期间发现的问题，责任方应及时克服。如在试运行结束前没能解决，运营方可视问题的严重程度采取以下三种处理方式：

    a. 签发预验收证书；

    b. 签发有条件的预验收证书；

    c. 不签发预验收证书，直到问题克服。

    ② 最终验收（FAC）

    如运营方对整个项目无异议时，将于质量保证期结束后 45 天内签署最终验收证书。若认为工程中出现的疏漏和错误不影响最终验收证书的签署，运营方可签署最终验收证书并注明存在的疏漏和错误，并要求卖方采取措施对存在的疏漏和错误（包括潜在的）在 6 个月内进行修正，直至达到要求为止。

    （4）接管前维修筹备

    1）成立新线维修组织架构

    运营部门抽调骨干力量成立专职新线专业小组，负责新线施工质量及进度的跟踪；专业技术管理人员定期到现场检查新线专业小组工作质量及新线筹备组织工作。

    2）新线人员培养

    ① 厂家培训

    厂家培训是设备安装调试前，维护部门派技术底子好、学习能力强的员工到供货厂家工厂参加设备操作维护培训。厂家培训一般由供货厂家安排富有现场维护经验的工程师对培训学员进行培训，培训现场一般安装有专用的培训设备，因此厂家培训一般以实际操作维护的方式为主。

    通过厂家培训，参与培训的员工能全面地掌握设备的调试及维护技能。因此，可由参与培训的员工编写设备培训教材和维护手册，由其对新线筹备小组其他员工开展司内培训。

    ② 施工及调试现场培训

    在施工和调试阶段，涉及设备安装、线缆配线和接头安装、设备调试等在设备正式投入使用后较少涉及的实际操作环节，上述环节的工艺技能一般为维修岗位员工掌握较为薄弱的，因此维护部门将通过与施工单位和调试厂家协调：在施工和调试工期允许的情况下，施工单位员工和调试厂家现场调试工程师在施工和调试现场对维修部门员工进行现场培训。施工和调试现场培训方式多种多样，不拘泥于形式而着重培训效果。部分现场培训是施工单位师傅或供货厂家调试工程师在现场一边工作一边讲解，然后让维修部门员工实际操作学习，该方式效果最为理想。

    ③ 老员工带教新员工

    新线筹备小组除了部分作为技术骨干的老员工外，更多为城市轨道交通今后运营补充进来的新鲜血液——新员工。而新线建设阶段，老员工可以充分利用设备安装施工和设备调试平台展现自身技能水平，也可以利用该平台带教新员工，向新员工传授设备维护技能。

    3）编制运营技术文本

    信号维护部门需在专业设备接管前组织专业人员编制相应运营技术文本，为设备接管后及开通运营后的维修组织、故障抢修及使用部门使用操作提供规范性文件。

    ① 建立设备台账

    要高效地管理所辖设施设备，建立设备台账是一个必要的手段和方法。完善的设备台账可以帮助维修人员更好地掌控设备运行质量，并针对设备实际情况制定设备检修周期开展设备检修。设备台账的建立、记录、管理必须持之以恒，为日后设备管理过程提供最有价值的原始数据，以便更有效地达到设备管理目标。鉴于台账的重要性，使用者在记录台账时必须对设备的各参数做到详尽、准确。

a. 设备的分类

要做好设备管理工作，首先应该做好设备的分类工作。根据对运营的影响程度，信号设备可分为 A 类、B 类和 C 类设备。

（a）A 类设备的管理

A 类设备的管理除了一般生产设备的要求外，还应做到以下几点：

a）重点设备上要有明显标志。

b）维护人员切实实施日常维护和定期维护。

c）明确专责维护人员，逐台落实定期点检内容。

d）维护人员要组织好重点设备的故障分析与管理。

e）要保证备件的制造与储备。

f）重点设备的改造、更新计划，要优先安排，认真落实。

（b）B 类设备的管理

B 类设备占生产设备的大多数，应进行正常管理，除要加强日常保养工作，做到正确使用、精心维护外，维护部门也要认真做好点检、巡检和设备检修工作。

（c）C 类设备的管理

对 C 类设备在保证安全、润滑的前提下，可适当降低精度标准，并按要求做好日常养护和维修工作。

b. 设备档案的建立

设备台账是设备管理的基础性资料，是做好设备管理工作的基础。设备台账从狭义上来说就是做好设备登记、记录和统计工作，但从广义上来说就是做好设备的各项管理工作。为确保日常生产的顺利进行，到达安全稳定运行的目的，必须对所有设备的购置（设计、制造）、安装、验收、保养、维修、变更直至报废的过程进行跟踪控制，在此过程中，不断收集、整理、鉴定，将相关材料以履历簿、图纸、文字说明、凭证和记录等形式记录下来，形成设备档案。设备档案建立之后需要存放在指定的地点，并安排专门的人员负责档案保管工作。

设备档案包含以下内容：

（a）设备概况。

（b）设备外形图或照片。

（c）附属设备及随机工具记录。

（d）运转台时（公里）记录。

（e）设备技术鉴定评定情况。

（f）技术资料登记。

（g）设备评比及检查评定情况。

（h）设备动态（调出、调入、封存、报废）。

（i）事故记录。

（j）设备大修、项修、（中修）记录。

设备档案资料原则上按每台单机整理，存放在档案袋内，档案编号应与设备编号一致，设备档案由车间设备管理工程师负责管理。要求做到：

ⓐ 明确设备档案管理的具体人，不得处于无人管理状态。

ⓑ 明确设备档案的各项资料的归档路线，包括资料来源、归档时间，交接手续、资料登记等。

ⓒ 明确定期登记的内容和负责登记的人员。

ⓓ 明确设备档案的借阅管理办法，防止丢失和损坏。

ⓔ 明确重点管理的设备档案，做到资料齐全、登记及时正确。

② 建立检修规程

建立设备维护检修规程与编制管理规定的目的在于让设备维护检修规范化、标准化，检修规程要求语言简练、严谨、通俗、易懂、术语规范，编制要合理、可行、紧凑、标准。

a. 制定检修规程

新的线路开通，在新的环境下，新设备新技术的使用，必须对新设备和技术制定一个完善的维修标准。

（a）制定新设备的检修规程，可以使设备维护人员在维修时符合规定要求，使检修更加科学、准确，极大的提高设备维修质量。

（b）执行标准化作业，提高维修效率、稳定设备质量，规范员工的操作方法。根据工艺参数及规程就能确保维修质量符合要求，对降低生产成本、稳定设备质量起着积极的促进作用。

b. 制作维修工艺卡

维修工艺卡的主要特点是：

（a）详细地描述检修步骤和方法。根据维修规程中的内容要求，逐条描述检修的步骤、使用的工具、操作的方法、判断的标准以及注意事项等，把维修规程中技术规范类的内容要求，融会贯通于每一步操作说明中。

（b）使用大量的图片进行说明。相对于维修规程的枯燥，检修工艺卡在编制时使用大量的图片进行描述，以直观化的方式呈现出来。

（c）增加检修过程的经验性提示。检修操作不可能做到完全的量化管理，针对无法具体量化的检验项目和检修过程中可能出现的偏差项，可以采取经验描述和重点提示的方式，加强对检修人员的指导。

（d）将主要成本量纳入检修作业管理。结合作业的技术要求和执行经验，合理评估员工的投入，并以中级工的执行能力综合核定作业的标准工时和材料的消耗量。最终将人员配置要求、工时消耗和材料消耗等成本控制因素，细化到每一项检修作业中。

③ 编排检修计划

a. 明确设备维护模式

信号专业设备实行计划性维修和故障处理相结合的设备维护模式。考虑到三权接管至运营开通时期部分车站交通不便，计划性维修主要包括日巡检和月度检修。

日巡检：由工班组织一线维修人员负责，除对设备的运行状态进行检查外，还进行设备机柜、机架的清洁、设备房卫生的清扫等维护工作。

月度检修：主要由维修一线人员负责，专业技术人员以抽查形式检查检修质量，保证设备的完好。

故障处理：由于三权接管至运营开通时期，设备尚处于调试或联调阶段，设备发生较大故障时维修部门可要求供货厂家参与，由供货厂家出具故障说明和分析。对行车安全和效率有影响的设备故障，一般由专业技术人员组织处理，工班参加进行故障抢修。对于一般故障，由工班组织，专业技术人员参加进行故障修复。

b. 制定检修计划

单项设备的维修周期要合理制定，要以设备维修规程为指导，结合运营安排和设备运行状态合理制定周期。设备接管前需提前制定检修计划，后续每年8～9月需提前制定下年的年度维修计划，根据年度维修计划制定季度维修计划和月度维修计划，根据月度维修计划制定周计划和日计划等。同时，对于一些突发的故障，还需制定临时检修计划。检修计划的制定要准确、详细，计划实施的准确率要高，减少计划的变更。

（5）接管后维修组织

对新建线路三权（调度指挥权、属地管理权、设备使用权）接管后，信号维护部门将随即开始组织设备维修工作，保障设备正常运行。

1）明确各班组的职责范围和分工

三权接管后，维修部门组织开展维修工作，统一组织，形成以分部技术管理人员为主的生产管理和技术支持核心，明确技术人员各自承担设备系统的技术支持与指导、人员培训、生产计划的审核等职责，工班配属技术人员以辅助，工班长负责生产的具体组织和人员管理。

2）严格落实各项检修计划

设备维修需要标准化，各项设备要有统一的质量标准。在检修过程中应注意各项性能指标是否达到规定的要求，如果达不到标准，必须立即查明原因并彻底解决，以绝后患。否则，如果带病运行，对小问题视而不见，必然会引起更大的问题，影响重大。同时各级管理人员要加强维修质量的检查，对维修质量差、漏检现象要及时纠正并追究责任。

3）及时开展各类专项检查工作

专项检查的目的就是"找不足、压事故、保稳定"。一是组织务求严密，有专项检查领导小组，加强对专项检查工作的领导；二是结合实际制定行之有效的专项活动方案，检查重点、检查步骤等详细具体；三是覆盖面广，从上到下各个部门都通过会议等方式开展大量宣传发动工作；四是有详细工作任务分工，确保专项检查活动取得实效。如UPS专项检查整治、隧道电缆检查整治、光缆检查整治、隧道设备安装固定检查整治等。

4）做好遗留问题跟踪整改

信号专业设备故障轻则影响行车效率，重则影响行车安全。因此，搞好设备维修，及时发现问题隐患，尽早解决遗留问题，不断的改善维修工艺，探索良好的处理办法是维修人员的重要工作。

① 遗留问题的解决方法

a. 成立新线建设遗留问题小组，由各设备维护负责人跟进处理设备遗留问题。

b. 建立新线遗留问题台账，在检修工作中加强对设备性能的测试并对发现的问题做好记录。明确问题性质、属性、系统、责任部门，制定处理时间，逐条跟进，直到所有的问题全部整改完成。

② 开展技术攻关，提高设备性能

设备维护工作是一项长期、规范化的工作，在日常的工作中需要维护人员具备发现问题、分析解决问题、设备性能跟踪、并从中学习经验的能力。在开展日常检修的基础上可以通过开展技术攻关，改善设备性能，提高服务质量。

5）及时总结分享经验

不断地总结经验，有所发现，有所发明，有所创造，才有所前进。信号专业系统维修过程是不断的发现问题、解决问题的过程，要对这个过程进行全面的总结，吸取经验，优化流程，使今后在少走弯路的情况下检修工作做得更好。

① 实事求是。总结是要对解决的问题过程进行全面总结，要分别提出做得好的和不好的方面，不能以偏概全。

② 找规律，出经验。总结要深入，要认真分析、比较，不能停留在表面现象的认识和客观事例的罗列上，必须从解决问题的过程中归纳出规律性的结论，这样才能有益于今后。

③ 提出今后的努力方向。根据分析总结出来的规律做出相应的完善和调整计划，并进行实践。

6）不断完善维修手段

开通运营后，各种不可预知的问题不断出现，仅用之前的维修方法和手段已满足不了现场的实际情况。所以，在发现问题、克服问题的过程中不断完善和调整维修手段，才能确保设备正常良好的运行，降低和避免设备系统故障发生的可能性，确保运营安全。

2. 既有线路软件升级、系统更新

既有线路软件升级和系统更新改造是解决系统遗留问题，提高设备可靠性或可用性的有效手段。但由于软件升级和系统更新均需对既有系统进行改动，如果测试、验证不够充分，预想不够全面，极有可能带来运营风险。因此，需要明确组织流程，细化实施方案，确保该工作稳步推进。

（1）既有线路软件升级

软件升级是指软件开发者在编写软件时，由于设计人员考虑不全面或程序功能不完善或用户新增需求，在软件发行后，通过对程序的修改或加入新的功能后，以补丁或其他的形式发布的方式，对设备系统进行软件更新（含打补丁）或修改系统参数之一的活动。信号系统是关系行车安全和运营效率的关键系统，其软件升级工作需严格按照相关规章做好各个环节的审查。

1）软件升级安全管理

① 加强安全教育，提高安全意识

操作人员安全常识弱化是威胁软件升级工作安全、稳步推进的一个重要的不安定因素，存在一种潜在的安全隐患。在构建以"超前防控为中心"安全控制体系过程中，安全教育是提高员工安全意识、生产质量的重要手段，是做好设备改造升级的基础，应针对员工业务水平分别进行不同层次的安全生产、专业知识培训，并不断完善教育机制，包含在岗培训及脱产培训等，为设备升级改造打下良好的基础。

② 规范操作行为，落实安全责任

通过"维修规程""故障处理指南""设备操作方法""设备重启步骤""设备软硬件升级管理""值班及交接班制度""作业配合制度"等多项规章制度对员工的安全操作进行规范控制，建立科学合理的安全操作标准体系，使员工之间形成互相监督、互相提醒的机制。

③ 建立响应机制，提高应急效率

针对信号系统安全责任重大的实际情况，为进一步提高对设备故障、突发事故的快速反应能力，需明确、细化信号故障处理分级响应流程。依据不同故障分级，迅速启动相应的应急预案，用最短的时间合理调配人员迅速组建一支抢险抢修队伍，及时处理各种设备故障和突发事件，提高应对各种设备故障和突发事件的能力。软件升级前，需结合软件升级内容组织开展应急演练，不断完善抢险队伍技能水平，提高应急处置效率。

④ 加强方案审查，做好安全预想

信号系统软件升级工作需严格按照要求开展逐级审查，制定细化的工作方案，逐步开展工厂测试、在线测试、预升级、正式升级等，对升级工作中的人员安排、工器具准备、软件版本登记、设备操作、时间把控等各个环节进行全面的风险识别，制定有针对性的防范措施，将风险降到最低水平。

⑤ 落实人员保障，确保运营安全

建立设备改造升级后的退后措施，即在设备故障后立即退回改造前系统，进一步减少升级改造对运营影响。完善设备改造后值班制度，在设备升级后第二天严格执行值班制度，出现异常立即现场对设备故障进行抢修。

2）设备升级实施步骤

制定科学合理、周密详细的工作计划是设备升级工作的基础。信号系统包括联锁、ATP 等安全相关系统，又包括 ATS、ATO 等非安全相关系统，其中安全相关系统的升级需要通过实验室验证，并取得第三方安全认证。软件正式投用前，除了查阅供货商提供的软件修改说明、安全认证、工厂测试报告等材料外，还需通过现场测试、预升级等过程验证软件的可用性和安全性，编制测试报告和验证报告，经审批通过后，方可开展正式升级。

根据设备特点，各子系统的软件升级计划如下：

① 车载 ATP/ATO 软件测试、预升级计划

车载软件的测试、预升级计划分五步实施，具体流程为：

a. 编制测试方案，利用夜间调试点或试车线动车调试点，使用 1~2 列电客车模拟运营操作流程，对旧版软件存在的问题进行针对性测试，并对车载 ATP/ATO 新版软件的功能进行全面测试，包括系统显示、车门控制、牵引控制、制动控制、站台门联动控制、安全防护等，收集、分析过程数据，确认软件安全性和可用性。

b. 如果上述新软件测试结果良好，旧版软件问题得到了有效解决，各项功能正常，则编制测试报告，申请尝试保持 1~2 列电客车使用新软件在低峰期上线运营验证，跟踪运行状态。

c. 运营的新版软件列车状态，旧版软件存在的问题未再次出现，则编制验证报告和升级实施方案，申请升级部分列车投入运营，进行多列新版软件列车的运营跟踪。

d. 如果部分列车升级后跟踪的运营情况良好，可尝试对所有列车进行预升级，观察其投入运营后的运行情况。

e. 在上述步骤中，如发现投入运营的新版软件列车故障增加，或承诺解决的软件问题仍有发生的情况，需视实际情况随时将软件退回旧版本，降低运营风险。如未出现异常情况，则跟踪一段时间后，编制升级总结报告，更新软件台账。

② 轨旁、ATS 软件测试、预升级计划

a. 编制测试方案，利用夜间调试点，对旧版软件存在的问题进行针对性测试，并对轨旁软件基本功能进行全面测试，收集、分析过程数据，确认软件安全性和可用性。测试结束后，退回旧版本。必要时，申请动车测试。

b. 若新版软件运行良好，旧版软件的问题得到有效解决，未出现其他异常，则编制验证报告和升级实施方案。

c. 请点进行正式升级。如发现使用新版软件对行车有影响，或承诺解决的软件问题仍有发生的情况，需视实际情况随时将软件退回旧版本，降低运营风险。如未出现异常情况，则跟踪一段时间后，编制升级总结报告，更新软件台账。

3）软件升级验证报告

软件升级验证报告内容包括软件介绍、组织机构及职责、验证目的、验证范围/方法和步骤、验证过程及内容、验证数据分析、存在安全风险/因素分析、验证结论等。

① 软件介绍

该部分主要包括：软件总体情况介绍、软件修改原因说明、软件版本说明、修改（增加或者解决问题）内容等。

② 组织机构及职责

该部分对领导小组和方案实施小组成员进行介绍，包括姓名、职责、工作地点、联系电话、作业内容等，便于明确责任，方便沟通联系。

③ 验证目的

验证目的主要包括两部分，一是对原功能的验证；二是对新版软件修改内容的验证。该部分需详细说明需要验证的内容，指导现场实施。

④ 验证范围、方法和步骤

验证范围指本次验证涉及的线路（或车站、车辆等）、专业、系统，以及影响范围；验证方法指功能验证和确认的方法；验证步骤指具体实施过程步骤。

⑤ 验证过程及内容

验证过程主要分为实验室验证和现场验证两部分，实验室验证主要由厂家完成，可简要说明，现场验证由运营维护部门主导，需详细描述。验证内容包括原功能验证和新版软件修改内容验证，该部分需对各个验证项目的内容、验证步骤、期望结果进行详细描述。

⑥ 验证数据分析

该部分对验收实施过程的数据进行分析，为得出验证结论提供支撑。

⑦ 存在安全风险、因素分析

罗列可能存在的风险，并对进行分析，制定相应措施。对实施过程需要注意的事项进行说明，包括设备方面和人身方面。

⑧ 验证结论

根据上述分析结果，得出验证结论，即新版软件是否通过验证，是否符合升级条件。

4）软件升级实施方案

软件升级实施方案是指导软件升级工作的纲领性文件，主要包括升级背景、实施要求、组织机构及职责、行车组织方案、详细升级/调试计划、验收步骤、注意事项、存在风险及应对措施、应急抢修、后勤保障等。

① 升级背景

该部分主要包括：软件总体情况介绍、软件修改原因说明、软件版本说明、修改（增加或者解决问题）内容等。

② 实施要求

a. 前提条件

包括：供货商已完成新版软件的验证测试（实验室或仿真）工作，满足相关要求，并提供了相关资料；已完成现场测试工作，并出具软件升级方案；作业点已经批准；准备好新版软件及旧版软件的备份。

b. 升级环境

对升级所需要的外界环境进行说明，包括：已结束运营，各设备功能正常；接口设备具备相关条件；各项工器具、物资等已准备就绪等。

c. 组织分工

对各部职责和分工进行说明。

③ 组织机构及职责

组织机构包括领导小组、工作小组和现场调试组，该部分需对各组成员、职责进行明确、细化。

④ 行车组织方案

该部分对新版软件所属专业进行说明，明确负责实施的具体专业，并对实施过程中列车驾驶模式、进路排列方式、交路情况等与行车组织相关的内容进行说明。

⑤ 详细升级、调试计划

a. 影响范围

对升级工作可能影响的线路、系统、功能、具体设备进行说明。

b. 现场实施具体安排

对实施日期、时间进行说明，制定详细的时间节点管控计划，确保现场可操作性。

⑥ 验收步骤

给点前对设备进行检查，检查是否有各类无关的报警信息，确认各设备状态良好；给点后，监督人员做好过程盯控工作，包括旧版软件备份，确认新版软件版本并记录；软件更换完毕后，做好功能试验。

⑦ 注意事项

该部分需对整个升级工作的过程风险进行全面预想，包括作业前、作业中、作业后，主要包括：

a. 设备升级改造期间出现任何与行车安全或人身安全相关的情况，任何人员有终止调试的权利。

b. 设备升级改造开始前，调试相关要求应由供货商软件升级负责人向现场协调人提出，由运营调试现场负责人协调落实。

c. 设备升级改造期间严格遵守《行车施工管理规定》和《调试、试验安全规程》的相关安全管理内容。

d. 测试软件前，信号现场调试配合人需确认所测试的软件版本号是否正确，软件退回后需确认旧版本软件的版本号是否正确。

e. 设备升级改造过程中，若设备出现故障，立即中止施工进行故障处理。

f. 调试行车原则上必须按信号行车。如需越过封锁区域内的红灯（或越过停车标、退行、无进路保护的反向行车、超速等），由供货商随车负责人报运营调试现场协调人，由运营调试现场协调人报控制中心调试负责人，运营调试现场协调人在征得控制中心调试负责人同意并确定行车安全后指挥司机动车，司机严格按运营规章行车。

g. 更换软件前做好旧版软件的备份工作。

h. 存在的风险及应对措施

该部分需结合升级内容，对实施过程存在的风险点进行全面识别，制定针对性的措施进行预防，并严格落实到位，将风险降到最低。

i. 应急抢修

该部分对应急抢修小组情况进行说明，明确抢修流程。

j. 后勤保障

部分软件升级涉及面广，参与人数多，需要协调解决的用车、用餐等问题，可在该部分进行说明。

（2）既有系统更新改造

信号系统是保证行车安全、提高运营效率的关键系统，线路安全运营指标对信号系统的运行可靠性有极其严格的要求。但随着设备使用年限增长，势必出现备件停产、设备老化、故障率攀升的情况，严重影响线路运营服务质量。在《城市轨道交通工程项目建设标准》（建标 104-2008）中，也有"信号系统固定资产折旧年限为 15 年"的相关规定，原《地铁设计规范》GB 50157—2013 中关于信号系统寿命周期也有"信号系统的寿命周期为 15～20 年"的描述。因此，随着线路运行年限增长，既有信号系统的更新改造工程是一个不可回避的课题。由于城市轨道交通信号系统包括的联锁、ATS、ATP、ATO 四个子系统之间接口复杂，相互密切配合方可实现整个系统的功能，因此信号系统更新改造工程一般考虑整体替换，而不是单个子系统独立进行。

1）工程背景

① 信号系统的安全性难以保障。随着线路运营年限增长，超出了信号系统寿命周期，信号系统供货商对超过寿命周期的设备使用不再承担任何安全责任。

② 运能受限。随着城市发展，线路客流量不断增长，加车压力增大，但加车后轨旁 ATP 设备、中央服务器设备的负荷过大，会造成列车紧制、COM 机受干扰等故障频发。

③ 系统的可靠性逐步下降。随着使用年限增长，设备已达到浴盆曲线"耗损失效期"，故障率呈快速增长趋势。

④ 设备维护维修极其困难。随着科技发展，信号设备不断更新换代，既有系统势必出现备件停产的情况，给设备维护工作带来极大困扰。

2）工程目标

通过信号系统更新改造，减少信号系统安全隐患、保证安全、提高可用性、增强可靠性，进一步提高运营效率，改善服务水平，降低综合运营成本，提高企业经济效益，适应日趋增长的客流需求。具体如下：

① 消除信号系统存在的安全隐患及不安全因素，确保安全运营。

② 提高信号系统的技术水平和可靠性，信号系统设备故障率比改造前应有大幅度降低。

③ 设备升级换代，消除备品备件停产和严重不足的隐患。

④ 提升计算机性能和容量，以支持高密度的列车运营间隔要求。

3）工程特点

既有线路信号系统更新改造工程有别于新线建设，具有以下特点：

① 工程需要在尽可能保证既有信号系统不停运、不降低运输能力和安全等级的条件下进行，工期紧、技术标准高、难度大。

② 在新、旧系统设备过渡期间，根据不同的系统设备选型，必须制定安全及详细的过渡方案，以确保过渡过程中行车指挥的安全性和一致性。

③ 全线的信号联锁集中站信号设备室面积偏小，需要扩大房间面积。

④ 改造过程中须对相关机电系统进行改造（如：中低压配电、通信、车辆等）。

⑤ 本工程由于是既有线改造，新设备施工安装难度较大。

⑥ 由于旧线改造工程的主要工作必须在夜间非运营时间进行，有效的工程实施时间短，因此工期相对较长。

4）工程总体要求

进行信号系统更新改造工程的既有线路均已运行 15 年以上，开通年份较早，多为城市建设的骨干线路，经过人口稠密、商业网点密集、交通繁忙的城市中心区域，客流强度较大。

① 信号系统的中央、轨旁和车载设备的施工、安装和调试应不影响既有设备的正常运行，不中断线路运营。

② 保障施工期间线路通过能力不降低，列车运行间隔满足当前线路运输能力要求。

③ 保障现有列车运行安全等级不降低。

④ 尽量不改变信号系统与其他系统间的接口条件。

5）国内外项目经验

① 国内信号系统改造情况

a. 改造完成的项目

北京地铁 2 号线于 2006 年启动对全线信号系统的更新改造工程，包括 1 座控制中心、正线 18 个车站、正线区间 23.1km、1 个车辆段、2 条试车线、48 列车辆改造及工程全套维修管理的培训。北京地铁 2 号线更新改造工程于 2008 年 6 月投入运营，信号系统由既有的准移动闭塞升级为基于无线通信的移动闭塞系统，运营间隔由原来 3.5min 缩短至2.5min，信号系统更新改造投资（不含相关建筑机电系统改造费）约为人民币 3.9 亿元，其中设备约 3.1 亿元，安装工程约 8000 万元，每公里指标约 1688 万元。

上海地铁 1 号线于 2008 年启动信号系统的更新改造工程，上海地铁 1 号线（约为

22km）信号系统采用维持原信号系统制式，更新设备及线缆和升级部分软件的改造方案。信号系统更新改造工程投资（不含相关建筑机电系统改造费）约为人民币 3.3 亿元，其中设备约为 2.6 亿元，安装工程约 4500 万元，其他配套工程约 2500 万元，每公里指标约 1500 万元。

b. 规划改造的项目

随着运营时间增长，信号系统逐渐接近寿命周期，设备老化带来的问题越来越多，已威胁到运营行车安全。南京、深圳、北京、上海等地也陆续着手信号系统的更新改造工程，且造价有日益增长的趋势。其中北京地铁 1 号线信号系统更新改造的工程投资预算约为 7.5 亿元，每公里指标约为 2206 万元。

② 国外信号系统改造情况

国外地铁建成开通的较早，随着设备老化，客流增加，多条地铁线路也进行了信号系统的设备升级或替换改造。例如伦敦地铁的银禧线、伦敦北线等项目在 2013 年完成了信号系统的改造，皮卡迪利线 2015 年完成了系统的改造。银禧线：37km 线路、27 站、63 辆列车；伦敦北线：58km、50 站、106 辆列车；皮卡迪利线：63km、46 站和 92 辆列车。

这些线路的改造均是在既有信号系统上叠加 CBTC 系统（包括列车车载设备），在既有系统运营的同时，进行新系统的调试。在调试完成后，切换到新系统，并拆除既有系统设备。

新加坡南北线长 107km，58 个车站，现在也在进行信号系统的改造，该线改造方案是替换既有的信号系统（包括车载系统），但部分线路设备，如轨道电路等是利旧。同样需要在既有的信号系统上叠加 CBTC 系统，在调试完成后，切换到新系统上，并拆除既有系统设备。

6）实施方案对比

信号系统更新改造工程可采取保持既有系统更新改造和新设系统更新改造两种方案，方案的不同对后续安装施工、调试倒切、设备投用等工作影响巨大，需结合现场设备特点、资源条件和运营需求，选择适合的改造方案。

① 方案一：保持既有系统更新改造

该方案基于最大限度地利用既有核心安全软件，部分软件更新升级，硬件全部更换的原则进行。改造的内容及思路包括：

a. 更换中央和车站 ATS 设备。

b. 车站及轨旁设备。包括车站室内联锁、ATP 等机柜、电源，轨旁信号机、转辙机、列车检测设备及 LOW、DTI 等，均采用逐件替换的原则进行更换。

c. 接口设备。维持原接口内容、接口方式、接口界面不变，更换信号侧相关接口，如防淹门、通信、站台门、大屏背投等系统的接口。

d. 室外光、电缆全部拆除和更换，采用先敷设新电缆后拆除旧电缆的原则进行，同时在电缆较多的区域考虑电缆支架的加密。

e. 既有列车的车载设备采用逐列替换的原则进行更换。不用对车辆接口进行改造，仅需进行简单的硬件替换。

f. 试车线设备全部更换，采用与正线相同的方式同步改造。

g. 原则上，仅对硬件进行更新改造，利用既有软件和数据。

由于该方案维持既有信号系统制式、功能、结构不变，新旧系统完全兼容，子系统设备只要调试完毕均可分批投入运营。故更新改造工程方案可以分为三个相互独立的部分来实施。

（a）中央 ATS 系统更新改造工程。

（b）轨旁设备更新改造工程。

（c）车载设备更新改造工程。

② 方案二：新设系统更新改造

该方案采购一套全新的信号系统设备替代既有信号系统设备，由于新旧系统不能相互兼容，仅当新信号系统设备全部安装调试完成后，新系统设备才能一次性投入运营。改造的内容及思路包括：

a. 新系统的 ATS、ATP/ATO、联锁独立设置，新旧系统不能兼容，必须一次性倒切。

b. 轨旁信号机、计轴、轨旁应答器、车地通信设备、光电缆等与原有信号系统设备没有冲突可直接安装。

c. 轨旁转辙机、站台门等接口设备为新、旧系统共用设备，采用倒切的原则在新、旧系统控制间倒切。

d. 车站室内设备新旧系统在电路上保持独立性，除共用设备通过切换开关分别连接至新、旧系统转辙机控制电路外，其他不应再存在任何电路逻辑连接和信息交换。

e. 室外光、电缆全部拆除和更换，采用先敷设新电缆后拆除旧电缆的原则进行，同时在电缆较多的区域考虑电缆支架的加密。

f. 新系统的车载设备主要是车载设备主机柜和司机显示单元均安装于临时位置，在旧系统拆除后，二次移动安装于设计位置。

g. 试车线设备采用与正线相同的方式同步改造。

h. 增设新系统用配电盘。

新系统与既有系统完全并行安装，新系统的信号机、计轴器、应答器、轨旁天线及其他站台设备的安装均不影响既有系统，并可完全用于新系统调试，两个系统间的共用设备仅限转辙机、站台门等接口设备。在既有线旧信号系统正常工作情况下，实现新旧系统设备的共存满足运营和安装调试的双重需要，必须采取必要的技术措施和过渡方法。新设系统更新改造的主要内容有：

（a）控制中心设备的新设和过渡。

（b）轨旁信号设备的新设和过渡。

（c）车载信号设备的新设和过渡。

整个工程实施阶段拟划分为 4 段，如图 11-2 所示。

a）既有信号系统闭塞模式运营阶段

在此阶段，主要完成整个 CBTC 系统的系统设计及方案论证，待设计及倒接方案确定后，开始实施轨旁室内外信号设备安装，安装工作在夜间完成，不能对现有设备运营造成任何影响。同时，完成首两列车的车载信号系统改造工作及相应静态测试，为下一步测试提供经验。

b）影子模式运营阶段

在此阶段，正常运营时，通过切换开关，车辆与信号的接口由旧车载信号设备管理，新车载信号设备可处于工作状态，但新设备不控制列车（处于影子工作模式），仅验证信设备的定位、防护等功能；运营结束后，通过切换开关切换至新车载信号设备，进行信号与车

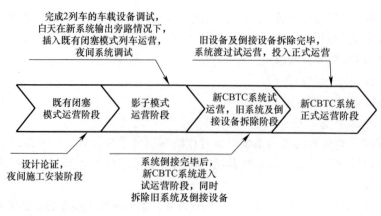

图 11-2　方案二实施步骤

辆的接口调试。该阶段主要完成轨旁 7-车载信号综合联调（低速、高速动态试验、ATO 精确控车试验等），多车追踪实验，列车运行间隔及旅行时间等指标的验证性试验，完成满足列车运营间隔数目的列车车载设备安装调试，取得系统安全证书，完成 144h 系统可用性验证试验。

c）新 CBTC 系统试运营，旧系统拆解阶段

在此阶段，新 CBTC 系统投入试运营，旧系统设备及系统倒接设备将被逐步拆除。

d）新 CBTC 系统正式运营阶段

在此阶段，所有老系统设备及倒接设备均已拆除完毕，试运营结束，系统正式投入运营。

③ 方案对比

以上两种方案技术上均可行，但是实施难易程度有不同方面的差异，两种方案的综合分析比较见表 11-31。

方案对比

表 11-31

方案名称 比较类别	方案一：保持既有系统更新改造方案	方案二：新设系统更新改造方案
改造内容	最大限度地利用既有核心安全软件，部分软件更新升级，硬件全部更换	采购一套全新的信号系统设备替代既有信号系统设备
技术可行性	可行	可行
系统设计	难度相对较小	新系统叠加于既有系统之上难度较大，需要完善的过渡方案和大量的线路数据
工程实施难度	正线方面实施难度较大	车载方面实施难度较大
对运营的影响	易实现系统的逐层逐级改造，相对易实现平滑过渡	无法实现系统的逐层逐级改造，需待新系统全部完成调试后一次过渡
系统调试工作量	正线切换调试工作量大	列车调试压力较大
与外专业接口	难度小	难度较大
车载设备调试	难度小	难度大
现场土建条件	利旧，改造工作量较小，更换设备房为宜	改造工作量比较大，存在既有设备生产用房的交换
项目招标	供货商选择较窄	供货商选择较宽
后续维护便捷性	受旧技术限制较多	享受新技术带来的便利
工程造价	相对略低	相对略高

综上比较可以看出：

a. 在工程投资方面

方案一需选择原信号系统供货商，对于设备采购有一定的限制，控制信号系统设备采购价格的难度相对较大，但考虑到原供货商对既有线路技术资料掌握清楚，部分系统软件可利旧或直接在原来基础上升级更新，故障率较高的设备可直接更换，并且采用方案一有利于降低改造引起的土建及车辆的改造费用。

方案二不受原信号系统供货商的限制，且采用公开招标有利于形成市场竞争局面，相对容易实现控制信号系统设备采购价格，但方案二将增加土建及机电工程的改造工程量，同时会导致车辆改造费用的增加。

b. 在工程实施方面

方案一的特点是：供货商对于既有线现场情况及既有系统设备的运营情况比较熟悉，系统改造设计相对于新供货商则更为容易；且部分既有系统设备硬件及软件的数据可利旧，部分系统软件可直接在原来基础上升级更新，故障率较高的设备可直接更换，采取逐层、逐级及逐个设备分别替换的工程实施方案，可最大限度地减少调试的项目，缩短调试时间，降低调试难度，同时逐步更换也有利于保持既有系统的运营服务水平，减少对既有运营造成影响的风险。

方案二特点是：新系统设备的施工及单项调试可在不影响既有运营的情况下单独进行，但与轨旁的道岔转辙机及站台门等设备需进行倒切控制和调试，工程实施的难度及风险均较大。另外，新系统供货商对于现场条件及既有运营设备不熟悉，系统设计及与外专业接口设计方面存在较大困难，与车辆的接口改造工程量更大。在既有运营的车辆上需安装新旧两套车载设备，车载设备安装、调试及倒切均困难；同时，既有车站设备房面积紧张，不但使新、旧信号系统设备倒替存在一定困难，且会导致设备占用面积加大。

c. 在实施效果方面，方案一可以分阶段实施，能先对性能和备件不足的 ATS 子系统进行改造，再逐站进行联锁和 ATP 改造，从而实现短期内改善系统性能之目的；方案二不但需全系统调试完成后一次倒切，改造工程见效慢。

7）项目风险分析及对策

① 项目风险分析

信号系统是涉及安全的运营关键子系统，信号系统更新改造的核心问题是：如何在不影响载客运行的前提下，用尽可能短的时间完成整个系统的更新。对既有线改造工程，在施工组织和调试与新线施工相比有很大的区别，稍有不慎将容易影响载客运行，主要体现为：

a. 施工期间

（a）室内设备施工与既有设备运行之间的冲突。

（b）轨旁设备施工与维护争用时间，作业面狭窄、时间短、周期长。

（c）轨旁设备安装现场的遗留物清理和缆线防护。

b. 调试期间

（a）频繁的切换系统操作，容易发生操作错误。

（b）没有充分的系统调试，隐性问题很难在测试中暴露出来。

② 项目风险对策

更新改造过程中主要解决的问题是在使用既有信号系统正常工作的同时，新信号系统能够全系统进行无障碍调试直至顺利开通投入运营。设备安装方面，特别是位置有冲突的设备安装需要采取合适的施工方法及过渡措施保证新系统设备均能顺利安装且不影响既有信号设备的使用。设备调试方面，尤其是组织列车上线调试，需要新信号系统完全占用线路资源工作，采取合理的工程过渡技术措施完成新旧系统设备的共存。针对项目可能出现的风险，采取如下对策：

a. 中央 ATS 系统更新改造技术措施

施工安装期间，新的中央 ATS 系统完全独立于既有的中央 ATS 系统，因此绝大部分安装工作都可以在白天进行；从中央 ATS 设备房到中控室的电缆敷设应在夜间停运时间进行。

调试期间，新的中央 ATS 系统完全独立于既有的中央 ATS 系统，因此所有的离线调试工作可以在白天进行；中央 ATS 系统与轨旁系统的联合调试工作只能在夜间进行。中央 ATS 系统与所有轨旁系统的联合调试完成之后，方可进行新/旧中央 ATS 系统的切换，将新的中央 ATS 系统投入使用。

b. 车载系统更新改造技术措施

施工安装期间，现场施工自设备到货起即可开始实施，施工安装按"首两列车示范，剩余列车批量"的改造原则进行。

调试期间，更新改造过车载设备的列车必须通过静态、动态调试之后才允许投入载客运行。动态调试需要分别在试车线和正线进行，经对首两列车硬软件的调试修改完善确认无误后，后续列车才可批量改造。

c. 轨旁系统更新改造技术措施

施工安装期间，安装工作以联锁区为单位逐段进行，由于新系统与现有系统完全独立，室内安装工作可以在白天进行；室外设备及缆线的安装在夜间停运时段进行。前一个施工阶段确认全部完成并通过测试后，才能开始下一个阶段的施工，每个施工阶段的完成应以确认载客运行不会受到影响，整个信号系统的性能不低于原系统为标志。

调试期间，轨旁系统的调试在停运后进行，通过切换装置切除既有系统、接入新系统（如转辙机等），关闭既有系统电源、开启新系统电源，当日调试完成后，通过切换装置切除新系统、接入既有系统（如转辙机等），关闭新系统电源、开启既有系统电源，保证第二天的正常运营，直至本联锁区调试结束。

d. 施工安装及调试管理措施

为实现系统更新改造，保证改造项目顺利实施，建设方应尽可能地提供作业时间，在有条件的情况下系统联调和空载试运行期间采取对外停运措施。所有的施工和调试作业应遵守国家、地方和运营部门的相关规定。改造图纸、文件齐全，明确每个施工人员的工作岗位和任务，确定离场前的检查工作。设备包装用泡沫塑料和纸张等易燃材料应在设备拆装后立即送至指定垃圾堆放地。在施工离场前应关断施工临时用电，防止电焊等火源和热源隐患。

新、旧系统切换前后应制定相应的切换程序、安全保障措施、交叉检查流程等。系统的静态、动态调试应按照规定的调试文件进行。

3. 既有线路分拆、搬迁、延长、扩容

随着城市轨道交通不断发展，根据线网整体规划，会出现既有线路一拆为二、站点或车厂搬迁、线路延长、设备扩容的情况。出现上述场景后，信号系统也需完成配套改造，以适应新的线路条件。下面就以广州地铁 2、8 分拆项目和广州地铁 3 号线中央信号设备扩容为例，介绍既有线路分拆和扩容项目中需要注意的事项。

（1）既有线路分拆

1）项目背景

原广州地铁 2 号线由万胜围站至三元里站，呈"L"形分布。该项目在原广州地铁 2 号线基础上，通过对晓港至江南西区间进行拆解，对拆解后的线路分别进行延伸，广州地铁 2 号线南、北两段分别延伸到广州南站、嘉禾望岗站，广州地铁 8 号线西延段延伸到凤凰新村站，最终形成十字形交叉的南北向的 2 号线，和东西向的广州地铁 8 号线，如图 11-3 所示。

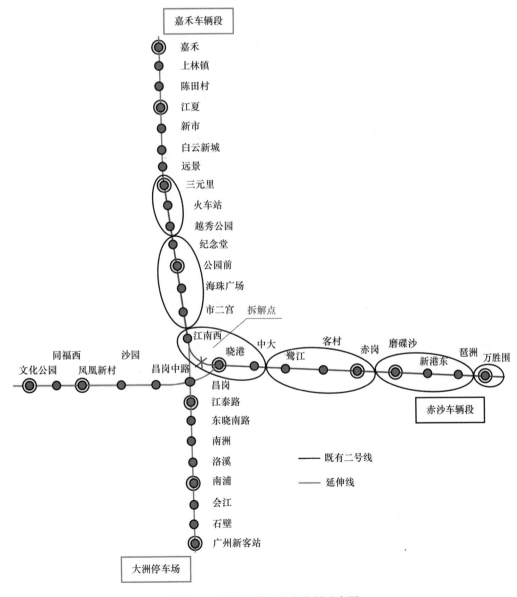

图 11-3 广州地铁 2 号线分拆示意图

2）信号系统概述

原广州地铁2号线信号系统采用德国SIEMENS公司的基于音频无绝缘报文式轨道电路的准移动闭塞ATC系统，设计行车间隔90s，折返间隔不大于120s。

SIEMENS的准移动闭塞ATC系统主要由VICOS ATS子系统、LZB700M ATP/ATO地面和车载子系统、SICAS联锁子系统和FTGS音频无绝缘轨道电路等构成。相邻ATP/ATO设备之间以及联锁设备之间均采用欧洲标准的PROFIBUS现场总线，联锁站和控制中心ATS之间采用点对点串行通信方式。ATS系统中央级采用VICOS OC501系统工作站，车站级采用VICOS OC101系统工作站。

广州地铁2号线、8号线有三个延伸段，北部延伸段从嘉禾望岗站到飞翔公园站，共设车站7座，其中联锁站2座（嘉禾望岗站和萧岗站），总长度9.38km；南部延伸段从昌岗站到广州南站，共设车站9座，其中联锁站3座（分别是广州南站、南浦站、江泰路站），总长度13.93km；西部延伸段设车站4座，其中联锁站1座（凤凰新村站）。两条线路的控制中心均位于公园前。

本工程轨旁拆解的节点为晓港～江南西区间，属原广州地铁2号线晓港联锁站的控制范围；拆解后，江南西纳入新广州地铁2号线江泰路联锁区控制，晓港联锁区与凤凰新村联锁区联通成广州地铁8号线；既有广州地铁2号线右线保留作为广州地铁2、广州地铁8号线联络线。

本工程中央ATS系统拆解方案为：将既有广州地铁2号线中央ATS系统升级改造，用于拆解后的广州地铁8号线；新增一套中央ATS系统做新广州地铁2号线。

3）项目目标

拆解工作在3天内完成，原广州地铁2号线全线停运，信号系统通过安装、调试、动车测试等工作项目的实施，实现新广州地铁2号线和广州地铁8号线两条线路信号系统开通：全线ATP超速防护功能，列车ATO模式驾驶，全线站台门实现联动功能，中央ATS系统可通过背投大屏幕进行全线列车运行情况监视。

其中，3天的主要工作目标分解如下：

第一天：重新配置拆解相关联锁站的轨旁联锁和ATP系统，开展非拆解区域列车动车测试；拆除拆解区部分室外设备；最终安装拆解所需设备；切换并调试江南西至晓港的相关轨道电路；完善各联锁站室内外连接，完成室内外一致性测试；实现全线总线连接；重新配置新广州地铁2号线和8号线的ATS系统；

第二天：配合接触网专业开展热滑；取得列车联锁动车许可，开展单列车运行测试；取得ATP安全认证，开展多列车运行测试；

第三天：开展新广州地铁2号线和广州地铁8号线的信号功能综合测试，取得新广州地铁2号线、广州地铁8号线的列车载客安全认证。

4）前提条件及准备工作

为减少拆解工作量，缩短拆解所需时间，降低拆解工程风险，拆解前信号系统应完成各个延伸线及拆解区域的软件、硬件准备工作。

① 信号专业

a. 拆解前，三个延伸线（南延段、西延段、北延段）各车站的信号系统及轨旁设备的安装、单体调试，各延伸段的联锁、ATP/ATO子系统综合调试应该已经完成，具备车站级联锁功能。

b. 所有新广州地铁2号线、广州地铁8号线最终版软件到达现场，硬件设备备件充足。

c. 完成拆解区域（江南西站、昌岗站、晓港站）部分新设轨道电路、信号机、道岔转辙装置的预安装和室内外一致性测试。

d. 拆解区域既有线各联锁站与延伸线之间信号电（光）缆敷设完毕，通过拆解前各个夜间停运时段，完成既有线设备房配线改造和切换准备工作。

e. 提前模拟调试拆解区域轨道电路（原晓港站控制的江南西站范围，纳入南延段江泰路联锁区通道），完成江南西站至江泰路联锁站光（电）缆联接通道的检查和模拟调试。

f. 完成各延伸线联锁区与既有线联锁区之间（江泰路联锁区至公园前联锁区，凤凰新村联锁区至晓港联锁区）联锁、ATP、RTU 等接口的检查和模拟测试。

g. 完成轨道未铺设区域的 4 段轨道区段设计轴点的预安装，并调试完毕。

h. 所有列车信号车载软件升级完成，可用于新广州地铁 2 号线和 8 号线两条线路的运行。

② 其他专业

各延伸段 PIDS、EMCS、SCADA、TEL 无线、IBP 盘、站台门、防淹门、车辆广播等接口专业需提前与信号专业进行接口测试，在拆解后 24h 上电开机，实现与信号专业的接口通信。

5）总体时间任务安排

拆解工作在 3 天内完成，共计 72h，具体时间安排如表 11-32 所示。

时间安排表　　　　　　　　　　　　表 11-32

序号	工 作 任 务	时 间
1	重新配置、连接轨旁联锁、ATP （新广州地铁 2 号线、8 号线所有联锁站）	第一天 0：00～9：00
2	更换既有广州地铁 2 号线所有联锁站的联锁、ATP、LOW 软件	第一天 0：00～4：00
3	拆除拆解区域室外设备	第一天 0：00～2：00
4	晓港、公园前、三元里、江南西室内设备完善安装	第一天 0：00～9：00
5	晓港-昌岗、市二宫-昌岗、江南西-晓港室外设备安装完善	第一天 10：00～17：00
6	重新配置 OCC ATS 系统	第一天 0：00～10：00
7	广州地铁 2 号线拆分区域"市二宫-江南西-昌岗"设备调试	第一天 3：00～10：00
8	广州地铁 2 号线拆分区域"晓港-昌岗"设备调试	第一天 16：00～24：00
9	广州地铁 8 号线鹭江-万胜围动车调试 （2 列车在磨碟沙上下行站台待命，鹭江站台接触网不停电） 广州地铁 2 号线嘉禾-公园前动车调试 （1 列在公园前上行，1 列在三元里上行待命）	第一天 4：00～10：00
10	配合接触网热滑	第二天 0：00～3：00
11	广州地铁 2 号、8 号线单列车动车审批	第二天 0：00～3：00
12	广州地铁 8 号线晓港-凤凰新村单列车调试（1 列车在晓港上行站台待命） 广州地铁 2 号线江泰路-公园前单列车调试（1 列车在公园前下行待命）	第二天 3：00～10：00
13	广州地铁 2 号、8 号线多列车动车审批	第二天 10：00～12：00
14	广州地铁 8 号线晓港-凤凰新村多列车调试（1 列车在晓港上行站台，1 列车在凤凰新村上行站台待命） 广州地铁 2 号线江泰路-公园前多列车调试（1 列车在江泰路上行站台，1 列车在公园前下行站台待命）	第二天 12：00～16：00
15	备用室内外故障处理时间	第二天 17：00～24：00
16	广州地铁 2 号、8 号线全线信号系统综合测试（广州地铁 2 号线 8 列车，8 号线 6 列车，准时从车厂出车，车务配合调度）	第三天 6：00～16：00
17	签发载客安全认证	第三天 13：00～22：00
18	配合运营总部演练	第三天 22：00～次日 5：00

6）风险分析

① 拆解过程

拆解过程中，前一道工序的时间节点对信号专业至关重要，我们所有任务安排和人员作息时间都按各工序的计划节点进行，需要其他专业顺利拆解，为我们创造调试的有利条件。

② 拆解后

信号系统处于新系统磨合期，同时新广州地铁 2 号线连接三北机场线和广州南火车站，广州地铁 8 号线连接广交会场馆，位置重要，客流量很大，系统将面临严峻的考验。

7）技术应急预案

① 热滑配合

若热滑既定时间开始前，信号系统仍未能调试完毕拆解区域的转辙机功能，将配合接触网专业手动摇岔，完成拆解区域热滑，并组织攻关。

② 轨道电路备用方案

一旦拆解区的新装轨道电路无法调试成功，将启用计轴备用方案，保证该区域实现轨道电路的出清占用显示，实现拆解区域的联锁级功能。此种情况需要行车部门在该区域按联锁方式组织行车。

③ 系统单通道运行

如果 3 天拆解时间内，某个联锁站的 RTU 机柜、ATP 机柜或者 SICAS 机柜无法启动全部通道，将在开通后派员驻站，保持线路正常运营，并在短期内迅速组织技术力量解决问题。

（2）既有线路扩容

1）项目背景

广州地铁 3 号线全线于 2006 年 12 月 30 日正式开通，线路呈南北"Y"字形走向。其中：主线为广州东站至番禺广场站，共 13 座车站；支线为天河客运站至体育西路站，共 6 座车站。主线与支线在体育西路站交汇。广州地铁 3 号线北延段从机场南站到广州东站共 12 座车站，于 2010 年 10 月 30 日正式开通，属于原广州地铁 3 号线的北向延长线，示意图如图 11-4 所示。

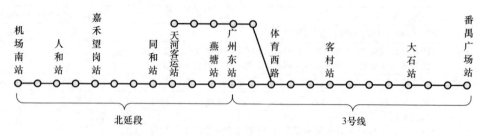

图 11-4　广州地铁 3 号线线路示意图

北延段开通之后，为更好更灵活地提供运营服务，广州地铁 3 号线和其北延段将采用大小交路混跑的模式，视为同一条线路运营。即列车将不区分线路在广州地铁 3 号线和其北延段之间往返运行。

2）信号系统概述

广州地铁 3 号线信号系统采用阿尔卡特的 SelTrac S40 移动闭塞列车自动控制（ATC）系统，该 ATC 系统主要包含三个部分：中央设备、轨旁设备和车载设备。其中，中央设备主要位于大石运营控制中心（OCC），主要负责监视和控制全线的中央、轨旁和车载设备。为同原广州地铁 3 号线的信号系统兼容，北延段采用了阿尔卡特的 SelTrac S40 移动闭塞 ATC 系统。

北延段信号系统调试期间，为不影响原广州地铁 3 号线的正常运营，需要独立于广州地铁 3 号线调试。为此，在嘉禾车辆段安装了一套临时的中央信号设备，以监视和控制北延段全线的中央、轨旁和车载设备。北延段开通之后，为实现同原广州地铁 3 号线一起集中管理和集中控制，需要将嘉禾车辆段的信号系统中央设备与大石 OCC 的信号系统中央设备合并为同一套中央设备。这个过程即是广州地铁 3 号线信号系统中央设备的扩容。

3）项目目标

广州地铁 3 号线信号系统中央设备的扩容就是将广州地铁 3 号线和其北延段的两套相同的信号中央设备合并为同一套信号中央设备，合并之后由大石 OCC 的中央设备监视和控制整个广州地铁 3 号线及其北延段的信号系统。

4）项目实施

信号系统中央设备的扩容分为 SMC 中央设备扩容和 VCC 设备扩容，两部分是同时进行的，下面分别予以介绍。

① SMC 中央设备扩容

SMC 中央设备的扩容分为硬件扩容和软件扩容，在硬件扩容的同时需要进行软件的扩容。

a. SMC 硬件的扩容

SMC 硬件扩容即是在中央信号设备房新增一个 ATS 机架，在该 ATS 机架上安装两个主干交换机，把原广州地铁 3 号线的 ATS 局域网和北延段的 ATS 局域网连接为同一个局域网。同时，分别安装一套共用的 SRS 工作站和 DL 工作站，以取代原广州地铁 3 号线和北延段各自的 SRS 工作站和 DL 工作站。其过程如图所示，所有的作业过程均在非运营时间完成。

（a）如图 11-5 所示，原广州地铁 3 号线和北延段的 SMC 设备分别安装在大石中央信号设备房 ATS 机架和嘉禾中央信号设备房 ATS 机架上，两个 SMC 局域网相互独立。

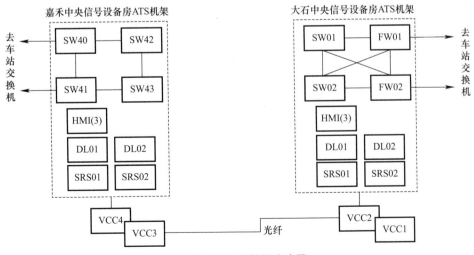

图 11-5　SMC 硬件扩容步骤一

（b）如图 11-6 所示，在大石中央信号设备房新增一个 ATS 机架，安装两个主干交换机，与嘉禾中央信号设备房的 SMC 主干交换机连接，通过测试保证他们之间的通信正常。由于大石和嘉禾距离遥远，SW42、SW43、SW44 和 SW45 均采用光纤交换机（型号为：HP 2510G L2），大石与嘉禾之间采用光纤通信技术。

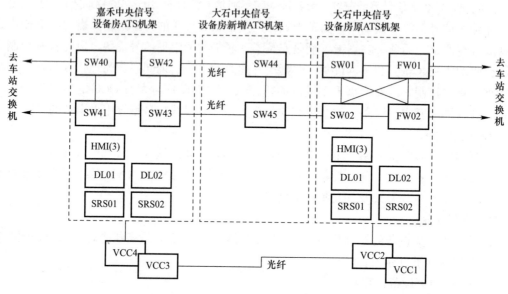

图 11-6　SMC 硬件扩容步骤二

（c）如图 11-7 所示，在新增 ATS 机架上分别安装一套 SRS 工作站和 DL 工作站，同时断开嘉禾 ATS 机架上的 SRS 和 DL 等工作站，将 VCC3 和 VCC4 连接到该新增 ATS 机架上。为了方便大石 OCC 的调度原操作北延段信号设备，在新增 ATS 机架上安装了 3 台 HMI 工作站。通过测试保证 VCC3 和 VCC4 能够与该新增 SRS 工作站正常通信。

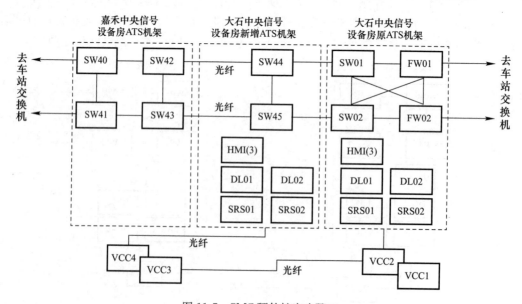

图 11-7　SMC 硬件扩容步骤三

（d）如图 11-8 所示，将 VCC1 和 VCC2 连接到新增 ATS 机架上，通过测试保证 VCC1 和 VCC2 能够与新增 SRS 工作站正常通信。

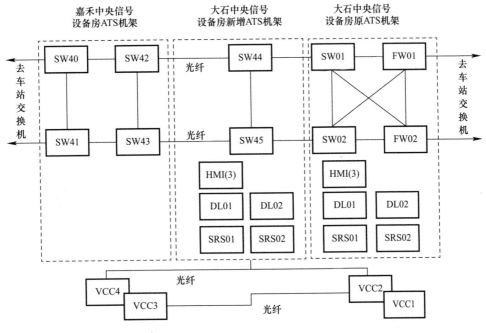

图 11-8　SMC 硬件扩容步骤四

（e）如图 11-9 所示，将原广州地铁 3 号线的主干交换机连接到新增 ATS 机架的主干交换机上，通过测试保证他们之间的通信正常，同时断开原广州地铁 3 号线的 SRS 工作站和 DL 工作站。至此，SMC 中央设备的硬件扩容完成。

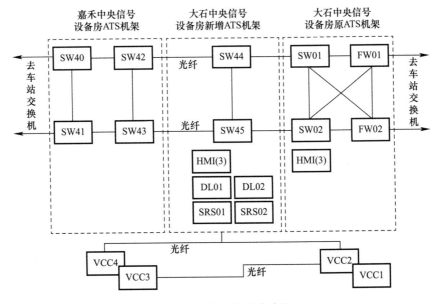

图 11-9　SMC 硬件扩容步骤五

b. SMC 软件的扩容

在 SMC 设备硬件扩容的同时，还需要进行 SMC 软件的扩容。SMC 软件扩容的目的是在软件升级之后将原广州地铁 3 号线和北延段合并为一个整体。SMC 软件扩容包括 HMI 软件扩容、时刻表软件扩容及 SRS 和 DL 软件的扩容等。

原广州地铁 3 号线的 HMI 软件只显示了原广州地铁 3 号线线路情况，而扩容之后的 HMI 软件能够在同一个界面上显示广州地铁 3 号线和北延段的线路情况，如图 11-10 所示。

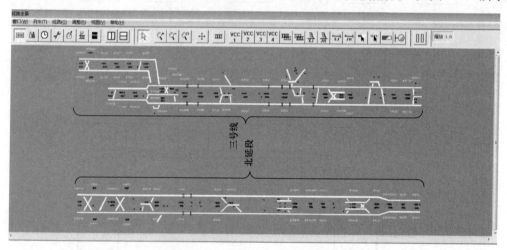

图 11-10   SMC 扩容之后的 HMI

原 3 号线的 SRS 软件只定义了原广州地铁 3 号线的运行线，而扩容之后的 SRS 软件定义了整个广州地铁 3 号线和北延段的运行线。原广州地铁 3 号线的时刻表编辑软件只能编辑原广州地铁 3 号线的时刻表，而扩容之后的时刻表编辑软件能够在同一个界面上对广州地铁 3 号线及北延段的时刻表进行交叉编辑。同时，扩容之后的 DL 工作站能够存储全线的线路运营数据。

② VCC 设备的扩容

整个广州地铁 3 号线及北延段被分为 4 个 VCC 区域，对应的也就有 4 个 VCC。VCC1 和 VCC2 安装在大石中央信号设备房，负责广州地铁 3 号线的 VCC1 和 VCC2 区域；VCC3 和 VCC4 安装在嘉禾中央信号设备房，负责北延段的 VCC3 和 VCC4 区域。

VCC 设备的扩容并不是将 VCC3 和 VCC4 从嘉禾拆迁到大石，而仅仅是在大石增加 VCC3 和 VCC4 的远程外围接口设备，然后将 VCC3 和 VCC4 的主体通过光纤连接到这些远程外围设备上。这些外围设备是 CCOT 工作站、GCCOT 工作站、CESB 按钮和 SMC I/O 架上的负责 SRS 同 VCC3 和 VCC4 的通信设备。VCC 设备扩容示意图如图 11-11 和图 11-12 所示。

当 CESB3/4、CCOT3/4、GCCOT 和 SMC I/O 的连接开关打在左位时，VCC3/4 同嘉禾中央信号设备房的 CESB3/4、CCOT3/4、GCCOT 和 SMC I/O 连接；当 CESB3/4、CCOT3/4、GCCOT 和 SMC I/O 的连接开关打在右位时，VCC3/4 同大石中央信号设备房的 CESB3/4、CCOT3/4、GCCOT 和 SMC I/O 连接。同时，当 VCC3 的 NVCC 开关打在左位时，VCC3 同 VCC4 连接；当 VCC3 的 NVCC 开关打在右位时，VCC3 同 VCC4 和 VCC2 连接。VCC 设备的扩容即是将所有的连接开关打在右位。

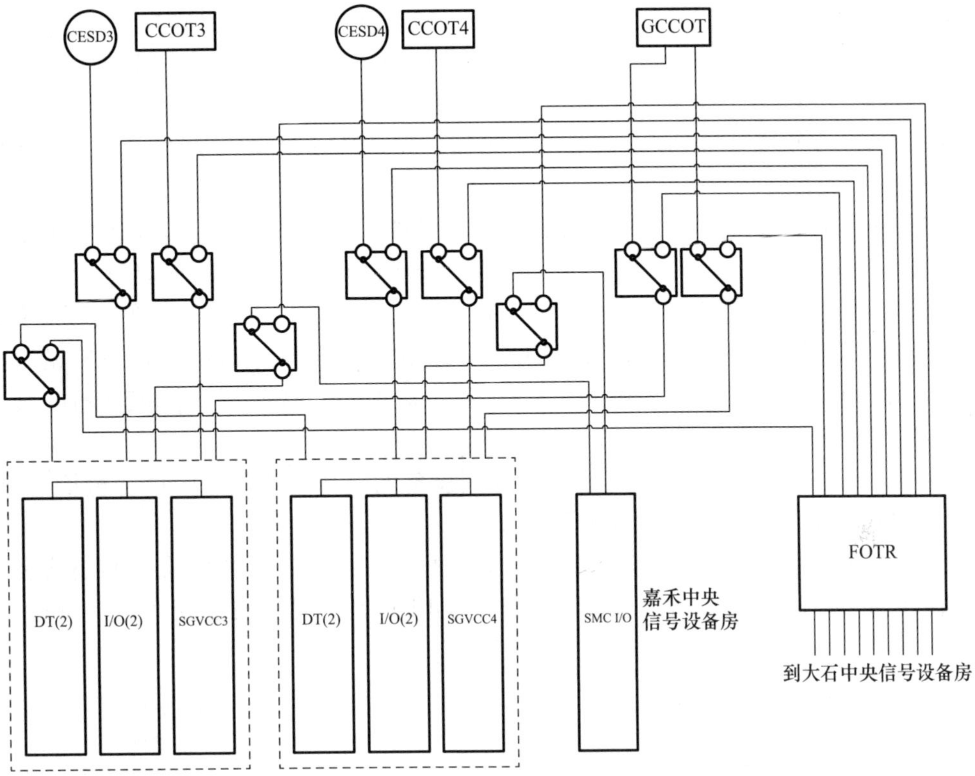

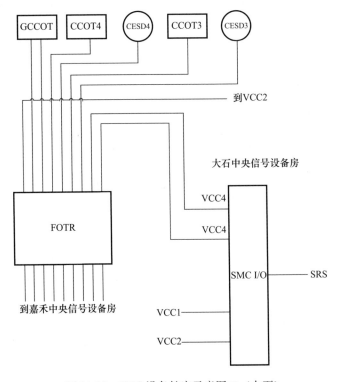

图 11-11　VCC 设备扩容示意图一（嘉禾）

图 11-12　VCC 设备扩容示意图二（大石）

VCC设备扩容之后，大石OCC的调度员即可通过位于大石的CCOT工作站向嘉禾中央信号设备房的VCC输入指令，通过位于大石OCC的GCCOT工作站监视北延段的线路设备，通过大石OCC的CESB按钮来执行北延段的中央紧停命令。同时，VCC2同VCC3连接成功之后，即可把四个VCC视为一个整体，列车可以在四个VCC区域之间正常运行，顺利通过边界。

VCC硬件设备扩容的同时，还需进行VCC软件的扩容。一方面需要通过升级VCC软件以兼容升级之后的SMC软件；另一方面还需要增加VCC数据库里面的降级运行线。VCC数据库里定义了一些降级运行线，在SMC失效的情况下，VCC可以通过预定义的降级运行线为线路列车排列进路。对于跨VCC区域的降级运行线，将在多个VCC的数据库里得到定义。另外，对于VCC2和VCC3，也需要通过升级VCC软件来相互兼容。

③ 扩容所需外围设备

中央信号系统的扩容还需要其他相关外围设备的支持。这些外围设备包括电源屏、UPS、光纤传输架FOTR及光纤分布盒FODB。

首先，大石同嘉禾相距较远，需要采用光纤通信。因此在大石中央信号设备房和嘉禾中央信号设备房都安装了一个FOTR和多个FOBD，在区间铺设双路光纤。如图11-13所示。

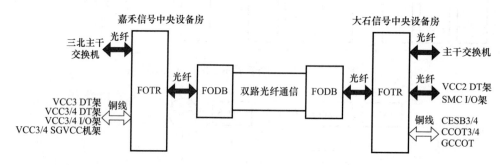

图11-13　光纤通信示意图

另外，在大石中央信号设备房需要增加一个ATS机架和一个FOTR机架，原有的电源屏和UPS设备已不能满足需求，因此同时需要新增一套电源屏及UPS设备。

5）项目总结

信号系统中央设备扩容的本质就是将广州地铁3号线和其北延段的两套相同的信号中央设备合并为同一套信号中央设备，合并之后由大石OCC的中央设备监视和控制整个广州地铁3号线及其北延段的信号系统。广州地铁3号线信号系统中央设备包括SMC和VCC，SMC和VCC的扩容均包括硬件的扩容和软件的扩容。系统的可扩展性为设备扩容提供了理论基础，而光纤传输技术解决了扩容之后的远程传输问题。中央信号系统扩容之后，能够高效稳定地运行。

4. 交路改造

当城市轨道交通线路运营一段时间后，随着城市发展、换乘线路开通、局部客流变化等外界条件的改变，有时需要进行交路运行方式的改造，尤其以大小交路改造最为常见。加开小交路（短线）疏导客流的线路，需具备大客流、客流拥挤区段明显以及中间站点有折返线等条件。本书以广州地铁2号线大小交路改造为例，阐述交路改造过程中信号系统需要注意的相关事项。

（1）改造背景

广州地铁 2 号线呈"南北 S 型"走向，南起番禺区的广州南站，北至白云区的嘉禾望岗站，主要经过番禺区、海珠区、越秀区、白云区。自 2010 年 9 月底新开通以来，广州地铁 2 号线是广州地铁最拥挤的线路之一，全线日均客运量从 2010 年 10 月的 83 万人次升至 2013 年的 118 万人次，增幅达 42％。全线高峰期的列车满载率从 77％升至 97％，广州地铁 2 号线高峰期满载率在 2015 年年底已超过 100％。而从客流分布特点来看，广州地铁 2 号线 24 个站中，江泰路至三元里区段与其他区段客流悬殊。这 10 个站的客流占了全线客流的 73％，且广州地铁 2 号线江泰路至三元里站均有折返线，短线列车可以在这里掉头返回，因而具备加开短线车的条件。

根据广州地铁 2 号线的实际客流特点，为进一步提升运营服务水平，同时实现节能、降耗和减排的目的，采用全线大交路与中间段小交路结合的运行方式，疏导高峰客流。

（2）改造目标

为提供更合理的运输服务水平，满足乘客出行的需要，同时实现节能降耗和减排的目的，基于广州地铁 2 号线"中间大两头小"的实际客流特点，提出广州地铁 2 号线在原有"嘉禾望岗～广州南站"全线交路的运行基础上，在高峰期增加"三元里～江泰路"小交路运行，作为高峰时段缓解客流压力、解决上下班高峰出行问题的疏导措施。这样，就产生了广州地铁 2 号线大小交路混跑的运行方式，随即带来对地铁信号系统新的运营需要。

为了满足这样的运营需求，广州地铁 2 号线信号系统需要完成配套改造，确保改造后，在全线列车的间隔基本上、不低于原来的高峰期行车间隔的基础上，把加开路段的行车间隔将进一步缩至 2 分 30 秒。预计早高峰往三元里方向的行车运输能力提高 13％，往江泰路方向运输能力提高 40％。

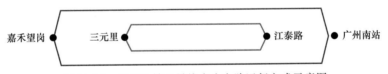

图 11-14　广州地铁 2 号线大小交路运行方式示意图

改造后，大小交路开行比例按 2：1 组织，即中间重合段每开行两列大交路列车，加开一列小交路列车，如图 11-14 所示。增设的两个小交路列车折返点三元里与江泰路，可以实现自动折返。如此一来有效的缓解了线路早高峰尖峰客流压力。

（3）信号系统具备条件

广州地铁 2 号线采用 LZB700M 准移动闭塞列控系统，配置的信号系统（ATC）是一套成熟的连续列车控制系统，由下列 3 个主要系统组成：联锁 SICAS 系统、ATS 系统、LZB700M ATP/ATO 系统。

联锁完成排列进路，使进路中的道岔转到正确位置并且锁闭，征用进路全部区段并确认监控区段轨道电路空闲、无敌对进路、主进路侧面防护已提供的条件均达到后，给出开放信号命令。这时轨旁 ATP 设备根据联锁提供的进路要素信息，以及实时的轨道区段空闲或占用情况，为线上运营的每列列车发送移动授权（列车允许前进的距离）和每个区段允许的最高速度，保证全线列车行驶安全（建立安全和非安全停车点），不会发生追尾、不会越过非安全区域等重大安全事故。

广州地铁 2 号线全线具备列车自动监控系统（ATS）功能，主要可实现：线路运营状况显示和人工命令操作、进路自动排列功能（ARS）、时刻表建立和比较、自动列车调整（ATR）等。

广州地铁 2 号线实现大小交路运行的改造过程中，主要涉及改造的信号系统为联锁与ATS 子系统。

（4）项目实施

原广州地铁 2 号线单一交路运行条件下，除故障情况组织列车以特殊方式运行以外（包括使用变更进路），正常情况下所有列车均在线路两头嘉禾望岗与广州南站进行折返，这就意味着对于同一起始点来说，所有列车在线路中的进路相同，不存在不同列车在同一起始点需要排列不同方向进路的情况存在；另外单一交路模式中不存在大小交路交叉点，也就不存在同一位置有两种不同且又都属于正常的方向驶来的列车产生潜在冲突的可能性；还有单一交路运行时列车运行密度相对较低、所有列车在同一站的去向相同等，这些相对稳定且简单的运行条件，在改为大小交路运行的情况下都产生了突变。

广州地铁 2 号线大小交路混跑的运行条件下，对信号系统而言，产生了各种问题和新的需求，包括列控系统中涉及行车安全的进路排列、折返冲突，和折返效率受到制约等信号基本问题，也涉及 PIDS 乘客导向和车站广播无法满足复合交路运行需要的问题。下文对这些问题和需求进行分析，并且探讨了相应的改造实施方案。

1）联锁子系统

在广州地铁 2 号线准移动闭塞西门子列车控制系统中，列车的正常运行仍是在进路排列、信号机开放的信号凭证建立的基础上进行的，因此进路排列是行车安全的重要前提。

① 单一进路在交叉点无法满足大小交路列车的运行需要

a. 问题分析

广州地铁 2 号线在单一交路运营的条件下，所有列车均是在线路两端折返站嘉禾望岗和广州南站之间运行，在这两个站进行自动折返。对于线路上任意的一个起始点来说，所有列车需要排列的进路方向是相同的。

基于这一点，广州地铁 2 号线自 2010 年开通新线以来，信号系统全线各联锁区均使用信号机追踪模式排列进路。此种排路法是指由联锁系统直接排路，具体实现是提前根据线路及信号要素编制好联锁进路表，当列车到达进路表中该段进路的触发点时，进路则被联锁按预先设定好的方向排列，进行要素检查并征用，从而开放信号使列车驶入。可以看出，由于联锁系统并无目的地（车次号）的概念，他所能够排列的进路方向是单一的。

但大小交路混跑条件下，在三元里及江泰路两个交叉点（以江泰路为例），如图 11-15所示，存在方向 1（小交路）和方向 2（大交路）两种不同的列车行驶方向。对于大、小交路不同的列车，系统需要及时、正确的排列不同方向的进路。

b. 改造方案

运营条件的改变，在交叉点的信号机不能再使用追踪模式。幸运的是，信号系统还预留了 ARS 排路功能，这样，就能根据列车的目的地码，排列不同方向的进路。使用大小交路混合运行时，需要在两种交路的交叉点，将该联锁区信号机设置为自排模式，并按照"两大一小"的运营组织秩序编制时刻表，通过 ATS 系统按照时刻表分配给大、小交路列车不同的目的地码，就可有效的解决此问题。

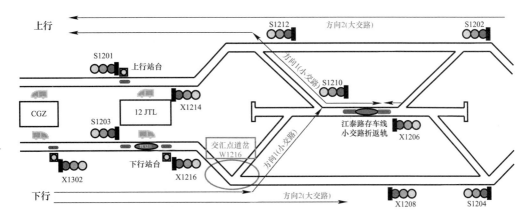

图 11-15　江泰路大小交路进路示意图

② 随复合交路运行进路复杂性增大加之行车间隔缩小，出现原系统进路设置原则制约小交路列车折返效率问题

a. 问题分析

由于广州地铁 2 号线准移动闭塞列控系统存在进路的保护区段概念，因此在设置进路时，也将保护区段考虑在内。如图 4-14 所示，当小交路列车要进入短线终点站江泰路存车线进行折返时，出于折返效率考虑，系统设计对于该车进入江泰路下行站台的 X1302～X1216 进路，联锁被要求排列相应进路并征用交汇点道岔 W1216（图中圆圈处）的侧股左位作为保护区段，如此一来可减少保护区段（W1216 直股右位）的延时解锁时间和不必要的道岔转换。

但变为大小交路方式后，一方面，将要进入江泰路下行站台的小交路列车，其进站进路 X1302～X1216 需要征用 W1216 的侧股作为保护区段；另一方面，由于江泰路站上行列车延误，前一趟小交路列车未及时折返出来，而仍在折返过程中（停在江泰路存车线折返轨处需要驶出）时，其进路 S1210～S1201 需要征用下行 W1216 道岔的直股作为侧防条件。可见，两方对于交汇点道岔 W1216 的征用存在冲突，这样就造成不论两者哪种情况先满足，都会影响导致另一方进路无法正常排列或者信号无法正常开放。

前者不满足，导致进站列车进路的保护区段无法建立，列车在站台中部自动停车，需要司机人工介入打破 ATO 自动驾驶模式进站对标；后者不满足，则导致存车线折返列车的进路无法按时达到主信号层，列车无法按时折返。局部线路的行车效率大大降低，且存在司机人工驾驶进站的冲标风险。

b. 改造方案

大小交路交会点江泰路对道岔不同方向的征用冲突问题，考虑只有一种解决方案，就是在收到 ARS 命令排列小交路列车的 X1302～X1216 进站进路（如图 11-15 所示）时，改变联锁系统中对其保护区段设置，将原本默认的侧股保护区段设置改为直股保护区段设置。

这样的联锁软件修改升级之后，对于大交路列车无影响，对于之前出现问题的小交路列车，不论其进站进路征用交汇点道岔 W1216 在前，还是前一趟在存车线列车排列折返进路在前，两种命令就不存在征用 W1216 不同位置的冲突，而改为均征用其直股（右位）。如此一来两个动作可以同时进行，就解决了原系统进路设置原则制约小交路列车折返效率的问题。

这个问题得到解决，使大小交路在交叉点江泰路的列车运行变得顺畅。

2）ATS子系统

广州地铁2号线信号ATS系统的自排进路（ARS）功能，可以根据列车不同的目的地方向，命令联锁系统在同一起始点可排列出不同的进路。但即使这种排路功能，在大小交路混跑时也出现了无法满足运营需要的问题。

① 问题分析

交叉点区段出现被大、小交路两个方向的列车进路征用但没有合理优先级设置，造成运行组织混乱。如图11-16所示，在大小交路的两个交叉点，出现折返后的站台及相关区段可能被大交路和小交路两个不同方向的列车抢用的情况出现。以三元里（如图11-16所示）为例，方向1驶来的从三元里存车线折返出的小交路列车进路X2105～X2104需要征用三元里下行站台区段及站台前一个道岔区段，而方向2驶来的从22站FXG出站的大交路列车其X2101～X2104进路也需要征用这两个轨道区段。

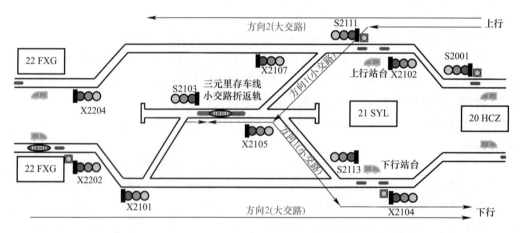

图11-16　三元里大小交路进路示意图

这样，就出现了系统先排列哪个方向列车进路的不确定性选择，但按照"两大一小"的交路运行原则，系统里应存在一个控制程序，使列车进路能够按照需要的先后次序排列交叉点不同方向的进路。

但在大小交路演练初期，原信号系统的表现是不论大交路方向驶来的列车，还是小交路折返的列车，对重合区段的进路征用优先级只取决于哪个方向的列车先占用触发轨，而没有按照运行策略被正确控制，从而出现运营组织混乱的问题。

② 改造方案

为了解决ARS自排进路在交叉点不能满足"两大一小"的控制策略问题（以图11-16所示的三元里站为例），考虑有以下三个方案：

方案一，单独关闭存车线折返进路始端X2105信号机的ARS自排功能，而改为调度员判断应该组织小交路列车驶入交叉点时，手动排出X2105～X2104折返进路，防止系统自动排列进路的顺序错误；

方案二，对于小交路列车在存车线的折返进路被系统提早排出的问题，组织列车在交叉点（即小交路列车折返点）使用ATO模式折返，而不再使用DTRO自动折返。由于

DTRO 模式下，一旦系统提早排出了折返进路（以三元里为例 X2105～X2104 进路），则列车会自动驶出存车线到达折返后的站台，而无法人工干预。ATO 模式则不同，如果系统按照正确顺序排出折返进路，则正常折返；如果系统提早排出了折返进路，则可以由司机人工控制先不进行折返，同时调度员手动取消系统排出的进路，从而防止干预大交路列车的通过进路；

方案三，找到一个合理的控制原则，可以满足"两大一小"的行车组织要求，使系统 ARS 被此程序控制，从而自动按正确的大、小交路列车运行顺序排列进路。

对比以上三个方案，前两个都需要较多的人工介入操作，方案一完全由人工控制实现小交路在正确的时间排出进路，一旦人工判断出错或不及时，同样会影响正常运营；方案二需要调度员与司机较多的对话，以及手动取消进路需要延时解锁，会消耗较多时间，很可能造成列车晚点，不利于行车组织。而方案三中"合理的控制原则"，考虑到 ARS 是信号 ATS 系统功能，该系统的另一个重要功能——时刻表功能，恰好可以满足这样的控制需要。因此按照方案三进行系统改造。

为大小交路编制的时刻表，是按照重合段"两大一小"的原则创建的。特别是在复合进路的交叉点三元里与江泰路，时刻表编译后可明显显示出每两列大交路后穿插一列小交路列车的顺序。那么，只要使 ATS 系统的 ARS 排路功能在时刻表的控制之下，就可以解决大小交路排路顺序错误的问题。而由于非重合段只有大交路单一进路，重合段内各条进路并不存在以上问题，那么需要控制的就只有交叉点三元里与江泰路存车线的折返进路。

基于以上分析，对 ATS 系统 OC501 软件进行了升级，增加了这两个折返点信号机 ARS 排路的"时刻表对比"触发条件，并配合进行 FALKO 时刻表的参数修改，解决了大小交路在交叉点的进路触发顺序错误而造成行车组织混乱的问题。

3）ATS 系统与其他专业接口

在 2 号线大小交路运行条件下，对信号系统接口而言，产生较大变化的是 ATS 系统与以下两个系统的接口需求。

① ATS 系统与 PIDS 接口产生新的功能需求

a. 需求分析

原信号系统设计中，考虑到提高运营服务质量，为乘客提供列车方向和预计到站时间的信息显示，从而增加了信号 ATS 系统与旅客信息显示系统 PIDS 专业的接口。该接口使 ATS 发送线路上每个站台前方的一部列车的运行目的地，及距离该车到站的预计时间。该系统功能是通过 ATS 发出以站台号为对象的、包含目的地码与到站时间的 PIDS 报文来实现的。

而在大小交路混跑条件下，由于将要到达站台的列车有可能是大交路列车，也有可能是小交路列车，对于乘客而言，如果将要到达的是一列小交路列车，就意味着如果乘客的目的地是只有大交路列车才到达的车站，那么优化的乘车方法是继续等待再下一列的大交路列车。此时单列车目的地及到站时间的 PIDS 显示就远远无法满足乘客导向需要，特别是上班高峰时乘客出行时间较紧张的情况下。因此必须考虑 PIDS 显示多列车的改造需求。

b. 改造方案

旅客信息显示系统 PIDS 显示三列车的需要已经比较明显，而为什么不是显示两列车或者更多列，原因是三列车接近或者符合大、小交路交替的一个周期。

原信号系统 ATS 提供的 PIDS 报文只有一列车的信息，包含到达时间、目的站、跳站、停站时间内容。为了达到 PIDS 显示三列车的需要，ATS 系统的改造主要有以下几个方面：

（a）报文构成必须扩展两个额外的列车信息模块。

（b）ZZA 程序（PIDS 后端处理）必须修改以便填写报文中的第二和第三列车信息模块。幸运地，ZZA 可以在其内部数据库里最多存储 8 列车的信息，因此必要的信息已经满足了。

（c）ANKO（接口程序）必须被修改以便能够处理新的报文格式。

（d）测试脚本必须实施以检查 ZZA 数据库的内容，并有效地对修改进行测试。

总体来说，可以说如果任何列车控制限制对于一列车的显示是真实的，那么它仍适用于三列车。对于信号 ATS 系统来说，接口的物理层和协议层将不会改变，消息结构将在应用层进行修改。

基于以上原理分析，在进行了 ATS 系统以上相关程序软件的修改升级后，经测试演练，能够显示连续三列车的目的地及到达时间的 PIDS 功能达到大小交路使用要求。

② ATS 系统与车站广播接口产生新的功能需求

a. 需求分析

原广播系统中，广州地铁 2 号线的列车到站广播直接依靠红外线感应触发，没有与 ATS 系统直接或间接连接，此种红外感应方式触发的列车到站广播无法区分大交路与小交路列车。而大小交路营运中，除 PIDS 提供的乘客导向外，对于无法通过观看 PIDS 显示的乘客来说，小交路列车的预到站广播也是必要的。该小交路遇到站广播，是指在小交路列车（可能无法直接搭载乘客前往 2 号线的相应目的地）到站或者快要到站时，通过站台的广播告知旅客该列车目的地。

广播系统通过何种手段得到小交路的列车将要到站？如上文所述，信号 ATS 系统提供给 PIDS 的报文中，已经存在含有列车目的地和到站时间的信息数据。因此，考虑可以通过建立广播系统与信号系统的数据连接，使车站广播系统得到以上需要的信息，从而实现小交路列车的预到站广播功能。

b. 改造方案

为了实现小交路列车的预到站广播功能，广播系统需要改造。而由于只有信号系统中具有前方列车的交路类型（目的地）和距离该站台的运行时间信息，因此广播系统需要与 ATS 建立数据通信，获取这些必要的信息。在广州地铁 2 号线大小交路的改造方案中，广播系统没有与 ATS 系统直接建立接口，而是从 PIDS 一方获得 ATS 发送的 PIDS 报文，对此数据进行判断和处理，从而实现小交路预到站广播功能。

在具体实施中，广播系统以某一站台为对象。在接收到 ATS 发送的前一列车出站重设信息后，以其后的第一条含目的地与到站时间的有效信息作为判断依据，当此报文中目的地是小交路终点站且到站时间小于 5min 时，广播系统则认为接近该站台的是小交路列车，随即触发站台的小交路预到站广播，内容提示为本列车的终点站为江泰路/三元里站，以及相应的搭乘建议。

（5）项目总结

广州地铁 2 号线由之前的单一交路运行改为大小交路混跑方式后，原信号系统在突变的运行条件下也出现了种种问题，或者产生了新的、原信号系统无法满足的运营需求，有LZB700M系统的特殊问题，也有信号系统的共性问题，均需要进行配套改造。

5. 列车编组改变

随着城市发展，部分城市轨道交通线路的运输能力可能无法满足现场需求，如果在站场设计时已预留增加列车编制的能力，则增加列车编组将是一个解决客运压力的有效手段。本文将以广州地铁3号线"三改六"项目为例，阐述列车编组改变过程中，信号系统需要完成的配套改造。

（1）项目背景

随着客流量的增大，三节编组列车的载客能力已经无法满足运营的需要，特别是在早晚高峰期，乘客往往需要等多趟列车才能坐上车，甚至有些乘客即使上了车但由于客流拥挤出现到站后无法下车的问题。为了缓解客流压力，广州地铁3号线在2010年初启动了"三改六"改造工程。

（2）项目目标

作为一个在线运营的线路来说，与新线相比它有着自己的独特之处。作为改造工程来说，一方面要保证白天的运营，做好各项维护维修工作，同时又要保证改造工程的质量与进度。每天运营收车后到第二天运营开始，中间留给工程改造调试的有效时间最多不超过3h。"三改六"项目也并非简简单单地把两个三节编组列车连挂起来即可，还需完成大量的软件和硬件的升级和改造工作，同时为了保证白天的运营，每天测试完成后还得做好设备的恢复工作。

（3）项目实施

要完成好"三改六"工程，首先要做好软件的测试升级工作，其次是做好硬件的升级调试工作。同时由于三节车连挂以后列车数量无法满足运营的需要，需要购买新车，新车到货以后需要对列车进行相应的静态测试和动态测试，需取得安全认证后方可上线运营。整个"三改六"工程工期只用三个月，但是在短短的三个月的时间里却要完成近一千项测试任务，特别是新车存在着很多接口等硬件和软件问题，需要在调试中一项项的解决。怎么样才能在这样短的时间里，在既要保证安全以及白天的正常运营的前提下完成好"三改六"工程呢，这就需要我们从管理及人员安排等多方面入手，合理的安排好各项调试工作。

1）列车调试

① 测试准备工作

为保证"三改六"项目的顺利完成，在新车调试前期需进行充分的设计联络，信号、车辆联合项目组每周进行一次接口会议，对调试中出现的问题进行处理。同时信号专业组内部定期召开分析会，夜晚现场调试车人员汇报最近的调试情况，确保每位调试人员都能充分了解现场情况。同时积极与生产调度部门做好沟通，完成调试计划的安排工作。

② 测试过程

新车的静调和动调与VCC回归测试、SMC软件测试以及新版SMC软件更换等工作同步进行，调试期间，相继解决了列车无法投入、制动不能缓解、故障代码56以及车门站台门不能连动等一系列故障，为后续新车的调试工作积累了宝贵的经验。同时信号技术人员配合泰雷兹进行RTD数据的分析和复查，大大缩短了加拿大数据分析的时间，确保了新车安全认证的评估。

2）VCC 软件回归测试

① 测试准备工作

为配合好 VCC 软件更换工作，现场人员在测试前期即完成了故障数据的收集，并充分掌握该版软件解决了哪些历史遗留问题，并提前数月开始利用夜晚调试配合新版软件的回归测试工作。共完成了列车对站测试、列车动调测试等多项测试内容，软件升级前制订软件升级方案并与接口部门沟通，为软件顺利更换打下基础。

② 测试过程

逐项验证 VCC 新版软件解决的问题及功能，包括：

a. 具备支持新车在正线投入、运行的功能，但安全限制条件仍要求列车只能在试车线进行。

b. 解决列车在 VCC 边界死机的问题（代码 03）。

c. 解决车场排发车进路时，转换轨仍可排 MRR 的问题。

d. 支持 6 节车在回厂时，可用 RT 指令删除残存图标。

3）SMC 软件测试

① 测试准备工作

为配合好 SMC 软件更换工作，在测试前期即着手故障数据的收集，并充分掌握该版软件解决了哪些历史遗留问题。结合夜晚调试配合计划，提前开展新版软件的回归测试工作，共完成了与 MCS 接口测试、与无线接口测试等多项测试内容。软件升级前制定软件升级方案并与接口部门沟通，为软件顺利更换打下基础。

② 测试过程

在测试过程中发现，时刻表编制时系统自动默认的列车车型为 3 节车，需要人为确认每一部车为 6 节车。针对该问题，考虑到软件修改需要一定的时间，故要求生产调度部门在编制时刻表时一定要认真确认列车长度，如出现遗漏，在行调激活时刻表时再次确认该列车为六节车，从而保障列车运行状态正常，另联合 MCS、通信、车辆分别对倒计时、无线车载台、OBPG 功能进行了测试。

（4）后续问题跟踪

广州地铁 3 号线列车自从三改六上线运行后，列车对标不准故障逐渐开始增多，主要体现在列车冲标问题上。从 2012 年 7 月至 2013 年 7 月的数据初步统计中显示期间共发生对标不准的故障数为 714 次，其中冲标的故障次数为 1562 次占总数的 97%，欠标的次数为 56 次占总数的 3%。从数据的统计结果中可以看出对标不准主要是表现在列车冲标上。如图 11-17 所示。

图 11-17　对标不准的分布比例图

1）原因分析

经过对 2010 年 12 月至 2012 年 6 月 24 日的冲标故障进行统计，并结合信号与车辆的冲标数据进行分析，总部车辆-信号接口组确认广州地铁 3 号线冲标的原因为：

① 列车空转打滑。

② 车辆在低速（6km/h 左右）电制动转气制动时偶尔存在较大延时。

③ 列车在进站时有时存在着二次启动。

2）解决措施

针对广州地铁 3 号线冲标故障，制定了预防列车冲标的措施如下：

① 组织研究车辆轮对喷油时间、位置、区域等，优化喷油方式。

② 研究列车转气制动延时问题，优化其反应时间以及电制动转气制动的时机及条件，使气自动在电制动减弱或退出时及时补偿。

③ 出现二次启动现象时，由司机直接用 PM 模式进行再次对标，以免导致列车出现冲标现象。

3）解决效果

列车冲标现象存在一定概率性，成因复杂，涉及轨面油渍、牵引制动、测速设备、测速软件、线路条件等多方面因素，无法从根本上实现故障为零，只能通过措施控制在合理、可控的范围内。通过信号、车辆、行车专业的共同探索和分析，并在采取合理有效措施后，列车冲标从前期的每日平均 6.5 次，减低至每日 2.1 次，有非常明显的效果。

6. 重大活动的运营保障

随着城市轨道交通的快速发展，方便、快捷、低碳、环保的城轨交通已被越来越多的市民接受，已成为大多数市民出行的首选，尤其对于一些重大活动，城轨交通在疏导乘客方面起着举足轻重的作用。如何开展相关保障工作，为相关重大活动保驾护航就显得尤为关键。

（1）保障组织

成立维修部门保障小组，采用轮值方式，负责重大活动期间各专业保障工作的统筹、指导组织故障处理及信息传递。

（2）保障措施

1）安全保障

① 制定设备综合整治方案，主要内容包括隧道悬挂物、车底悬挂物、各系统关键设备的检查和整治、备件梳理与补偿等，各设备维修部门务必严格按方案组织落实。

② 建立快速高效的应急抢险体系，完成对抢险地点的设置、抢修队伍的覆盖、抢险工器具的配置等工作。

③ 完善修订部门各类抢险应急预案。

④ 按各专业抢修预案做好抢修所需相应的备品备件、材料及设备图纸准备。

⑤ 组织召开动员会，从人员、组织、方案学习、应急处理、安全保卫等方面做好准备。

2）维修保障

① 按计划完成设备检修任务，做好重点设备检修计划调整，原则上在重大活动开始前完成设备的年检以上检修。

② 制订重点设备临时检修办法，加强重点设备的检修，例如关键道岔实现日检制度。

③ 加强对关键设备的联合整治力度，如完成各线出入厂线及两端折返站关键道岔的联合整治。

3）物资保障

① 物资保障要求与原则

物资保障分以下几类：备件类、工器具类、仪器仪表类、非设备类抢险物资，各设备维修部门需根据备件库存及重要性，分重点备件存放点和一般备件存放点。

② 物资存放地点应统一、规范，并建立台账清单，下发各设备维修部门维修人员知晓。各线物资都由各条线分别存放，物资存放主要以就近为原则，在各值班点存放。各值班点均需建立物资存放清单，每天值班人员均需根据清单明细进行核对。

7. 特殊气象条件下的运营保障

根据天气特点以及对地铁运营的影响，一般可把六类天气情况划归为特殊气象：台风或雷雨大风（含龙卷风）、暴雨、寒冷、高温、大雾或灰霾、道路结冰。

特殊气象预警信号发生后，地铁运营管辖范围内可能发生如下事件：

1）城轨交通车辆被强风刮倒（特别是高架桥路段等地面线路）。

2）地面线、高架桥及车辆段的设备被强风刮倒。

3）车站出入口飞顶被强风破坏，顶盖铝板松脱、掉落或钢化玻璃掉落破碎。

4）地面线路及出入段线洞口出现路基下沉，边坡坍塌，挡土墙倒塌。

5）排水不畅造成水淹钢轨、隧道，车站排水不畅造成水浸站台、站厅。

6）地面线路轨缝因持续高温造成连续狭缝缺陷，严重时会出现钢轨胀轨跑道现象。

7）以及其他突发事件。

因此当地区气象台发布相应气象预警信号后，信号维护人员需针对这六类特殊气象制定相应的维修应急抢险预案，在特殊天气来临前做好设备防护，并在特殊天气结束后及时开展设备状态检查、整治。

（1）总体原则和基本要求

1）总体原则

实行"高度集中，统一指挥"原则，各维修部门、职能室要听从指挥和分工，各司其职，各负其责。先全面，后局部；先救人，后救物；先抢救通信、供电，再抢救线路、信号等要害部位，后一般设施。防止次生灾害发生，抢救与运营并重，最大限度地维持运营。

2）抢险要求

① 树立"安全第一"的思想，抢险组织工作贯彻"先通后复"的原则，保证抢险救援工作安全有序、减少事故影响、尽快恢复运营生产的重要环节。

② 确保台风和雷雨大风、暴雨、高温、大雾和灰霾、冰雹和道路结冰、寒冷、潮湿气象预警信号发生时城轨交通人员和设备的安全，减轻损失，维持地铁运营。

③ 根据需要，在确保安全的情况下，尽快开通线路，恢复运输（含局部线路）。

④ 应急预案预警取消后，根据要求、规范对抢修的设备、设施及线路等进行"复通"，加固处理。

（2）维修组织

1）前期准备

认真贯彻"预防为主"的方针，做好特殊气象来临前的各项准备工作。

① 建立应急抢险领导小组和工作小组，成立应急抢险队。

② 开展特殊气象来临前的安全大检查。特殊气象来临前，对管辖内信号设备及其他所辖设施全面进行安全检查。以维修部门为主，组织实行设备检查，对检查发现的问题，按隐患性质，突出重点统筹安排，迅速进行处理。

③ 维修部门在特殊气象来临前组织召开特殊气象的工作动员会，传达学习上级防洪，

防风、高温、大雾和灰霾、冰雹和道路结冰、寒冷、潮湿命令及布置工作重点及要求，学习抢险知识。

④ 特殊气象来临前，如梅雨季节、汛期等，维修部门负责清点抢险料具，按防洪抢险主要储备材料的规定备齐材料（材料名称、规格、数量等），维修部门生产技术室负责跟踪核查维修部门抢险应急材料、机具、设备的到位情况及目前状态，并将数量、具体放置位置、目前状态汇总后报维修部门技术室备案。

⑤ 维修部门根据所辖设备及线路统计出特殊气象下的重点保护部位及设备，并根据实际情况制定出特殊气象来临前的防范措施报维修部门技术室备案，维修部门生产技术室负责进行核查。

2）预案启动及解除的原则

① 应急预案等级分类及启动、解除的原则

在维修生产组织的过程中，特殊气象预案的启动和解除，应以气象台发布的预警信号为依据。特殊气象应急预案启动、解除的原则如下：

a. 气象台发布红色、橙色、黄色、蓝色、白色台风信号时，应启动台风、雷雨大风（含龙卷风）预案。

b. 气象台发布红色、橙色、黄色暴雨信号，应启动暴雨预案。

c. 气象台发布黄色、橙色、红色高温预警信号时，应启动高温预案。

d. 气象台发布橙色、红色大雾预警信号，或灰霾预警信号时，应启动大雾、灰霾预案。

e. 气象台发布橙色、红色冰雹或道路结冰预警信号时，应启动冰雹、道路结冰预案。

f. 气象台发布橙色、红色寒冷预警信号时，应启动寒冷预案。

g. 台风和雷雨大风、暴雨、高温、大雾和灰霾、冰雹和道路结冰及寒冷预警信号发布后，根据预报的气象级别和预警信号，实施对应预案，采取相应应急措施。

② 发布预案启动及解除命令的原则

上述特殊气象应急预案启动、解除的原则，其命令发布原则如下：

维修部门经理接到上级部门特殊气象应急预案的启动命令后，立即下令启动部门相应的应急预案。因特殊情况联系不上时，由维修部门分管安全的副经理下令启动。

维修生产调度根据控制中心发布的实时台风和雷雨大风、暴雨、高温、大雾和灰霾、冰雹和道路结冰及寒冷气象预警信号及时调整应急预案等级。

当满足以下两个条件，可解除相应的特殊气象应急预案。

a. 当上级部门解除相应的台风和雷雨大风、暴雨、高温、大雾和灰霾、冰雹和道路结冰及寒冷气象预警信号后。

b. 维修部门应急抢险工作小组及维修部门抢险工作小组确认受相应的特殊气象影响的设备已全部恢复正常。

c. 相应的特殊气象应急预案的解除由维修部门技术室生产管理组接到控制中心解除命令并经维修部门值班的经理同意后负责发布解除命令。

3）应急预案启动

① 落实值班制度

特殊气象应急预案启动后，根据预案等级安排维修、技术人员值班，保证执行灾害负责制和抢修的需要。夜间和节假日都要安排人员值班，随时掌握和处理防洪，防风、高温、大雾和灰霾、冰雹和道路结冰及寒冷事宜。各级值班人员要增强责任感，要做到三到位：地点、人员到位，了解掌握情况到位，处理问题及时到位。

② 落实检查制度

维修部门要制定好特殊气象时相应的检查制度，在接到维修部门特殊气象预警信号后，立即根据情况启动相应的巡查制度。维修部门要认真贯彻灾害负责制，做到地段、人员、措施三落实，恶劣天气要及时出巡，检查要认真细致。出巡检查必须携带电话或对讲机，发现隐患尽快向维修部门调度汇报。

③ 发现隐患，采取应急措施

各单位、个人发现隐患后，责任部门均应采取应急措施。

(3) 应急预案

针对这六类特殊气象运营维修部均应制定相应的维修应急抢险预案。

1) 台风、雷雨大风（含龙卷风）应急预案

沿海地区台风、雷雨大风（含龙卷风）灾害较为常见。当气象台发布台风白色、蓝色、黄色、橙色及红色预警信号或雷雨大风蓝色、黄色、橙色及红色预警信号时，启动台风、雷雨大风应急预案。当出现其他雷雨（电）天气也应启动本应急预案，做好防雷应急准备。维修部门接到上级部门台风应急预案的启动命令后，由维修部门经理下令启动部门预案。因特殊情况联系不上时，由维修部门分管安全的副经理下令启动。

① 接到维修部门台风、雷雨大风应急预案启动命令后，应急抢险工作小组应根据维修部门制定的台风来临前的重点保护设备及部位，对其加强巡视。协调维修部门应急抢险工作小组对易受台风袭击损坏的所辖设备和部位做好防护工作。

除特殊情况（如抢险抢修作业）外，风力达到 8 级及以上时，应停止地面和高架路段的户外作业，作业人员及时到室内避风、避雨。

打雷时，停止地面路段高空作业及高架路段的户外作业，并停止高架车站有电气相连的设备上作业。若在高架线路上遇到打雷的，双脚并拢蹲下，尽可能使人体高度低于周围设施设备。

地面设备及地面站站厅、站台设备进行必要的加固处理。如轨旁设备、转辙机罩、站台悬挂设备等。

根据情况及控制中心值班主任助理命令，拆除地面车站、地面线路易受台风影响的设备。如地面站台旅客信息指示设备、列车倒计时设备等。

② 若发生险情，维修部门应急抢险工作小组立刻协调相应车间抢险工作小组进行抢修，根据情况及时向应急抢险领导小组汇报，并及时向控制中心请求对线路限速或请求停止某段（或全部）线路的运营，具体抢险工作程序遵照生产安全管理办法执行。

③ 人员值班组织

气象台发布红色台风信号时，应急抢险领导小组保证 24h 至少有一人值班；气象台发布橙色台风信号时，应急抢险领导小组 24h 电话值班；气象台发布红色台风信号时，维修部门正副主任 24h 轮流值班，维修部门职能室主任 24h 轮流值班，应急抢险工作小组中其他成员保证通信畅通，维修部门技术室生产管理组 24h 值班；气象台发布橙色台风信号时，维修部门正副主任、维修部门职能室主任、技术室生产管理组 24h 电话值班，应急抢险工作小组中其他成员保证通信畅通；气象台发布红色、橙色信号时维修部门抢险队在所

辖车辆段待命并处于备战状态；气象台发布黄色、蓝色、白色台风信号时，所有以上相关人员电话值班，并保证通信畅通，随叫随到。

2）暴雨应急预案

气象台发布黄色、橙色及红色暴雨信号，应启动暴雨应急预案。维修部门接到上级部门暴雨应急预案的启动命令后，由维修部门经理下令启动部门预案。因特殊情况联系不上时，由维修部门分管安全的副经理下令启动部门预案。

① 接到维修部门暴雨应急预案启动命令后，应急抢险工作小组应根据维修部门制定的暴雨来临前的重点保护设备及部位，协调维修部门应急抢险工作小组对易受暴雨袭击损坏的所辖设备和部位做好防护工作。如对地面设备及车站出入口设备进行必要的防雨处理，暴雨来临前维修部门按管辖设备、线路安排全面对地面设施清理排水。

对车辆段出入段线洞口、地面站等防洪重点部位及设施加强检查，对检查发现的问题，突出重点统筹安排，从速进行处理。具体抢险工作程序遵照维修部门安全生产管理办法执行，并按应急信息报告程序通报气象灾害信息。

② 人员值班组织

气象台发布红色暴雨信号时，应急抢险领导小组保证24h至少有一人值班；气象台发布橙色暴雨信号时，应急抢险领导小组24h电话值班；气象台发布红色暴雨信号时，各车间正副主任24h轮流值班，职能室主任24h轮流值班，技术室生产管理组24h值班，应急抢险工作小组中其他成员保证通信畅通；气象台发布橙色暴雨信号时，各车间正副主任、职能室主任、技术室生产管理组24h电话值班，应急抢险工作小组中其他成员保证通信畅通；气象台发布红色、橙色暴雨信号时，各车间抢险队在所辖车辆段待命并处于备战状态；气象台发布黄色暴雨信号时，所有以上相关人员电话值班，并保证通信畅通，随叫随到。

③ 隧道、钢轨水淹的应对措施

发现因洪水倒灌或排水不畅造成隧道、钢轨水淹等险情，当事人应立即报告部门调度及OCC，部门调度立即通知部门、车间值班领导，并立刻组织抢险队赶赴现场进行抢修。

现场抢险负责人及时将水淹情况报告部门应急抢险小组领导及OCC，并根据现场情况及时向OCC请求是否需要停止某段线路的运营。

当洪水已漫过（或即将漫过）道床，水面离钢轨底部高度约20cm左右，并且水势有继续蔓延趋势，即将会对信号、通信轨旁设备（如转辙机、轨旁盒等）造成损害时，现场抢险负责人应及时请示部门领导是否需要拆卸或迁移轨旁设备，并经OCC同意后，车间调度立即组织抢险队对该区段轨旁设备进行拆卸或迁移至安全地方。

3）高温预案

气象台发布黄色、橙色、红色高温预警信号时，应启动高温预案。维修部接到高温预案的启动命令后，由部门经理下令启动部门预案。因特殊情况联系不上时，由分管安全的副经理下令启动。

① 接到部门高温预案启动命令后，部门应急抢险工作小组应组织各车间做好防护工作，各车间结合自身情况制定的高温天气下设备和人身的防护措施，组织各车间做好防护工作。如气温达到35℃以上时，督促车辆段及地面工作员工做好防暑工作，以防中暑，组织人员对地面线、高架线和车辆段的线路白天安排登程巡视，夜间加强步行巡视，发现安

全隐患，及时整治。当气温达到 39℃时，应立即采取有效的措施，预防地面线和车辆段可能出现线路胀轨跑道的安全隐患，及时配合线路专业做好抢险工作。

② 人员值班组织

气象台发布橙色、红色高温预警信号时，应急抢险领导小组 24h 电话值班；气象台发布橙色、红色高温预警信号时，维修部门车间正副主任、维修部门职能室主任 24h 电话值班，应急抢险工作小组中其他成员保证通信畅通；气象台发布橙色、红色高温预警信号时，维修部门技术室生产管理组 24h 电话值班；气象台发布橙色、红色高温预警信号时，维修部门抢险队在所辖车辆段待命并处于备战状态；气象台发布黄色高温信号时，所有以上相关人员电话值班，并保证通信畅通，随叫随到。

4）大雾、灰霾预案

气象台发布橙色、红色大雾预警信号，或灰霾预警信号时，应启动大雾、灰霾预案。维修部门接到上级部门大雾、灰霾预案的启动命令后，由维修部门经理下令启动部门预案。因特殊情况联系不上时，由维修部门分管安全的副经理下令启动。

① 接到维修部门大雾、灰霾预案启动命令后，维修部门应急抢险工作小组应组织维修部门做好防护工作，维修部门结合自身情况制定的大雾、灰霾天气下设备和人身的防护措施，组织维修部门做好防护工作。督促户外作业员工携带必要的照明工具，行走及作业过程中注意安全，加强对电气设备的检查，注意监控设备的运行，做好设备故障处理的人员和物料准备。

② 人员值班组织

气象台发布红色大雾预警信号，或灰霾预警信号时，应急抢险领导小组 24h 电话值班；气象台发布红色大雾预警信号，或灰霾预警信号时，各车间正副主任 24h 电话值班；气象台发布红色大雾预警信号，或灰霾预警信号时，维修部门职能室主任 24h 电话值班，技术室生产管理组 24h 电话值班，应急抢险工作小组中其他成员保证通信畅通；气象台发布橙色大雾预警信号，或灰霾预警信号时，所有人员电话值班，并保证通信畅通，随叫随到。

5）冰雹、道路结冰预案

气象台发布橙色、红色冰雹或道路结冰预警信号时，应启动冰雹、道路结冰预案。维修部门接到上级部门冰雹或道路结冰预案的启动命令后，由维修部门经理下令启动部门预案。因特殊情况联系不上时，由维修分管安全的副经理下令启动。

① 接到维修部门冰雹或道路结冰预案启动命令后，维修部门应急抢险工作小组应组织各车间做好防护工作，维修部门结合自身情况制定的冰雹或道路结冰天气下设备和人身的防护措施。

除特殊情况（如抢险抢修作业）外，发布了冰雹红色预警信号时，应停止高架的户外作业，作业人员应及时到室内躲避冰雹。加强对设施设备的检查，注意监控设备的运行，做好处理设备故障的人员和物料准备。了解冰雹对地铁设施设备的损坏情况，及时组织人员处理。加强地面站设施设备的巡视，重点检查出入口设施的状况，发现隐患应及时组织人员处理。

② 人员值班组织

气象台发布红色冰雹或道路结冰预警信号时，应急抢险领导小组 24h 电话值班；气象台发布红色冰雹或道路结冰预警信号时，维修部门正副主任 24h 电话值班；气象台发布红色冰雹或道路结冰预警信号时，维修部门职能室主任 24h 电话值班，技术室生产管理组 24h 电话值班，应急抢险工作小组中其他成员保证通信畅通；气象台发布橙色冰雹或道路结冰预警信号时，所有人员电话值班，并保证通信畅通，随叫随到。

6）寒冷应急预案

气象台发布橙色、红色寒冷预警信号时，应启动寒冷预案。维修部门接到寒冷预案的启动命令后，由维修部门经理下令启动部门预案。因特殊情况联系不上时，由维修部门分管安全的副经理下令启动。

① 接到部门寒冷预案启动命令后，维修部门应急抢险工作小组应组织维修部门做好防护工作，维修部门结合自身情况制定的寒冷天气下设备和人身的防护措施，督促户外作业员工注意防寒保暖工作。加强对设施设备的检查，注意监控设备的运行，做好处理设备故障的人员和物料准备。当接到工建专业发现或接报随时可能发生线路、桥梁、隧道的安全隐患信息后，应立即启动应急处理预案，配合工建专业做好抢险工作。

② 人员值班组织

气象台发布红色寒冷预警信号时，维修部门应急抢险领导小组保证 24h 电话值班；气象台发布红色寒冷预警信号时，维修部门正副主任 24h 电话值班；气象台发布红色寒冷预警信号时，维修部门职能室主任 24h 电话值班，技术室生产管理组 24h 电话值班，应急抢险工作小组中其他成员保证通信畅通；气象台发布橙色寒冷预警信号时，所有人员电话值班，并保证通信畅通，随叫随到。

第12章　信号系统与维修的发展

近十年来，城市轨道交通系统迎来了前所未有的发展，尤其是地铁，目前我国已有43个城市获批修建地铁，总规划里程超过8600km。城市轨道交通的发展使得对信号系统的技术发展和维护要求越来越高，同时，随着互联网技术、大数据、人工智能以及计算机技术的应用，信号控制系统正处于技术创新发展的前沿，其维修体制也在不断变革。

12.1　信号系统新技术的发展

目前，国内外各城市轨道交通中得到广泛应用的主流信号系统是基于通信的列车控制系统（CBTC信号系统）。随着城市轨道交通网络化运营及自动化程度不断提高，在一个城市或城市群内的各线路间实现互联互通将成为信号系统的发展需求。

随着微电子技术、信息传输技术与控制技术的快速发展，使CBTC系统在实现全自动驾驶方面已无技术障碍，无人驾驶系统已开始大量进入人们的视线中，引起了国内外的普遍关注，逐渐成为城市轨道交通信号系统列车驾驶模式的发展趋势。

1. CBTC系统互联互通的发展

CBTC信号系统互联互通的接口规范在2016年陆续发布，共含12个子规范，主要对互联互通的系统整体技术规范、车地接口规范、地面设备接口规范、外部接口规范、测试规范做了统一要求。以重庆地铁二期工程的4、6、10号线和环线作为国家示范工程，对CBTC系统的互联互通规范进行验证。目前，国内外的信号系统供应商均在加快研发CBTC互联互通产品，部分供应商已拥有CBTC互联互通产品。可以预见到，CBTC互联互通将在未来不久将作为各城市轨道交通信号系统招标投标的基本要求。

2. 列车驾驶模式的发展

目前各制式的ATC系统的列车驾驶模式主要有非限制人工驾驶模式（URM/NRM模式）、限制人工驾驶模式（RM模式）、ATP监控下的人工驾驶模式（SM/PM模式）、自动驾驶模式（ATO模式），其中自动驾驶模式（ATO模式）是指在司机监督下的列车驾驶模式。随着列车自动控制技术的发展，无人驾驶运营模式（UTO）自1980年开始至今已经发展成熟，在小编组、高密度、快速运行条件下，可有效节省运营成本，大幅提高运营服务水平，进一步提高城市轨道交通的竞争力。无人驾驶运营模式是在列车控制系统安全保护下，由现代计算机控制技术取代司机驾驶，自动控制列车追踪运行的运营模式。

在世界范围内，无人驾驶运营模式已得到了广泛应用，加拿大温哥华地铁线、法国巴黎地铁14号线、英国伦敦Dockland线、马来西亚吉隆坡轻轨2号线、丹麦哥本哈根轻轨线、新加坡东北线、西班牙巴塞罗那9号线、瑞士洛桑轨道交通等城市轨道交通早已实现全自动无人驾驶运营模式，甚至国外很多城市考虑将既有线改造成全自动无人驾驶线路。国内的无人驾驶运营模式开始进入发展期，早期的广州地铁APM线已经运营多年，积累了无人驾驶运营模式的经验，验证了无人驾驶技术在国内的运行水平。截至目前，我国的北京地铁燕房线、上海地铁 10 号线已投入使用了无人驾驶技术。

纵观世界，无人驾驶运营模式正引领着城市轨道交通未来的发展方向。与司机监督下的 ATO 驾驶模式相比，无人驾驶运营模式将原本司机做的事情全部转移到 OCC（运营控制中心）进行，因此，无人驾驶运营模式需要信号系统具备更高的冗余性、可靠性和功能性，要求综合监控系统具有高可靠性、实时传输功能，也要求列车网络的功能性、诊断性更强。

3. 基于车—车通信的新型 CBTC 系统的发展

传统的 CBTC 信号系统依据 IEEE1474 标准搭建，由于传统 CBTC 系统真正实现了移动闭塞，相对于准移动和固定闭塞，极大的缩减了行车间隔，提高了运行效率，因此，得到了各城市轨道交通的广泛应用。传统 CBTC 系统的进路请求信息主要由中央 ATS 子系统发送进路请求命令给轨旁 ATP 子系统和联锁子系统，轨旁 ATP 子系统和联锁子系统依据列车传输回来的位置信息及其他静态数据进行综合计算，给出列车的移动授权，再将该移动授权传输给列车。由此可见，一条进路请求信息就需各子系统间进行大量的信息交互、车地之间的频繁互动，列车要想获取前方信息，必须经过轨旁设备的中转，此种系统结构增加了列车运行反应时间；轨旁设备本身较复杂，故障后影响面广，一旦故障，对整条线的运行组织都会造成影响，应急情况下的运营组织的灵活性较低，维修人员的维修压力较大一部分是来自轨旁设备的维修；四个子系统间频繁进行信息交互，导致各系统的接口复杂，系统的复杂性较高。因此，考虑到传统 CBTC 信号系统的各种缺陷，在技术日益更新的当代，基于车—车通信的新型 CBTC 系统随着使命的召唤即将问世，预计有非常可观的应用前景。

新型 CBTC 系统精简了轨旁设备，降低了系统的复杂性，将轨旁的核心功能移至车载上，实现了中央与车载的直接通信，系统结构组成如图 12-1 所示。

与传统 CBTC 系统相比较，新型 CBTC 系统省去了轨旁联锁子系统和轨旁 ATP 子系统，中央 ATS 子系统与车载 VOBC 系统直接进行通信，车载系统根据进路请求信息判断前方道岔位置，并控制道岔进行位置转换，联锁条件满足后自动开放进路，VOBC 计算列车的移动授权，控制列车前进，前方列车的位置和速度信息均可实时的被跟踪列车获取。由此可见，新型 CBTC 系统是将轨旁联锁子系统和区域控制器的功能全部移到车载子系统上，简化了系统结构，降低了系统的复杂性，同时也缩短了列车的间隔运行时间，理论上新型 CBTC 系统控制下的列车运行间隔可缩短到 60S。

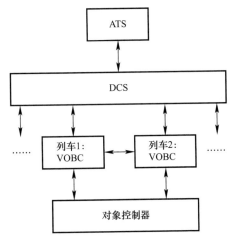

图 12-1　新型 CBTC 系统结构组成示意图

4. 城市轨道交通国产化的发展

由于我国城市轨道交通的发展历史不长，较国外发达国家相比起步较晚。在如今城市轨道交通的快速发展潮流中，代表城市轨道交通核心装备技术之一的信号系统国产化的发展，则相对缓慢。

我国的城市轨道交通基本上是从 20 世纪 90 年代开始发展，主要是北京、上海、广州等一线城市规划了城市轨道交通网络，由于当时国内无成套完整的自动列车控制系统，主要依靠引进以英国西屋信号公司、美国通用铁路信号公司和德国西门子公司为代表的国外自动列车控制系统。自此之后，随着改革开放时期我国经济的进一步提升，国外信号系统供应商开始大量推荐自家的信号系统给我国，导致我国各城市的各线路采用的信号系统制式不一、五花八门，难以实现互联互通，甚至部分国外供应商将中国作为新产品的试验地，给我国城市轨道交通的运营维护带来诸多难以解决的问题。过分依赖国外信号系统也导致我国城市轨道交通信号系统造价和运营维护费用居高不下，为后续的运营维护带来了极大地不便的同时，也间接阻断了国产化的发展道路，对国内民族产业的发展极为不利。

进入 21 世纪之后，我国已意识到过分依赖国外产品的各种弊端，各城市轨道交通也亟待信号系统能早日国产化，以减轻各城市的财政负担和运营压力。随着铁路信号技术的蓬勃发展及我国经济的快速提升，给城市轨道交通信号系统的国产化带来了前所未有的时机。北京、上海、广州地铁引进的国外现代信号系统也在此时大量投入运行，这给我国消化吸收国外先进技术带来了机遇，为国产化指明了方向。中外合资企业也在此阶段大量出现，进一步加快了国产化进程。各研究中心也利用铁路成熟的信号系统和专业齐全的优势，开始进行信号系统的国产化发展。

截至目前，现阶段城市轨道交通信号系统的国产化已初见成效，开始在国内进行应用。中国铁道科学研究院与广州地铁集团有限公司合作研发的 MTC-Ⅰ型 CBTC 列车控制系统已在 2016 年在广州地铁 7 号线投入应用，运营效果良好。北京交通大学研制开发的国产 FZL300 型 CBTC 系统已在北京地铁 8 号线和重庆地铁 5 号线投入使用。北京全路通信信号研究设计院也利用自身研发的通过 SIL4 级的安全控制平台，正在进行室内点式 ATP 的研发。

未来，我国城市轨道交通仍将蓬勃发展，与此同时，目前与国外先进信号系统相比竞争力还很薄弱，信号系统的国产化道路仍然有很长的道理要走。但是，相信随着我国各城市轨道交通的旧线改造和新线的不断开通、运营，国内信号系统市场潜力巨大，加之国家对国产化的扶持力度不断加大，相信不久之后，我国的城市轨道交通信号系统将逐渐在国内开枝散叶、落地生根，并逐渐提高竞争力，打入国际市场，与高铁技术一起成为国家的名片。

12.2　信号系统维修模式的发展

目前信号系统维修模式基本满足运营安全的需求，但随着对信号系统研究的深入，发现在现行维修模式实际应用过程中也存在不少的弊端和不足。对于信号系统维修模式，应从设计研发角度上进一步拓展，提高信号系统关键设备和部件的状态监测能力以及提升信号系统维修智能化水平。

1. 现行维修模式的难点与现状分析

在智能化快速发展的时代，城市轨道交通列车控制技术得到了快速发展，信号设备的维护却还在沿袭传统的维护方法和维修手段。目前城市轨道交通所使用的信号设备均由不同的集成商提供，信号设备从新线建设到开通时间较短，维修人员难以在短时间内收集掌握设备的全过程特性，且由于不同集成商的设备相互借鉴点较少、维修技术培训困难、核心技术不对外开放等各种复杂的因素，导致城市轨道交通信号设备维修困难较多、难度较大。

通过对已运营城市轨道交通线路的调研，既有信号系统设备维修模式存在以下几个难点：

（1）不能满足日益增加的维护需求。由于城市轨道信号系统存在准移动闭塞和移动闭塞两种制式，不同的信号系统供应商提供的信号设备的配置也存在很大差异，如果不对不同信号系统设备进行深入研究，则很难提出适合于城市轨道交通信号系统的维护系统方案。

（2）维修采集信息不全面。由于缺少行业技术标准，信号维护系统所要采集监测信息不统一，城市轨道交通信号系统特有接口部位没有进行有效监测。造成维修采集信息不全面，信号设备维护管理基本依靠人工进行分析和保养。

（3）维修数据进行分析和处理的力度不够。目前城市轨道交通信号系统的主要维修模式依靠主要对设备进行日常巡视、检查、测试、调整以及固定维修周期等简单的维护保养工作。对存在故障隐患、质量缺陷的设备进行集中修理工作和对信息的分析处理较为简单，信号维护系统需要加强对这些数据信息的分析和处理，才能充分发挥这些数据的作用，从而为信号维护提供更多、更好的支持。

（4）当前新线建设进度加快，城市轨道交通各线路维护人员数量降低的同时轨道交通的迅速发展对维修效率提出了更高的要求，而由于信号维修人员技能水平的参差不齐，无法保障所有时间段内都有良好的人员配置和迅速响应，进而影响了维修效率。

2. 信号系统维修新模式研究

随着科学技术的不断发展与进步，我国铁路及城市轨道交通建设正朝着网络化、自动化、数字化、综合化和智能化的方向发展。信号系统将来的维修模式是基于大数据的、互联网的、人工智能的发展方向，以科技手段代替传统的人工应急处置方式，具有信息传递时效性、完整性、多样性，必将成为今后城市轨道交通信号系统维修的新趋势和新标准。

为此，可以通过建设集设备监控、诊断与维护、生产决策和辅助运营管理等功能于一体的综合化、智慧化信息平台，将维修及故障基础数据、应急处置、可靠性评估、维修数据分析、实时监测、在线监测、网络拓扑集成在一起，进一步提高整个轨道交通线路信号系统的运营和管理效率，设备和系统的使用效率和诊断维护能力，提高人员操作标准化、规范化能力，以及车站防灾、消灾监控和指挥决策能力。

（1）运维保障综合研究

城市轨道交通信号维修新模式下，应立足地铁信号系统运营维护实际需求，以数据挖掘为手段，以信息技术为依托，借助软件开发实现全线网信号系统信息共享、分析和诊断，形成基于数据驱动的信号系统运维保障体系。通过对信号系统各项基础数据、可靠性评估、应急处理、隐患挖掘、软件开发、通信网络6方面开展建设，实现关键数据监测及信号故障信息实时推送及预报警。建立统一的运维保障研究平台，对数据进行整合分析、分析预测，同时规范接口，实现接口，多终端同步推送，提升用户体验。

（2）信号仿真测试研究

建立离线仿真系统，可在离线状态下实现对信号系统自动监督子系统、计算机联锁子系统、车载控制子系统、数据通信子系统、计轴、信号机、道岔等完整信号系统和相关设备的测试，对故障预防及验证测试、实时数据搜集、分析、板卡测试等功能，为信号人员深入的理解和掌握信号系统，对系统关键设备部件性能的掌握和开展可靠性研究有重大意义。

（3）关键设备离线检测研究

通过对部分关键设备建立离线检测平台，能实现对相应设备的性能进行检测，以达到离线检测，提升板块以及设备的修复率。

关键设备离线测试基地可以对新采购或新研发的信号备件、材料进行上线试验，模拟现场的工作环境，提供自主革新设备、新型信号备件、材料的研发平台，从而大幅降低新产品上线使用出现安全问题的风险，更好保障运营的安全，为信号新产品的研发及现场道岔调试提供足够的支持。

（4）基于可靠性理论的维修研究与应用

信号系统的可靠性在很大程度上取决于信号设施的可靠性。随着线网的增大和用户对地铁可靠性要求的提高，维修管理的重要性日益显现出来，维修费用占信号成本的比例也不断提高。如何采取合理的维修策略和正确决定维修计划，以保证在不降低可靠性的前提下节省维修费用，便成为负责设备维修部门面临的重要课题。

基于可靠性理论的维修研究是在现代维修思想的指导下，根据大线网运营服务需求，研究设备设施差异化维保策略及各专业设备设施维修策略与规程优化措施。

基于可靠性理论的维修研究主要从设备可靠性分析方法、关键设备可靠性风险分类与识别、差异化的设备设施维修策略模型三个方面进行研究，进而提出基于可靠性的设备设施健康管理理念。

基于可靠性理论的信号系统维修研究主要以五年设备设施故障数据为分析依据，剖析并梳理影响行车服务可靠度表现的诱因，并依据影响行车服务程度对信号各子系统和具体设备进行风险分类和识别，得出各子系统和具体设备的风险矩阵图，即对各子系统和具体设备进行了四象限分类。结合差异化的设备设施维修策略模型，对不同象限的信号子系统和具体设备采取不同的维修策略，并最终落实在信号维修规程中予以应用。

12.3 结 语

城市轨道交通是城市发展必须着重建设的基础交通设施，在城市的长远发展和交通保障中有决定性的作用，可以有效促进城市繁荣发展和保障人民生活环境便捷出行。其中，城市轨道交通信号系统对于保障城市轨道交通列车安全正点运营起到至关重要的作用。城市轨道交通建设的过程中在保证轨道交通安全的同时，还应该保证城市轨道交通信号系统的安全运作，才可以最大限度地缩短建设时间。

本书结合信号系统发展历程，对典型城市轨道交通信号系统进行了简要介绍及概述，并对典型的信号系统实例进行了对比介绍。同时，对现行维修模式的研究、维修策略的分析与选用、维修方法与工艺、维修管理、风险管理、特殊情况下的维修组织进行了详细的阐述。最后，针对城市轨道交通信号系统现行维修模式的难点与现状分析，探讨了信号维修模式立足于地铁信号系统运营维护实际需求应具备的新趋势和新标准。

作为城市轨道交通运营单位，应正确把握地铁信号的运营维护管理要点，构建科学运营维护管理策略并科学配置维修设备，从而为城市轨道交通安全高效运行奠定良好的基础。